San Pedro de Atacama (S. 96)

Praktisches

Storybook

OBEN: MAURIZIO BERSANELLI/SHUTTERSTOCK ©

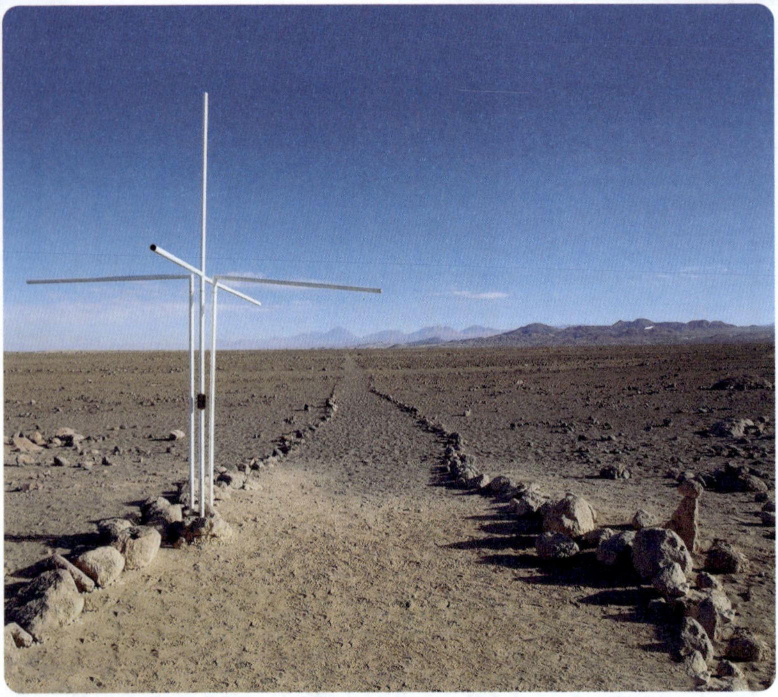

Inka-Weg durch die Atacama-Wüste, San Pedro de Atacama (S. 96)

CHILE & RAPA NUI

WILLKOMMEN IN CHILE & RAPA NUI

Chile befindet sich im Wandel. Obwohl die progressive Verfassung beim Referendum von 2022 abgelehnt wurde, zeugten die vorausgehenden Proteste von dem Wunsch nach Reformen. Es sind spannende Zeiten für einen Besuch.

Als ich in Argentinien lebte, machte ich mich oft über die Anden nach Chile auf. Ich liebe die Vielfalt an faszinierenden Landschaften. Hier gehen Abenteuer und Reflexion Hand in Hand, die Atacama-Wüste ist dafür das beste Beispiel. Eine Momentaufnahme kann nicht die Energie der Wüste vermitteln, deren Lebendigkeit das wechselnde Licht, der Wind und die Wildblumen, die in den Monaten nach dem Regen blühen, ausmachen.

Am liebsten sitze ich im Schatten eines *algarrobo* (Johannisbrotbaums) mit Blick auf Vicuña, während die Sonne hinter den Hügeln verschwindet.

Isabel Albiston

@isabel_albiston

Isabel, eine in London geborene Autorin, lebte in Argentinien und bereiste weite Teile Südamerikas.

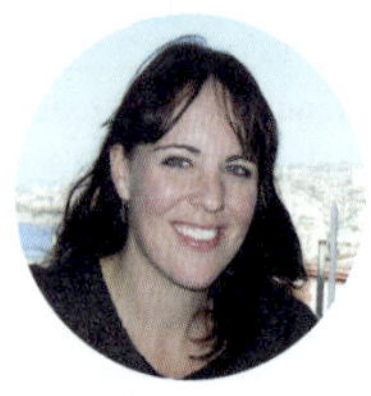

Mein Lieblingserlebnis ist eine Wanderung auf dem Prä-Inka-Weg von Putre zu den Höhlenmalereien von Wilacabrani (S. 122). Sie führt durch ein idyllisches Tal voller Schmetterlinge und Vögel.

50 YEARS

lonely planet

OF TRAVEL

CHILE & OSTERINSEL (RAPA NUI)

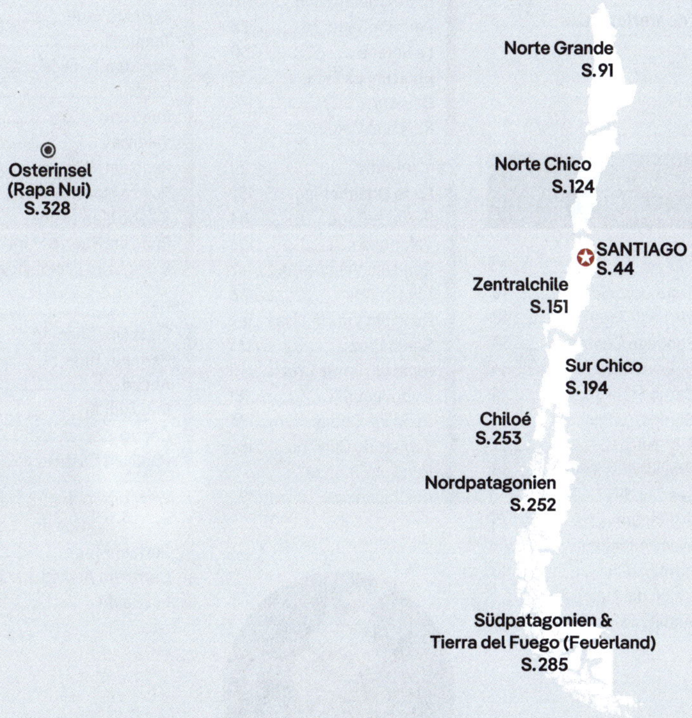

Isabel Albiston, Ashley Harrell, Mark Johanson, Shafik Meghji, Kevin Raub

INHALT

Reiseplanung

Reiseziele

Traditioneller Tänzer (S. 334), Rapa Nui

Cerro Santa Lucía (S. 52)

LIEBLINGSPLÄTZE

Hier schlägt für unsere Autor:innen und Expert:innen das Herz von Chile & Rapa Nui.

Ashley liebt Roadtrips und ist passionierte Autofahrerin, dennoch war sie vor ihrer Solotour auf der abgeschiedenen, größtenteils unbefestigten, oft von Viehherden blockierten **Carretera Austral** (S. 258) etwas nervös. Ihre Sorgen schwanden, nachdem sie ein Tramperpaar aufgelesen hatte und fünf Tage mit den beiden herumreiste. So läuft es auf der Carretera. Gute Reise, Emil und Silvia!

Ashley Harrell

Ashley lebt als freiberufliche Journalistin in Kalifornien. Sie wirkte an über 50 Lonely Planet Bänden über Nord- und Südamerika, Südostasien und Afrika mit.

Die bunte Hafenstadt **Valparaíso** (S. 156) ist wie dieser spezielle Typ von Freund, dessen Leben stets im Chaos zu versinken droht, ein bisschen unordentlich, gerne aus der Masse herausstechend und für jede Schandtat zu haben. Manchmal kann er einen in den Wahnsinn treiben, doch die Energie, die sich aus seinem exzentrischen, unvorhersehbaren Handeln ergibt, macht einfach süchtig.

Mark Johanson

@MarkOnTheMap

Mark schreibt über Reisen, Essen und Nachhaltigkeit in Südamerika und darüber hinaus. Er lebt in Santiago.

In Sachen Abgeschiedenheit, Abenteuer und dramatische Landschaft ist **Puerto Williams** (S. 318) unschlagbar. Der südlichste Ort der Welt am Ufer des Beagle-Kanals vor den Dientes de Navarino wirkt wie ein faszinierendes Städtchen. Es ist durch die fehlende Straßenverbindung zum restlichen Chile nicht leicht zu erreichen, sich von ihm loszureißen ist allerdings noch schwerer.

Shafik Meghji

@ShafikMeghji

Shafik ist ein preisgekrönter Journalist, Reiseschriftsteller und Autor von Crossed off the Map: Travels in Bolivia.

Pucón und Puerto Varas sind in vielerlei Hinsicht seelenverwandt, ein Unterschied ist jedoch die Nähe zum Vulkan. Der Volcán Villarrica thront nur wenige Kilometer über **Pucón** (S. 207). Er fasziniert mit seiner Schönheit und wirkt zugleich bedrohlich, vor allem wenn das glühend rote Innere die Wolken darüber einfärbt.

Kevin Raub

@raubontheroad

Kevin lebt in Bologna, ist Reisejournalist und Craft-Bier-Experte. Er schrieb an über 110 Lonely Planet Bänden zu vier Kontinenten mit.

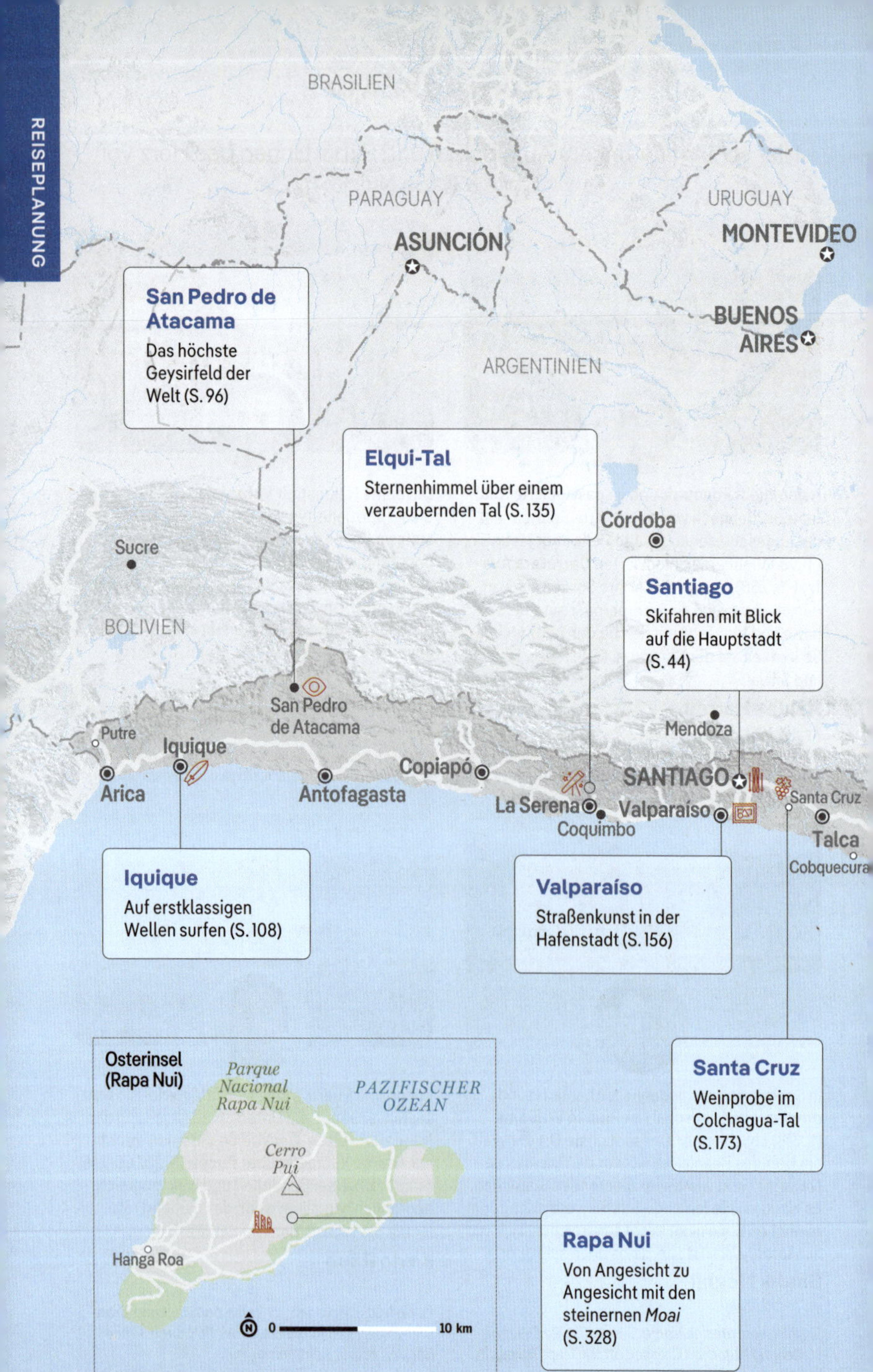
BRASILIEN
PARAGUAY
URUGUAY
ASUNCIÓN
MONTEVIDEO
BUENOS AIRES
ARGENTINIEN
San Pedro de Atacama
Das höchste Geysirfeld der Welt (S. 96)
Elqui-Tal
Sternenhimmel über einem verzaubernden Tal (S. 135)
Córdoba
Sucre
BOLIVIEN
Santiago
Skifahren mit Blick auf die Hauptstadt (S. 44)
San Pedro de Atacama
Mendoza
Putre
Iquique
Arica
Antofagasta
Copiapó
SANTIAGO
La Serena
Coquimbo
Valparaíso
Santa Cruz
Talca
Cobquecura
Iquique
Auf erstklassigen Wellen surfen (S. 108)
Valparaíso
Straßenkunst in der Hafenstadt (S. 156)
Santa Cruz
Weinprobe im Colchagua-Tal (S. 173)
Osterinsel (Rapa Nui)
Parque Nacional Rapa Nui
PAZIFISCHER OZEAN
Cerro Pui
Hanga Roa
0
10 km
N
Rapa Nui
Von Angesicht zu Angesicht mit den steinernen Moai (S. 328)

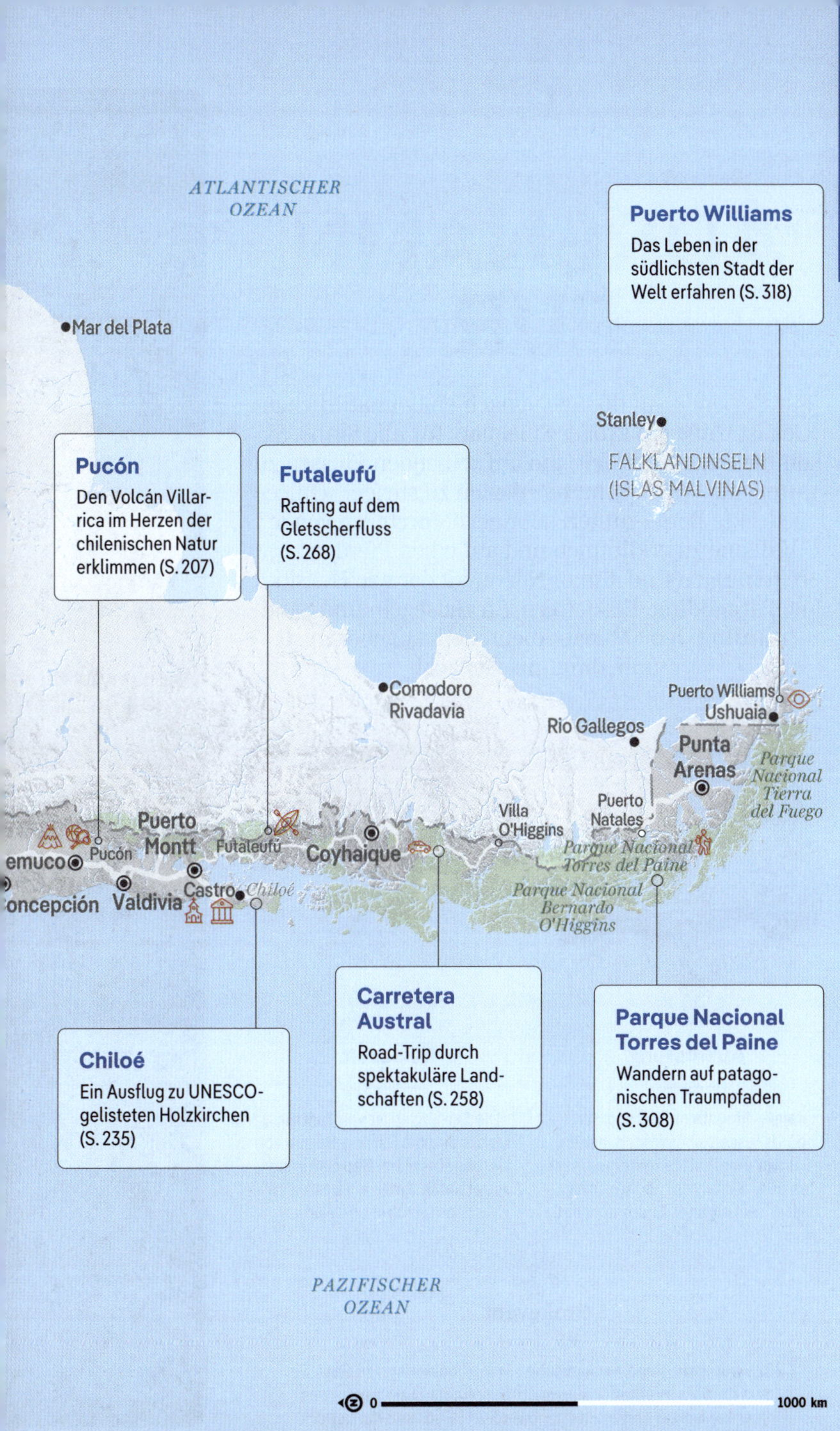
ATLANTISCHER OZEAN
Mar del Plata
Stanley
FALKLANDINSELN (ISLAS MALVINAS)
Puerto Williams
Das Leben in der südlichsten Stadt der Welt erfahren (S. 318)
Pucón
Den Volcán Villarrica im Herzen der chilenischen Natur erklimmen (S. 207)
Futaleufú
Rafting auf dem Gletscherfluss (S. 268)
Comodoro Rivadavia
Rio Gallegos
Puerto Williams
Ushuaia
Punta Arenas
Parque Nacional Tierra del Fuego
Puerto Natales
Villa O'Higgins
Parque Nacional Torres del Paine
Parque Nacional Bernardo O'Higgins
Coyhaique
Futaleufú
Puerto Montt
Pucón
emuco
oncepción
Valdivia
Castro
Chiloé
Chiloé
Ein Ausflug zu UNESCO-gelisteten Holzkirchen (S. 235)
Carretera Austral
Road-Trip durch spektakuläre Landschaften (S. 258)
Parque Nacional Torres del Paine
Wandern auf patagonischen Traumpfaden (S. 308)
PAZIFISCHER OZEAN
0
1000 km

ADRENALIN PUR

Für Reisende auf der Suche nach einem natürlichen Kick ist Chile ein großer Spielplatz für alle Sinne. Sie kommen aus aller Welt, um auf reißenden Flüssen zu raften, auf weltberühmten Wellen zu surfen, schneebedeckte Berge runterzudonnern, furchterregende Vulkane zu erklimmen und auf edlen Pferden zu reiten. Dazu findet man Nervenkitzler wie Heliskiing, Paragliding, Eisklettern, Strandsegeln und Sandboarding. Jede Menge Abenteuerlust gehört also unbedingt ins Gepäck!

FAR LINKS: RODRIGOBARRETO/SHUTTERSTOCK ©; LINKS: DARIIA_K/SHUTTERSTOCK ©; RECHTS: GUAXINIM/SHUTTERSTOCK ©

Ausrüstung

Kajaks, Mountainbikes und Surfboards lassen sich einfach mieten, aber wer ernsthaft bergsteigen, surfen oder Ski fahren möchte, bringt besser sein eigenes Equipment mit.

Reisezeit

Die Ski-Saison ist von Juni bis Oktober und die Rafting-Saison von Oktober bis März. Den Carretera Austral befährt man am besten zwischen Oktober und April.

Großevent

2023 waren die Panamerikanischen Spiele in Santiago zu Gast. Zu dem größten internationalen multidisziplinären Sportevent des amerikanischen Kontinents gehören Surf-, Rad- und Kanusport.

Kajakfahren, Río Futaleufú (S. 269)

BESTE ADRENALINKICKS

In den feurigen Schlot eines der aktivsten Vulkane Chiles blicken: Der **Volcán Villarrica** ❶ ist berühmt für häufige Explosionen und Lavaausflüsse. (S. 211)

Per Schlauchboot oder Kajak die aufregenden Wildwasserstrecken der Klassen IV und V des **Río Futaleufú** ❷ herunterrauschen. (S. 269)

Am **Punta de Lobos** ❸ in Pichilemu auf einer der berühmtesten Wellen zwischen Nord- und Südamerika surfen. (S. 179)

Rauf auf den Sattel und los geht's zu einer ***estancia*** ❹ (Viehzucht-Ranch) wie ein chilenischer Gaucho in Nordpatagonien. (S. 264)

Im Winterresort **Termas de Chillán** ❺ auf Skiern einen aktiven Vulkan herunterfahren und ein Bad in den Thermalquellen genießen. (S. 190)

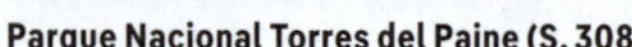

Parque Nacional Torres del Paine (S. 308)

UNVERGESSLICHE LANDSCHAFTEN

Im Land des Feuers gibt's einige der sensationellsten Landschaften auf dem Planeten. Die Vielseitigkeit der Natur ist wirklich verblüffend. Auf 4300 km Länge bietet Chile trockene Dünen, fruchtbare Täler, qualmende Vulkane, vorzeitliche Wälder, schleichende Gletscher und zugige Fjords. Und das ist nur die Spitze des Eisbergs (auch diese sind hier zu sehen!).

Geschütztes Land

Chile hat über 100 Nationalparks und Reservate. Manche wie der Parque Nacional Torres del Paine ziehen die Massen an, die meisten bieten jedoch viel Platz.

Blick nach oben

Der höchste von mehreren Gipfeln Chiles über 6000 m ist der Ojos del Salado (6893 m), der zweithöchste Punkt Südamerikas und der weltweit höchste aktive Vulkan.

BESTE LANDSCHAFTEN

Die prächtigen Granitgipfel, Seen und Gletscher des **Parque Nacional Torres del Paine** ❶ betrachten. (S. 308)

Amerikas südlichsten bewohnten Punkt, **Puerto Williams** ❷, besuchen. (S. 318)

Beim Sonnenuntergang im **Valle de la Luna** ❸ die Farbtöne über den Dünen bewundern. (S. 98)

Durch die vulkanische Wüstenebene, Wälder und Schluchten des **Parque Nacional Conguillío** ❹ fahren. (S. 204)

Die 1240 km der malerischen **Carretera Austral** ❹ herunterrollen. (S. 258)

LAND DES WEINES

Nur wenige Länder produzieren mehr Wein als Chile, dessen Weinberge sich durch mehrere Täler und über Hunderte Kilometer erstrecken. Das Klima reicht von heiß und trocken bis kühl und feucht und bringt eine vortreffliche Auswahl an dunklen Roten, spritzigen Weißen sowie blumigen Rosés hervor. In den Verkostungsräumen ist etwas für jeden Geschmack dabei.

Damals & heute

Missionare und Konquistadoren brachten den Wein Mitte des 16. Jhs. nach Chile, jesuitische Priester bauten auf den ersten Gütern rustikalen País an. Heute hat Chile rund 800 Kellereien.

Erntezeit

Weiße Trauben werden in Chiles Weinregionen von Februar bis Mitte März geerntet, rote Trauben von Mitte März bis Ende April oder Anfang Mai.

Vorausplanen

Zwar kann man manche Weingüter spontan besuchen, jedoch sollte man Touren sicherheitshalber mindestens einen Tag im Voraus buchen, besonders dann, wenn eine Mahlzeit inbegriffen ist.

BESTE WEINE

Unweit der Hauptstadt im **Valle de Maipo** ❶ kräftige Rotweine wie Cabernet Sauvignon verkosten. (S. 80)

Im **Valle de Colchagua** ❷, wo Cabernets und Carménères dominieren, Chiles opulentesten Weingüter einen Besuch abstatten. (S. 175)

Im kühlen Klima nahe Valparaíso gedeihen im **Valle de Casablanca** ❸ Pinot Noir und Sauvignon Blanc. (S. 163)

Der Wilde Westen des chilenischen Weins lockt mit alten Reben und lässigen Naturweinen im **Valle del Itata** ❹. (S. 187)

Santa Cruz ❺ feiert die Weinernte mit Ständen lokaler Weingüter auf der Plaza, der Krönung der Erntekönigin, Musik und Volkstanz. (S. 173)

WANDER-TOUREN

Dank dem 4000 km langen Rückgrat der zerklüfteten Anden mit umwerfenden Landschaften ist Chile ein echtes Paradies für Wanderfans. Auch abseits der Berge lockt es mit seiner ganzen Vielfalt, die von trockenen Wüsten, üppigen Regenwäldern, zugefrorenen Seen und reißenden Flüssen bis hin zu Vulkankratern und Gletschern reicht. Patagonien ist besonders beeindruckend, doch auch im Seengebiet im Süden, rund um Santiago und in der Atacama-Wüste gibt's tolle Wanderrouten.

FAR LINKS: ENCIERRO/SHUTTERSTOCK ©, LINKS: YOANN COMBRONDE/SHUTTERSTOCK ©, RECHTS: ANSEMS - DE JONG/SHUTTERSTOCK ©

Nachhaltigkeit

Hinterlass keinen Müll, sei vorsichtig mit Lagerfeuern und füttere keine wilden Tiere. Bezahl Gebühren, bevor du Privatgelände betrittst, und öffne keine Viehgatter.

Ideale Wanderzeit

In Patagonien wandert man am besten im Sommer (Dez.–Feb.), in der Atacama-Wüste von Juni bis Januar und auf Rapa Nui zwischen März und Dezember.

La Ruta de los Parques

Die über 2700 km lange Route erstreckt sich über ein Drittel des Landes von Puerto Montt bis zum Kap Hoorn und führt durch 17 Nationalparks sowie mehr als 60 Städte.

Cerro Castillo (S. 266), Carretera Austral

BESTE WANDERUNGEN

Der **Sendero Enladrillado** ❶ ist eine der besten Anden-Tagestouren in Zentralchile. (S. 180)

Wandere auf dem weltberühmten **„W“** (S. 309) oder dem **Paine-Rundweg** ❷ (S. 310) im Parque Nacional Torres del Paine.

Auf zum **Dientes-de-Navarino-Rundweg** ❸, eine fünftägige Tour durch das wilde Hochland. (S. 321)

Erklimme den **Cerro Castillo** ❹ für einen Blick auf seine Basaltspitzen und die sprudelnde Lagune oder stürz dich in ein viertägiges Abenteuer. (S. 266)

Durch den Parque Nacional Patagonia ❺ zwischen dem Valle de Chacabuco und dem Lago Jeinimeni wandern. (S. 278)

Valparaíso (S. 156)

STADT-ERKUNDUNG

Die Straßen von Chiles Großstädten sind riesige Kunstwerke, gerammelt voll mit engen Wendeltreppen, lebhaften Wandmalereien, regen Märkten und heiterer Architektur. Mit besonders hübschen Stadtzentren reizen Santiago, Valparaíso, Castro und Concepción, die man am besten einfach bei Streifzügen erkundet.

Die Hauptstadt

7 Mio. Menschen nennen Santiago ihr Zuhause, das damit landesweit konkurrenzlos in puncto Größe, kulturelles Angebot und politischer Einfluss ist.

Urbanisierung

Seit den 1930ern lebt die Mehrheit der Menschen in Chile in städtischen Gebieten. Heute sind es bereits rund 90 %, Tendenz steigend.

BESTE STADTERLEBNISSE

Kunterbunte Häuser auf Stelzen in **Castro** ❶ bewundern. (S. 246)

Im **Barrio Italia** ❷ in Santiago Vinotheken, Boutiquen und Cafés erkunden. (S. 73)

In die Fußstapfen von Dichter:innen, Kunstschaffenden und Philosoph:innen treten und sich im bunten Wirrwarr von **Valparaíso** ❸ verlieren. (S. 156)

Wandmalerei und Livemusik in **Concepción** ❹ bewundern (S. 188)

Durch **Santiago Centro** ❺ vorbei an Plazas, Lokalen, Museen und Kathedralen spazieren. (S. 50)

ABGELEGENE ZIELE

Egal ob in der Atacama-Wüste, auf den verborgensten Abschnitten der Carretera Austral, dem düsteren Tierra del Fuego oder auf den Gletschern und Fjorden im Patagonischen Eis: Die Möglichkeiten, vom Radar zu verschwinden, sind in Chile schier unbegrenzt. Nicht zu vergessen Rapa Nui, die entlegenste Insel des Pazifiks.

Tipps & Tricks

Einige Tage zusätzlich freihalten, falls das Wetter nicht mitspielt, besonders in Patagonien. Snacks und Wasser mitbringen sowie geeignete Kleidung und Ausrüstung einpacken.

Vergiss das Handy

Geh nicht davon aus, Handyempfang oder WLAN zu haben. Lade im Voraus Karten von den Gegenden herunter, in denen du dich aufhalten wirst.

Flüge suchen

Budget-Airlines wie Sky Airline und JetSmart bieten Regionalfüge zu entlegenen und kaum bedienten Regionen in Chile an.

BESTE ERLEBNISSE IN DER ABGESCHIEDENHEIT

Verbringe ein paar Tage im **Refugio Tinquilco** ❶ im Sur Chico, umgeben von sagenhaften Naturwanderwegen. (S. 212)

Ein Augenblick im Paradies: **Caleta Cóndor** ❷, ein geschützter Abschnitt der schwer erreichbaren Küste. (S. 230)

Auf **Rapa Nui** ❸ die rätselhaften Moai sehen. (S. 328)

Im **Parque Nacional Volcán Isluga** ❹ eine spektakuläre Anden-Landschaft erleben. (S. 115)

Mit dem Boot die abgelegenen und kaum besuchten Gletscher im **Parque Nacional Laguna San Rafael** ❺ erkunden. (S. 272)

Andenkondor

AUF IN DIE WILDNIS

Chile beheimatet eine enorme Vielfalt an Pflanzen sowie Lebewesen. Kamele hüpfen ebenso durch die Nationalparks wie der Huemul, ein bedrohter Hirsch und nationales Symbol. Andenkondore drehen ihre Kreise und der kalte Humboldtstrom sorgt für eine reichhaltige Unterwasserwelt.

Endemische Arten

Ozeane, Wüsten und Berge prallen in Chile aufeinander, was zu einer Vielfalt endemischer Arten führt. Der Archipiélago Juan Fernández etwa hat 101 weltweit einzigartige Pflanzenarten.

Pflanzen

Chiles Flora wetteifert mit der Fauna: Es gibt gemäßigte Regenwälder, die prähistorisch anmutende *nalca* (essbarer Verwandter des Rhabarbers) und mehr als 20 Arten von Kakteen und Sukkulenten.

BESTE ERLEBNISSE IN DER TIERWELT

Pinguine beim **Monumento Natural Islotes de Puñihuil** ❶ sichten. (S. 244)

Mit dem Fernglas ins **Reserva Nacional Los Flamencos** ❷, um Chile-, Anden- und James-Flamingos zu erspähen. (S. 102)

Einige Tage im **Parque Nacional Patagonia** ❸ verbringen und Guanakos begegnen. (S. 278)

Whalewatching- oder Kajaktrips im **Parque Marino Francisco Coloane** ❹. (S. 297)

Andenkondore aus nächster Nähe beim Landgut **Punta del Monte** ❺ sehen. (S. 265)

Andenkeramik, Museo Arqueológico San Miguel de Azapa (S. 121)

GESCHICHTE NEU ERLEBT

Chile ist einer der am längsten bewohnten Orte Amerikas. In der Archäologie erforscht man immer noch die Menschengeschichte der Region. Recherchiere selbst in den antiken Ruinen, Geisterstädten und Kolonialgebäuden und über die alten Bräuche, die Chiles Vergangenheit sehr greifbar machen.

Frühe Besiedlung

Ein in Monte Verde entdeckter Fußabdruck deutet auf Zivilisation in Chile vor bis zu 12500 Jahren hin, ein Jahrtausend bevor die Clovis-Menschen die Beringia-Landbrücke überquerten.

Lebendige Geschichte

Erwecke Chiles Geschichte zum Leben, indem du auf einem Schlachtschiff in Iquique mitfährst oder durch die Chilote-Dörfer reitest, wo alte Bräuche hochgehalten werden.

BESTE GESCHICHTS-ERLEBNISSE

Über die Mumiensammlung im **Museo Arqueológico San Miguel de Azapa** ❶ staunen. (S. 121)

Sich in den unheimlichen Geisterstädten **Humberstone** und **Santa Laura** ❷ gruseln. (S. 114)

Die **Holzkirchen** ❸ in Chiloé bewundern – ein kunterbunter Mix europäischer und indigener Bauart. (S. 247)

Die Architektur, die Museen und den Friedhof von **Punta Arenas** ❹ erkunden. (S. 290)

Den Kult des Tangata-Manu-Vogelmannes in der **Kultstätte Orongo** ❺ kennenlernen. (S. 339)

Curanto

ESSEN & TRINKEN

Ob du dich auf einen Cocktail oder einen Kaffee treffen, die Gerichte der traditionellen Küche verkosten oder noble Kost in einem gehobenen Restaurant genießen willst – Chile erfüllt jeden Wunsch. Im mediterranen Klima des Landes gedeiht alles, daher gibt's eine Menge saisonaler Produkte sowie frisches Fleisch und frischen Fisch.

Märkte

Reisende mit kleinem Budget kommen auf Märkten wie La Vega Central in Santiago nicht zu kurz. Der Mercado Central überzeugt mit Meeresfrüchten.

Asados

Verlass Chile nicht, ohne ein traditionelles *asado* (Grillfest) besucht zu haben! Als Festmahl und Event zugleich finden diese oft auf einer Ranch statt.

BESTES ESSEN

Curanto ❶ (Eintopf aus Fleisch, Kartoffeln und Meeresfrüchten) ist das Highlight der Chiloé-Küche. (S. 242)

Das Boragó ❷ zählt zu den 50 besten Restaurants der Welt. (S. 77)

Besuche die **Pisco-Brennereien** ❸ im Elqui-Tal. (S. 139)

Cordero al palo ❹ (Lamm am Spieß) genießen, eine regionale Spezialität Patagoniens. (S 305)

Bestelle in Tierra del Fuego ❺ frische ***centolla*** (Königskrabbe) zu Nudeln, Risotto, Crêpe, Salat oder Sandwich. (S. 292)

Musiker bei San Pedro de Atacama (S. 96)

EINZIGARTIGE DÖRFER

In Chiles Dörfern ticken die Uhren langsamer. Hier steigt man aus der turbulenten Welt des Tourismus aus und lernt die Kultur und Traditionen kennen, die von Generation zu Generation weitergegeben werden. All das vor dem magischen Hintergrund von Wüste, Bergen und Eisfeldern.

Gastfamilien

Erhalte in einer *casa de familia* (Gastfamilie) einen unvergesslichen Eindruck vom Landleben. Angebote gibt's auf turismoruralchile.cl.

Praktisches

In abgelegen Regionen gilt: Bargeld mitnehmen, am besten in kleinen Scheinen, da es oft schwierig ist, Geld zu wechseln. Häufig tanken.

BESTE DORF-ERLEBNISSE

Einen Töpferei-Workshop im traditionellen Künstlerdorf **Pomaire** ❶ besuchen. (S. 164)

Auf den Holzstegen des abgelegenen Holzfäller- und Fischerdorfs **Caleta Tortel** ❷ spazieren. (S. 276)

Die staubigen Straßen von **San Pedro de Atacama** ❸ entlangschlendern. (S. 96)

Mit dem Boot ins südlichste Dorf der Welt, **Puerto Toro** ❹ mit 12 Einwohner:innen. (S. 322)

Genieße in **Palena** ❺ chilenische Gasfreundschaft vom Pferderücken aus (S. 271)

STÄDTE & REGIONEN

Entdecke dein Sehnsuchtsziel.

Osterinsel (Rapa Nui)
S. 328

Osterinsel (Rapa Nui)

POLYNESIENS LEGENDÄRES FREILICHTMUSEUM

Die meisten Menschen kommen wegen der historischen Stätten und Ruinen nach Rapa Nui, vor allem aber wegen der riesigen rätselhaften Steinfiguren, den *Moai*. In Hanga Roa, der größten Stadt der abgelegenen Insel, kann man die polynesische Kultur und die traditionellen Tänze kennenlernen.

S. 328

Santiago

DAS PULSIERENDE HERZ CHILES

Die Hauptstadt liegt in einer spektakulären Kulisse vor den Anden, die man vom Gipfel des Cerro San Cristóbal aus sehen kann. Die faszinierende Geschichte des Landes lernt man in den Museen des Stadtzentrums kennen, anschließend genießt man das vielfältige Angebot an Restaurants, Galerien und Geschäften in den Stadtvierteln Bellavista, Lastarria und Barrio Italia.

S. 44

Chiloé

DIE MYSTISCHE MEERESINSEL

Die Isla Grande de Chiloé verzaubert mit fesselnder Mythologie und von der UNESCO ausgezeichneten hölzernen Kirchen. In der Provinzhauptstadt Castro gibt es charakteristische Architektur zu sehen, während die Stadt Ancud das Tor zu Abenteuern in den windgepeitschten Hügeln, nebligen Wäldern und abgelegenen Nationalparks darstellt.

S. 235

Nordpatagonien

BERGE, FLÜSSE, GLETSCHER UND FJORDE

Die Fahrt durch Urwälder und Berglandschaften auf der teilweise asphaltierten Carretera Austral ist einer der schönsten Roadtrips der Welt. Dabei sollte man sich nicht die Gelegenheit entgehen lassen, die rasch schmelzenden Gletscher des Parque Nacional Laguna San Rafael zu sehen. Für Adrenalinjunkies bietet sich eine Rafting-Tour auf dem türkisfarbenen Fluss im Futaleufú-Tal an.

S. 252

Norte Chico

STERNENKLARER HIMMEL, STRÄNDE UND GRÜNE TÄLER

La Serena ist eine charmante Stadt mit weitläufigen Sandstrand. Weiter nördlich liegen die herrlichen weißen Strände von Bahía Inglesa und der Parque Nacional Pan de Azúcar. Das Elqui-Tal ist bekannt für seine Pisco-Destillerien und zählt außerdem zu den besten Plätzen der Welt, um Sterne zu beobachten.

S. 124

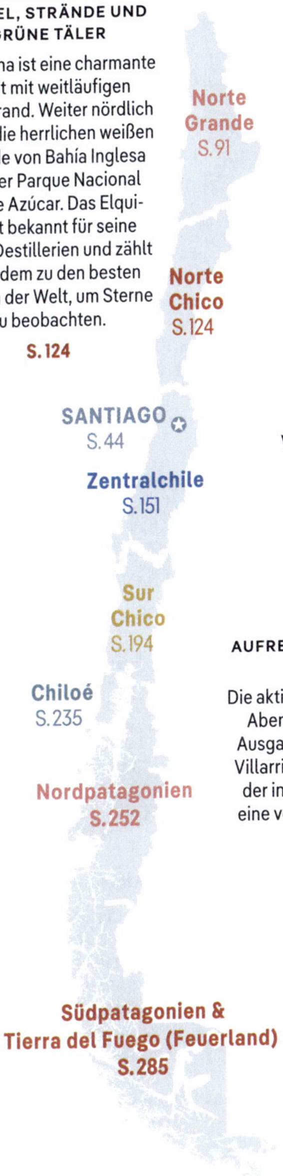

Norte Grande

WÜSTE, ALTIPLANO UND SURFEN

Von San Pedro de Atacama aus kann man die Felsformationen und dampfenden Geysire der Umgebung erkunden. Tagsüber surfen und nachts ausgehen ist in Iquique und Arica angesagt. Von Putre aus geht es zu den hoch gelegenen Seen des Parque Nacional Lauca.

S. 91

Zentralchile

SURFEN, SKIFAHREN UND WEIN TESTEN

Während die lebendige Hafenstadt Valparaíso für ihre vielfältige Straßenkunst bekannt ist, gilt das benachbarte Viña del Mar als etwas elegantere Variante mit hervorragenden Museen. Im Colchagua-Tal kann man Wein probieren, in Maitencillo surfen und in den Anden wandern oder Ski fahren.

S. 151

Sur Chico

AUFREGENDE OUTDOOR-ABENTEUER UND KULTURELLE VIELFALT

Die aktiven Vulkane und glitzernden Seen locken Abenteuerlustige in diese Region, Pucón ist Ausgangspunkt für die Besteigung des Volcán Villarrica. In La Araucanía erlebt man die Kultur der indigenen Mapuche, und Puerto Varas ist eine von Deutschen besiedelte Stadt am Lago Llanquihue.

S. 194

Südpatagonien & Tierra del Fuego (Feuerland)

ABENTEUER AM ENDE DER WELT

Diese spärlich besiedelte Region hat einige der spektakulärsten Landschaften Chiles zu bieten. Ein Großteil davon liegt im Parque Nacional Torres del Paine, den man bei einer Wanderung erkunden kann. In Feuerland ist Puerto Williams Ausgangspunkt für eine Tour zum Beagle-Kanal oder durch die Bergkette Dientes de Navarino.

S. 285

SL-PHOTOGRAPHY/SHUTTERSTOCK ©

***Moai* des Ahu Tongariki (S. 342), Osterinsel**

REISEROUTEN

Städte, Wein & Osterinsel

Dauer: 12 Tage **Länge:** 575 km, plus ein Flug

Die Tour führt von der Hauptstadt Santiago in die umliegenden Weintäler, mit Stopps für Seafood und Strandbummel an der Zentralküste. Anschließend geht's in die bunten Hügel von Valparaíso, bevor du zu einem polynesischen Abenteuer auf die Osterinsel fliegst. Die geheimnisvollen *moai* hier sind den Archäolog:innen noch immer ein Rätsel.

1

SANTIAGO 2 TAGE

Los geht's in der Hauptstadt **Santiago** (S. 44) mit ihren Museen, Plätzen und Parks. Bummle durch Lastarria und das Barrio Italia, besuche in Centro quirlige Märkte und speise in Top-Restaurants. Abends erstrahlen die Anden im Licht des Sonnenuntergangs.

2 Std.

***Abstecher:** Mit öffentlichen Verkehrsmitteln zu den Weingütern im Maipo-Tal. 1 Std.*

2

SANTA CRUZ 1 TAG

Dann steht **Santa Cruz** (S. 173) auf dem Programm, die urige Stadt im Herzen des Colchagua-Tals, der wichtigsten Weinregion Chiles. Hier werden vor allem Cabernet Sauvignon und Carménère angebaut, doch daneben gibt's alles von Malbec bis Chardonnay. Vormittags locken die tollen Museen der Stadt zu einem Besuch.

2½ Std.

3

MATANZAS 1 TAG

Lange grausandige Strände, tosende Brandung und tolle Architektur begrüßen dich im reizenden Küstendorf **Matanzas** (S. 165). Hier kannst du am Meer entspannen, lange, geruhsame Strandspaziergänge unternehmen und frischen Fisch schlemmen. Nachbardörfer wie La Boca warten mit dramatischen Aussichtspunkten mit Blick auf den Pazifik auf.

3 Std.

DIEGO GRANDI/SHUTTERSTOCK ©, JOSE LUIS STEPHENS/SHUTTERSTOCK ©, ABRIENDOMUNDO/SHUTTERSTOCK ©

Quillota
Viña del Mar
Villa Alemana
Valparaíso 4
Quilpué
Osterinsel (siehe Ergänzung)
5 Std.
30 Min.
Quintay
Casablanca Valley 5
Casablanca
El Quisco
1,5 Std.
SANTIAGO 1
San Bernardo
Wein-güter im Maipo-Tal
Osterinsel
Hanga Roa 6
0 20 km
Cartagena
San Antonio
Melipilla
Talagante
Matanzas
Rapel 3
El Crucero
Villa Alhue
2 Std.
PAZIFISCHER OZEAN
Rancagua
Molino
2,5 Std.
Las Cabras
Requinoa
Rengo
Pelequen
Marchihue
San Fernando
Santa Cruz 2
Nancagua
0 50 km

4

VALPARAÍSO 1 TAG

Valparaíso (S. 156), die sich über mehr als drei Dutzend Hügel ausbreitende Lieblingsstadt vieler Chile-Reisender, bezirzt mit Bohemecharme. Die meiste Action spielt auf dem Cerros Alegre und dem Concepción, wo die Gebäude mit Wandbildern überzogen sind. Dank sehr guten Hotels und Restaurants sowie romantischen Hügelpromenaden ist die Stadt ein zauberhaftes Erlebnis. *30 Min.*

5

CASABLANCA-TAL 1 TAG

Wer sich schon jetzt zurück zum Wein sehnt, kann von Valparaíso landeinwärts das **Casablanca-Tal** (S. 163) ansteuern, um dort Weinsorten wie Sauvignon Blanc und Pinot Noir zu verkosten. Bei einer Weinprobe oder auf einer Weintour stellst du vielleicht fest, dass die Weine hier merklich frischer sind und weniger Alkohol aufweisen als andernorts in Chile.

1½ Std., 5 Std.

6

OSTERINSEL 5 TAGE

Den Abschluss der Reise bildet ein Flug zum entlegensten Verkehrsflughafen der Welt auf der **Osterinsel** (S. 328), einem Stück Chile mitten im Südpazifik. Dank ihren rätselhaften monolithischen Menschenstatuen, den *moai*, ist die kleine Insel weltberühmt, doch es gibt auch noch andere archäologische Stätten wie z. B. das Ritualdorf Orongo oben auf einem Vulkan.

REISEROUTEN

Das Atacama-Abenteuer

Dauer: 10 Tage
Länge: 900 km

Bei dieser Abenteuertour erkundest du hoch oben im Norden Chiles die trockenste nichtpolare Wüste der Erde. Vom beliebten Urlaubsort San Pedro de Atacama geht's auf die Suche nach uralten Felsbildern, Lehmziegeldörfern, fauchenden Geysiren, mächtigen Vulkanen und Hochlandlagunen mit rosa Flamingos.

Valle de la Luna (S. 98), San Pedro de Atacama

SKREIDZELEU/SHUTTERSTOCK ©

1

SAN PEDRO DE ATACAMA 3 TAGE

Ans harsche Wüstenklima gewöhnst du dich in **San Pedro de Atacama** (S. 96), Urlaubsort aus Lehmziegeln und touristenfreundlichste Oase der Region. Der Ort dient als Stützpunkt für Tagesausflüge zu Salzpfannen, Sanddünen und archäologischen Stätten wie Aldea de Tulor in der Nähe. Dazu locken die Sonnenuntergänge über den Mondlandschaften des Valle de la Luna und die Himmelsbeobachtung von Sternwarten aus.

1½ Std.

2

EL-TATIO-GEYSIRE 1 TAG

Hat man sich akklimatisiert, steuert man auf über 4000 m Höhe **El Tatio** (S. 102) an, das größte Geysirfeld der südlichen Hemisphäre und eins der höchstgelegenen Thermalgebiete der Welt. Unterwegs dorthin kommst du an traditionellen Andendörfern, Tälern voller Kakteen und *bofedales* (Feuchtgebieten) mit wilden Vicuñas und domestizierten Lamas vorbei.

5½ Std.

3

IQUIQUE 2 TAGE

Die Fahrt zur Küstenstadt **Iquique** (S. 108) ist wirklich sehr lang, doch unterwegs kommst du an ein paar lohnenden Stätten vorbei wie den riesigen Geoglyphen der Geoglifos de Pintados, dem Festdorf La Tirana und den Geisterstädten Humberstone und Santa Laura. Den folgenden Tag widmest du Iquique selbst und entspannst an den goldenen Stränden.

3½ Std.

PERU
Tacna
Parque Nacional Lauca
Putre 5
45 Min.
6
Arica
4
2,5 Std.
1,5 Std.
Reserva Natural Las Vicuñas
BOLIVIEN
Lago de Coipasa
Pisagua
3,5 Std.
Huara
Mamiña
3
Iquique
Pozo Almonte
Pica
Lagunas
5,5 Std.
PAZIFISCHER OZEAN
Quillagua
Tocopilla
Chuquicamata
El Tatio Geysers 2
Maria Elena
Calama
1,5 Std.
San Pedro de Atacama 1
Sierra Gorda
Toconao
0 100 km

4

ARICA 1 TAG

Chiles nördlichste Stadt, **Arica** (S. 116), wurde auf einem Friedhof errichtet, der von den Chinchorro genutzt wurde, einer alten Fischerkultur, die als erste ihre Toten mumifizierte. Dutzende Mumien sind in der Stadt in einem kleinen Museun zu sehen sowie in einem größeren Museum im nahen Azapa-Tal. Arica bietet außerdem Schlachtfelder des Salpeterkriegs, Surfbreaks und erstklassige Restaurants am Meer. *2½ Std.*

5

PUTRE 1 TAG

Das Aymara-Dorf **Putre** (S. 122) ist der letzte echte chilenische Außenposten an der Straße nach La Paz. Es liegt auf einer Höhe von 3370 m und bietet sich daher toll als Basis für Touren in die Hochanden an der Grenze zu Bolivien an. Wer sich akklimatisiert hat, kann sich auf die Suche nach warmen Quellen, Vulkanen und Tieren machen. *45 Min.*

6

PARQUE NACIONAL LAUCA 2 TAGE

Mit seinen mächtigen, über 6000 m hohen Vulkanen zählt der **Parque Nacional Lauca** (S. 123) zu den atemberaubendsten Nationalparks Chiles; zudem strotzt er vor Wildtieren. Durch die Schneeschmelze entstehen azurblaue Lagunen mit Hunderten rosa Flamingos.

Abstecher: *Am zweiten Tag bietet sich ein Abenteuertrip zur Reserva Natural Las Vicuñas an. 1½ Std.*

LOVELYPEACE/SHUTTERSTOCK ©

REISEROUTEN

Zu Seen & Vulkanen

Dauer: 10 Tage

Länge: 815 km

Auf dieser Route gibt's jede Menge Seen und Vulkane zu sehen, doch genauso schön sind die dichten gemäßigten Regenwälder, die idyllischen Weiden und die dampfenden Thermalbäder. Dies ist zudem das Herzland des größten indigenen Volks des Landes, der Mapuche: Ihr Einfluss ist in vielen Orten unterwegs spürbar.

Lago Panguipulli zwischen Valdivia (S. 214) und Huilo-Huilo (S. 218)

CACIO MURILO/SHUTTERSTOCK ©

1 CASTRO 2 TAGE

Castro (S. 246) ist die Hauptstadt der Inselgruppe Chiloé – hier sind am schönsten die *palafito*-Häuser zu sehen, die auf Pfählen über dem Meer stehen. Von hier erkundest du Holzkirchen (Abb. unten), ein UNESCO-Welterbe, gemäßigte Wälder und fabelhafte Restaurants mit einer auf heimischen Meeresfrüchten und Kartoffeln gegründeten Küche.

3½ Std.

2 PUERTO VARAS 2 TAGE

Sobald man in **Puerto Varas** (S. 224) ankommt, spürt man das deutsche Erbe der frühen Siedler:innen. Die am spiegelglatten Lago Llanquihue gelegene und mit herrlichen Vulkanblicken gesegnete Stadt ist eine komfortable Basis für Touren in nahe Schutzgebiete mit tosenden Wasserfällen, smaragdgrünen Lagunen und dichten Wäldern aus riesigen Patagonischen Zypressen.

2½ Std.

3 VALDIVIA 1 TAG

Jetzt geht's zurück zur Küste in die quirlige Unistadt **Valdivia** (S. 214) mit Attraktionen am Fluss und vor allem spanischen Festungen. Dank der heimischen Cervecería Kunstmann, die Kultstatus genießt, ist dies auch das Craft-Bier-Mekka Chiles. Gleich vor den Toren der Stadt erstreckt sich ein gemäßigter Valdivianischer Regenwald.

2½ Std.

LOCOMOTIVE74/SHUTTERSTOCK ©

4

HUILO-HUILO ⏱ 2 TAGE

Auf dem Gelände des privaten Bioreservats **Huilo-Huilo** (S. 218) kannst du ein paar Tage in einem märchenhaften Wunderland verbringen. Wege, viele davon familienfreundlich, führen zu tosenden Wasserfällen, Flussstränden und Thermalbädern. Außerdem gibt's ein Museum mit indigenen Artefakten, einen Bikepark, eine Brauerei und Kunstgewerbe-Werkstätten. Und über allem thront der Vulkan Mocho-Choshuenco.

2 Std.

5

PUCÓN ⏱ 2 TAGE

Der noble Urlaubsort **Pucón** (S. 207) am Lago Villarrica im Schatten des gleichnamigen Vulkans ist ein Mekka für Abenteuersport. Von hier sind auf Tagesausflügen mehrere Schutzgebiete wie der Parque Nacional Villarrica und der Parque Nacional Huerquehue zu erreichen. Dazu kommen warme Quellen wie die Termas Geométricas (Abb. unten).

2½ Std.

6

PARQUE NACIONAL CONGUILLÍO ⏱ 1 TAG

Nirgends lässt sich der zeitlose Reiz der uralten chilenischen Araukarien tiefgreifender erspüren als im **Parque Nacional Conguillío** (S. 204). Mit seinem blaugrünen See im Schatten des Volcán Llaima, eines der aktivsten Vulkane Chiles, ist der Park ein Traum für Landschaftsfotografen: Überall gedeihen auf üppig grünen Hügeln regenschirmartige Bäume.

REISEROUTEN

Patagonien erkunden

Dauer: 14 Tage
Länge: 500 km, plus eine Fährfahrt

Auf der Carretera Austral, der einzigen Fernstraße durch das nördliche chilenische Patagonien, unternimmst du eine Reise ins Abenteuer. Anschließend geht's mit der Fähre durch neblige Fjorde weiter gen Süden nach Puerto Natales, Tor zum Nationalpark Torres del Paine, einem der berühmtesten Südamerikas.

Mirador Las Torres (S. 312), Parque Nacional Torres del Paine

DAVID IONUT/SHUTTERSTOCK ©

1 CERRO CASTILLO

⏱ 2 TAGE

Vom Flughafen Balmaceda fährst du über die kurvige Carretera Austral Richtung Süden nach **Cerro Castillo** (S. 266; Abb. unten) am Fuß eines burgartigen Massivs – jetzt bist du im wilden Patagonien! Am zweiten Tag spielst du bei einem Ausritt den Gaucho oder wanderst im Nationalpark zu schillernden Lagunen.

2 Std.

2 PUERTO RÍO TRANQUILO

⏱ 1 TAG

Weiter südlich liegt **Puerto Río Tranquilo** (S. 261), Ausgangspunkt für Kajak- und Schiffsexkursionen zu den berühmten Capillas de Mármol, den „Marmorhöhlen" mit ihren skulpturalen Formationen. Danach fährst du ins nahe Valle Exploradores, um einen Ausblick auf den nördlichen Patagonischen Eisschild zu erhaschen.

3 Std.

3 PARQUE NACIONAL PATAGONIA ⏱ 2 TAGE

Der **Parque Nacional Patagonia** (S. 278) ist ein Zentrum für die Wiedereinführung bedrohter Arten in die Wildnis und ist *das* Mekka für Tierbeobachtungen. Dieser 2018 von amerikanischen Philantrop:innen gegründete Park zählt zu den schönsten Südchiles, mit toller Infrastruktur und einem schönen Netz an Wanderwegen und Biketrails, zusätzlich zu einem Museum, einer Lodge und einem Restaurant. *4 Std.*

DUDAREV MIKHAIL/SHUTTERSTOCK ©

4

CALETA TORTEL 2 TAGE

Traumhafte Plankenwege führen durch die bewaldeten Hügel zu den Pensionen, Restaurants und Wohnhäusern von **Caleta Tortel** (S. 276), einem entlegenen Weiler wie aus dem Märchen. Du kannst an der milchig-grünen Bucht entlang oder auf Wanderwegen zu Aussichtspunkten wandern. Einmal in der Woche verkehren Fähren durch umwerfend einsame Fjorde in etwa 40 Stunden nach Puerto Natales.

40 Std.

5

PUERTO NATALES
2 TAGE

Puerto Natales (S. 300) ist Ausgangspunkt für Touren zu den Torres del Paine. Zudem wartet das urige Dörfchen mit einer tollen Promenade am Wasser, Höhlen, die einst Riesenfaultiere beherbergten, gemütlichen Restaurants und einer Ginbrennerei auf.

1 Std.

6

TORRES DEL PAINE
5 TAGE

Dein Patagonien-Abenteuer krönst du mit einer fünftägigen Wanderung über den berühmten „W"-Weg durch den **Parque Nacional Torres del Paine** (S. 308). Unterwegs kommst du an den drei Granitspitzen vorbei, dem der Park seinen Namen verdankt, sowie an Gletschern (Abb. oben), goldener Pampa und knallblauen Seen. Dank Zeltplätzen, Schutzhütten und sogar einigen Hotels kannst du die Tour luxuriös wie auch bescheiden gestalten.

SL-PHOTOGRAPHY/SHUTTERSTOCK ©

BESTE REISEZEIT

Dank des abwechslungsreichen Klimas kann man im langen, schmalen Chile das ganze Jahr über etwas erleben.

Mit Ausnahme des südlichsten Zipfels, den man am besten im Sommer besucht, hat das vielfältige Land jederzeit zahlreiche Outdooraktivitäten, Möglichkeiten zur Wildtierbeobachtung und kulturelle Highlights zu bieten. Im Frühling ist das Wetter in Santiago mild und die Jacarandabäume blühen purpurfarben, während im Herbst die Trauben auf Chiles Weingütern und Piscodestillerien geerntet werden. Der äußerste Süden kann im Winter unzugänglich sein, doch in den Skiresorts nahe Santiago und in den Termas de Chillán ist Hochsaison und in Iquique und Arica gibt es die größten Wellen. Auch in der Atacamawüste ist es nun angenehm (aber für die kalten Nächte warme Kleidung einpacken).

Den Massen entfliehen

In der Hochsaison von Dezember bis Februar ist es in Patagonien am schönsten und am teuersten. Die Nebensaison (September bis November, März bis Mai) ist die beste Reisezeit, um in den Badeorten und im Süden Schnäppchen zu machen.

ICH LEBE HIER

STERNE AM WINTERHIMMEL

Alfredo Burgos Rivera lebt seit jeher in Vicuña. Er arbeitet im Centro Astronómico Omega. @omegagastronomico

Im Valle del Elqui ist der Himmel das ganze Jahr über wolkenlos, doch die beste Zeit für astronomische Beobachtungen ist für mich der Winter. Dann lässt sich der Saturn sehen, der schönste Planet von allen, was im Sommer nicht immer der Fall ist. Die Milchstraße scheint im Winter klarer und man kann das Sternbild des Schützen erkennen. Als Kind habe ich aber die Sommer in Vicuña geliebt, vor allem die Feste.

Sternenbeobachtung (S. 99), Atacamawüste

DIE ATACAMAWÜSTE

Die Atacama erstreckt sich über 105 000 km² im Norden Chiles und ist die trockenste Wüste der Welt. Ihre Durchschnittstemperatur beträgt recht milde 18 °C. Frei von Wolken und Lichtverschmutzung bietet sie ideale Bedingungen für die Sternenbeobachtung.

Reisewetter

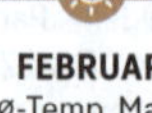

JANUAR	FEBRUAR	MÄRZ	APRIL	MAI	JUNI
ø-Temp. Max: **25 °C**	ø-Temp. Max: **15 °C**	ø-Temp. Max: **27 °C**	ø-Temp. Max: **18 °C**	ø-Temp. Max: **20 °C**	ø-Temp. Max: **4 °C**
Regentage: **0**	Regentage: **14**	Regentage: **1**	Regentage: **1**	Regentage: **0**	Regentage: **11**
(Iquique)	(Punta Arenas)	(Santiago)	(La Serena)	(Iquique)	(Punta Arenas)

VERSCHIEDENE KLIMAZONEN

Das Klima Zentralchiles ist mit kühlen Wintern und heißen Sommern mediterran und ideal für den Weinanbau. In Patagonien herrscht hingegen ein maritimes Klima mit viel Niederschlag, niedrigen Temperaturen und überwiegenden Westwinden.

Chiles größte Feste & Festivals

Das Festival der darstellenden Kunst **Teatro a Mil** dominiert im Januar mit Straßentheater und Aufführungen internationaler Künstler die Kulturszene Santiagos (S. 44). **Januar**

Schon seit 1960 gibt es das **Festival Internacional de la Canción de Viña del Mar** (S. 168) Es ist eines der größten und ältesten Musikfestivals Südamerikas und wird auf dem gesamten Kontinent live übertragen. **Februar**

Die chilenische Unabhängigkeit feiert man während der **Fiestas Patrias** (S. 168) im ganzen Land mit Grillpartys, *terremotos* (Weinmixgetränken mit Ananaseis und Bitterlikören) und allgemeiner Geselligkeit. Besonders ausgelassen geht es in Zentralchile zu. **September**

Die größte **Silvesterparty** (S. 155) steigt in Valparaíso, wo Feiernde die Balkons und Straßen füllen, um zu tanzen, zu trinken und sich das Feuerwerk über der Bucht anzusehen. Traditionell wird pünktlich zu Mitternacht ein Löffel Linsen gegessen. **Dezember**

Regionale religiöse & kulturelle Feste

Bei den **Fiestas Costumbristas** werden die Inseltraditionen Chiloés (S. 235) mit Volksmusik, Tanz und jeder Menge kulinarischen Köstlichkeiten gefeiert. **Februar**

Tapati Rapa Nui (S. 332) ist ein großes Kulturfestival auf Rapa Nui, bei dem über zwei Wochen farbenfrohe Tanz-, Musik- und Kulturwettbewerbe stattfinden. **Februar**

Bei den aufwendigen Straßenumzügen des **Carnaval Andino con la Fuerza del Sol** (S. 94) bringen Blaskapellen und Tanzgruppen in schillernden Kostümen drei Tage lang die Straßen Aricas zum Beben. **Februar**

Chiles spektakulärstes religiöses Fest wird zu Ehren der **Virgen del Carmen** (S. 115) begangen. Zehn Tage lang füllen Tausende Pilger, kostümierte Tänzer und Bands die Straßen des kleinen Örtchens La Tirana im Landesinneren bei Iquique. **Juli**

ICH LEBE HIER

SOMMER AM STRAND

Camila Ahumada Tiska stammt aus Caldera, wo sie einen Fahrradverleih und eine Saftbar betreibt. @tiska.caldera

Der Sommer ist meine Lieblingsjahreszeit in Caldera, denn ich liebe das Meer. Im Januar und Februar ist der Strand sehr voll, weshalb ich den März bevorzuge. Dann ist es noch warm, aber die Massen sind weg. Wenn ich Zeit habe, gehe ich an der Playa Loreta schwimmen, einem ruhigen Familienstrand mit warmem Wasser und wenigen Wellen.

Bahía Inglesa (S. 146), Caldera

KALTES OZEANWETTER

Der Humboldtstrom fließt an der Küste Chiles entlang und sorgt rund ums Jahr für kaltes Wasser im Pazifik. An der Küste Zentralchiles beträgt die Wassertemperatur üblicherweise zwischen 15 °C und 17 °C, in Iquique 21 °C und im Süden 9 °C.

JULI	AUGUST	SEPTEMBER	OKTOBER	NOVEMBER	DEZEMBER
ø-Temp. Max: **16 °C**	ø-Temp. Max: **16 °C**	ø-Temp. Max: **19 °C**	ø-Temp. Max: **23 °C**	ø-Temp. Max: **19 °C**	ø-Temp. Max: **14 °C**
Regentage: **7** (Santiago)	Regentage: **3** (La Serena)	Regentage: **0** (Iquique)	Regentage: **3** (Santiago)	Regentage: **1** (La Serena)	Regentage: **14** (Punta Arenas)

LINKS: TOLOBALAGUER.COM/SHUTTERSTOCK ©, RECHTS: CINEMATIC COLLECTION/ALAMY STOCK PHOTO ©

W Trek (S. 309), Parque Nacional Torres del Paine

BESTENS VORBEREITET AUF CHILE

Nützliches zum Vorbereiten und Einstimmen.

Kleidung

Zwiebelprinzip: Im Sommer ist es in Chile tagsüber heiß. Sobald die Sonne untergeht, sinkt die Temperatur in weiten Teilen. Aufgrund eines Dunstschleiers, genannt *camanchaca*, ist es im Norden morgens an den Küsten überraschend kühl und oft bewölkt.

Thermokleidung: Diese benötigt man, um sich in den Anden, in Patagonien und in manchen Winternächten in der Atacama-Wüste warm zu halten.

Kopfbedeckung: Vor allem in den Wüstengebieten im Norden und in den Anden muss man den Kopf vor starker Sonneneinstrahlung schützen. Im Gebirge und in Patagonien ist eine Wollmütze angebracht.

Etikette

Im Gespräch mit Fremden und Älteren verwendet man die **formelle usted-Verbform** und spricht mit *señor* oder *señora* an.

Chilenen sind leiser als ihre südamerikanischen Nachbarn. In der Öffentlichkeit führt man also keine lautstarken Unterhaltungen.

Hartnäckiges Feilschen ist nicht üblich, freundliche Preisverhandlungen sind okay. Nicht auf einen Nachlass bestehen.

Regenjacke: Für Patagonien und die Berge sollte man eine regen- und winddichte Jacke mitnehmen.

Bequeme Wanderschuhe für Trails: Auf schroffen Passagen ist festes Schuhwerk nötig.

LESEN

Das Geisterhaus (Isabel Allende; 1982) Magisch-realistische Familiensaga über drei Generationen in einem Land mit Ähnlichkeit zu Chile.

Zwanzig Liebesgedichte und ein Lied der Verzweiflung (Pablo Neruda; 1924) Vom Autor, der 1971 den Literaturnobelpreis gewann.

Chilenisches Nachtstück (Roberto Bolaño; 2000) Satirische Reflexionen über das Leben eines Priesters, der Pinochet unterrichtet.

Träume aus Plüsch (Pedro Lemebel; 2001) Witzig-bewegender Roman über einen einsamen, älteren Mann und einen Revolutionär.

Sprechen

buenos días / buenas tardes ist die Begrüßung für Fremde am Vormittag / Nachmittag.

hola ist ein weniger formelles „Hallo" unter Leuten, die sich kennen.

por favor bedeutet bitte.

gracias heißt danke.

de nada meint so viel wie „keine Ursache", als Antwort auf „gracias".

cómo estai ist die chilenische Variante von **cómo estás?**, um Leute informell nach dem Befinden zu fragen.

nos vemos bedeutet "bis bald". Meist hört es sich nach „no vemo" an, denn in Chile wird das „s" am Wortende oft nicht ausgesprochen.

po ist ein Füllwort, das häufig zur Betonung eingesetzt wird, aber keine Bedeutung an sich hat. Oft wird es an Wörter angehängt: **sí** („ja") wird zu **sipo** und **no** wird zu **nopo**.

harta wird in Chile gebraucht, um eine große Menge oder viel auszudrücken.

¿cachai? ist eine chilenische Phrase und kann etwa mit „Verstehst du?" oder „Okay?" übersetzt werden.

al tiro bedeutet „jetzt gleich", eine chilenische Alternative für **ahora**.

weón ist chilenischer Slang und nur mit Vorsicht zu gebrauchen. Es kann als starke Beschimpfung verwendet werden, etwa wenn sich jemand vordrängt. Das Wort kommt aber auch als eine Art Begrüßung unter Freunden zum Einsatz. Maßgeblich ist der Kontext. Im falschen Moment könnte es als Beleidigung aufgefasst werden.

bacán heißt gut.

filete heißt so richtig gut.

ANSCHAUEN

No (Pablo Larraín; 2012; Bild) Folgt dem Publizisten hinter der „no"-Kampagne im Referendum von 1988 zu Pinochets Regime.

Eine fantastische Frau (Sebastián Lelio; 2017) Marina erleidet nach dem Tod ihres Partners Trauer und Diskriminierung in Santiago.

Machuca (Andrés Wood; 2004) In den letzten Monaten der Allende-Regierung schließen zwei Jungen aus unterschiedlichen sozioökonomischen Milieus Freundschaft.

Die Perle (Sebastián Silva; 2009) Eine Haushälterin, die seit 20 Jahren für dieselbe Familie arbeitet, kämpft um ihren Job.

Gloria (Sebastián Lelio; 2013) Eine geschiedene Frau mittleren Alters wirft sich in die Datingszene.

REINHÖREN

Norma (Mon Laferte; 2018) Ihren Durchbruch feierte sie bei einer chilenischen Talentshow, heute zählt sie zu den größten Stars des Landes.

Invisible (La Ley; 1995) Nach dem Tod ihres Gründers Andrés Bobe 1994 brachte das vierte Album der chilenischen Rockband internationalen Erfolg.

Quilapayún (Quilapayún; 1967) Quilapayún probierte mehrere Musikstile. Ihr erstes Album enthält jedoch vorrangig andine Musik.

Mamalluca (Los Jaivas; 1999) Inspiration waren die Berge vor Vicuña im Elqui-Tal. Aufgenommen wurde das Album mit einem Symphonieorchester.

LARISA BLINOVA/SHUTTERSTOCK ©

Pastel de jaiba

ESSEN WIE DIE LOCALS

Meeresfrüchte, Fisch, Olivenöl, Wein und knackfrisches Gemüse sind die Hauptbestandteile von Chiles kultigsten Gerichten.

Wann warst du zuletzt in einem chilenischen Restaurant? Noch nie? Viele Reisende haben hier zum ersten Mal Kontakt mit der chilenischen Küche, eine oftmals einschüchternde Erfahrung. So muss es aber nicht sein! Du hast sicher schon mal Schwarzen Seehecht oder Weine wie Carménère auf Speisekarten gesehen. Lachs und Früchte aus Chile werden in alle Welt exportiert, also bist du ihnen zumindest unwissentlich bestimmt schon mal begegnet.

Die chilenische Küche setzt im Gegensatz zu den Nachbarländern auf der Ostseite der Anden weniger auf Fleisch, sondern mehr auf Fisch, sodass du dich überall auf Frisches aus dem Meer freuen darfst! Nun fehlen nur noch herzhafte Eintöpfe, luftige Empanadas, zuckrige Süßigkeiten und erschwingliche Weine.

Da Chile mit seinen 4270 km von oben nach unten ein sehr langes Land ist, ähnelt das Essen in Arica ganz im Norden keineswegs dem in Punta Arenas im tiefen Süden. Was erwartet einen also zwischen Nord und Süd?

In der Wüste

Die große Mehrheit der Menschen der Atacama-Wüste lebt an der Küste, wo Fisch ein Grundnahrungsmittel ist. *Ostiones* (Kammmuscheln) und *locos* (eine Art Seeschnecke) gehören hier zu den Delikatessen. Erstere werden oft mitsamt Schale und Parmesan und Letztere mit Salat und einem Klecks Mayonnaise serviert.

Die Küche im Inland, etwa in San Pedro und Putre, ähnelt eher der im Nachbarland Bolivien, wo besonders Quinoa, Lamafleisch

Unbedingt probieren!

CEVICHE
Roher Fisch, gemischt mit Zwiebeln, Paprika, Koriander und Limettensaft.

POROTOS GRANADOS CON MAZAMORRA
Sommereintopf aus Cranberry-Bohnen, Maiskörnern und Kürbis.

PASTEL DE JAIBA
Krebsfleisch mit Käse und Sahne, zubereitet in einer Tonschüssel.

und *charqui* (getrocknetes Rindfleisch) beliebt sind. Tee aus Kokablättern hilft bei der Höhenkrankheit. In Cocktails und Eis ist oft das zitronige Gewürz *rica-rica* zu finden, das in der Wüste gedeiht.

Mittelmeercharme in Zentralchile

Zentralchile ist mit seinen Gemüsegärten, Streuobstwiesen und Weinbergen eins der produktivsten Landwirtschaftsgebiete auf dem Planeten. Saisonale Kost und Essen frisch vom Markt werden sehr geschätzt, seien es Artischocken im Frühling oder Kürbisse im Herbst.

Doch egal, was gegessen wird, ein bis zwei Gläser Rotwein gehören in Chile zum Abendessen einfach dazu. Mit Brandy aus den Tälern nördlich Santiagos wird Pisco Sour gemischt, den man zu Ceviche serviert.

Scharfes Essen findet wenig Anklang, immer öfter jedoch wird das Chiligewürz *merkén* aus der Mapuche-Küche verwendet.

Fleisch & Kartoffeln in Patagonien

Die Gerichte im Süden sind herzhafter und fleischhaltiger als irgendwo anders im Land. Besonders Chiloé bietet eine große Zahl an einzigartigen Kreationen aus den dort einheimischen Kartoffeln, darunter Brot, Eintöpfe und sogar Desserts. Eine der ältesten Speisen Südamerikas nennt sich *curanto*: Dafür werden Fleisch, Fisch und Kartoffeln mithilfe von heißen Steinen in einem Erdloch gekocht.

In Patagonien ist Lamm das kulinarische Highlight. Es wird oft über offenem Feuer gegrillt. Ebenfalls beliebt sind *centolla* (Königskrabbe) und Pilzgerichte. Mit den allgegenwärtigen *calafate*-Beeren werden Desserts und Pisco Sours zubereitet.

Centolla

Pisco-Sour-Cocktails

KULINARISCHE & WEINFESTIVALS

Fiestas Costumbristas (S. 256) Kleinstädte im ganzen Süden von Chile feiern ausgiebige Sommerfeste im Januar und Februar, oft mit Lamm und Schwein am Spieß.

Cocinas del Pacífico (S. 128) Auf diesem Fest im winzigen Bahía Inglesa experimentieren jeden Februar Kochtalente aus aller Welt mit dem, was die Atacama-Küste hergibt.

Fiesta de la Vendimia Colchagua (S. 154) Chiles herausragende Weinregion zelebriert Ende März oder Anfang April die Ernte mit Traubenstampfen, traditionellem Essen und viel Wein.

Día Nacional del Pisco (S. 129) Orte im Elqui-Tal begehen am 15. Mai den nationalen Pisco-Tag mit Cocktails und Workshops.

Fiestas Patrias (S. 155, S. 333) Zum Unabhängigkeitstag im September gibt's in ganz Chile *fondas* (Volksfeste) mit traditionellem Streetfood wie Empanadas.

PASTEL DE CHOCLO Köstlicher, herzhafter Auflauf mit püriertem Mais und Hackfleisch.

CALDILLO DE CONGRIO Fischsuppe mit Gemüse, Schlagsahne und gekochtem Aal.

MACHAS A LA PARMESANA Salzwassermuscheln mit einem Weißwein- und Parmesan-Topping.

CORDERO AL PALO Über offenem Feuer gebratenes Lamm, typisch in Patagonien.

CHARQUICÁN Präkolumbischer Eintopf aus Kartoffeln, Kürbis und **charqui** (Trockenfleisch).

Lokale Spezialitäten

Fisch & Meeresfrüchte

Paila marina Krustentier-Eintopf mit Tomate.

Choritos con arroz Miesmuscheln mit Reis.

Pulmay Türmchen aus Krustentieren, Würstchen, Hühnchen und Kartoffeln.

Tiradito Roher Fisch in Scheiben mit süßer oder scharfer Soße.

Chupe de centolla Schmortopf mit Königskrabbe.

Snacks & Streetfood

Empanadas Gebackene oder frittierte Teigtaschen.

Completos Hot Dogs mit Avocado-Mus.

Anticuchos Gegrilltes Fleisch am Spieß.

Churrasco Italiano Sandwich mit gebratenem Fleisch, Tomaten, Mayonnaise und Avocado.

Choripán Gegrillte Chorizo im Brötchen.

Für Experimentierfreudige

Piure Orangenes Manteltier, das geschmacklich an Seeigel erinnert.

Cochayuyo Seetang, der als Basis für veganes Ceviche dient.

Lengua de vaca Rinderzunge, in Salzwasser weichgekocht.

Calzones rotos

Prieta Eine Art schwarze Blutwurst.

Lapas Schleimige Napfschnecken, oft mit Empanadas serviert.

Süße Leckereien

Calzones rotos „Zerrissene Unterhosen“: Frittiertes Gebäck mit Orangen- oder Zitronenschale und Puderzucker.

Cuchuflí Waffelröllchen, gefüllt mit *manjar* (Karamellcreme).

Mote con huesillos Süßes Getränk mit Trockenpfirsichen und geschälten Weizenkörnern.

Kuchen de nuéz Wie der Name erahnen lässt, ein Kuchen mit Walnüssen.

Alfajores Ähnlich wie Macarons, gefüllt mit *manjar* und ummantelt mit Schokolade.

GESCHMACKSERLEBNISSE

Boragó (S. 77) Dieses Restaurant, das zu den Top 50 der Welt gehört, bietet eine kulinarische Reise von Patagonien bis in die Atacama-Wüste.

Tío Jacinto (S. 105) Ein unscheinbares Fischrestaurant in Antofagasta mit gutem Ruf bei lokalen Gourmets.

Te Moai Sunset (S. 337) Ceviche oder *tiradito* (roher Fisch in Scheiben) mit fangfrischem Thunfisch oder Goldmakrelen mit Blick auf die *moai* auf Rapa Nui.

Rucalaf (S. 248) In dem holzgetäfelten Lokal wird die einzigartige Chiloé-Küche mit einheimischen Zutaten am Leben erhalten.

CB Gastronomia Patagonia (S. 265) Regionales wie Lamm-Carpaccio und gebratene Morcheln in einem experimentellen Restaurant in Coyhaique.

SAISONALE KÜCHE

FRÜHLING

Während der Fiestas-Patrias-Feierlichkeiten im September kann man Empanadas, *anticuchos* (Grillfleisch am Spieß) und *terremotos* (Cocktails aus süßem Wein und Ananaseis) kosten.

SOMMER

In den Sommermonaten gibt's Bohneneintopf und Maisgerichte wie *pastel de choclo* und *humitas* (eine Art Tamale). In Zentralchile werden erfrischende *mote con huesillos* verkauft.

HERBST

Die kühle Luft leitet die Saison der *cazuelas* (Eintöpfe aus Fleisch und Gemüse) und von *charquicán* (herzhaftes Trockenfleisch) ein. Bei Erntefesten fließt reichlich Wein.

WINTER

An kalten Regentagen bereiten die Locals gerne *sopaipillas*, kleine Teigtaschen aus Mehl und Kürbis, zu. Reste werden zu *sopaipillas pasadas*, indem man sie mit warmer, dickflüssiger Melasse übergießt.

Curanto al hoyo **(Eintopf aus Fleisch, Kartoffeln und Meeresfrüchten; S. 353)**

SHARPTOYOU/SHUTTERSTOCK ©

W Trek (S. 309), Parque Nacional Torres del Paine

OUTDOORERLEBNISSE

Mit seiner umwerfenden Bandbreite an Landschaften ist Chile ein Freiluftspielplatz für alle, die Natur und Abenteuersport lieben.

Unwirkliche Wüsten und schimmernde Eisfelder, turmhohe Berggipfel und gemäßigte Regenwälder, Sandstrände und raschelndes Steppengras, kristallklare Seen und weit entfernte Inseln: Chiles Vielfalt scheint endlos. Zwischen der Küste und den Bergen gibt's unzählige Möglichkeiten für Outdooraktivitäten, egal ob zu Fuß, auf Skiern, dem Fahrrad oder dem Pferderücken, im Schlauchboot oder im Kajak. Auch Adrenalin-Junkies kommen auf ihre Kosten, sei es beim Vulkanklettern oder Canyoning. Und in ruhigen Momenten findet man Zeit, um Pinguine zu beobachten oder den klaren Nachthimmel zu bewundern.

Wandern & Bergsteigen

Wenige Länder können mit Chiles großartigen Wanderrouten mithalten. Die meisten führen durch Nationalparks und private Reservate – auf allen Niveaus: Von lockeren Halbtagestouren entlang markierter Pfade bis zu strapaziösen Expeditionen in die Wildnis, die eine Woche oder länger dauern. Viele kann man selbstständig machen, aber man kann sich auch führen lassen.

Die bekanntesten Routen sind in Patagonien, besonders das „W" und der Paine-Rundweg im Parque Nacional Torres del Paine. Alternativ kannst du Steigeisen anlegen und über die Gletscher des Parks wandern.

Weiter südlich, in Tierra del Fuego, bietet der spektakuläre Dientes de Navarino-Rundweg eine felsige Herausforderung. Die Region Sur Chico, besonders das Bioreservat Huilo-Huilo und der Parque Nacional Villarrica sind reich an unvergesslichen Routen, ebenso wie das Chiloé-Archipel.

Abenteuersport

REITEN
Reite mit *baqueanos* (Ortskundigen) über weite Schafweiden rund um **Puerto Natales** (S. 306) in Südpatagonien.

PARAGLIDEN
Segle hoch über Cerro Dragón, einer riesigen Sanddüne, die über der Stadt **Iquique** im Norden thront (S. 112).

SKI & SNOWBOARD FAHREN
Erlebe eins von Chiles renommierten Wintersport-Resorts, wie zum Beispiel **Portillo** (S. 86) oder **Valle Nevado** (S. 85).

FAMILIENABENTEUER

Beobachte Pinguine beim **Monumento Natural Los Pingüinos** (S. 298) und in der **Reserva Nacional Pingüino de Humboldt** (S. 141).

Bewundere den Nachthimmel ohne Lichtverschmutzung in der **Atacama-Wüste** (S. 99) oder im **Elqui-Tal** (S. 138).

Ziplining, Reiten und Wildwasser-Rafting in der **Cascada de Las Ánimas** (S. 86).

Entdecke die mysteriösen moai und folge einfachen Wanderpfaden auf **Rapa Nui** (S. 328).

Erkunde das **Bioreservat Huilo-Huilo** (S. 218) in Sur Chico.

Verbringe einen Tag am Strand im Resort unweit von **La Serena** (S. 134) oder an der **Bahía Inglesa** (S. 146) in Norte Chico.

Sandboarde auf den Dünen nahe **San Pedro de Atacama** (S. 99) und Iquique (S. 112).

In Nordchile findet man stark unterschiedliche Landschaften mit umso beeindruckenderen Wanderoptionen. Highlights sind der Parque Nacional Pan de Azúcar in Norte Chico, der Parque Nacional Lauca und die Gegend um San Pedro de Atacama in Norte Grande. Selbst rund um die Hauptstadt gibt's super Wanderstrecken, z. B. den Parque Nacional Glaciares de Santiago. Mit seinen Hunderten Gipfeln ist Chile auch perfekt zum Bergsteigen und Eisklettern.

Rafting & Kajakfahren

Dank seiner Flüsse, Fjorde und Kanäle ist Chile ein Hotspot für Rafting und Kajakfahren. Der anspruchsvolle Río Futaleufú in Nordpatagonien ist bekannt für seine Stromschnellen der Klassen VI und V, während Flüsse rund um Pucón in Sur Chico weniger schwierig sind.

Südpatagonien bietet tolle Optionen zum Raften und Kajakfahren, etwa rund um den Parque Nacional Torres del Paine und auf der Magellanstraße, wo man sogar Walen begegnen kann. In Chiloé lohnt eine Paddeltour durch die faszinierenden versunkenen Wälder von Chepu. Auch der Cajón del Maipo, eine Schlucht südöstlich von Santiago, eignet sich zum Wildwasser-Rafting.

DIE BESTEN SPOTS

Die besten Outdoor-Spots und Routen findest du auf der Karte S. 40

Eine Brücke über den Río Futaleufú (S. 269)

Radfahren- & Mountainbiken

In Chile mangelt es nicht an Strecken, ob entspannt oder abenteuerlich. Radvermietungen und Reparaturstände sind häufig, besonders in Städten und da, wo viele Reisende sind. Die Regionen San Pedro de Atacama und Sur Chico sind bei Mountainbike-Fans besonders beliebt. Falls du die Zeit (und die Energie) hast, versuche dich an der fordernden, aber spektakulären Carretera Austral mit ihren 1240 km. Einige besonders Ambitionierte haben sich sogar die Aufgabe gesetzt, die komplette Länge Chiles zu durchradeln: von der Atacama-Wüste bis nach Tierra del Fuego.

Eine wachsende Zahl an Reiseveranstaltern bietet auch geführte und selbstständige E-Bike-Touren an.

TAUCHEN
Erkunde die Tauchspots vor der Küste von **Rapa Nui** (S. 337) und in den Kleinstädten rund um **Valparaíso** (S. 164).

SURFEN
Reite auf großen Wellenbrechern am Strand von Chiles Surf-Hauptstadt **Pichilemu** (S. 179), im Norden bei **Iquique** (S. 112) und **Arica** (S. 119).

VULKANKLETTERN
6893 m sind es bis zum Gipfel des **Ojos del Salado** (S. 149) in Norte Chico, dem höchsten aktiven Vulkan der Welt.

CANYONING
Fahr in die Gegenden um **Puerto Varas** (S. 224) und **Pucón** (S. 210), um dich von Wasserfällen abzuseilen und durch Schluchten zu steuern.

ACTION AREAS

Die besten Outdoorerlebnisse in Chile.

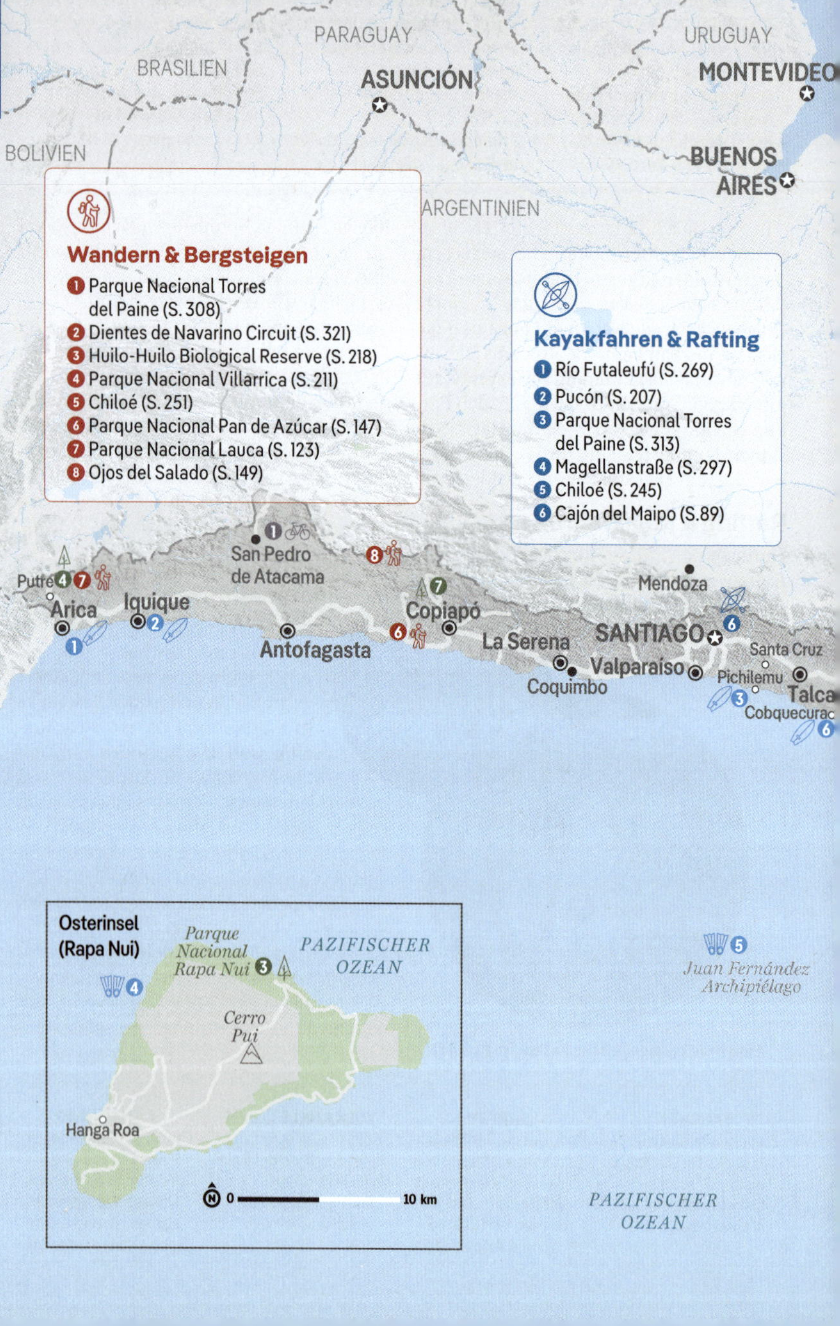

BRASILIEN
PARAGUAY
URUGUAY
ASUNCIÓN
MONTEVIDEO
BOLIVIEN
BUENOS AIRES
ARGENTINIEN
San Pedro de Atacama
Putre
Arica
Iquique
Antofagasta
Copiapó
Mendoza
La Serena
SANTIAGO
Coquimbo
Valparaíso
Santa Cruz
Pichilemu
Talca
Cobquecura
Juan Fernández Archipiélago
PAZIFISCHER OZEAN
Osterinsel (Rapa Nui)
Parque Nacional Rapa Nui
PAZIFISCHER OZEAN
Cerro Pui
Hanga Roa
0
10 km

Wandern & Bergsteigen

1. Parque Nacional Torres del Paine (S. 308)
2. Dientes de Navarino Circuit (S. 321)
3. Huilo-Huilo Biological Reserve (S. 218)
4. Parque Nacional Villarrica (S. 211)
5. Chiloé (S. 251)
6. Parque Nacional Pan de Azúcar (S. 147)
7. Parque Nacional Lauca (S. 123)
8. Ojos del Salado (S. 149)

Kayakfahren & Rafting

1. Río Futaleufú (S. 269)
2. Pucón (S. 207)
3. Parque Nacional Torres del Paine (S. 313)
4. Magellanstraße (S. 297)
5. Chiloé (S. 245)
6. Cajón del Maipo (S.89)

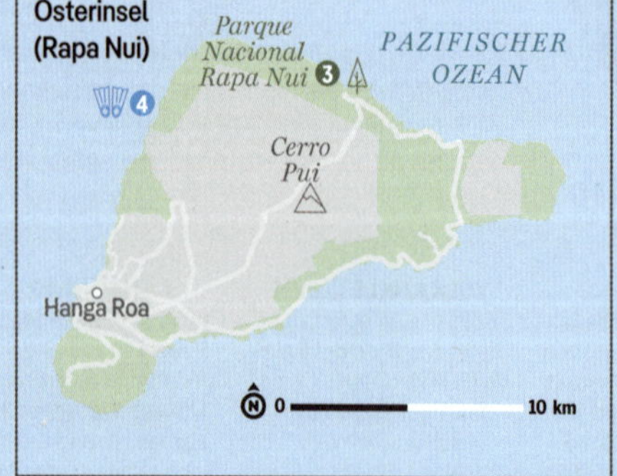

Mountainbiken & Radfahren

1. San Pedro de Atacama (S. 99)
2. Sur Chico (S. 194)
3. Carretera Austral (S. 258)
4. Puerto Natales (S. 300)

Surfen & Tauchen

1. Arica (S. 119)
2. Iquique (S. 112)
3. Pichilemu (S. 179)
4. Rapa Nui (S. 337)
5. Juan Fernández Archipiélago (S. 360)
6. Cobquecura (S. 184)

Nationalparks

1. Parque Nacional Torres del Paine (S. 308)
2. Parque Nacional Patagonia (S. 278)
3. Parque Nacional Rapa Nui (S. 341)
4. Parque Nacional Lauca (S. 123)
5. Parque Nacional Pumalín (S. 262)
6. Parque Nacional Conguillío (S. 204)
7. Parque Nacional Nevado Tres Cruces (S. 148)
8. Parque Nacional Villarrica (S. 211)
9. Parque Nacional Queulat (S. 263)

0 — 1000 km

CHILE & OSTERINSEL (RAPA NUI)

REISEZIELE

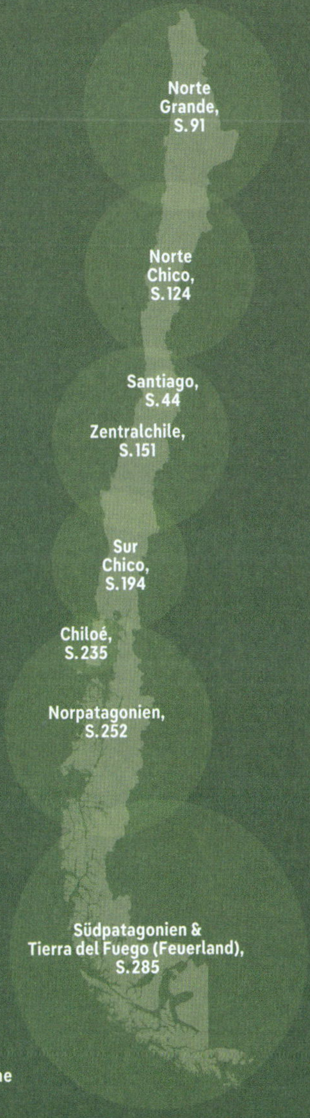

Norte Grande, S. 91

Norte Chico, S. 124

Santiago, S. 44

Zentralchile, S. 151

Sur Chico, S. 194

Chiloé, S. 235

Norpatagonien, S. 252

Südpatagonien & Tierra del Fuego (Feuerland), S. 285

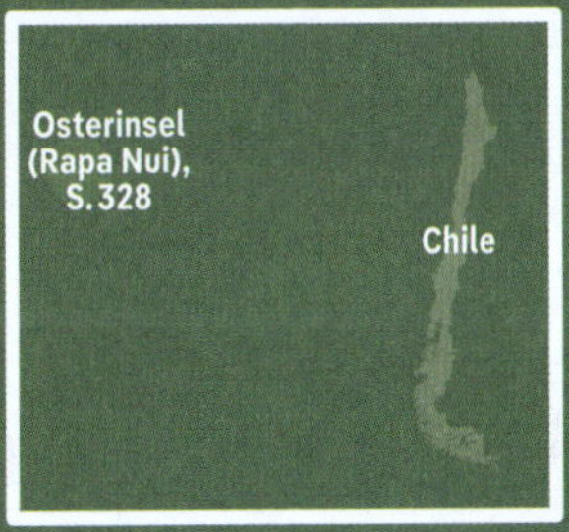

Osterinsel (Rapa Nui), S. 328

Chile

In jeder Region starten wir mit dem perfekten Standort, um die Umgebung zu erkunden. Entdecke einzigartige Erlebnisse, Tipps unserer Autor:innen und Exptert:innen, Hintergründe und Empfehlungen.

Los Cuernos (S. 309), Parque Nacional Torres del Paine

SANTIAGO

PULSIERENDES HERZ DER NATION

Fast jede Reise nach Chile beginnt in der weitläufigen Hauptstadt, einer unterschätzten Stadt voller Kultur, Charakter und Sonnenschein.

Nur wenige Hauptstädte der Welt bieten eine so dramatische Kulisse wie Santiago, dessen glitzernde Wolkenkratzer und Wohnblocks aus einem sonnenüberfluteten Tal ragen. Im Westen ziehen sich sanfte Hügel die Küste hinab und im Osten liegen die Anden mit den zweithöchsten Gipfeln nach dem Himalaja, in denen man Ski fahren, wandern und raften kann. Die Metropole ist ein veritabler urbaner Dschungel mit sieben Millionen Menschen, darunter immer größere Populationen aus Haiti, Peru, Kolumbien und Venezuela, die allesamt die Stadt prägen.

Einheimische aus anderen Landesteilen sagen gerne *Santiago no es Chile* („Santiago ist nicht Chile"), doch fast die Hälfte der Bevölkerung – nämlich 40 % aller Chileninnen und Chilenen – lebt in der Metropolregion. Keine andere chilenische Stadt ist auch nur annähernd so groß und einflussreich. In der Tat passiert im Land nichts ohne das Zutun der Hauptstadt.

Aus diesem Grund *ist* Santiago in vielerlei Hinsicht Chile. Wer das Land wirklich kennenlernen möchte, plant deshalb unbedingt Zeit in der Hauptstadt ein.

Die riesige, ausgedehnte Großstadt trotzt jeder Kategorisierung. Am besten betrachtet man Santiago als Zusammenschluss verschiedener Viertel mit jeweils eigenem Charakter. Das Centro ist sein historischer Kern mit Regierungsgebäuden und den besten Museen und Kulturzentren. Weniger förmlich sind Viertel wie Lastarria, Bellavista und Barrio Italia, die für ihre Restaurants, das Nachtleben und Einkaufsmöglichkeiten bekannt sind. Die wohlhabenderen Viertel im Osten, darunter Las Condes und Vitacura, sind modern, mit Hochhäusern und geben einen Eindruck von Chiles Zukunft. Wem das Leben in der Stadt zu viel wird, genießt ganz einfach ein Glas Carménère auf einem der erstklassigen Weingüter am Rand von Santiago.

Seit jeher betrachten Reisende die chilenische Hauptstadt als notwendiges Übel vor der Weiterreise nach Patagonien, Rapa Nui oder in die Atacama-Wüste. Aber Santiago ist mehr als nur ein Zwischenstopp. Wer etwas bleibt, wird eine faszinierende Stadt voller kultureller Strömungen, verrückter Partys, lebendiger Märkte, großer Museen, hügeliger Parks und erstklassiger Restaurants kennenlernen.

DIE WICHTIGSTEN ZIELE

SANTIAGO CENTRO
Das historische Herz.
S. 50

BELLAVISTA
Parks und Nachtleben.
S. 56

BARRIO FRANKLIN
Lebensmittel und Märkte.
S. 161

DIE BARRIOS YUNGAY & BRASIL
Kulturelles Erbe
S. 63

DIEGO GRANDI/SHUTTERSTOCK ©

Links: Weingut in der Nähe von Santiago (S. 80); oben: *Teleféricos* (Seilbahnen; S. 59)

PROVIDENCIA & ÑUÑOA
Geschäfte und Cafés.
S. 68

LAS CONDES & VITACURA
Viele Wolkenkratzer.
S. 75

WEINKELLEREIEN IM MAIPO-TAL
Reben und Weine.
S. 80

CAJÓN DEL MAIPO & DIE SKIGEBIETE DER ANDEN
Wandern und Natur.
S. 83

VOM/ZUM FLUGHAFEN

Am günstigsten kommt man vom Flughafen in die Innenstadt mit der öffentlichen Buslinie 555 oder einem der privaten Busse Turbus oder Centropuerto, die nach Pajaritos fahren. Dort kann man in die Metro umsteigen. Sammel- oder Einzeltaxis gibt's an den Schaltern gleich hinter dem Zoll.

0 1 km

Cementerio General

Parque Los Reyes

La Vega Central

Bellavista
S.56

La Chascona

Mercado Central

Santiago Centro
S.50

Bocanáriz

Museo Chileno de Arte Precolombino

Museo de la Memoria y los Derechos Humanos

NAVE

Teatro Municipal de Santiago

Cerro Santa Lucía

Centro Cultural La Moneda

Centro Cultural Matucana 100

Barrios Yungay & Brasil
S.63

FAHRRAD

Obwohl Santiago von Bergen umgeben ist, ist es recht flach und eignet sich hervorragend zum Radfahren. Das Netz von *ciclovías* (Fahrradspuren) wächst. Um von Osten nach Westen zu kommen, ist die *ciclovía* entlang des Río Mapocho besonders praktisch. Unter einigen konkurrierenden Fahrradverleihen ist Bike Itaú der bekannteste.

ÖFFENTLICHER NAHVERKEHR

Die Metro in Santiago ist eines der besten öffentlichen Verkehrssysteme Lateinamerikas und das einfachste Fortbewegungsmittel in der Stadt. An allen Stationen bekommt man eine Tarjeta bip!, die man mit Bargeld aufladen und sowohl für die Metro als auch für öffentliche Busse benutzen kann.

Parque O'Higgins

Barrio Franklin
S.61

Persa Bíobío

TAXI

Taxis sind überall in der Stadt verfügbar, aber viele Reisende bevorzugen den Komfort und die Sicherheit von Mitfahrzentralen wie Uber und Cabify. Kurze Fahrten sind in der Regel recht günstig. Am Flughafen sind diese Mitfahrgelegenheiten eigentlich verboten, aber viele nutzen sie dennoch.

Erste Orientierung

Santiago ist groß und weitläufig, aber die touristisch interessantesten Viertel liegen nördlich und südlich des Río Mapocho. Generell gilt in der sozioökonomisch gespaltenen Stadt, dass die Gemeinden umso reicher sind, je weiter man sich vom historischen Zentrum nach Osten (und in Richtung der Anden) entfernt.

Perfekte Tage

Santiago besteht aus lauter unterschiedlichen Stadtteilen, die man am besten Barrio für Barrio erkundet.

JOSE LUIS STEPHENS/SHUTTERSTOCK ©

Palacio de La Moneda (S. 54)

Tag 1

Morgens

- Streifzug durch Santiagos Centro – von der historischen Plaza de Armas bis zum **Palacio de La Moneda** (S. 54), dem Präsidentenpalast. Unterwegs Kultur tanken im **Museo Chileno de Arte Precolombino** (S. 53) oder **Centro Cultural La Moneda** (CCLM; S. 52).

Nachmittags

- Besuch der lebhaften Märkte **La Vega Central** (S. 53) und **Mercado Central** (S. 53). Danach die Kunstmuseen im **Barrio Lastarria** (S. 55) anschauen und zur Happy Hour *pisco sour* im **Chipe Libre** (S. 55) probieren oder chilenischen Wein im **Bocanáriz**(S. 81).

Abends

- Zum Abendessen in Lastarria bleiben und herausfinden, was im **GAM** (S. 55) oder im **Teatro Municipal de Santiago** (S. 52) aufgeführt wird.

... nicht verpassen

Jenseits des Stadtzentrums auf die Skipisten wagen, in den Anden wandern, Weinkellereien besuchen und ausgetretene Pfade verlassen.

WANDERN IN DEN ANDEN

In der **Cajón del Maipo** (S. 83) wandern und Kondore beobachten, dann im Thermalbad entspannen.

WEINPROBE IM MAIPO-TAL

Rund um die Stadt liegen ein Dutzend Weinkellereien wie **Viña Santa Rita** (S. 82).

SKIFAHREN IN DEN ANDEN

Portillo (S. 86) und das **Valle Nevado** (S. 85) gehören zu den besten Skigebieten der Südhalbkugel.

PAMELASTASCZAK/SHUTTERSTOCK ©, CEXM/SHUTTERSTOCK ©, ALEXFE/SHUTTERSTOCK ©

Tag 2

Morgens

- Mit der Seilbahn zum Gipfel des **Cerro San Cristóbal** (S. 59) fahren, um ins traumhafte Anden-Umland zu schauen.

Nachmittags

- Zurück geht's bergab mit dem **funicular** (S. 59) und weiter zum Mittagessen und einem Bummel durch die erstklassigen Einkaufspassagen des **Barrio Italia** (S. 73).

Abends

- Chiles „vierte Mahlzeit" *once* (S. 74) einnehmen oder ausgiebig in einem der ausgezeichneten Cafés oder Restaurants von **Providencia** (S. 68) zu Abend essen. Wer noch Energie hat, besucht die Bars und Clubs in **Bellavista** (S. 56).

Tag 3

Morgens

- Den Tag im **Museo de la Memoria y los Derechos Humanos** (S. 65) einläuten, das Chiles dunkle Zeiten beleuchtet. Danach die anderen Museen rund um den nahe gelegenen **Parque Quinta Normal** (S. 67) erkunden.

Nachmittags

- Zum Mittag in die **Peluquería Francesa** (S. 65) im Barrio Yungay bummeln und die **Wandmalereien** (S. 67) in den historischen Straßen erkunden. Mit der U-Bahn L1 quer durch die Stadt ins **Barrio El Golf** (S. 78) fahren und den Kontrast zwischen dem alten und neuen Santiago auf sich wirken lassen.

Abends

- Den Sonnenuntergang über der modernen Skyline im **Parque Bicentenario** (S. 77) beobachten und in einer der noblen Straßen von **Vitacura** (S. 79) speisen.

KUNSTHANDWERK KAUFEN

Auf dem Kunsthandwerksmarkt **Pueblito Los Dominicos** (S. 77) kann man sich mit Souvenirs eindecken.

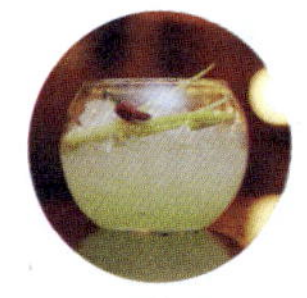

SCHLENDERN IM BARRIO FRANKLIN

An Wochenenden lohnt ein Besuch der angesagten **Factoría Franklin** (S. 62) im südlichen Marktviertel Franklin.

WEITERE PARKS ERKUNDEN

Bei einem Spaziergang auf den **Cerro Santa Lucía** (S. 52) in Santiago Centro die Ruhe und die Aussicht genießen.

FUSSBALL SCHAUEN

An Spieltagen ist es am schönsten im **Estadio Nacional** (S. 69), Chiles größtem Stadion.

SANTIAGO CENTRO

DAS HISTORISCHE ZENTRUM

Das keilförmige Centro ist der älteste und belebteste Teil Santiagos. Die Altstadt liegt zwischen dem Río Mapocho, der Autopista Central und der Alameda. Da unzählige Erdbeben die Stadt erschüttert haben, ist das Centro architektonisch weniger elegant als vielmehr lebendig. Kaum gepflegte Gebäude aus dem 19. Jahrhundert stehen neben modernen Hochhäusern, die überfüllten *paseos* (Fußgängerzonen) sind gesäumt von billigen Klamotten- und Fast-Food-Läden und *cafés con piernas*, Cafés mit spärlich bekleideten Kellnerinnen.

Auch Regierungsbüros, der Präsidentenpalast und das Bankenviertel liegen hier und machen das Centro zum Mittelpunkt des städtischen Lebens. Im Viertel gibt's hervorragende Museen, doch Mittag- und Abendessen sowie Unterkünfte sind in anderen Stadtteilen schöner, sofern man nicht im süßen kleinen Boheme-Viertel Lastarria oder in den Kopfsteinpflastergassen des Barrio París-Londres untergebracht ist.

TOP TIPP

Zwei folgenschwere Ereignisse nacheinander (ein Volksaufstand und eine Pandemie) forderten einen hohen Tribut vom Centro, als viele Geschäfte in reichere Stadtteile abwanderten. Zwar siedeln sie sich wieder an, aber das Centro wirkt immer noch heruntergekommen. Mit gesundem Menschenverstand, und wenn man Wertsachen im Hotel lässt, passiert einem hier nichts.

Barrio París-Londres

GUBIN YURY/SHUTTERSTOCK ©

HIGHLIGHTS
1 Centro Cultural Palacio La Moneda
2 Cerro Santa Lucía
3 La Piojera
4 La Vega Central
5 Mercado Central
6 Museo Chileno de Arte Precolombino
7 Teatro Municipal de Santiago

SEHENSWERTES
8 Centro de Extensión UC
9 Centro Gabriela Mistral
10 Museo de Arte Contemporáneo
11 Museo de Artes Visuales
12 Museo Nacional de Bellas Artes

SCHLAFEN
13 Hostal Forestal
14 Hotel Luciano K
15 Hotel Magnolia
16 The Singular Santiago

ESSEN
17 Pan Mostacho

AUSGEHEN & FEIERN
18 Bar Don Rodrigo
19 Bar El Bajo
20 Bocanáriz
21 Chipe Libre
22 El Honesto Mike
23 Santiago Wine Club

UNTERHALTUNG
24 Cine Arte El Biógrafo

SHOPPEN
25 La Tienda Nacional

Teatro Municipal de Santiago

EIN ABEND IM THEATER

Das exquisite neoklassizistische Teatro Municipal de Santiago ist das schönste Theater der Stadt. Hier tritt die Ópera Nacional de Chile auf und es werden Ballette, klassische Musik und Gastspiele von Weltklasse aufgeführt. Es hat nicht nur ein eigenes Kammerorchester, Ballett- und Opernensemble, sondern stellt auch Bühnenbilder, Requisiten und Kostüme selbst her. Für eine Führung durch Chiles ältestes aktive Theater an visitas guiadas@municipal.cl wenden oder auf der Webseite nachschauen, was gerade gespielt wird.

Ballett „Dornröschen", Teatro Municipal de Santiago

Cerro Santa Lucía

URBANE OASE

Eine Pause von der Hektik des Centro nehmen und einen Nachmittagsspaziergang durch den liebevoll gepflegten 63 300 m² großen Park machen, den die indigenen Mapuche Cerro Huelén nennen. Bürgermeister Benjamín Vicuña Mackenna verwandelte diesen Hügel im 19. Jh. in eine der denkwürdigsten Grünflächen der Stadt. Wege und steile Steintreppen führen über Terrassen zur Torre Mirador auf dem Gipfel. Dazwischen liegen Kapellen und andere interessante Gebäude, darunter die kleine 200 Jahre alte „Burg" Castillo Hidalgo. Der Haupteingang befindet sich neben dem Brunnen Fuente Neptuno.

Fuente Neptuno (Brunnen)

Kulturzentrum La Moneda

KUNST, KUNSTHANDWERK UND KINO

Im Centro Cultural La Moneda (CCLM), einer der führenden Kultureinrichtungen Chiles direkt unterhalb des Präsidentenpalasts, bekommt „Untergrund-Kunst" eine neue Bedeutung. Der gewölbeartige Komplex beherbergt vier kleine Galerieräume für kulturelles Erbe, Fotografie, Design und Kinderprogramme. Es gibt zwei große Säle für Wander- und lokale Ausstellungen aus den Bereichen Kunst, Architektur, Mensch und Naturgeschichte. Das nationale Kino, die Cineteca Nacional de Chile, hat hier seinen Sitz und veranstaltet regelmäßig Festivals. Der große Saal im Zentrum des CCLM wird für Konzerte, Buchmessen und riesige Skulpturen genutzt. Im obersten Stock liegen mehrere Geschenkshops, darunter der spektakuläre Kunsthandwerksladen der Fundación Artesanías de Chile.

Museo Chileno de Arte Precolombino

BEEINDRUCKENDE ARTEFAKTE AUS DEM ALTEN LATEINAMERIKA

Erlesene Töpferwaren der großen präkolumbischen Kulturen sind das Herzstück des schönsten Museums der Stadt. Zu den Top-Exponaten gehören Dutzende kunstvoll geformter anthropomorpher Gefäße, mächtige Maya-Steinstelen, hoch aufragende Mapuche-Totems und kunstvolle Textilien aus den Anden. Noch ungewöhnlicher sind die hölzernen Spuckspatel, die Schamanen im Amazonasgebiet vor der Einnahme psychoaktiver Substanzen verwendeten. Die zweite Etage (etwa 750 Exponate) ist seit einiger Zeit aus finanziellen Gründen (Aufstand und Pandemie) geschlossen. Im Voraus informieren, was geboten wird.

Museo Chileno de Arte Precolombino

La Vega Central & Mercado Central

DIE GRÖSSTEN MÄRKTE SANTIAGOS ERKUNDEN

La Vega Central ist Santiagos ausgedehnter Gemüsemarkt. Allerdings gibt's mittlerweile direkt davor eine tourismusfreundlichere Version, den Tirso de Molina. Sich für einen der Märkte entscheiden und nach lokalen Früchten wie *tuna* (Kaktusfeige) und *cherimoya* sowie Gemüse wie *papas chilotas* (bunte Kartoffeln aus Chiloé) suchen. Am anderen Ufer des Río Mapocho liegen im wunderschönen schmiedeeisernen Mercado Central frischer Fisch und Krustentiere auf Türmen aus glitzerndem Eis – paradiesisch für Foodies und Fotografen. Nach typischen Spezialitäten von der Pazifikküste wie *congrio* (Meeraal), *locos* (chilenisches Seeohr), *piure* (chilenische Aszide) und *erizos* (Seeigel) Ausschau halten. Die Restaurants hier sind zwar verlockend, aber nicht sehr gut.

Mercado Central

La Piojera

HEIMAT DES TERREMOTO

Keine Kneipe in Chile hat mehr Kultcharakter als La Piojera: Die Wände haben die Farben von Ketchup und Senf, die Tische sind immer klebrig und die Luft ist oft von den Gitarrenklängen der Wandermusiker erfüllt. Man kann zwar auch *chorrillana* (Pommes frites mit Fleisch und Spiegelei) essen, aber der eigentliche Grund für einen Besuch ist ein *terremoto.* Das Getränk ist in der Regel den Fiestas Patrias vorbehalten und eine Art Weinshake mit Ananaseis, Pipeño (einem süßen Weißwein) und Fernet (einem Bitter). Wie der Name schon sagt (*terremoto* heißt Erdbeben), bringt das Getränk Menschen zum Erzittern.

STADTSPAZIERGANG DURCH SANTIAGOS ALTSTADT

Der malerische Spaziergang beginnt im Centro an der **1 Plaza de Armas**, dem Herz der Stadt seit 1541. Heute sind dort ein Brunnen zu Ehren des *libertador* (Befreiers) Simón Bolívar und Dutzende chilenische Weinpalmen. Im Nordwesten ragt die zwischen 1748 und 1800 erbaute neoklassizistische **2 Catedral Metropolitana** auf. Am nördlichen Rand liegt das Geschichtsmuseum **3 Museo Histórico Nacional**, unter den Arkaden befindet sich eine Reihe netter Restaurants, darunter der **4 Comedor Central**. An der Compañia de Jesús im Westen und dem **5 Museo Chileno de Arte Precolombino** vorbei geht's zum **6 Palacio de los Tribunales de Justicia de Santiago**, einem neoklassizistischen Gebäude und Sitz des Obersten Gerichtshofs Chiles. Weiter nach San Martín und einen Block nach Süden steht das prächtige renovierte Herrenhaus **7 Palacio Pereira**, in dem von 2021 bis 2022 der chilenische Verfassungskonvent tagte; drinnen gibt's ein tolles Café und Wechselausstellungen. Einen Block Richtung Süden und dann nach Osten liegt die **8 Plaza de la Constitución**, ein beflaggter Park vor dem Präsidentenpalast **9 Palacio de La Moneda**. Er wurde Ende des 18. Jhs. vom italienischen Architekten Joaquín Toesca entworfen und war ursprünglich die offizielle Münzanstalt. Die Nordfassade wurde während des Militärputsches 1973 durch Raketenangriffe schwer beschädigt, als Präsident Salvador Allende seinen Rücktritt verweigerte und gestürzt wurde. Heute steht dort ein **10 Denkmal** zu Ehren des gefallenen Sozialistenführers. Unterhalb des Palasts bewundert man die Kunst im **11 CCLM**, bevor man im nahen **12 Salvador Cocina y Café** isst, einem chilenischen Lunchspot mit Pfiff.

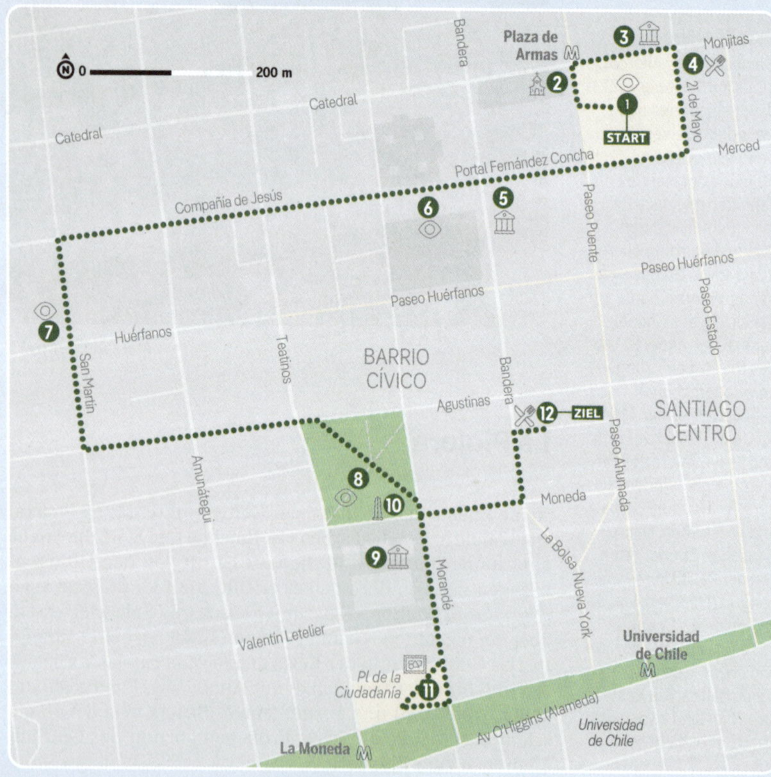

Centro Gabriela Mistral

NOCH MEHR IN SANTIAGO CENTRO

Kunst- & Kulturszene des Centro

BUMMELN DURCHS ALTERNATIVE VIERTEL LASTARRIA

Vor allem das Barrio Lastarria erobert die Herzen von Santiago-Reisenden. Es liegt wunderschön zwischen dem Parque Forestal, dem Cerro Santa Lucía und der Plaza Italia. Die Hauptattraktion ist das Centro Gabriela Mistral **(GAM)**, wo Konzerte, Theater, Tanzaufführungen und andere Veranstaltungen stattfinden. Die Wechselausstellungen in der unteren Etage anschauen, die unverwechselbare Architektur (von außen wirkt es wie eine riesige rostige Käsereibe) bewundern und die Plätze, Wandmalereien und Cafés des Viertels genießen.

Die nahe gelegene José Victorino Lastarria ist von Cafés und Restaurants gesäumt und die charmanteste Straße der Stadt. Hier gibt's jede Menge Street-Art (z. B. bezaubernde Gucklochtheater, bekannt als *lambe lambe*). **Cine Arte El Biógrafo** ist Santiagos herausragendes Arthouse-Kino und das schicke Museo de Artes Visuales **(MAVI)** hat vier offene Galerien mit zeitgenössischer Kunst. In der Nähe gibt's tolle Geschäft wie La Tienda Nacional mit Büchern, Musik und Geschenken. Im **Santiago Wine Club** bekommt man ungewöhnliche Weine.

Am anderen Ende des Barrio liegen das Museo Nacional de Bellas Artes und das angeschlossene Museo de Arte Contemporáneo **(MAC)**, beide in einem neoklassizistischen Palast, der 1910 zur Hundertjahrfeier Chiles errichtet wurde. Ersteres zeigt bildende Kunst und eine gute Dauerausstellung zu chilenischer Kunst, Letzteres Foto- und Designausstellungen, Bildhauerei, Installationen, Web Art und andere moderne Kunstformen. Beide Museen sind kostenlos.

ÜBERNACHTEN IM CENTRO

Hotel Magnolia
Das kunstvoll gestaltete Hotel in einem restaurierten Gebäude aus den 1920er-Jahren vereint Alt und Neu. €€€

Hostal Forestal
Zu dem Preis findet man in Lastarria kein schöneres Quartier. Es gibt eine Gemeinschaftsküche, Schlafsäle und Privatzimmer. €

Hotel Luciano K
Stylishes Boutique-Hotel mit einer großen Dachterrasse in einem historischen Gebäude mit Jugendstileinrichtung. €€

The Singular Santiago
Das coolste Luxushotel in Santiago; ein Besuch der Bar auf dem Dach lohnt auch dann, wenn man nicht dort wohnt. €€€

AUSGEHEN IN LASTARRIA

Bar El Bajo
Nach den Shows im GAM schlürft man hier in einer ebenso theatralischen Umgebung Cocktails.

Chipe Libre
Obwohl immer voll, bleibt dies die einzige *pisco*-Bar in Santiago. Man hat die Wahl: chilenisch oder peruanisch?

Bar Don Rodrigo
Lastarrias Boheme punktet in dieser rot beleuchteten Pianobar mit günstigen Getränken und zeitlosem Charme.

BELLAVISTA

PARKS UND NACHTLEBEN

Bellavista wird oft assoziiert mit Pablo Nerudas Haus und der Marienstatue, die im Park auf dem Cerro San Cristóbal über der Stadt emporragt. Für Einheimische ist Bellavista der Inbegriff des *carrete* (Nachtlebens). Die farbenfrohen Gassen und gepflasterten Plätze mit Partys bis in die frühen Morgenstunden sind tagsüber herrlich schläfrig. Begrünte Wohnstraßen östlich der Mallinkrodt eignen sich perfekt für zielloses Herumstreifen, während die Graffitis westlich davon ein fotografisches Paradies sind.

Mittendrin liegt der Patio Bellavista, eine riesige Restaurant- und Einkaufszone, die einen Spaziergang lohnt, aber eine ziemlich teure Touristenfalle ist. Die besten Bars und Restaurants sind in den Straßen dahinter – in der Pío Nono (bekannt für billige und legere Kneipen), Bombero Núñez (das LGBTIQ+-Viertel) und Constitución (mit den besten Restaurants). Im Viertel liegen außerdem mehrere kleine Theater, tolle Hotels und Underground-Clubs.

TOP TIPP

Nicht selten haben Clubs um 23 Uhr noch geschlossen. Viele öffnen ihre Türen nicht vor Mitternacht und werden erst ein oder zwei Stunden später voll. Bars mit Sitzgelegenheiten öffnen meist gegen 19 Uhr.

Patio Bellavista

HIGHLIGHTS
1 La Chascona
2 Patronato

SEHENSWERTES
3 Cerro San Cristóbal
4 Funicular
5 Plaza de la Dignidad
6 Teleférico
7 Terraza Bellavista
8 Virgen de la Inmaculada Concepción

SCHLAFEN
9 Castillo Rojo
10 Eco-Hostal Tambo Verde
11 Hotel Boutique Santiago Suite

ESSEN
12 Bar El Retiro
13 Dae Jang Kum
14 Sarita Colonia

AUSGEHEN & FEIERN
15 AlmodoBar
16 Infierno Divas
17 Tamango Brebajes House of Beer

UNTERHALTUNG
18 Club Vita
19 El Clan
20 Illuminati
21 KLAMA
22 La Feria
23 Thelonius

Cementerio General

STADT DER GRÄBER

Dieser Friedhof ist eine Stadt der Gräber, von denen viele mit Werken berühmter lokaler Bildhauer geschmückt sind. Die Namen an den Gruften lesen sich wie ein Who's who der chilenischen Geschichte: Besonders turbulente Momente bezeugen das Grab von Salvador Allende und das Memorial del Detenido Desaparecido y del Ejecutado Político, ein Denkmal für die „Verschwundenen" der Pinochet-Diktatur. Der Friedhof liegt 2 km nordwestlich von Bellavista im Bezirk Recoleta. Alternativ fährt die U-Bahn bis zur Haltestelle Cementerios.

Cementerio General

OBEN: DIEGO GRANDI/SHUTTERSTOCK ©, UNTEN: JEFFREY GREENBERG/UNIVERSAL IMAGES GROUP VIA GETTY IMAGE ©

La Chascona

Patronato

GÜNSTIGE GESCHÄFTE UND INTERNATIONALE RESTAURANTS

Dieses *barrio* in einem *barrio*, in etwa zwischen den Straßen Recoleta, Loreto, Bellavista und Dominica, beherbergt viele Einwanderergemeinden Santiagos aus dem 20. Jahrhundert, insbesondere aus Korea, China und Palästina; die größte palästinensische Gemeinde außerhalb des Nahen Ostens lebt in Chile. Farbenfrohe, leicht heruntergekommene Wohnblocks sind von antiken Gebäuden gesäumt und von Neonschildern beleuchtet; im Hintergrund scheint immer Cumbia zu laufen. Karge Supermärkte durchstöbern, koreanisches Essen genießen, über den Bekleidungsmarkt schlendern und den Käufern beim Feilschen um Kleider und chinesische Hausschuhe zusehen.

La Chascona

PABLO NERUDAS FARBENFROHES ZUHAUSE

Als der Dichter Pablo Neruda einen geheimen Zufluchtsort brauchte, um Zeit mit seiner Geliebten Matilde Urrutia zu verbringen, baute er, von ihren widerspenstigen Locken inspiriert, La Chascona (frei übersetzt „Unordentliches Haar"). Neruda liebte das Meer, daher ist das Esszimmer einer Schiffskabine und das Wohnzimmer einem Leuchtturm nachempfunden. Audioführungen (auf Englisch, Französisch, Deutsch, Portugiesisch und Spanisch) führen durch die Geschichte des Gebäudes und die Sammlung von farbigem Glas, Muscheln, Möbeln und Kunstwerken befreundeter Berühmtheiten. Leider ging vieles verloren, als das Haus während der Diktatur geplündert wurde. Die Fundación Neruda, die Nerudas drei Häuser unterhält, hat hier ihren Sitz und betreibt einen schönen Geschenkeladen.

Street-Art in Patronato

MIZZICK/SHUTTERSTOCK ©

Blick vom Cerro San Cristóbal

ZONA CERO: PLAZA DE LA DIGNIDAD

Santiagos zentraler Kreisverkehr, auch als Plaza Italia oder Plaza Baquedano bekannt, ist seit Langem ein Ort, an dem sich Einheimische versammeln, um landesweite Höhepunkte (wie *fútbol* -Siege) zu feiern und ihren Frust über Negatives abzulassen. Nach den sozialen Unruhen, die im Oktober 2019 begannen, wurde er zum Ausgangspunkt einer massiven Protestbewegung (bekannt als *estallido social).* Bis zum Ausbruch der Pandemie im März 2020 versammelten sich hier fast täglich Menschen. Am 25. Oktober 2019 kamen mehr als eine Million Chilenen zusammen, um gegen steigende Lebenshaltungskosten, Arbeitslosigkeit, Privatisierung und Ungleichheit zu protestieren. Viele nennen den Kreisel heute im Sinne der Bewegung für mehr Würde Plaza de la Dignidad (Platz der Würde).

NOCH MEHR IN BELLAVISTA

Parks, Spielplätze & Aussichtspunkte

ERKUNDUNG DES PARQUE METROPOLITANO

Die schönsten Blicke auf Santiago gibt's von den Gipfeln und Aussichtspunkten des Parque Metropolitano, besser bekannt als **Cerro San Cristóbal**. Mit 737 ha ist der Park die größte Grünfläche Santiagos, aber dennoch ausgesprochen städtisch: Auf der einen Seite fährt eine Standseilbahn von Bellavista nach oben, auf der anderen ein *teleférico* in Richtung Providencia.

Eine schneeweiße, 14 m hohe Statue der Virgen de la Inmaculada Concepción thront auf der *cumbre* (Gipfel) am Ende von Bellavista und ist von jedem Punkt der Stadt zu sehen. Die Bänke zu ihren Füßen bilden die Freiluftkirche, in der Papst Johannes Paul II. 1984 eine Messe hielt. Gleich darunter liegt die Terraza Bellavista mit Imbissständen und einem außergewöhnlichen Blick auf die Stadt. *Mote con huesillo* (ein Getränk aus getrockneten Pfirsichen und Weizengraupen) ist hier ein Klassiker. Um zur Terraza zu gelangen, folgt man dem steilen, kurvenreichen Feldweg oder nimmt die Seilbahn

ESSEN IN BELLAVISTA

Bar El Retiro
Das stimmungsvolle Restaurant mit Bar und einer riesigen Terrasse ist mit seinen günstigen Tapas überaus beliebt. **€**

Dae Jang Kum
In diesem authentischen, einfachen koreanischen Restaurant gibt es ausgezeichnete Meeresfrüchte. **€€**

Sarita Colonia
Der LGBTIQ+-Treffpunkt bietet Kitsch, hervorragende peruanische Fusion-Küche und ebenso gute Pisco Sours. **€€€**

BESTE ADRESSEN FÜR CRAFT-BIER

Tamango Brebajes House of Beer
Das trübe IPA Corta Corriente von Santiagos bester Craft-Bier-Brauerei in dem lebhaften Restaurant mit Bar probieren.

El Honesto Mike
Santiagos alteingesessene Bierbar mit drei Standorten bietet eine unübertroffene Auswahl an Bieren vom Fass sowie Burger nach amerikanischer Art.

Oculto Beergarden
Im versteckten Hipster-Biergarten gibt's 20 chilenische Biersorten vom Fass und hervorragende Snacks wie Tacos und Sushi.

Cervecería Intrinsical
Die ursprüngliche neonbeleuchtete Craft-Brauerei im Barrio Brasil wurde so beliebt, dass es mittlerweile auch eine Zweigstelle in Providencia gibt.

von der Plaza Caupolicán. Oder man betritt den Park an der Providencia am nördlichen Ende der Pedro de Valdivia und nimmt von dort die Seilbahn (*teleférico*).

Weitere Highlights am Hügel sind der botanische Garten **Jardín Mapulemu**, die kinderfreundliche **Plaza Gabriela Mistral** mit attraktiven Spielgeräten aus Holz und einem interaktiven Wasserbrunnen sowie die beiden großen öffentlichen Schwimmbäder Piscina Tupahue und Piscina Antilén mit tollem Blick über die Stadt. Der kleine, perfekt angelegte **Jardín Japonés** (Japanischer Garten) liegt direkt über dem Eingang an der Pedro de Valdivia.

Piscolas & Partys bis zum Morgengrauen

NACHTLEBEN IN BELLAVISTA

Jeden Abend, wenn die Sonne hinter dem Küstengebirge untergeht, gerät Bellavista in Bewegung. Nirgendwo in Santiago wird so viel gefeiert wie in diesem Viertel, in dem es Clubs für jeden Geschmack gibt. Wer es intellektueller und ruhiger mag, besucht Live-Musiklokale wie das **Thelonious**, eine kleine Bar für Jazzbegeisterte mit preiswerten Weinen und Essen zum Teilen. Viele Veranstaltungsorte dienen auch als Clubs, in denen später am Abend DJs auflegen, darunter El Clan und **KLAMA**. Das musikalische Angebot im El Clan ist eher experimentell, während im KLAMA vor allem aufstrebende Rockbands auf der Bühne stehen.

Für Underground-Electro (EDM) gibt's keinen besseren Ort als La Feria, Santiagos berühmtesten Nachtclub, in dem DJs aus Berlin und Brooklyn auflegen. Obwohl er kompakt ist, fasst er 300 Zuschauer und ist einer der wenigen Clubs der Welt, der zu 100 Prozent mit sauberer Energie betrieben wird.

LGBTIQ+-Traveller sind nirgendwo in Chile so willkommen wie in Bellavista. Die Nächte beginnen in der Regel in früh geöffneten Bars wie der kitschigen **AlmodoBar** mit wildem Dekor. Von dort aus können Drag-Fans Barhopping in der Bombero Núñez machen. Auf der hypnotischen Bühne des **Infierno Divas** finden sowohl Comedy- als auch Musik-Acts statt, die ein riesiges Publikum anziehen. Das nahe gelegene **Illuminati** ist ein zuverlässiger Club für Popmusik und unvergessliche Fotos auf der Tanzfläche vor Wänden, die im Dunkeln leuchten. Underground und Electro bietet der **Club Vita**. Egal, wo man landet – am besten geht man dorthin, wo am meisten los ist, und trinkt ein paar starke *piscolas* (Pisco und Coca-Cola).

ÜBERNACHTEN IN BELLAVISTA

Castillo Rojo
Bellavistas stimmungsvollste Unterkunft in einem roten Herrenhaus mit ruhigem Innenhof und Vintage-Dekor. **€€€**

Eco Hostal Tambo Verde
Das saubere, günstige Hostal liegt weit genug von den Bars entfernt, um eine ruhige Option zu sein. Tolles Frühstück. **€**

Hotel Boutique Santiago Suite
Boutique-Hotel-Standards zu einem günstigen Preis. **€**

BARRIO FRANKLIN

LEBENSMITTEL UND MÄRKTE

Das chaotische Arbeiterklasseviertel Franklin sieht nur wenige Traveller, doch die ausgedehnten Straßenmärkte am Wochenende sind wirklich sehenswert. Hier finden Einheimische alles, von antiken Möbeln bis Schallplatten, Spielzeug, Videospielen, Kleidung und allerlei Kuriositäten. In den letzten Jahren hat das Viertel die Aufmerksamkeit von aufstrebenden Kochprofis, Brauereien, Brennereien, Kunstschaffenden und anderen auf sich gezogen, die ihm zu einem coolen Vibe verholfen haben. Gentrifiziert ist es nicht, aber plötzlich gibt's hier erstaunlich gute Restaurants, hervorragende Kunstgalerien und Brennerei-Bars mit Hipster-Publikum. Auf den Wochenendmärkten gibt's von Wein bis Mode alles, was das Herz begehrt.

Die labyrinthischen Märkte und verstopften Straßen zu navigieren, ist praktisch unmöglich. Auf Taschen achten; Diebstähle sind hier keine Seltenheit. Um Risiken zu vermeiden, seien die in diesem Abschnitt beschriebenen Orte empfohlen.

TOP TIPP

Die Märkte und Geschäfte des Barrio Franklin finden meist nur an Wochenenden statt. Viele der Restaurants öffnen nur samstags und sonntags zum Mittagessen. Am besten kommt man zwischen 10 und 16 Uhr hierher, denn danach schließen viele Lokale. Nachts meidet man das Gebiet besser.

Kunstgalerien

DAS NEUESTE UND BESTE SEHEN

Eine tolle Adresse für die aktuellste Kunst Chiles sind die Galerien im Barrio Franklin, in denen sich viele neue Talente präsentieren. Eine davon ist die **AFA Galería**, ein kleines Industriegebäude in der Factoría Franklin mit wechselnden Ausstellungen und einem hervorragenden Souvenirladen. Noch größer und anspruchsvoller sind die Galerien **Factoría Santa Rosa** und **Galería 314**, die in Persa Santa Rosa liegen, einem Teil von Persa Biobío. Die beiden Letzteren haben ein besonderes Gespür für junge Künstler, bevor diese im Ausland erfolgreich werden.

Antiquitätenverkauf

OBEN: LARYSALITVIN/SHUTTERSTOCK ©, UNTEN: KARI KITTELL/ALAMY STOCK PHOTO ©

Persa Biobío

VERRÜCKTES MARKTLEBEN

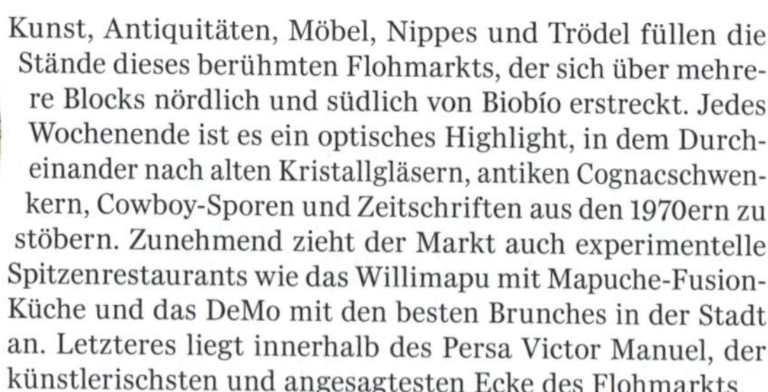

Kunst, Antiquitäten, Möbel, Nippes und Trödel füllen die Stände dieses berühmten Flohmarkts, der sich über mehrere Blocks nördlich und südlich von Biobío erstreckt. Jedes Wochenende ist es ein optisches Highlight, in dem Durcheinander nach alten Kristallgläsern, antiken Cognacschwenkern, Cowboy-Sporen und Zeitschriften aus den 1970ern zu stöbern. Zunehmend zieht der Markt auch experimentelle Spitzenrestaurants wie das Willimapu mit Mapuche-Fusion-Küche und das DeMo mit den besten Brunches in der Stadt an. Letzteres liegt innerhalb des Persa Victor Manuel, der künstlerischsten und angesagtesten Ecke des Flohmarkts.

Persa Biobío

Factoría Franklin

HIPSTERPARADIES

Der ehemalige Industriekomplex hat sich in eine der coolsten Adressen für Fans von Essen, starken Getränken und ausgefallener Kunst verwandelt. Jedes Wochenende präsentieren Betriebe wie Craft-Brauereien, Kaffeeröstereien, Wermut-Läden, Käsereien und Chocolatiers ihre Produkte. Gin fließt wie Wasser, und nicht weniger als drei Brennereien wetteifern darum, den besten hiesigen Gin zu produzieren. Dazu kann man Kimchi und Ramen im Mirai Food Lab oder ein pikantes Sandwich im Barra de Pickles essen, einer Gurkenbar der Essig-Profis von By María. Am besten informiert man sich auf Instagram (@factoria_franklin), was gerade läuft. Jedes Wochenende finden hier Veranstaltungen statt, darunter Kunstmessen, Designausstellungen und Weinverkostungen mit Motto.

BARRIOS YUNGAY & BRASIL

KULTURELLES ERBE

Den Stadtplan weglegen, aber nicht die Kamera vergessen. Ein Spaziergang durch die etwas düsteren Barrios westlich des Stadtzentrums ist wie eine Reise in die Vergangenheit. Lebendige Wandmalereien, altmodische Häuser, stillgelegte Straßenbahnschienen, einfache Märkte und winzige Lokale in den historischen Barrios bilden einen reizvollen Gegenpol zum Hochhausglanz der östlichen Geschäftsviertel.

In den 1800ern ein paar der wohlhabendsten Viertel, verfielen sie in den 1940er-Jahren. Als in den folgenden Jahrzehnten Wolkenkratzer als Ausdruck des Fortschritts galten, wurden sie zum Andenken an eine vergessene Ära. In den Jahrzehnten nach der Diktatur erfolgte die Wiederentdeckung und nun erblühen sie dank traditionsbewusster Oldtimer, junger chilenischer Kunstschaffender und eingewanderter Menschen aus Peru, Haiti und Venezuela erneut – besonders das Barrio Yungay, seit der jüngste Präsident Chiles Gabriel Boric zu Beginn seiner Amtszeit im Jahr 2022 hierherzog.

TOP TIPP

In diesen Barrios ist die Kriminalitätsrate höher als in den meisten touristischen Gegenden. Reisende haben in der Regel keine Probleme, vor allem nicht bei Tag, aber es ist ratsam, auf seine Umgebung zu achten. Die Plaza Brasil ist nach Einbruch der Dunkelheit zu meiden. Dass der chilenische Präsident 2022 ins Viertel gezogen ist, führte zu einer verstärkten Polizeipräsenz.

Barrio Yungay

HIGHLIGHTS
1 Blondie
2 Centro Cultural Matucana 100
3 El Huaso Enrique
4 Espacio Gárgola
5 Museo de la Memoria y los Derechos Humanos
6 NAVE
7 Peluquería Francesa

SEHENSWERTES
8 Museo Artequin
9 Museo de Arte Contemporáneo Quinta Normal
10 Museo Ferroviario de Santiago
11 Museo Nacional de Historia Natural
12 Parque Quinta Normal

ESSEN
13 Creme Caramel Pastelería
14 Squella Restaurant

AUSGEHEN & FEIERN
15 Cervecería Intrinsical

Centro Cultural Matucana 100

AUSGEFALLENE KUNST

Matucana 100 ist ein experimentelles Kulturzentrum mit einem jungen, linksgerichteten Programm und einem vollen Veranstaltungskalender. Der ständig wachsende Komplex in einem riesigen roten Backsteingebäude, einer früheren Lagerhalle der Regierung, und in einem hangarähnlichen Anbau umfasst ein kleines Kino, ein großes Theater und mehrere Galerieräume. Tagsüber die Kunst bewundern und abends bleiben, um eine Theater- oder Arthouse-Filmvorführung zu sehen. Die avantgardistische Einrichtung wäre in jedem größeren liberalen Zentrum gut aufgehoben.

Centro Cultural Matucana 100

Museo de la Memoria y los Derechos Humanos

Museo de la Memoria y los Derechos Humanos

EINE SCHWIERIGE, ABER WICHTIGE ERFAHRUNG

Das beeindruckende „Museum der Erinnerung“ geht den schrecklichen Menschenrechtsverletzungen und dem massenhaften „Verschwinden“ unter der chilenischen Militärherrschaft auf den Grund, während derer etwa 40 000 Opfer gefoltert und hingerichtet wurden. Hier erfährt man nicht nur etwas über diese dunkle Zeit der chilenischen Geschichte, sondern auch über die Auswirkungen, die sie bis heute auf die Gesellschaft hat. Als eines der wenigen chilenischen Museen mit englischen Erklärungen führen die Exponate vom Staatsstreich 1973 (wegen des Datums oft „das andere 9/11“ genannt) bis zur Rückkehr zur Demokratie 1990 und der anschließenden Suche nach Gerechtigkeit. Kunstwerke und Artefakte des Protests, Zeugenaussagen von Opfern und Fotos von Verschwundenen machen die Ausstellung sehr greifbar.

Peluquería Francesa

BARBERSHOP UND RESTAURANT

Das alteingesessene Restaurant, auch unter dem Namen Boulevard Lavaud bekannt, ist mit Ziegelwänden, nicht passenden alten Möbeln und vielen Kuriositäten eine kultige Institution im Barrio Yungay. Die Karte bietet französisch-chilenische Gerichte (wie Ente à l'Orange und Rinderzunge in Mandelsoße) und am Wochenende gibt's oft Livemusik. Wie der Name verrät, ist hier zugleich auch ein Barbershop mit Stylisten im Nachbarraum. Die Platzsets mit Barrio-Yungay-Plänen und den Highlights sind ein hervorragender Wegweiser durch die Nachbarschaft.

Peluquería Francesa

NAVE

KLEINER VERANSTALTUNGSORT

Als das NAVE im Jahr 2015 eröffnet wurde, war es ein großartiges Symbol für die Entwicklung des Barrio Yungay zum künstlerischen Zentrum im Westen Santiagos. Das experimentelle Kulturzentrum in einem Herrenhaus aus dem 20. Jh. lädt Kunstschaffende ein, ihre Werke aus den Bereichen Tanz, Performance, Musik und Theater zu präsentieren. Die Qualität schwankt, je nachdem, wer gastiert, und der experimentelle Charakter der Exponate ist nicht für jeden etwas (viele Stücke sind noch in Arbeit). Mit nur 146 Plätzen ist es klein und gemütlich.

***Cueca*-Tänzerinnen**

Blondie

EIN KULTKLASSIKER DES NACHTLEBENS

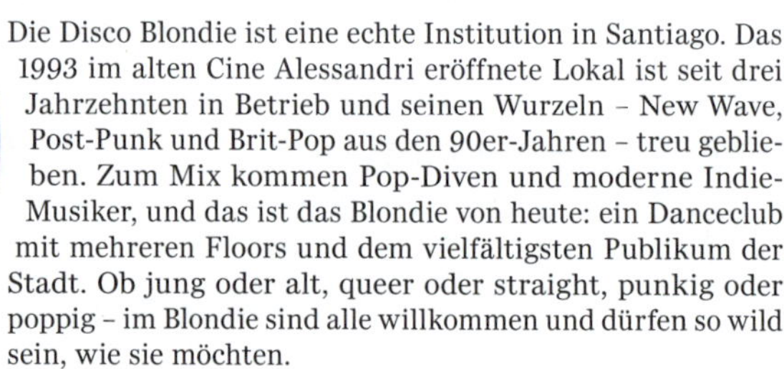

Die Disco Blondie ist eine echte Institution in Santiago. Das 1993 im alten Cine Alessandri eröffnete Lokal ist seit drei Jahrzehnten in Betrieb und seinen Wurzeln – New Wave, Post-Punk und Brit-Pop aus den 90er-Jahren – treu geblieben. Zum Mix kommen Pop-Diven und moderne Indie-Musiker, und das ist das Blondie von heute: ein Danceclub mit mehreren Floors und dem vielfältigsten Publikum der Stadt. Ob jung oder alt, queer oder straight, punkig oder poppig – im Blondie sind alle willkommen und dürfen so wild sein, wie sie möchten.

Blondie

Cueca-Musik

DER CHILENISCHE NATIONALTANZ

Außerhalb der Fiestas Patrias im September ist es für Besucher:innen oft schwierig, den chilenischen Nationaltanz *cueca* zu sehen. Der Tanz imitiert die Balzrituale von Hahn und Henne. Im Barrio Yungay halten noch einige wenige Einrichtungen die Tradition das ganze Jahr über aufrecht. An Wochenenden ist die Bar El Huaso Enrique überfüllt mit Gästen, die dabei zusehen, wie stolze Tanzpaare mit einem Taschentuch in der Hand auf die Bühne treten, auf den Boden stampfen und sich um ihre Gegenüber drehen. Im nahe gelegenen Espacio Gárgola wird oft samstagabends *cueca* aufgeführt. Das El Huaso Enrique ist nicht gerade für gutes Essen bekannt, aber im Espacio Gárgola bekommt man hervorragende traditionelle Gerichte und Cocktails in einem zweistöckigen, typisch chilenischen Raum.

NOCH MEHR IN DEN BARRIOS YUNGAY & BRASIL

Museen im Parque Quinta Normal

KUNST, ZÜGE UND NATURGESCHICHTE

Der Parque Quinta Normal ist das kulturelle Zentrum der überwiegend von der arbeitenden Klasse bewohnten westlichen Viertel. Der 40 ha große Park ist nicht sehr gepflegt, hat aber eine smaragdgrüne Lagune mit Schwänen und Tretbooten. Von einem halben Dutzend Museen lohnen einige einen Besuch. Los geht's im **Museo Nacional de Historia Natural,** dessen erste Etage eine Einführung in die Flora, Fauna und Geografie Chiles von der Atacama bis Patagonien sowie zur Antarktis und den pazifischen Inseln bietet. Ein Highlight ist das riesige Skelett eines Seiwals. Kinder lieben die Dioramen und sehen Wissenschaftlern hinter Glaswänden bei der Arbeit zu. Nur wenige Infos sind auf Englisch; der zweite Stock ist seit dem Erdbeben 2010 geschlossen.

Eisenbahnfans kommen im **Museo Ferroviario de Santiago** auf ihre Kosten. Bildung und Unterhaltung gibt's im Museo Artequin mit Kopien berühmter Kunstwerke, die in einem beeindruckenden Bau mit viel Gusseisen und Glas in Kinderhöhe hängen. Für Ältere bietet das **Museo de Arte Contemporáneo (MAC) Quinta Normal** experimentellere Ausstellungsstücke als das Hauptmuseum MAC in Bellas Artes.

Alte Straßen, neue Wandmalereien

BUMMEL DURCH KUNST UND GESCHICHTE

Das Barrio Yungay bewahrt sein stolzes Erbe durch den Schutz von Gebäuden und Kultur, seit die Ansässigen 2006 die erste gemeindeeigene Kulturorganisation der Stadt gründeten. Das Viertel ist niedriger bebaut und vermittelt ein Gefühl von Identität und Vergangenheitsbindung. Die **Pasaje Adriana Cousiño** mit Fliesen im Schachbrettmuster und die kopfsteingepflasterte **Pasaje Lucrecia Valdés** geben einen malerischen Eindruck von seinen Glanzzeiten. Durch die verschlafenen Straßen des Barrio zu schlendern und die erstaunlichen Wandmalereien an historischen Häusern zu bestaunen lohnt sich. Bei **Artistas Yungay** (artistasyungay.cl) finden oft Schnuppertage und Events mit Werken lokaler Kunstschaffender statt. Aber auch außerhalb können die großartigen Wandgemälde von Sofrenia, STFI, PabloEtrom, Pikoenelojo Stencil und anderen bewundert werden. Ein sicherer Tipp sind die Straßen zwischen dem Parque Portales und Santo Domingo.

Mehr Street-Art gibt's im **Museo Cielo Abierto** weiter südlich, einem Graffiti-Museum unter freiem Himmel.

KLEINERE CHILENISCHE RESTAURANTS

Amaia Restaurante
Chiles berühmtester Mapuche-Koch bereitet in diesem farbenfrohen Maipú-Restaurant deftige Gerichte aus dem Süden mit einheimischen Beeren, Kräutern und Kartoffeln zu. €€

Pulpería Santa Elvira
Eins der besten Restaurants in Santiago liegt in einem alten chilenischen Haus im Barrio Matta und verbindet Antiquitäten und altmodische Gemütlichkeit mit ultramoderner Küche in mehreren Gängen. €€€

Maestranza Restaurante
Die lange Warteliste zeugt von der Beliebtheit dieses klassischen Imbissstandes zur Mittagszeit im Barrio Franklin. Auf der Speisekarte stehen Gerichte, die außerhalb chilenischer Haushalte selten zu finden sind. €

ESSEN IN DEN BARRIOS YUNGAY & BRASIL

Creme Caramel Pastelería
So unscheinbar, dass man gar nicht ahnt, wie köstlich die veganen Leckereien dieser Bäckerei sind. €

Squella Restaurant
Austern, Weine, eine Dachterrasse, erstklassiger Service: Squella ist vielleicht das beste Fischrestaurant in Santiago. €€

Cervecería Intrinsical
Die angesagteste Craft-Brauerei der West Side mit chilenischem Kneipenessen. €

PROVIDENCIA & ÑUÑOA

SHOPS UND CAFÉS

Providencia und Ñuñoa sind begrünte Mittelklasseviertel, die zwischen Santiagos historischem Zentrum im Westen und den gläsernen Wolkenkratzern der Geschäftsviertel im Osten liegen. Während diese ruhigen Viertel im Herzen der Stadt kaum große Sehenswürdigkeiten zu bieten haben, eignen sie sich gut, um einzukaufen, essen zu gehen und Leute zu beobachten. Die Cafékultur ist hier so lebendig wie nirgendwo sonst und die Gastronomieszene ist die beste der Stadt.

Insbesondere Providencia ist voller großartiger Hotels, Boutiquen, hervorragender Cafés, innovativer Restaurants und angesagter Bars, die meist in den Straßen nördlich und südlich der gleichnamigen Allee liegen. Ñuñoa ist eher ein Wohngebiet und unter den am schnellsten wachsenden Stadtteilen dank zweier U-Bahn-Linien, die es an das öffentliche Verkehrsnetz anschließen. Das Barrio Italia liegt zwischen den beiden Bezirken, ist das angesagteste Viertel der Stadt und einen Bummel wert.

TOP TIPP

Providencia und Ñuñoa werden von einigen der ruhigsten *ciclovías* (Fahrradwege) Santiagos durchquert, insbesondere entlang des Río Mapocho, der Tobalaba, Av. Pocuro, Av. Ricardo Lyon und Montenegro. Viele Straßen sind am Sonntagmorgen (bis 14 Uhr) komplett gesperrt für den CicloRecreoVía, eine Großveranstaltung für Radfahrer. Günstige Fahrräder verleiht Bike Itaú.

Providencia

Estadio Nacional de Chile

FÜR FUSSBALLFANS

Im Großen und Ganzen sind Chilenen ein ziemlich ruhiges Volk – bis sie ein *fútbol* (Fußball-)Stadion betreten. Am dramatischsten sind die Spiele gegen Lokalrivalen wie Argentinien, wenn „Chi-Chi-Chi-Lay-Lay-Lay" durch das Estadio Nacional schallt. Im 48 665 Zuschauer fassenden Stadion finden auch die größten Konzerte der Stadt (meist internationale Superstars) statt. Das Stadion hat eine dunkle Geschichte: Nach dem Putsch der Militärjunta 1973 wurden hier mehr als 40 000 Menschen interniert.

Parque de las Esculturas

Parque de las Esculturas

EIN RUHIGER SKULPTURENPARK

Der Park bietet nicht nur einen großartigen Blick auf die moderne Skyline der Stadt im Osten, sondern beherbergt auch eine Menge seltener Andentannen, in denen lebhafte grüne Mönchssittiche wohnen. Dazwischen stehen Dutzende Skulpturen lokaler und internationaler Künstler, viele davon mit QR-Code, damit man weitere Informationen nachlesen kann. In einer achteckigen Galerie im Zentrum werden wechselnde Kunstausstellungen gezeigt. Der Park ist ein beliebter Picknickplatz und oft mit schmusenden Teenagern und Twens gefüllt, die noch zu Hause wohnen (und einen Platz zum Knutschen brauchen).

Chilenische Fußballfans

Drugstore

HEIMAT DER LOKALEN MARKEN

Anspruchsvolle Einheimische meiden die Megamalls der Stadt und besuchen diesen lebhaften (und irreführend benannten) Einkaufskomplex, in dem man junge Design-, Kunst- und literarische Erzeugnisse bekommt. Vor allem Männer finden in Shops wie Snog, Bastardo und Mo Store einige der besten und günstigsten chilenischen Modeartikel. Auch die beliebte lokale Schuhmarke Bestias hat hier eine Filiale. In Buchhandlungen werden wunderschöne Bildbände verkauft, allerdings nur wenige englischsprachige Titel. Die meisten Geschäfte liegen im Untergeschoss, während sich im obersten Stockwerk Cafés wie La Resistencia befinden. An Wochenenden gibt's landwirtschaftlich Bioprodukte aus der Region auf einem Markt hinter dem Gebäude. In den Straßen östlich und westlich liegen einige der besten Bars und Restaurants von Providencia.

PROVIDENCIA & ÑUÑOA

HIGHLIGHTS
1 Bao Bar
2 Bar Porfirio
3 Drugstore
4 Parque de las Esculturas
5 Pepperland

Sehenswertes
6 D21 Art Projects

Schlafen
7 Carménère eco Hotel
8 Hostal Vitalia
9 Hotel Boutique Le Reve

ESSEN
10 Café de la Candelaria
11 CORA Bistró
12 Fiol Dulceria
13 InPasta
14 La Popular Infante
15 Lomit's
16 Óbolo
17 Piso Uno
18 Sapiens
19 Silvestre Bistró
20 Violeta Restaurant

AUSGEHEN & FEIERN
21 Bar Rapa Nui
22 Bravo 951
23 Café Black Mamba
24 Chueca
25 Gracielo Bar
26 La Cava del Barrio
27 La Pastora Coffee House
28 Oculto Beergarden

29 Ruca Bar
30 Vinoteca Italia

SHOPPEN
31 Estacion Italia
32 Tienda Larry

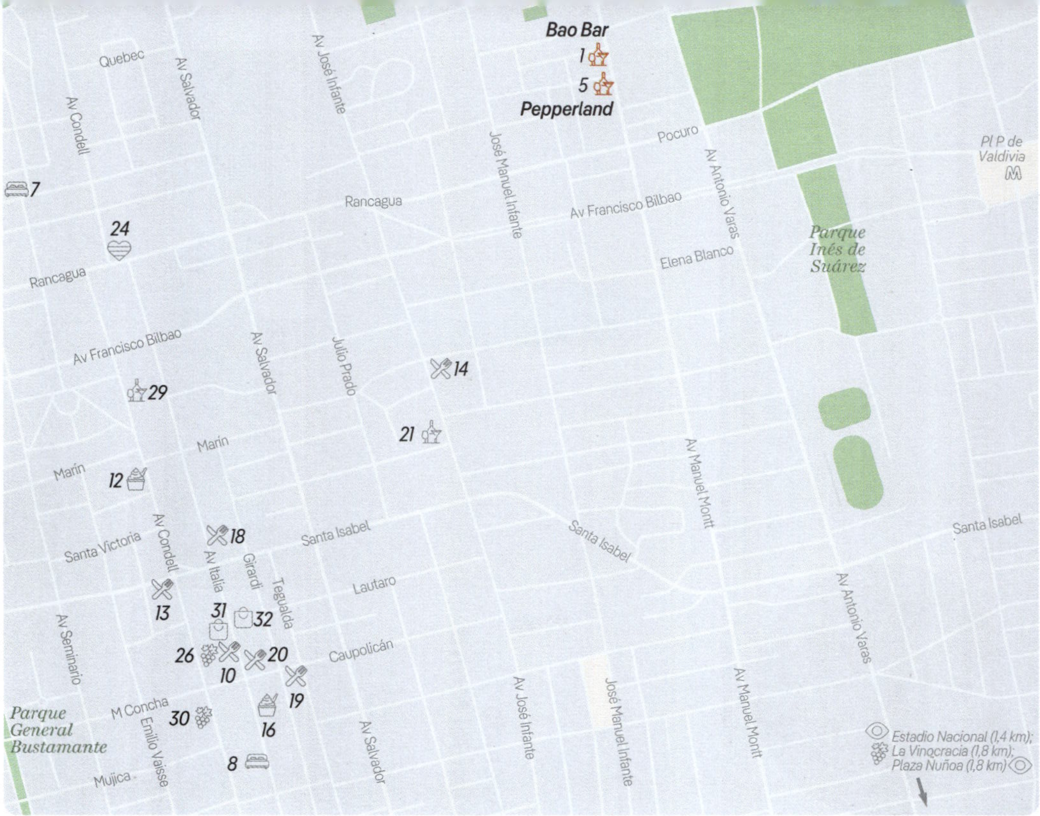

Bao Bar
1
5
Pepperland
Quebec
Av Salvador
Av José Infante
José Manuel Infante
Pocuro
Av Antonio Varas
Pl P de Valdivia
Av Condell
7
Rancagua
Av Francisco Bilbao
Parque Inés de Suárez
24
Elena Blanco
Rancagua
Av Francisco Bilbao
Av Salvador
Julio Prado
14
29
21
Marín
Marín
12
Av Manuel Montt
Santa Victoria
Av Condell
18
Santa Isabel
Santa Isabel
Av Italia
Girardi
Tegualda
Lautaro
Santa Isabel
13
31
32
Av Seminario
26
10
20
Caupolicán
19
Parque General Bustamante
M Concha
30
16
Emilio Vaisse
Mujica
8
Av Salvador
Av José Infante
José Manuel Infante
Av Manuel Montt
Av Antonio Varas
Estadio Nacional (1,4 km);
La Vinocracia (1,8 km);
Plaza Nuñoa (1,8 km)

Radfahren in Providencia

JOAO KERMADEC/SHUTTERSTOCK ©

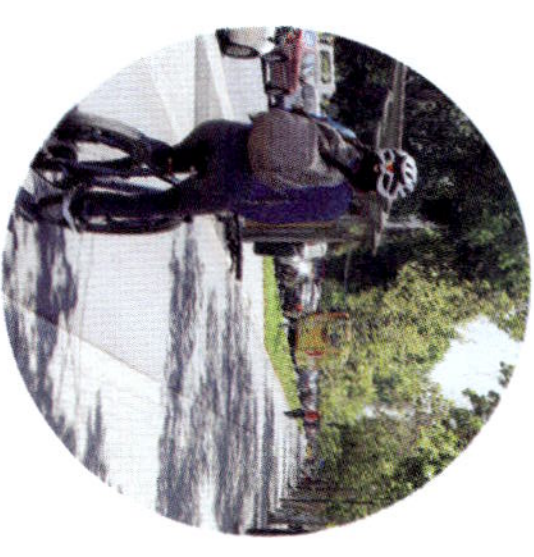

Plaza Ñuñoa

Plaza Ñuñoa

„ÑUÑORK CITY“

Ñuñoa hat unter den Einheimischen den Ruf, ein Viertel voller Mittelklasse-Hippies zu sein, die ihre veganen Cafés, Pflanzenläden, Cannabis-Brownies und endlosen abendlichen *carretes* (Partys) lieben. Nirgendwo wird dies deutlicher als an der Plaza Ñuñoa, dem begrünten Herzen des Viertels, das von einfachen Restaurants, Bars und Nachtclubs umgeben ist, von denen viele am Wochenende Livemusik bieten. Der hübsche Platz war auch Schauplatz einiger der größten (und fast immer friedlichen) Proteste der Stadt, insbesondere während des Volksaufstands 2019/2020.

Avenida Manuel Montt

AUSGEHEN UND ESSEN

Diese lange Allee, die Providencia mit Ñuñoa verbindet, wird manchmal auch Barrio Manuel Montt genannt und hat sich zu einem der wichtigsten Gegenden fürs Essen und Ausgehen in der Stadt entwickelt. Da sich hier mehrere Privatuniversitäten befinden, zieht sie eher ein jüngeres Publikum an und die Lokale sind zwangloser und günstiger als anderswo im Osten Santiagos. Die Avenida ist unmittelbar südlich der Nueva Providencia dicht gepackt mit Lokalen; viele der besten Bars mit Restaurant wie die Bar Porfirio, Bao Bar und Pepperland liegen jedoch weiter südlich in der Nähe der Eliodoro Yañez.

Gran Torre Santiago

Gran Torre Santiago

EINKAUFSZENTRUM MIT AUSSICHT

Der 62-stöckige Wolkenkratzer ist das höchste Gebäude Südamerikas und das vierthöchste auf der Südhalbkugel. Es ist bekannt dafür, bis auf eine Handvoll Stockwerke leer zu stehen, und wird von vielen Einheimischen als Sinnbild für die Gier und den Hochmut der chilenischen Milliardärsklasse angesehen. Allerdings kann man auf der Aussichtsplattform Sky Costanera einen 360-Grad-Blick über die Stadt genießen (sofern der Smog es zulässt). Im Gebäudekomplex liegt auch das Costanera Center, das größte Einkaufszentrum Südamerikas. Es ist die beste Adresse für Camping-, Rucksack- und Wintersportartikel, die man für Ausflüge in die Anden benötigt. In der Mall befinden sich auch einer der besten Supermärkte der Stadt (Jumbo), Kinos (Cineplanet) und Kaufhäuser (Falabella).

GERARDO ERNESTO CAMACHO/SHUTTERSTOCK ©

Barrio Italia

NOCH MEHR IN PROVIDENCIA & ÑUÑOA

Santiagos angesagtestes Viertel

BUMMELN IM BARRIO ITALIA

Ins Barrio Italia geht man nicht aus einem bestimmten Grund, vielmehr ist es das spannendste Viertel in Santiago, um zu bummeln, besonders am Sonntagnachmittag, wenn der Rest der Stadt geschlossen ist. Das Viertel zwischen Providencia und Ñuñoa ist einer der wenigen Orte, die sich gentrifiziert und dabei ihre entspannte Identität und proletarischen Wurzeln bewahrt haben.

Seinen Namen verdankt es Italienern, die Anfang des 20. Jhs. hierherzogen, um in der Hutfabrik Girardi zu arbeiten. Die Fabrik ist längst geschlossen, doch Mode spielt noch immer eine wichtige Rolle in Einkaufspassagen wie Estacion Italia, deren Boutiquen Schuhe, Sonnenbrillen und Kleidung „Made in Chile“ verkaufen. Anderen Passagen, oft in alten Häusern, bieten Schallplatten, Bücher, Kunsthandwerk und Kuriositäten feil; flippige Haushaltswaren gibt's in der **Tienda Larry**. Viele haben hippe Cafés und Coffeeshops im Innenhof wie zum Beispiel das vegane **Sapiens**. Zwischen modernen Geschäf-

LOCAL TIPP: KULTUR

Felipe Bascuñán, stellvertretender Direktor des CCLM, verrät seine Kulturspot-Empfehlungen.

D21-Kunstprojekte
Die Galerie stellt zeitgenössische chilenische bildende Kunst aus. Sie liegt im 2. Stock eines alten Wohngebäudes (Buzz D21) neben dem altmodischen *caracol* (schneckenförmiges Einkaufszentrum) im Stil der 70er-Jahre.

Centro de Extensión UC
In dem 100 Jahre alten Kloster stellen die Galería Macchina und der Espacio Vilches junge Kunst aus und es gibt Bühnen für Konzerte, Filme und Theaterstücke.

Ojoporojo Tienda
Der Schwerpunkt des Ladens liegt auf Kunstbüchern, Zines, funkigen T-Shirts und Printerzeugnissen, die alle im Haus hergestellt werden. Regelmäßig finden Workshops statt – auf Instagram (@ojoporojo.cl) nach Terminen schauen.

ÜBERNACHTEN IN PROVIDENCIA & ÑUÑOA

Carménère eco Hotel
In diesem stilvollen Weinhotel in einer ruhigen Seitenstraße des Barrio Italia trifft Nachhaltigkeit auf Raffinesse. **€€€**

Hostal Vitalia
Die Lage dieses kleinen, gemütlichen Hostals im Herzen des Barrio Italia ist unschlagbar. **€**

Hotel Boutique Le Reve
Das edle Boutique-Hotel ist eine mit Efeu bewachsene grüne Oase mit einem französisch inspirierten Innenhof. **€€€**

DIE BESTEN RESTAURANTS IN PROVIDENCIA & ÑUÑOA

CORA Bistró
Fantasievolle Geschmacksrichtungen, malerische Gerichte und ein besonderes Weinangebot sorgen für ein fabelhaftes Gourmet-Erlebnis in ungezwungener Umgebung zu vernünftigen Preisen. €€

Piso Uno
In diesem gemütlichen und lebhaften Restaurant mit Bar versteht man, warum Chilenen süchtig nach der Nikkei-Küche (peruanisch-japanische Fusion-Küche) sind. €€€

Lomit's
Die traditionelle Sandwichbar ist unschlagbar, was günstiges Essen, professionellen Service und Atmosphäre angeht. €

Rishtedar
Pisco Sours zum indischen Essen gefällig? In diesem stimmungsvollen Lokal gibt's die besten Currys und Tandoori-Hähnchen. €€

ten auf den Avenidas Condell und Italia gibt's viele altmodische Antiquitätenläden, vor denen lackiert und poliert wird.

Im Barrio Italia sind auch die besten Weinhandlungen der Stadt, darunter **La Cava del Barrio**, die nur mit kleinen und Boutique-Unternehmen zusammenarbeitet, und die **Vinoteca Italia** mit regelmäßigen Verkostungen. Sehr kreatives Naschwerk gibt's in der **Fiol Dulceria**, in der Schokoladenfabrik **Óbolo** ist von A bis Z alles handgemacht. Der Veggie-Hotspot **Restaurant Violeta**, das **InPasta** und das flippige **Silvestre Bistró** sind die angesagtesten Restaurants des Viertels. Die Gins in der **Ruca Bar** und das hippe LGBTIQ+-Publikum im **Chueca** sorgen dafür, dass das Viertel auch nach Einbruch der Dunkelheit noch voll ist.

Chiles „vierte Mahlzeit" entdecken

LA ONCE, DER CHILENISCHE NACHMITTAGSTEE

Die britische Tea Time kam über die englischen Salpeterminen nach Chile. Sie verwandelte sich in eine einzigartige „vierte Mahlzeit" am späten Nachmittag, genannt *once* („elf" auf Spanisch). In der Regel wird süß und salzig gegessen: Brot, Gebäck, Käse, Eier und pürierte Avocado, dazu gibt's Tee oder Kaffee. Zwar widmet sich eine ganze Kette (**Tavelli**) dieser Mahlzeit, aber unabhängige Cafés und Bäckereien, für die Providencia berühmt ist, sind bei Weitem die bessere Option.

Chile hat mit Abstand den größten Brotverbrauch in Lateinamerika. Die brötchenförmige *marraqueta* und die biskuitartige *hallulla* sind am weitesten verbreitet, aber in weniger traditionellen Bäckereien wie **Pan Mostacho** und **La Popular Infante** (mit ihrem legendären Sauerteig) ist die Auswahl groß. Für eine mehr auf Süßigkeiten spezialisierte *once* lohnt ein Besuch der Konditorei **Roberto Muñoz Patisserie**. Ganze *once*-Menüs gibt's im **Café de la Candelaria** in einem Innenhof im Barrio Italia.

Wer seinen morgendlichen Durst lieber in einem Café stillt, wird sich freuen zu hören, dass man in Santiago mittlerweile nicht mehr nur noch Nescafé bekommt. Fantastische Kaffeehäuser sind unter anderen das **Café Black Mamba**, das **Kaffeehaus La Pastora** und das angesagte **Casino Latriana**, in dem auch Dinnerpartys veranstaltet werden.

AUSGEHEN IN PROVIDENCIA UND ÑUÑOA

Gracielo Bar
Craft-Cocktails und Tapas locken Menschen auf die Dachterrasse und ins stilvolle Innere dieses alten Herrenhauses.

Bravo 951
Hipster-Treffpunkt mit regelmäßigen Fiestas und Veranstaltungen und DJs. Cocktails und gemütliches Essen.

Bar Rapa Nui
Ein Muss für Fans von Spelunken, lokalen Traditionen und *piscolas* (Pisco und Coca-Cola).

LAS CONDES & VITACURA

HOCHHAUSVIERTEL

Glitzernde Wolkenkratzer, Wohnblocks mit Sicherheitsdiensten und glänzende neue Megamalls: Las Condes präsentiert sich als das internationale Gesicht des modernen Chiles. Der Stadtteil erstreckt sich in Richtung Anden und ist am schönsten im Barrio El Golf, einem grünen Viertel mit edlen Restaurants, prächtigen Villen und Luxushotels, das manchmal ironisch als „Sanhattan" bezeichnet wird. Nördlich und südlich des Parque Araucano sind die Straßen ähnlich hoch aufragend bebaut und belebt, aber eher geschäftsorientiert und von internationalen Ketten geprägt.

Im Norden liegen im noch schickeren Viertel Vitacura Santiagos exklusive Einkaufsstraßen, noble Kunstgalerien, erstklassige Bars und berühmte Restaurants. Am lebhaftesten ist es östlich des spektakulären Parque Bicentenario um die sich kreuzenden Avenidas Nueva Costanera, Vitacura und Alonso de Córdova; wie zu erwarten gibt's viele Geschäftsreisende in den gehobenen Gegenden. Auch wenn sie nicht so charaktervoll sind, findet man hier Modeketten, Einkaufsmöglichkeiten und gutes Essen.

TOP TIPP

In diesen beiden Vierteln könnte man meinen, in einer anderen Stadt zu sein. Tatsächlich fahren viele Ansässige nie in die weniger wohlhabenden Stadtteile westlich der Av. Tobalaba. Aber vielleicht sollten sie genau das tun: Die Preise hier sind nämlich in der Regel (mindestens) genauso hoch wie in den großen europäischen oder nordamerikanischen Städten.

Las Condes

JOSE LUIS STEPHENS/SHUTTERSTOCK ©

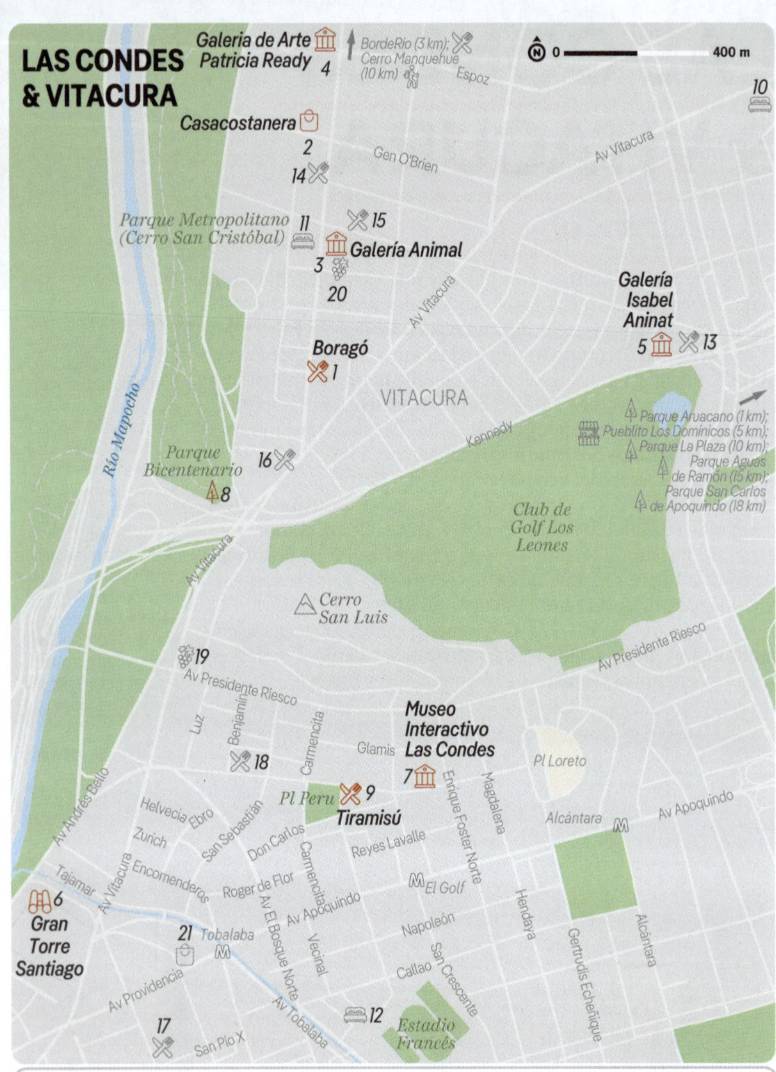

HIGHLIGHTS
1 Boragó
2 Casacostanera
3 Galería Animal
4 Galeria de Arte Patricia Ready
5 Galerie Isabel Aninat
6 Gran Torre Santiago
7 Museo Interactivo Las Condes
8 Parque Bicentenario
9 Tiramisú

SCHLAFEN
10 Hotel Bidaosa
11 NOI Vitacura
12 Select by Time

ESSEN
13 CV Galería
14 La Calma by Fredes
15 La Mesa
16 La Punta
17 Rishtedar
18 Tip y Tap

AUSGEHEN & FEIERN
19 Les Dix Vins
20 Vinolia

SHOPPEN
21 Ojoporojo Tienda

Pueblito Los Domínicos

KUNSTHANDWERK

Abgesehen von den Läden der Kette Artesanías de Chile (einschließlich des Geschäfts hier) gibt's in Santiago keinen besseren Ort, um hochwertiges Kunsthandwerk zu kaufen, das tatsächlich in Chile hergestellt wurde. In diesem nachgebildeten Dorf am Ende der U-Bahn-Linie L1 in Las Condes gibt's Dutzende kleiner Geschäfte, Kunstgalerien und traditioneller Lunch-Cafés. Beim Bummeln Ausschau halten nach Lapislazuli-Schmuck, Anden-Textilien, handgeschnitzten Holzschalen, Flechtkörben und Keramik mit indigenen Motiven. Mit Sicherheit findet sich ein Souvenir zum Mitnehmen.

Chilenische Textilien

Boragó

DAS BESTE RESTAURANT CHILES

Die Spitzengastronomie in Chile nahm ihren Anfang in Chefkoch Rodolfo Guzmáns bahnbrechendem Restaurant Boragó, das seit zehn Jahren zu den 50 besten der Welt gehört. Guzmán schickt seine Gäste auf eine mehrgängige kulinarische Reise mit weniger bekannten Zutaten aus den Tälern, Fjorden und Hügeln zwischen Patagonien und der Atacama-Wüste. Günstiger als die meisten Restaurants dieses Kalibers ist das Boragó ein Erlebnis, das man nicht so schnell vergisst – vor allem in Kombination mit einem der ungewöhnlichen chilenischen Weine. Es liegt in einem minimalistischen Gebäude mit Blick auf den Cerro Manquehue; die Küche ist gleichzeitig das Labor, in dem Guzmán seine Kreationen ersinnt.

Boragó

Parque Bicentenario

SCHLUMMERN UNTER DER SKYLINE

Diese ruhige städtische Oase wurde, wie der Name verrät, zur Feier der Zweihundertjahrfeier Chiles angelegt. Neben über 4000 Bäumen hat der Park gepflegte Fußwege, Skulpturen, Lagunen mit Vögeln, Spielplätze und Gastronomie, darunter das Restaurant Mestizo, das zu einem Sundowner mit Blick auf die schimmernde Skyline von „Sanhattan“ einlädt. Im Park gibt's auch Open-Air-Kinovorführungen und regelmäßig Messen, auf denen von Mode über Wein bis zu Designwaren alles angeboten wird. Für einen tollen Fahrradausflug leiht man bei Bike Itaú ein Rad und fährt auf der *ciclovía* (Fahrradweg) entlang des Río Mapocho am westlichen Rand des Parks. Von dort aus folgt man dem Fluss 6 km in nordöstlicher Richtung und genießt dabei spektakuläre Ausblicke auf den Cerro Manquehue und die fernen Anden.

Parque Araucano

Parque Araucano

EIN PARK MIT EINEM EINKAUFSZENTRUM

Inmitten von gläsernen Wolkenkratzern ist er eine wahre grüne Oase und einer der schönsten Parks der Stadt mit einem wunderbaren Rosengarten, fantastischen Spielplätzen, tanzenden Wasserfontänen, einer Skaterzone, Sportplätzen und einem kleinen pädagogischen Themenpark namens KidZania. Viele Menschen, vor allem aus südamerikanischen Nachbarländern, besuchen den 22 Hektar großen Park auf dem Weg zur gleichnamigen Mall nach amerikanischem Vorbild am nördlichen Rand, wo hochwertige weltbekannte Marken, riesige Warenhäuser und zahlreiche Open-Air-Restaurants warten.

Isidora Goyenechea

Vitacura Art Galleries

FÜR ANSPRUCHSVOLLE

Eine wichtige Adresse für zeitgenössische chilenische Kunst – und ein toller Ort, um Fashionistas in ihrem natürlichen Habitat zu beobachten – sind die Galerien rund um die Avenida Alonso de Córdova. Wer ernsthaft einen Kauf in Erwägung zieht, sollte sich an die **Galería Animal** mit einer anspruchsvollen Sammlung zeitgenössischer Kunst in einem beeindruckenden, mehrstöckigen Gebäude wenden. Die Werke weiterer aufstrebender Künstler sowie eine Buchhandlung und ein Café findet man in der **Galería de Arte Patricia Ready**. Innerhalb der künstlerischen **CV Galería** stellt die angesehene Galería Isabel Aninat seit 1983 Werke bedeutender chilenischer und internationaler Kunstschaffender aus, darunter Joan Miró und Antoni Gaudí.

Isidora Goyenechea & Nueva Costanera

ALLEEN DER SPITZENKLASSE

Diese breiten *avenidas* sind das Herzstück ihres jeweiligen Viertels. Im Barrio El Golf (Las Condes) befreite sich die Isidora Goyenechea von internationalen Restaurantketten und wandelte sich in ein dynamisches Restaurantgebiet, vor allem um die Plaza Peru, wo lange Schlangen vor dem italienischen Restaurant Tiramisú stehen. Daneben gibt's Bekleidungs- und Haushaltswarengeschäfte und das kinderfreundliche Technikmuseum Museo Interactivo Las Condes. In Vitacura liegt Santiagos exklusivste Einkaufsstraße Nueva Costanera mit edlen Boutiquen (Karyn Coo, Lia Fernández, SISA) und einer Mall der Spitzenklasse unter freiem Himmel (Casacostanera). Auch die Gastronomie ist hervorragend, und viele der renommiertesten Restaurants der Stadt (La Calma, Dondoh, Osaka, Aquí Está Coco) lassen es sich etwas kosten, hier zu sein.

MOCHILAOSABATICO/SHUTTERSTOCK ©

Cerro Provincia

NOCH MEHR IN LAS CONDES & VITACURA

Eine Wanderung machen

AUFSTIEG IN DIE CORDILLERA

Wer sich auf Wanderungen in Patagonien vorbereitet, kann ausgezeichnete Routen ins Vorgebirge einplanen, das mit öffentlichen Verkehrsmitteln oder einem Taxi von Las Condes' östlichstem Rand erreichbar ist. Die Asociación Parque Cordillera betreibt mehrere private Parks, die je nach Wanderung bis spätestens 13 Uhr betreten sein müssen. Auf der Website (asociacionparquecordillera.cl) gibt's Karten, Regeln und Vorschriften.

Die 17 km lange Hin- und Rückwanderung zum Wasserfall **Salto de Apoquindo** im **Parque Aguas de Ramón** ist eine landschaftlich reizvolle und schattigere Option, die Wanderprofis gerne wählen; der kürzere, 6,5 km lange **Sendero Los Peumos** ist jedoch ebenso malerisch. Wer präandine Hänge erklimmen möchte, sollte die benachbarten Parks anvisieren: Im **Parque La Plaza** und im **Parque San Carlos de Apoquindo** warten der **Morro Las Papas** (1357 m, 7 km) und der anspruchsvollere **Alto Las Vizcachas** (1871 m, 10 km), beide mit herrlichem Blick auf Santiago. Im Parque San Carlos de Apoquindo gibt's einige weniger frequentierte (und anspruchsvollere) Wanderwege zu Gipfeln wie dem **Alto del Naranjo** (1890 m, 13 km) und dem **Cerro Provincia** (2750 m, 22 km).

Näher an der Stadt liegt in Vitacura der höchste Berg Santiagos **Cerro Manquehue** (der nicht zur Asociación Parque Cordillera gehört). Der kurze, aber anstrengende 5 km lange Rundweg zum 1639 m hohen Gipfel ist eine der beliebtesten Wanderungen; idealerweise kurz nach einem Regentag, um die beste (smogfreie) Aussicht zu haben.

ESSEN IN LAS CONDES & VITACURA

La Mesa
Die nachhaltige Erzeugung steht im Mittelpunkt aller Gerichte. €€€

La Calma by Fredes
Eine größere Auswahl an Meeresfrüchten aus dem Pazifik gibt's nirgendwo. €€€

La Punta
Hier gibt's die vielleicht besten Empanadas in Santiago. €

Tip y Tap
Kette im östlichen Santiago mit erschwinglicher Hausmannskost. €

BordeRio
In diesem Restaurantkomplex am Flussufer findet man viele der beliebtesten Lokale in Vitacura. €€€

CV Galería
„Sehen und gesehen werden" lautet die Devise in diesem Restaurant für Kunstfans. €€€

ÜBERNACHTEN IN LAS CONDES & VITACURA

Select by Time
Stilvolles Dekor, ein Pool auf dem Dach und eine ruhige Lage an der Plaza. **€€**

Hotel Bidasoa
Das trendige Bidasoa hat eine reizvolle tropische Atmosphäre und ein lebhaftes Restaurant mit veganen Gerichten. **€€€**

NOI Vitacura
Die erstklassige Lage an der Nueva Costanera, das hauseigene Spa und die Lounge auf dem Dach sind Highlights. **€€€**

WEINKELLEREIEN IM MAIPO-TAL

REBEN UND WEINE

Wer sich an Santiagos Museen und Plätzen sattgesehen hat, besuche die herrlichen Familienweingüter und großen Produktionsbetriebe im Maipo-Tal südlich des Stadtzentrums. Die Spezialität dieser Weinregion sind vollmundige Rotweine wie Merlot, Carménère und Syrah. Topfavorit aber ist der Cabernet Sauvignon: Er gehört zu den meistexportierten chilenischen Weinen, die in Geschäften und Restaurants auf der ganzen Welt angeboten werden. Das Hirtendorf Pirque liegt im malerischen Herzen des Tals und bietet mehrere Weingüter, Restaurants und Hotels. Um die hervorragenden Weine des Maipo-Tals zu probieren, muss man Santiago eigentlich gar nicht verlassen. Es gibt hier nicht nur Weinkellereien, sondern auch ausgezeichnete *vinobars*, in denen man interessante Weine verkosten kann.

TOP TIPP

Viele Weingüter im Maipo-Tal erfordern eine Buchung im Voraus und bieten nur Führungen, keine Verkostungen an (Ausnahmen sind Viña Santa Rita und Concha y Toro). Es gibt mehr mehrsprachige Guides als in anderen chilenischen Weintälern; zu den kreativen Touren gehören Abendessen bei Sonnenuntergang und Radtouren durch die Weinberge.

Viña Cousiño Macul

GESCHICHTE UND LEGENDEN

Viña Cousiño Macul ist eines der wenigen Weingüter, das dank seines historischen Kellereigebäudes aus dem Jahr 1872 noch ein bisschen Land im zersiedelten Santiago hat (obwohl die meisten Rebstöcke heute 40 km entfernt in Buin stehen). Neben den traditionellen Touren, die viel über die chilenische Weingeschichte erzählen und drei Verkostungen beinhalten, kann man auch eine Radtour durch die Weinberge mit vier Verkostungen buchen. Der öffentliche Bus 418 hält direkt vor der Tür.

OBEN: DOUGLAS PEEBLES PHOTOGRAPHY/ALAMY STOCK PHOTO ©, UNTEN: ALFREDO MAIQUEZ/SHUTTERSTOCK ©

Wein, Viña Cousiño Macul

Concha y Toro

WELTBEKANNTE WEINE

Concha y Toro

Concha y Toro ist das größte Weinunternehmen Lateinamerikas und eine der 10 größten Weinmarken der Welt. Dank seines Bekanntheitsgrades ist es auch die meistbesuchte Weinkellerei Chiles, die ihre Gäste in mehreren Sprachen willkommen heißt. Weinbegeisterte können sich für fünf verschiedene Führungen durch das schöne Gelände anmelden oder einfach in der Weinbar Bodega 1883 vorbeischauen und Weine glasweise oder bei Verkostungen probieren. Die Kellerei ist zwar nicht sehr originell oder persönlich, aber eine der wenigen, die mit öffentlichen Verkehrsmitteln von Santiago aus erreichbar sind.

Weinbars in Santiago

DER BOOM DER VINOBARS

Man muss Santiago nicht verlassen, um einige der besten Weine von nahe gelegenen Weingütern zu probieren. **Bocanáriz** in Lastarria ist die Grande Dame der Weinbars, die den Boom in den frühen Achtzigerjahren ausgelöst hat. Im neueren **Les Dix Vins** im Barrio El Golf werden seltene chilenische Weine mit ihren französischen Verwandten kombiniert. Außerdem finden hier jeden Abend Veranstaltungen wie Live-Jazz, Käseverkostungen und Austernabende statt. Das unauffällige **La Vinocracia** in der Nähe der Plaza Ñuñoa bietet eine der größten Weinkarten Südamerikas. Jeden Montag werden hier Dutzende Premium-Flaschen geöffnet und für nur 1000 CH$ pro Glas ausgeschenkt. **Vinolia** in Vitacura ist wie ein Kino für Wein-Aficionados mit multisensorischen Verkostungen in einem theaterähnlichen Rahmen.

Führung durch Viña Santa Rita

Chile Wine Trails

UNTERWEGS IM WEINLAND

Dieses von Australiern geführte Unternehmen bietet von Santiago aus maßgeschneiderte Touren durch das chilenische Weinland an, die in kleinen, persönlichen Gruppen mit zweisprachigen Guides stattfinden. Unter den Tagesausflügen ins Maipo-Tal befinden sich Weinproben in mehreren Weingütern, ein Töpferworkshop im Künstlerdorf Pomaire oder ein Picknick in den Weinbergen. Es veranstaltet auch Tagesausflüge in die nahe gelegenen Täler Casablanca, Aconcagua und San Antonio sowie Mehrtagesausflüge ins Colchagua-Tal.

Weinverkostung, Viña Santa Rita

Alyan Family Wines

FÜHRUNGEN BEI SONNENUNTERGANG

Alyan liegt in einer verträumten Landschaft am Fuße der Anden und ist eines der tourismusfreundlichsten Weingüter im Großraum Santiago. Im Gegensatz zu den meisten Weingütern, die tagsüber Führungen anbieten, finden sie hier vor allem abends statt. Bis zu vier Stunden lang probiert man Chardonnays und Cabernets und bekommt Brettchen mit Wurst gereicht, während man zu verschiedenen Punkten in dem gepflegten Gelände gefahren wird. Der Höhepunkt ist ein Essen bei Sonnenuntergang im obersten Stockwerk des Weinguts mit Blick auf die Gebirgskette an der Küste. Obwohl die Gruppen bei den Sonnenuntergang-Touren sehr groß sein können, ist das Preis-Leistungs-Verhältnis prima.

Viña Santa Rita

RESTAURANTS, UNTERKÜNFTE UND OPULENZ

Wer nur ein einziges Weingut im Maipo-Tal besucht, sollte Viña Santa Rita wählen, das Aktivitäten bietet, um sich stundenlang zu beschäftigen. Es gibt verschiedene Touren (Fahrrad, Pferdekutsche, Picknick) und ein prächtiges Museum für präkolumbische Kunst, das dem Museo Chileno de Arte Precolombino in Santiago in nichts nachsteht. Speiseoptionen gibt's für jeden Geldbeutel: Ein Café vor Ort bietet preiswerte Mittagsgerichte an, während ein Restaurant aufwendigere Speisen mit passendem Wein serviert. Das charaktervolle Hotel Casa Real in Santa Rita liegt in einem 40 Hektar großen botanischen Garten und lockt mit einer Übernachtung auf dem Lande unmittelbar an Santiagos Stadtrand. Tipps zur Anreise mit öffentlichen Verkehrsmitteln gibt's auf santarita.com.

CAJÓN DEL MAIPO & ANDINE SKI-GEBIETE

WANDERN UND NATUR

Die Berge oberhalb von Santiago sind während der südlichen Skisaison (Juni bis September) sehr belebt. Die meisten Skiresorts, darunter Valle Nevado, Farellones, El Colorado und La Parva, liegen oberhalb der Baumgrenze in den Tres Valles und eignen sich als Basis für Ausflüge. Weitere Skigebiete liegen nördlich bei Los Andes (Portillo) oder südlich im Cajón del Maipo (Lagunillas). Alle sind von Santiago aus erreichbar, wobei eine Übernachtung hoch in den Anden eine reizvolle, wenn auch teure Erfahrung sein kann.

Einige Ferienorte bieten Sommeraktivitäten wie Wandern und Downhill-Mountainbiking an, aber der Besuchermagnet ist der Cajón del Maipo, in dessen kühlere Gefilde Einheimische vor der Hitze in dieser Jahreszeit fliehen. Der Frühling ist die schönste Zeit, wenn der Winterschnee schmilzt und die Landschaft wunderbar grün ist. Im Herbst hingegen sind die Hügel braun und trocken.

TOP TIPP

Öffentliche Busse fahren das ganze Jahr über nach San José de Maipo und weiter nach Baños Morales (am Ende des Cajón del Maipo); im Sommer fahren sie täglich, im Winter nur am Wochenende. In die Skiorte von Tres Valles fahren in der Saison Shuttlebusse mehrerer Unternehmen in Las Condes.

Valle Nevado (S. 85)

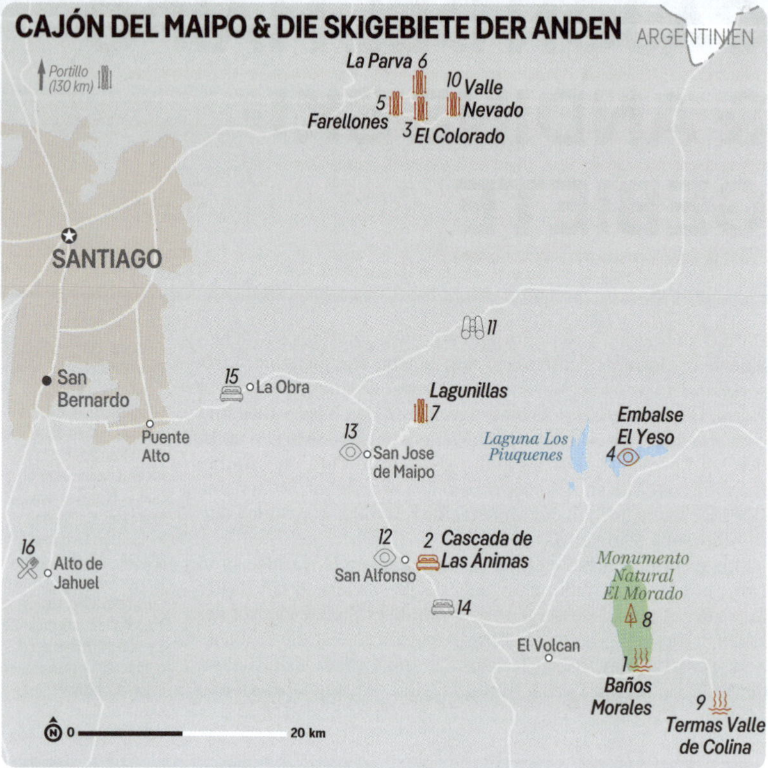

CAJÓN DEL MAIPO & DIE SKIGEBIETE DER ANDEN

ARGENTINIEN
Portillo (130 km)
La Parva 6
10 Valle Nevado
5 Farellones
3 El Colorado
SANTIAGO
11
San Bernardo
15 La Obra
Puente Alto
Lagunillas 7
13 San Jose de Maipo
Laguna Los Piuquenes
Embalse El Yeso 4
16 Alto de Jahuel
12 San Alfonso
2 Cascada de Las Ánimas
14
Monumento Natural El Morado
8
El Volcan
1 Baños Morales
9 Termas Valle de Colina
0 20 km

HIGHLIGHTS
1 Baños Morales
2 Cascada de Las Ánimas
3 El Colorado
4 Embalse El Yeso
5 Farellones
6 La Parva
7 Lagunillas
8 Monumento Natural El Morado
9 Termas Valle de Colina
10 Valle Nevado

SEHENSWERTES
11 Mirador de Cóndores
12 San Alfonso
13 San José de Maipo

KURSE & TOUREN
siehe 13 Rutavertical Rafting

SCHLAFEN
14 Cabañas y Camping Parque Almendro
siehe 12 Hotel Altiplanico Cajón del Maipo
15 Lodge El Morado

ESSEN
siehe 12 Casa Chocolate
siehe 12 Cervecería y Pizzería Jauría
16 Mitifuu

El Colorado

El Colorado & Farellones

FAMILIENSPASS IM SCHNEE

Die Pisten im kinderfreundlichen Farellones ziehen Ski- und Boarder-Neulinge an, die den Tag in der Skischule verbringen möchten. Familien kommen auch zum Tubing, Schlittenfahren oder Ziplining her. Erfahrene steuern das Schwesterareal El Colorado an. Beide zusammen umfassen 19 Lifte und 101 Abfahrten, der höchste Punkt liegt 3333 m über dem Meeresspiegel. Die meisten Abfahrten sind optimal für Fortgeschrittene, aber auch Experten werden fündig. El Colorados Snowpark wird als der größte in Chile gepriesen.

Gondel im Valle Nevado

La Parva

GLAMOUR IM SCHNEE

Zwar ist es das kleinste Skigebiet von Tres Valles, aber La Parva ist auch das exklusivste, das sich eher an vornehme chilenische Familien als an Schnee- und-Party-Leute richtet. Das Skidorf Villa La Parva besteht aus privaten Ferienhäusern und -wohnungen. 15 Lifte fahren hinauf zu 48 Pisten, deren höchste auf 3574 m über dem Meeresspiegel beginnt. Es gibt einen Snowpark und jede Menge Skimöglichkeiten abseits der Piste. Bei guter Schneedecke können Unerschrockene weiter in die Skigebiete Valle Nevado oder El Colorado fahren.

Valle Nevado

WELTBERÜHMTE PISTEN

Das Valle Nevado nach europäischem Vorbild ist mit knapp 900 Hektar das größte Skigebiet in Südamerika. Es ist auch das am besten gepflegte Resort Santiagos und hat die anspruchsvollsten Pisten (und für Kinder geeignete Anfängerpisten). Dreizehn Sessel- oder Schlepplifte und eine tolle Sechsergondel bringen Schneebegeisterte hoch hinauf zu 39 präparierten Pisten mit Startpunkten in bis zu 3670 m Höhe. Adrenalinkick inklusive: Es gibt einen Snowpark, gute Action abseits der Piste und Heliskiing (und im Sommer einen Bikepark). Das Ski-in-Hotel Valle Nevado ist das bestausgestattete Hotel in der Gegend und bietet einen beheizten Außenpool, ein Spa und eine Lounge mit Kaminfeuer. Das Valle Nevado ist das einzige Skigebiet Südamerikas, das in den Pässen von IKON und Mountain Collective enthalten ist.

La Parva

Laguna del Inca

Portillo

HISTORISCH UND RIESIG

Rund um den Bergsee Laguna del Inca ist Portillo eines der bekanntesten Skiresorts Chiles. Die US-amerikanische, die österreichische und die italienische Nationalmannschaft haben dort schon ihr Sommertraining absolviert und hier wurde erstmals die 200-km/h-Grenze durchbrochen. Es gibt Anfänger-Terrains, aber vor allem unerschrockene Schneejunkies kommen auf ihre Kosten. In Höhen von 2590 bis 3310 m gibt's 35 Pisten auf einer Fläche von 500 ha. Portillo liegt weit von Santiago entfernt am Bergpass nach Mendoza (und in Sichtweite des Aconcagua, des größten Bergs Südamerikas). Man könnte für einen Tag herkommen, aber allein die Entfernung macht Portillo zu einem eigenen Reiseziel mit Unterkünften für jeden Geldbeutel.

Cascada de Las Ánimas

PRIVATES GEBIRGSRESERVAT

Das private Naturschutzgebiet kann nur im Rahmen von organisierten Aktivitäten besucht werden. Seinen Namen hat es von dem Wasserfall, zu dem der kürzeste Weg führt. Geführte Halbtageswanderungen in die Berge, Rafting und Reiten (die Ranch ist in Betrieb) sind im Angebot. Die Unterkünfte gehören zu den charaktervollsten in der Gegend. Die Premium-Suiten der Cascada Lodge bestechen durch rustikales Design, Steinausstattung, Mosaikfliesen und riesige Betten. Außerdem gibt's Kuppelhäuser, Blockhütten, ruhige Bungalows am Flussufer und einen schattigen Zeltplatz. Zu den Annehmlichkeiten gehören ein Spa, ein Pool und ein Restaurant.

Cascada de Las Ánimas

Lagunillas

GEMÜTLICHES KLEINES RESORT

Das einzige Skigebiet in Cajón del Maipo hat Vor- und Nachteile. Die Vorteile: eine gemütliche Atmosphäre, viel günstigere Preise für Skitickets und Unterkunft und viel weniger Verkehr, wenn man nach einem langen Tag auf der Piste zurück nach Santiago fährt. Die Nachteile: Aufgrund der geringeren Höhe (2100 m) liegt weniger Schnee und die Saison ist kürzer. Es gibt nur drei Lifte und 13 Pisten. Am reizvollsten ist jedoch das Skifahren abseits der Pisten in einem 200 Hektar großen Areal.

Monumento Natural El Morado

WANDERUNG ZU EINEM GLETSCHER

Vom Eingang in Baños Morales wandert man in diesen kleinen Park, um den Glaciar San Francisco zu sehen, einen der Gletscher, die Santiago am nächsten liegen. In etwa zwei Stunden (6 km) erreicht man die glitzernde Laguna El Morado, die eine herrliche Aussicht auf den Gletscher und den fast 5000 m hohen Gipfel des Cerro El Morado bietet. Am schönsten ist die Landschaft im Winter, wenn man die Schneeschuh-Wanderung machen kann. Aus Sicherheitsgründen ist der Zugang zum Park nur bis 12.30 Uhr möglich.

Wanderer, Monumento Natural El Morado

Embalse El Yeso

HOCH GELEGENER STAUSEE

Eine Tour zum Embalse El Yeso ist ein beliebter Tagesausflug von Santiago aus. Der spiegelglatte blaugrüne See entstand durch die Aufstauung des Río Yeso (der zum Maipo-Flussbecken gehört) und ist eine wichtige Trinkwasserquelle für die darunter liegende Stadt. Man kann angeln und windsurfen, aber die meisten Reisenden kommen her, um in mehr als 2500 m Höhe die Anden zu fotografieren. Von hier fährt man zu den abgelegenen Termas del Plomo weiter, einem wilden geothermischen Becken auf fast 3000 m Höhe. Dafür benötigt man ein Fahrzeug mit Allradantrieb, etwas Planung und Abenteuerlust.

Embalse El Yeso

Baños Morales & Termas Valle de Colina

ABGELEGENE HEISSE QUELLEN

Baños Morales ist der winzige Knotenpunkt am Ende der asphaltierten Straße ins Cajón del Maipo mit einigen Unterkünften, Campingplätzen und Restaurants mit Mittagstisch sowie einer Menge *huasos* (Cowboys), die Besucher auf Reitausflüge ins Hinterland mitnehmen. Die Hauptattraktion der Stadt ist das Centro Termal Baños Morales mit zwei thermisch beheizten Becken mit orange-braunem Wasser. Viel besser sind die Termas Valle de Colina, eine Reihe Thermalbecken 13 km weiter an der unbefestigten Straße Richtung Argentinien (Geländewagen wird empfohlen, aber ein Fahrzeug mit hoher Bodenfreiheit reicht aus). Von den türkisfarbenen Pools aus gibt's atemberaubende Blicke auf raue Andengipfel und Santiago wirkt wie eine andere Welt. Toiletten und Duschen sind vor Ort.

WARUM ICH CAJÓN DEL MAIPO UND DIE ANDINEN SKIGEBIETE LIEBE

Mark Johanson,
Autor

An klaren Tagen ist der Blick von Santiago in die Anden atemberaubend, vor allem bei Sonnenuntergang, wenn die Berge einen bernsteinfarbenen Ton annehmen. Nur wenige Städte der Welt können sich mit solch gewaltigen Gipfeln in ihrer unmittelbaren Umgebung rühmen. Und genau das macht für mich den Reiz dieser Stadt aus. Innerhalb von 90 Minuten kann man zwischen gläsernen Wolkenkratzern spazieren gehen und auf einem Gletscher wandern, einen Gipfel mit Skiern bezwingen, Stromschnellen der Klasse IV bewältigen oder in einem Thermalpool baden. Die Berge sind in Santiago immer präsent. Sie helfen bei der Orientierung, wenn man sich verirrt hat, und sind Balsam für die Seele nach einem schlechten Tag.

Wanderer, Cajón del Maipo

NOCH MEHR IN CAJÓN DEL MAIPO & DEN ANDINEN SKIGEBIETEN

Wo die Kondore ihre Kreise ziehen

HOCH ÜBER SANTIAGO WANDERN

Der **Parque Nacional Glaciares de Santiago** hoch über der Hauptstadt in den Anden wurde 2022 gegründet, um 18 000 Hektar Gletscher (lebenswichtig für die Wasserversorgung der Stadt) und wichtige Lebensräume für endemische Tiere wie Schwarzbrustbussarde, Pampaskatzen, Pumas und Andenkondore zu schützen. Die Ankündigung war ein Erfolg der Graswurzelbewegung **Queremos Parque** (queremosparque.cl), die mehr Unterschriften als jede andere Umweltkampagne in der Geschichte Chiles gesammelt hatte.

Leider schützt der Park nur Gebiete oberhalb von 3600 m und noch immer haben die Bewohner Santiagos keinerlei Mitspracherecht (das Ziel von Queremos Parque war, die Barrieren abzuschaffen, mit denen lokale Energieinteressen den Zugang zu den Bergen verhindern). Reisende können jedoch die Gebiete erkunden, die hoffentlich einmal Teil des Parks sein werden, indem sie zum Cajón del Maipo fahren und die Abzweigung

ESSEN IN CAJÓN DEL MAIPO

Cervecería y Pizzería Jauría
Hipster-Treffpunkt im Tal mit hausgebrautem Bier und ausgezeichneten Pizzen. **€€**

Casa Chocolate
Hausgemachte Pralinen, heiße Schokolade, Eis, Süßigkeiten und Kaffee in märchenhafter Umgebung. **€**

Mitifuu
Charmantes Restaurant im Grünen mit tollem Service, englischer Speisekarte und deftigen Fleischgerichten. **€€€**

nach **El Alfalfal** nehmen. Hier wartet der **Mirador de Cóndores**, das Ziel der schönsten Halbtageswanderung im Großraum Santiago, ein 9 km langer Rundweg zu einer Klippe, über der Kondore auf Augenhöhe schweben. Kurz hinter El Alfalfal, den **Olivares** und den **Flusstälern des Colorado** liegen atemberaubende alpine Landschaften, die jedoch mit Guide erforscht werden sollten. Man kann zu den stufenförmigen **Baños Azules** (Thermalpools), in hoch gelegene Feuchtgebiete (bekannt als *bofedales*) oder zu den vom Wind zerfurchten Eispyramiden, den *penitentes*, hinaufsteigen.

Wildwasser

RAFTING AUF DEM RÍO MAIPO

Zwischen den Städten **San Alfonso** und **San José de Maipo** tost der Río Maipo mit wenigen ruhigen Stellen durch den Cajón del Maipo. Es kommt vor, dass Rafter hier ins Wasser geschleudert werden. Dennoch ist es heute weniger gefährlich als in den 1980er-Jahren, als die ersten Kajakfahrer General Pinochets hiesiges Anwesen in **El Melocotón** (die schmale Felsrinne mit einer der aufregenderen Stromschnellen wird heute **El Pinocho** genannt – der Spitzname des Ex-Diktators) passierten und auf Automatikwaffen blickten.

Die beliebteste Rafting-Route ist der 9 km lange Abschnitt zwischen El Melocotón und San José de Maipo mit dem höchsten Wasserstand zur Schneeschmelze im Frühjahr. Bei Niedrigwasser (Februar bis Oktober), wenn es sicherer ist, kann man auch den Abschnitt ab San Alfonso befahren. Die Wassertemperatur liegt das ganze Jahr über bei 9° C.

In San José de Maipo sitzen die meisten Anbieter, darunter **Rutavertical Rafting**, das beliebte einstündige Touren mit enthusiastischen mehrsprachigen Guides im Programm hat. Dabei geht's Stromschnellen der Klassen III oder IV hinab durch schöne Schluchten, bevor man wieder in der Stadt ankommt. Einweisung, Anlegen der Ausrüstung und die Fahrt flussaufwärts zum Startpunkt dauern rund 2½ Stunden. Helme, Neoprenanzüge und Schwimmwesten werden zur Verfügung gestellt und es gibt Schließfächer zur Aufbewahrung von Gegenständen.

WANDERZEIT

Wer keine Zeit hat, in den Cajón del Maipo zu reisen, besucht einen der von der Asociación Parque Cordillera (S. 79) betriebenen Privatparks in Las Condes, wo öffentliche Verkehrsmittel zum Ausgangspunkt von Wanderungen zu den Gipfeln der Voranden bringen.

WELTHAUPTSTADT DES BERGTOURISMUS?

In Santiago läuft ein ehrgeiziges 10-Jahres-Programm, das von CORFO (einer staatlichen Agentur für Wirtschaftswachstum) mit dem Ziel finanziert wird, Santiago bis 2030 in eine „Welthauptstadt des Bergtourismus" zu verwandeln. Hauptverantwortlich ist die öffentlich-private Partnerschaft Andes Santiago (andesstgo.cl). Sie bildet Bergführer nach internationalen Standards aus, verbessert das lokale Tourismusangebot und entwickelt Pläne für die öffentliche Nutzung der Parkgelände bei der Stadt. Außerdem ist ein 150 km langer Hüttenwanderweg durch die Zentralanden geplant, der die Skigebiete der Tres Valles mit dem Cajón del Maipo verbinden soll. Die Hoffnung ist, dass Santiago den Ruf eines „Kathmandu der Anden" bekommt.

ÜBERNACHTEN IM CAJÓN DEL MAIPO

Lodge El Morado
Die schickste Unterkunft in der Nähe von El Morado und den heißen Quellen mit Spa und Aussicht. €€€

Hotel Altiplanico Cajon del Maipo
Eines der wenigen richtigen Hotels vor Ort. €€€

Cabañas y Camping Parque Almendro
Campingplätze am Flussufer, Hütten, ein Pool und ein Café in der Saison. €

LINKS: SOPHIE DOVER/SHUTTERSTOCK ©, RECHTS: SKREIDZELEU/SHUTTERSTOCK ©

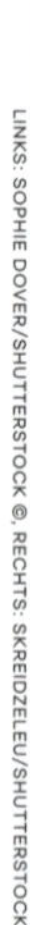

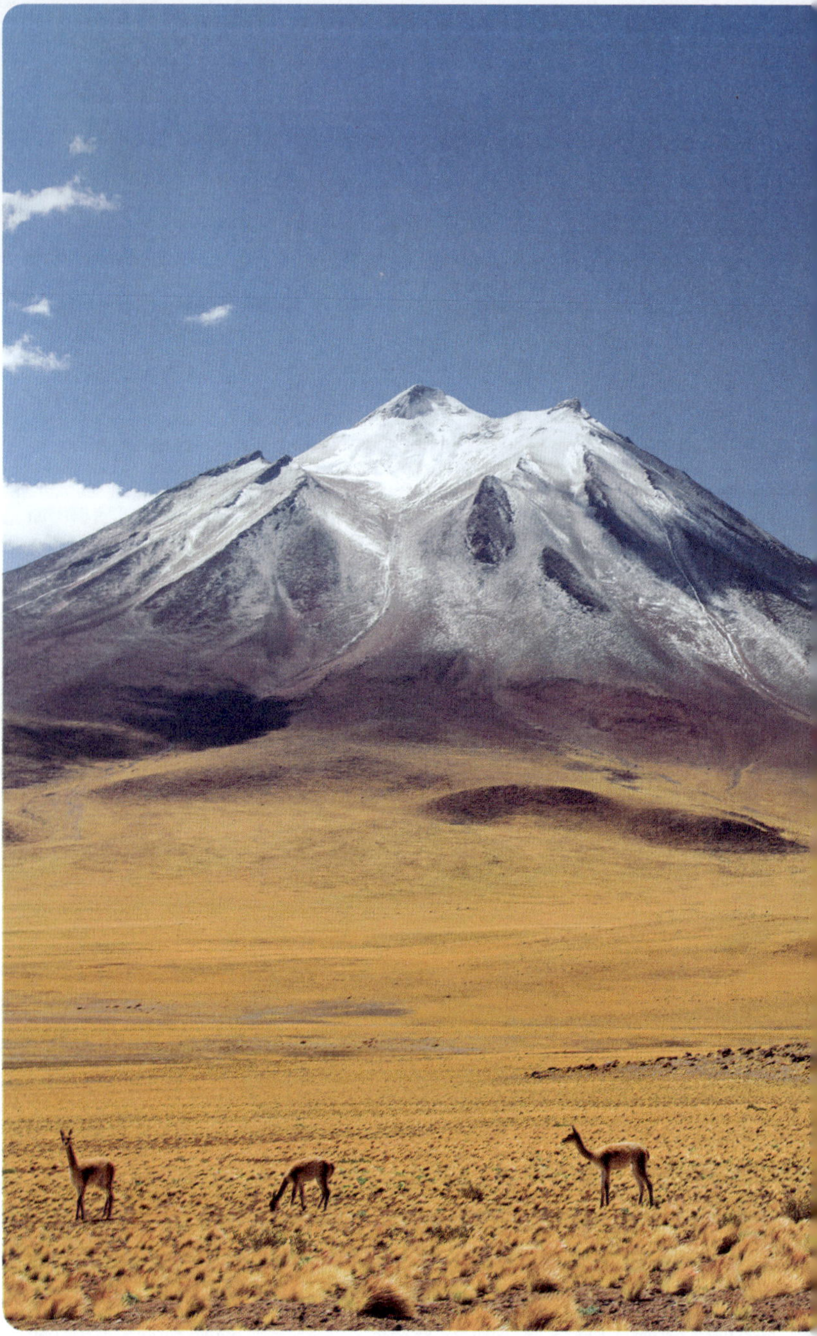

Oben: Vikunjas, Norte Grande; rechts: Valle de la Luna (S. 98)

NORTE GRANDE

WÜSTE, ALTIPLANO UND WELLEN

Von den fantastischen Landschaften rund um San Pedro de Atacama bis zu den Surferwellen an der Küste bietet Chiles Nordspitze aufregende Abenteuer.

In der Region Arica und Parinacota an der Nordostspitze Chiles beginnt die Atacama-Wüste, die sich zwischen den Anden und den Wellenbrechern des Pazifiks erstreckt. Trotz ihrer extremen Trockenheit ist die Wüste seit Jahrtausenden bewohnt. Zu den frühesten Menschen gehörten die Chinchorro, die außergewöhnlich viele Mumien hinterließen.

Ungeachtet der großen Entfernung von Santiago spielte der Norte Grande in Chiles Politik und Wirtschaft immer eine starke Rolle, meist wegen der reichen Mineralienvorkommen unter der Oberfläche. Der Wüstensand enthält Nitrate (Salpeter), die einst für die Wirtschaft der Region lebenswichtig waren. Ihr großer finanzieller Wert war einer der Auslöser für den Salpeterkrieg (1879–83), in dessen Folge die peruanischen Küstenstädte Arica und Iquique an Chile fielen. Heute sind beide Städte als Surf-Hotspots bekannt.

Der Altiplano (Hochebene) im Nordosten des Landes ist ein Herzstück der Anden. Weit verstreut lebende Aymara-Gemeinschaften treffen sich zu traditionellen Festen mit Blechbläserbands, Tanz und bunten Kostümen. Zwischen den schneebedeckten Vulkanen der Umgebung grasen Vikunjas und Alpakas auf *bofedales*, hoch gelegenen Feuchtgebieten mit einer einzigartigen Tier- und Pflanzenwelt.

Die Hauptattraktion ist das Dorf San Pedro de Atacama mit Lehmziegelhäusern, das nur einen Tagesausflug vom weltweit höchsten Geysirfeld und erstaunlichen Wüstenformationen entfernt liegt.

DIE WICHTIGSTEN ZIELE

SAN PEDRO DE ATACAMA
Wüstenabenteuer.
S. 96

ANTOFAGASTA
Die größte Stadt des Norte Grande.
S. 104

IQUIQUE
Surfen und Nachtleben.
S. 108

ARICA
Strände, Wellen und Geschichte.
S. 116

Erste Orientierung

Der Norte Grande nimmt einen Großteil Nordchiles ein, darunter riesige trockene Wüstengebiete. Die Küstenstädte und San Pedro de Atacama am Fuß der Anden sind kulturelle Zentren und bieten eine gute Ausgangsbasis für Erkundungstouren.

BUS

Zwischen den größeren Städten der Region verkehren Busse, wegen der großen Entfernungen dauern die Fahrten aber oft lange. Außerhalb der größeren Städte gibt's kaum öffentliche Verkehrsmittel und in die Dörfer und ländlichen Gebiete des Altiplano fahren keine Busse.

Arica, S. 116

An der Grenze zu Peru lockt Arica mit Küstenwanderungen, Seafood, Stränden und Surfspots sowie einem nahen Museum mit den ältesten Mumien der Welt.

Iquique, S. 108

In Iquique mit kilometerlangen Sandstränden dreht sich alles ums Vergnügen: Hier kann man surfen, feiern und sogar Gleitschirm fliegen.

San Pedro de Atacama, S. 96
Die Wüstenoase San Pedro ist mit staubigen Straßen und Lehmziegelhäusern eine freundliche Ausgangsbasis für Abenteuer in den bizarren Landschaften der Umgebung.

FLUGZEUG

Wer wenig Zeit hat, kommt am schnellsten mit dem Flugzeug zum Norte Grande und zurück. Von den Flughäfen in Calama (in der Nähe von San Pedro de Atacama), Antofagasta, Arica und Iquique verkehren täglich mehrere Flüge von und nach Santiago.

Catua
Reserva Nacional Los Flamencos
Reserva Nacional Los Flamencos
ARGENTINIEN
Volcán Licancábur
Toconao
Peine
San Pedro de Atacama
Socompa
Neurara
huquicamata
Calama
Río Loa
Sierra Gorda
Aquada de la Polvora
Maria Elena
Lacaile
Los Vientos
Oficina Alemania
Estacion Agua Verde
Baquedano
Oficina Salinitas
Ex Oficina Santa Luisa
Canchas
Tocopilla
Antofagasta
La Negra
Mejillones
El Cobre
Poposo
Taltal
Cifuncho

Antofagasta, S. 104
Die Museen und historischen Gebäude dieser Großstadt laden zu einem interessanten Zwischenstopp ein, außerdem kann man in den Einkaufszentren die Vorräte auffüllen.

AUTO

Die Gebiete rund um die größeren urbanen Zentren der Region erkundet man am besten mit dem Auto, falls man keine Tour gebucht hat. Einige entlegene Orte in der Atacama-Wüste erreicht man nur mit dem Auto.

0 200 km

Perfekte Tage

Der Norte Grande ist groß und viele der lohnendsten Attraktionen liegen weit auseinander. Um die Zeit gut zu nutzen, sollte man vorausplanen.

R.M. NUNES/SHUTTERSTOCK ©

Valle de la Luna (S. 98)

Wenig Zeit

- Am besten fährt man direkt nach **San Pedro de Atacama** (S. 96), wo auch in kurzer Zeit jede Menge zu erleben ist. Man bleibt zunächst in der Nähe der Stadt, um sich an die Höhe zu gewöhnen, und erkundet einen Tag lang das **Valle de Catarpe** (S. 99) mit dem Rad, wandert am **Pukará de Quitor** (S. 98) oder besucht die faszinierenden Ruinen **Aldea de Tulor** (S. 100) und schaut sich dann im **Valle de la Luna** (S. 98) den Sonnenuntergang an.

- Danach kann man im Salzwasser der **Laguna Cejar** (S. 102) schweben und an der **Laguna Chaxa** (S. 102) Flamingos beobachten.

- Zum Abschluss steht man schon vor Sonnenuntergang auf, um die fauchenden, dampfenden **El-Tatio-Geysire** (S. 102) zu besuchen.

Beste Reisezeit

Im Winter sind die Nächte in der Wüste kalt, und das ist auch die beste Jahreszeit, um große Wellen zu surfen. Im Sommer ist die Oase San Pedro de Atacama am grünsten.

JANUAR

Während der Sommerferien füllen sich die **Strände** von Arica (S. 119) und Iquique (S. 112). Unterkünfte im Voraus buchen.

FEBRUAR

Tausende Zaungäste sehen beim **Carnaval Andino con la Fuerza del Sol** in Arica den Blechbläserbands und Tanzgruppen zu.

MÄRZ

Im Februar oder März wird in San Pedro de Atacama mit Tänzen in Kostümen und Paraden **Karneval** gefeiert.

JOSEMAR FRANCO/SHUTTERSTOCK ©, JEREMY RICHARDS/SHUTTERSTOCK ©, JEREMY RICHARDS/SHUTTERSTOCK ©

Eine Woche im Norden

- Man bleibt länger in **San Pedro** (S. 96), um eine Tour zum farbenprächtigen **Valle del Arcoiris** (S. 103) und zu den Felsbildern der **Petroglifos de Yerbas Buenas** (S. 103) zu unternehmen, ehe es nach **Iquique** (S. 108) geht, wo man vormittags **surft** (S. 112) und nachmittags das **historische Zentrum** (S. 110) erkundet. Zum Sonnenuntergang trinkt man auf der **Península de Cavancha** (S. 111) einen Cocktail.

- Danach geht's nach **Arica** (S. 116), wo man vormittags an der Küste entlang zu den **Cuevas de Anzota** (S. 119) radelt und nachmittags die Mumien im **Museo de Sitio Colón 10** (S. 117) bestaunt und das **Azapa-Tal** (S. 121) besucht.

Länger Zeit

- Nach der Erkundung von **San Pedro** (S. 96) verbringt man ein paar Tage in **Iquique** (S. 108) entspannt am **Strand** (S. 112) und besucht die gespenstischen Geisterstädte **Humberstone** und **Santa Laura** (S. 114).

- Dann geht's weiter nach **Arica** (S. 116), wo man auch länger bleiben kann, um zu surfen.

- Als Nächstes unternimmt man eine Tour in die Stadt **Putre** (S. 122) im Andenvorgebirge. Sie ist ein guter Ausgangspunkt für Wanderungen zu Höhlenmalereien, Bäder in heißen Quellen und Tagesausflüge zu den faszinierenden Altiplano-Seen im **Parque Nacional Lauca** (S. 123) und zur **Salzebene Surire** (S. 123).

MAI

Das jährliche **Héroes de Mayo Pro** in Iquique, eins der größten chilenischen Surfevents, bringt die weltbesten Surfprofis in die Stadt.

JUNI

Zur Erinnerung an die Schlacht von Arica am 7. Juni 1880 gibt's zur **Semana Ariqueña** (Arica-Woche) Paraden, Konzerte und Feuerwerk.

JULI

In La Tirana werden zehn Tage zu Ehren der **Jungfrau Carmen** (S. 115) religiöse Paraden und Tänze veranstaltet.

AUGUST

Am 10. August feiern in Tarapacá Bergleute ihren Schutzheiligen **San Lorenzo** mit Musikkapellen und Tanz.

SAN PEDRO DE ATACAMA

San Pedro de Atacama
Santiago

Von fern wirkt die Oase San Pedro in den Andenausläufern wie ein grüner Tupfer in der sand- und ockerfarbenen Atacama-Wüste. Viele Reisende fühlen sich sofort wohl, wenn sie durch das staubige, gut gelaunte Dorf spazieren.

Adrenalinjunkies finden unzählige Abenteuermöglichkeiten vor, von Sandboarding bis zu Heißluftballonfahrten. In der Umgebung liegen mehrere Täler mit bizarren Felsformationen, die man gut mit dem Fahrrad erreicht. Danach verwöhnt man die schmerzenden Muskeln mit einer Massage oder mit Stretching bei einem Yogakurs. Nachts werden Sternenbeobachtungstouren fernab der Lichter der Stadt angeboten.

Vom Dorf ist der konische Gipfel des Volcán Licancabur (5916 m) zu sehen, ein heiliger Berg für die indigene Likan-Antai-Gemeinde. Organisiert in *ayllus* (kleine indigene Gemeinschaften) werden hier noch traditionelle Bewässerungsmethoden praktiziert; viele bewirtschaften über 1000 Jahre alte Terrassen.

Volcán Licancabur

FERNANDO TATAY/SHUTTERSTOCK ©

TOP TIPP

Mit dem Mountainbike kann man San Pedro und seine Umgebung gut erkunden und Exkursionen zum Valle de la Muerte, zum Valle de la Luna und zum Aldea de Tulor unternehmen. Mehrere Agenturen verleihen Fahrräder und haben Karten. Sonnencreme und viel Trinkwasser mitnehmen!

DIE AROMEN DER ATACAMA-WÜSTE

Rica-rica
Das würzige regionale Kraut wird manchmal auf Pisco Sour gestreut.

Pingo-pingo
Wüstenpflanze, die für Erkältungstee genutzt wird, und ein natürliches Aphrodisiakum.

Picante de conejo
Geschmortes Kaninchen, ein für die Region typisches Gericht.

Patasca Atacameña
Der traditionelle Eintopf auf Maisbasis wird bei religiösen Festivals gekocht.

Ayrampo
Die roten Samen der Kaktuspflanze werden als Aroma für Eiscreme genutzt, die man in der Heladería Babalú in der Caracoles probieren kann.

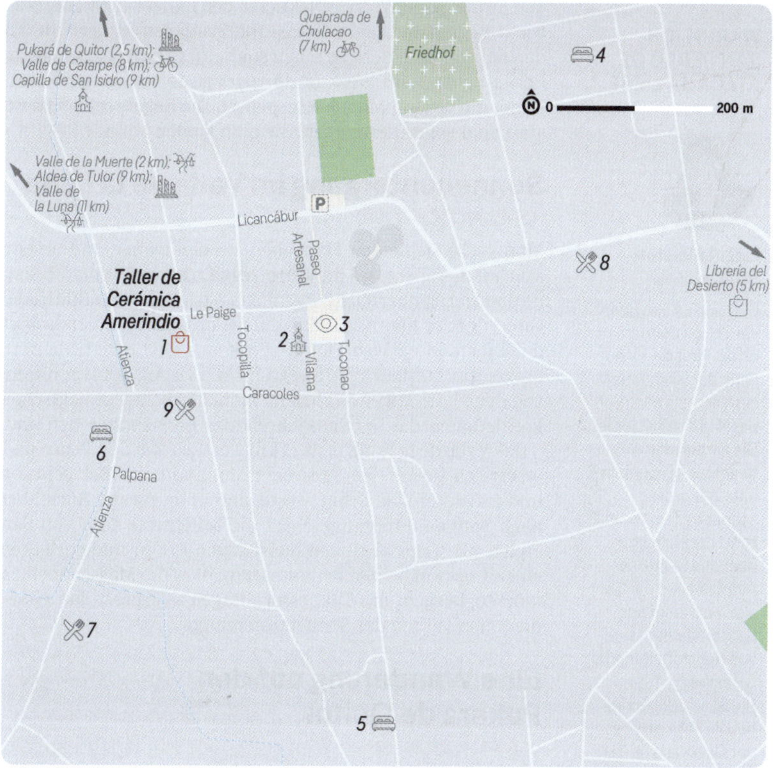

HIGHLIGHTS
1 Taller de Cerámica Amerindio

SEHENSWERTES
2 Iglesia San Pedro
3 Plaza de Armas

SCHLAFEN
4 Backpackers San Pedro
5 Hostal Quinta Adela
6 Hotel Poblado Kimal

ESSEN
7 Baltinache
8 Franchuteria
9 La Casona

San Pedro erkunden

EIN SPAZIERGANG DURCH DIE STADT

San Pedro lässt sich gut zu Fuß erkunden. Viele Reiseagenturen, Restaurants und andere Tourismusdienste befinden sich in der Fußgängerzone **Caracoles** und ihren Seitenstraßen. Einen Block nördlich der Caracoles befindet sich die hübsche **Plaza de Armas** mit mehreren Cafés, Restaurants und Tischen im Freien mit Blick ins Grüne.

Westlich der Plaza steht die **Iglesia San Pedro** aus dem 17. Jh. Die Lehmwände stammen jedoch von 1745 und der Glockenturm wurde 1890 angebaut. Interessant ist auch das Dach aus *cardón* (Kaktusholz).

In der Calle Calama befindet sich der **Taller de Cerámica Amerindio**, die Werkstatt des Keramikers Fernando Alfaro, der mit traditionellen Techniken Stücke aus örtlichem

MEHR INDIGENE KUNST

Einige indigene Symbole, die Fernando Alfaro für seine Keramiken benutzt, sieht man in der Felsenkunstgalerie der Petroglifos de Yerbas Buenas (S. 103). Keramikobjekte aus Aldea de Tulor (S. 100) werden im dortigen Museum gezeigt.

WARUM ICH SAN PEDRO DE ATACAMA LIEBE

Isabel Albiston, Schriftstellerin

Für mich ist San Pedro ein Ort, an dem ich etwas über die Beziehung der Likan Antai zur Natur als auch von der Natur selbst lerne. Die Farben der Wüstenfelsen bei Sonnenuntergang, die schneebedeckten Vulkane, die Flamingos über den Seen des Altiplano und die Geysire mit Dampf aus dem Erdinneren sind von transformierender Schönheit.
Bei San Pedro erzählen die Petroglyphen der Quebrada de Yerbas Buenas von Menschen, die über Hunderte von Jahren große Entfernungen zurücklegten, um sich hier zu Festen und zum Austausch von Wissen zu treffen. Ich fühle mich glücklich, dass ich jetzt in dieser staubigen Wüstenstadt willkommen geheißen wurde wie so viele Reisende vor mir.

Ton formt. Seine Werke reflektieren den indigenen Stil der Atacama-Region und sind teilweise mit Symbolen verziert, die auf den nahen Felsbildern zu sehen sind. Alfaro hatte ein unglaubliches Leben, sein Werk *El Abrazo* wurde von seiner Umarmung mit Nelson Mandela inspiriert. Die Regale seiner Werkstatt sind voller Keramiken, die man kaufen kann.

Sonnenuntergang im Valle de la Luna

MONDLANDSCHAFTEN

Man suche sich einen Platz oben auf den Dünen und bereite sich auf das Spektakel im **Valle de la Luna** vor, wenn die Sonne den Horizont erreicht: Plötzlich erstrahlen die zerklüfteten Gipfel der Cordillera de la Sal und die surreale Mondlandschaft des Tals in intensiven Violett-, Pink- und Goldtönen. Mehrere kurze, gut markierte Fußwege führen zu Aussichtspunkten, von denen die ungewöhnlichen, mondähnlichen geologischen Formationen, das Ergebnis jahrelanger Erosion, zu sehen sind.

Das Valle de la Luna liegt 15 km westlich von San Pedro und ist erreichbar mit dem Auto oder Mountainbike (Beleuchtung und reflektierende Schutzweste sind nötig für die Rückfahrt nach Sonnenuntergang); es ist die beliebteste Tour von San Pedro aus. Trips beginnen meist gegen 16 Uhr und enthalten einen Cocktail bei Sonnenuntergang. Wer die Massen meiden möchte, besucht das Tal besser morgens, verpasst dann aber die tollen Farben des Sonnenuntergangs.

Eine Wanderung auf den Pukará de Quitor

URALTE HÜGELBURG

Auf einem Hügel am linken Ufer des Río San Pedro, zu Fuß, mit dem Fahrrad oder Auto 3 km nördlich der Stadt, liegt der **Pukará de Quitor** aus dem 12. Jh. mit den Ruinen von etwa 200 Bauwerken. Die Stätte war einst eine dauerhaft bewohnte Siedlung und wurde später von den Likan Antai als Verteidigungsfestung gegen die spanischen Kolonialisten genutzt. Die geschützte Lage der Burg trug dazu bei, dass die spanischen Truppen 20 Jahre benötigten, um die Verteidigung des Pukará de Quitor zu durchbrechen und zu siegen.

Die Ruinen können von einem Wanderweg aus besichtigt werden. Am Weg auf den Gipfel, mit Aussichten auf das Valle de la Muerte und die Vulkane in der Ferne, liegen mehrere Aussichtspunkte. Die Wanderung dauert etwa 1½ Stunden. Wasser, Sonnencreme und einen Sonnenhut mitnehmen!

Vom Eingang zum Komplex führt ein weiterer Weg zu einem Platz mit einem prächtigen *algarrobo*- (Johannisbrot-)Baum.

ÜBERNACHTEN IN SAN PEDRO DE ATACAMA

Backpackers San Pedro
Dieses Hostel hat Schlafsäle, eine Gästeküche und einen Hof mit Hängematten und einer Feuerstelle. **€**

Hostal Quinta Adela
Die Hängematten und der Blick auf Obstgärten schaffen in dieser freundlichen Pension eine entspannte Atmosphäre. **€€**

Hotel Poblado Kimal
Das Kimal gleich abseits der Caracoles hat zwei Pools und Lehmziegelbungalows in einem grünen Garten. **€€€**

Sonnenuntergang, Valle de la Luna

Ganz in der Nähe befinden sich mehrere große Felswände mit Felsbildern.

Mit dem Fahrrad durch das Valle de Catarpe

FELSENSCHLUCHTEN, SAND UND AUSSICHTEN

Im **Valle de Catarpe**, 4 km nördlich von San Pedro und gleich hinter dem Pukará de Quitor, führen Mountainbiketrails durch enge Schluchten zwischen sonnenverbrannten Felsen hindurch, über Sanddünen und vorbei an Gipfeln mit herrlichem Fernblick. Vom Eingang, wo man sich registrieren und hinterher abmelden muss, dauert die komplette 14 km lange Rundtour mit dem Rad etwa drei Stunden. Reichlich Wasser mitnehmen!

Die Route verläuft zunächst parallel zum Fluss und biegt dann in die Schlucht **Quebrada de Chulacao** ein, wo ein schmaler, sandiger Trail zwischen hohen Felsformationen und Überhängen hindurchführt, die im Sonnenlicht intensiv leuchten. An mehreren Stellen muss man absteigen und das Rad über Felsstufen hochtragen.

Zurück in offenerem Gelände passiert der Trail einen ausgeschilderten Pfad zu einem Aussichtspunkt mit Blick auf den

DIE BESTEN AKTIVITÄTEN IN SAN PEDRO DE ATACAMA

Sandboarding
150 m hohe Dünen auf einem Sandboard hinabgleiten – da ist der Adrenalinschub garantiert.

Reiten
Auf Touren von zwei Stunden bis zu mehreren Tagen kann man die Sanddünen und Schluchten der Wüste auf dem Pferderücken erkunden.

Klettern
Die Vulkane Sairecabur (5971 m) und Láscar (5592 m) gehören zu den Gipfeln, die man besteigen kann.

Heißluftballonfahrt
Bei einem abendlichen Flug im Heißluftballon über die Wüste ist der Sonnenaufgang über den Vulkanen besonders spektakulär.

Sternenbeobachtung
Astronomische Touren führen zu lichtfreien Orten außerhalb der Stadt und beinhalten Erläuterungen und Sternenbeobachtung mit dem Teleskop.

ESSEN IN SAN PEDRO DE ATACAMA

Franchuteria
Die französische Bäckerei serviert in einem zauberhaften Garten Gebäck, Croissants, Sandwiches und Baguettes. **€**

La Casona
Typisch chilenisches Restaurant mit vielen Tischen drinnen und draußen, Feuerstellen und Livemusik. **€€€**

Baltinache
Das Atacameño-Restaurant bietet ein Drei-Gänge-Menü mit lokalen Zutaten wie Kaninchen und *rica-rica*. **€€€**

LEGENDEN DER ATACAMA-WÜSTE

Lokalen Überlieferungen zufolge hat alles in und um San Pedro, von den Vulkanen und Flamingos bis zu den Sternen am Himmel, eine Geschichte zu erzählen. Eine der bekanntesten Geschichten ist die des Vulkans Licancabur und seiner Liebe zum Quimal, der auf die andere Seite des Tals verbannt wurde. Einmal im Jahr im Juni erreicht der Schatten des Licancabur den Quimal und die Liebenden sind vereint. **Die Librería del Desierto** in der Nähe von San Pedro verkauft wunderschön illustrierte Bücher, die die Legenden der Atacama-Wüste und der Sterne erzählen, mit Ausgaben auf Spanisch, Englisch und Kunza, der lokalen indigenen Sprache.

Volcán Licancabur. Nach der Rückkehr zum Rad fährt man auf demselben Weg durch die Quebrada de Chulacao zurück oder folgt dem Trail über steilere Anstiege zur **Capilla de San Isidro**, einer winzigen Kirche auf einem Hügel. Von dort geht's auf einer staubigen Straße am Fluss entlang zurück zum Eingang. Vielleicht sieht man unterwegs einen Farmer, der Lamas, Ziegen und Schafe zur Weide bringt.

Die bizarre Landschaft des Valle de la Muerte

SANDDÜNEN UND ZERKLÜFTETE FELSEN

Eine leichte, 3 km lange Fahrradfahrt oder eine längere Wanderung von San Pedro Richtung Westen führt ins markante **Valle de la Muerte** (Tal des Todes), wegen seiner rötlichen Wüstenlandschaft auch Valle de Marte (Marstal) genannt. Ein 4 km langer Rundweg verläuft durch unwirtliche Landschaften mit spitzen Felsen, vorbei an hohen Sanddünen und an einem Aussichtspunkt mit Blick auf die fernen Berge.

Die Dünen sind ein beliebter Ort für **Sandboarding**, mehrere Agenturen in San Pedro bieten Touren an.

Archäologische Wunder

INDIGENE KULTUR UND HISTORISCHE RUINEN

Die ausgegrabenen Lehmziegelbauten von **Aldea de Tulor** sind eine der wichtigsten archäologischen Stätten der Region. Das damals üppig grüne Tal wurde vor etwa 2500 Jahren besiedelt, doch um 300 v. Chr. verlassen, als die Oase austrocknete. Man erreicht die Stätte, 11 km südwestlich von San Pedro, mit dem Auto oder Mountainbike.

Die örtliche Likan-Antai-Gemeinde (die indigene Bevölkerung, auch Atacameños genannt) verwaltet die Stätte und bietet geführte Touren an. Ein rekonstruiertes typisches Wohnhaus zeigt, wie die Menschen im Tal in miteinander verbundenen runden Lehmziegelhäusern lebten. In der Nähe befinden sich die teilweise freigelegten Überreste des ursprünglichen *aldea* (Dorfes), das von einer Mauer umgeben war.

Die Erläuterungen der Guides sind durchsetzt mit persönlichen Beziehungen zur Landschaft und der Bedeutung der Stätte als Heimat ihrer Vorfahren. Das Tal bietet eine herrliche Kulisse, um mehr über den traditionellen Glauben, die lokalen Legenden über Vulkane in der Umgebung und den Stellenwert der Natur in der Likan-Antai-Kultur zu erfahren.

Ein kleines Museum präsentiert vor Ort gefundene Keramikobjekte sowie eine Ausstellung zur örtlichen Flora und Fauna.

UNTERWEGS VOR ORT

San Pedro kann man gut zu Fuß oder mit dem Rad erkunden. Die Stätten in der Nähe erreicht man mit dem Mountainbike, Auto oder im Rahmen einer Tour. Busse nach Calama (1½ Std.) fahren den ganzen Tag lang regelmäßig vom Busbahnhof der Stadt, der sich 1 km südlich der Plaza de Armas befindet.

Rund um San Pedro de Atacama

San Pedro liegt inmitten einer Landschaft, die zu den spektakulärsten Nordchiles gehört und zahlreiche Abenteuer bietet.

Hinter San Pedros staubigen Straßen locken dampfende Geysirfelder, Bergseen mit Flamingos und Vulkangipfel, die man auf einem Tagesausflug erreicht. Die meisten Reisenden unternehmen organisierte Touren zu den Highlights, man kann sie aber auch selbst mit dem Wagen oder auf mehrtägigen Trekking- oder Reittouren erkunden. Der nächstgelegene Flughafen befindet sich in der Bergbaustadt Calama.

Mehrere der meistbesuchten Orte liegen im 740 km² großen Schutzgebiet Reserva Nacional Los Flamencos, das gemeinsam von der Conaf (chilenische Forstbehörde) und den indigenen Likan-Antai-Gemeinden verwaltet wird. 2023 berichtete die Conaf, dass die Schließung des Sektors Salar de Tara für Fremdenverkehr zur Rückkehr einheimischer Tiere führte.

Andenflamingo, Reserva Nacional Los Flamencos (S. 102)

TOP TIPP

Man sollte sich in San Pedro (2400 m) Zeit für die Höhenakklimatisierung nehmen, ehe man die Tatio-Geysire (4300 m) und die Altiplano-Seen (4000 m) besucht.

WILDTIERE RUND UM SAN PEDRO DE ATACAMA

Flamingo
Die Andenflamingos haben im Gegensatz zu den Chileflamingos schwarze Flügelspitzen. Die James-Flamingos, die kleinsten der drei Arten, erkennt man an ihren roten Beinen und dem gelbschwarzen Schnabel.

Vikunja
Die zierlichen Kamele findet man auf großen Höhen, besonders rund um die Seen des Altiplano.

Nandu
Der größte Vogel Südamerikas wird auch Rhea oder *suri* genannt.

EINE DER GRÖSSTEN MINEN DER WELT

Jeden Tag werden um die 600 000 Tonnen Kupfererz aus der riesigen, überwiegend im Tagebau betriebenen Mine Chuquicamata gewonnen. Das Bergwerk liegt 17 km nördlich von Calama, auf der Busfahrt von Calama nach Iquique ist es zu sehen. Die Mine ist seit über 100 Jahren in Betrieb, die Grube ist mittlerweile 4,5 km lang, 3 km breit und 1,1 km tief. Der Besitzer und Betreiber der Mine mit etwa 2000 Beschäftigten ist Chiles staatlicher Bergbaukonzern Codelco.
1952 besuchten Ernesto „Che" Guevara und Alberto Granado auf ihrer ikonischen Reise durch Südamerika Chuquicamata. Im Reisetagebuch *The Motorcycle Diaries* diskutiert Guevara die gefährlichen Arbeitsbedingungen und fragt sich, wie viele Bergleute in Chuquicamata ihr Leben verloren haben.

Flamingobeobachtung

VULKANE, SALZEBENEN UND SEEN

Die 740 km² große **Reserva Nacional Los Flamencos** bietet einige der spektakulärsten Landschaften Nordchiles: riesige Salzebenen, rostrote Bergrücken und topasblaue Seen vor der Kulisse hoher Berggipfel.

Die nur 22 km südlich von San Pedro gelegene **Laguna Cejar** ist ein See, dessen Wasser so salzhaltig ist, dass man mühelos darauf treiben kann. Er bietet eine grandiose Umgebung, um zu relaxen und die Berge und Vulkane ringsum zu bewundern. Der Komplex verfügt über Umkleideräume und Duschen, ist vormittags für Einzelpersonen und nachmittags für Tourgruppen geöffnet (Dienstag geschlossen). Ein Plankenweg führt zum benachbarten See **Laguna Piedra**, wo manchmal Flamingos zu sehen sind (Schwimmen verboten).

40 km weiter südlich liegt die **Laguna Chaxa** inmitten der zerklüfteten Kruste des **Salar de Atacama**. An dieser wichtigen Brutstätte kann man gut Chile-, Anden- und James-Flamingos sowie Regenpfeifer, Blesshühner und Enten beobachten. Ein Lehrpfad erlaubt Blicke auf die Vögel.

Auf der Fahrt in die Berge geht's am traditionellen Dorf **Socaire** vorbei zu Aussichtspunkten mit Blick auf die Altiplano-Seen **Laguna Miñiques** und **Laguna Miscanti**. Vor der Kulisse der schneebedeckten Gipfel wirkt ihre schimmernde blaue Oberfläche umso beeindruckender. Schließlich erreicht man die auf 4000 m Höhe gelegene **Laguna Tuyajto**. Der See ist für seine *piedras rojas* (rote Felsen) am Ufer bekannt, zu dem ein Weg führt.

Gurgelnde Geysire

DAS HÖCHSTGELEGENE GEYSIRFELD DER WELT

Der Besuch der weltberühmten **El-Tatio-Geysire** in der Morgendämmerung ist ein überwältigendes Erlebnis für alle Sinne: der Anblick wabernder Dampfsäulen vor hohen Vulkanen bei Sonnenaufgang, der markante Geruch der Schwefelgase, die Blubber-, Zisch- und Spritzgeräusche und das Gefühl des eisigen Morgens. Dieses Feld mit etwa 80 Geysiren ist ein Fenster in die Vergangenheit und gibt einen Eindruck davon, wie die Welt ausgesehen haben mag, als sich erste Lebensformen entwickelten. Unbedingt auf den Wegen bleiben, da die Gefahr besteht, durch die dünne Kruste ins kochend heiße Wasser zu fallen.

Die Geysire befinden sich ca. 80 km nördlich von San Pedro. Die meisten Reisenden buchen in San Pedro eine Tour, die gegen 5 Uhr startet, um in der Morgendämmerung bei den

ESSEN IN CALAMA

Om Café
Buntes Café mit einem täglichen preiswerten Mittagsmenü, darunter auch vegetarische Optionen. **€**

Osumi Sushi
Japanisches Restaurant mit einer großen Auswahl an Sushi und warmen Speisen. **€€**

Pasión Peruana
Das Restaurant hat mehrere Filialen in der Stadt und serviert üppige Portionen typisch peruanischer Gerichte. **€€**

MARAMADE/SHUTTERSTOCK ©

Valle del Arcoiris

Geysiren zu sein. Die Anfahrt mit eigenem Auto ist möglich, öffentliche Verkehrsmittel fahren nicht. Die Geysirfelder sind bis in den späten Vormittag geöffnet, am stimmungsvollsten sind sie aber bei Tagesanbruch.

Regenbogenfarbene Felsen

FELSKUNST UND VIELFARBIGE LANDSCHAFTEN

Etwa 70 km nördlich von San Pedro liegt das **Valle del Arcoiris** (Regenbogental), benannt nach den erstaunlichen Tönungen der vielfarbigen Felsen. Ihre markanten Schattierungen sind in der Morgensonne und an wolkigen Tagen am besten zu sehen. An diesem friedlichen Ort lassen sich sogar Guanakos auf einem nahen Hügel sehen. Das Tal liegt im Becken des Río Grande und ist mit einer Tour oder dem Auto erreichbar. Der Abzweig ist an der Straße von San Pedro nach Calama.

In der Quebrada de Yerbas Buenas Valle del Arcoiris, südlich vom Valle de Arcoiris, befindet sich eine beeindruckende Felskunstgalerie. Die **Petroglifos de Yerbas Buenas** wurden vor Hunderten Jahren geschaffen, als die Felsen ein Treffpunkt von Menschen aus der gesamten Andenregion waren, die hier Wissen und Waren austauschten. Die Petroglyphen (Felsbilder) stellen Schlangen, Flamingos, Füchse und den Lebenszyklus von Lamas dar. Die menschlichen Figuren mit ausgestreckten Armen sind wahrscheinlich Schamanen. Einige Petroglyphen scheinen einen Bezug zur andinen Astronomie zu haben.

OBSERVATORIEN IN DER WÜSTE

Dank des klaren Himmels und der Abwesenheit von Lichtverschmutzung gibt's in der Atacama-Wüste bedeutende Observatorien. Das **Atacama Large Millimeter/submillimeter Array** (ALMA) 40 km südöstlich von San Pedro ist das größte erdbasierte astronomische Projekt der Welt. Es umfasst 66 gigantische Antennen, die zusammen als Teleskop zur Entdeckung von schwach wahrnehmbaren Objekten im Weltraum dienen. An Wochenenden werden Führungen angeboten. Die Europäische Südsternwarte (European Southern Observatory, ESO) hat im futuristischen **Paranal Observatory** 130 km südlich von Antofagasta vier Teleskope mit einem Durchmesser von 8,2 m. Das geplante Extremely Large Telescope (ELT) des ESO auf dem **Cerro Armazones** soll die bodenbasierte Weltraumbeobachtung revolutionieren, wenn es 2027 in Betrieb genommen wird.

UNTERWEGS VOR ORT

Reiseagenturen in San Pedro bieten geführte Exkursionen zu den Highlights rund um die Stadt an. Ein Besuch ist auch mit dem Wagen möglich, Mietautos gibt's in Calama. Von San Pedro fahren Busse nach Calama, dort bestehen auch Busverbindungen für die Weiterreise nach Antofagasta, Iquique, Arica und in andere Städte. Vom Flughafen in Calama starten täglich mehrere Flüge nach Santiago.

ANTOFAGASTA

Antofagasta
Santiago

Antofagasta ist eine ausufernde Hafenstadt und das größte urbane Zentrum Nordchiles. Hinter den Betonhochhäusern und dem hektischen Großstadtleben lassen sich interessante Museen und elegante Bauwerke entdecken. Für Ausflüge in die Umgebung bieten sich eine riesige Granithand in der Wüste südlich der Stadt und ein natürlicher Felsenbogen im Meer nördlich davon an. Im Hafen werden die meisten Mineralien aus Atacama umgeschlagen, besonders Kupfer aus Chuquicamata, zudem ist er immer noch ein wichtiger Import-Export-Knoten für Bolivien, das die Region im Salpeterkrieg verlor.

In Antofagasta leben 390 000 Menschen, der Anteil mit Migrationshintergrund stieg in den letzten Jahren, die meisten stammen aus Kolumbien und Bolivien. Viele nicht chilenische Personen haben Probleme, Arbeit zu finden, und leben oft in prekären Verhältnissen. Statistiken von 2022 geben an, dass über 900 Menschen auf der Straße lebten.

TOP TIPP

Antofagastas Highlights kann man an einem Tag besuchen, mehr Zeit muss nicht eingeplant werden. Das Stadtzentrum und den Barrio Histórico kann man tagsüber zu Fuß erkunden. Nach Einbruch der Dunkelheit sollte man nicht mehr herumlaufen und besser ein Taxi oder Uber nehmen.

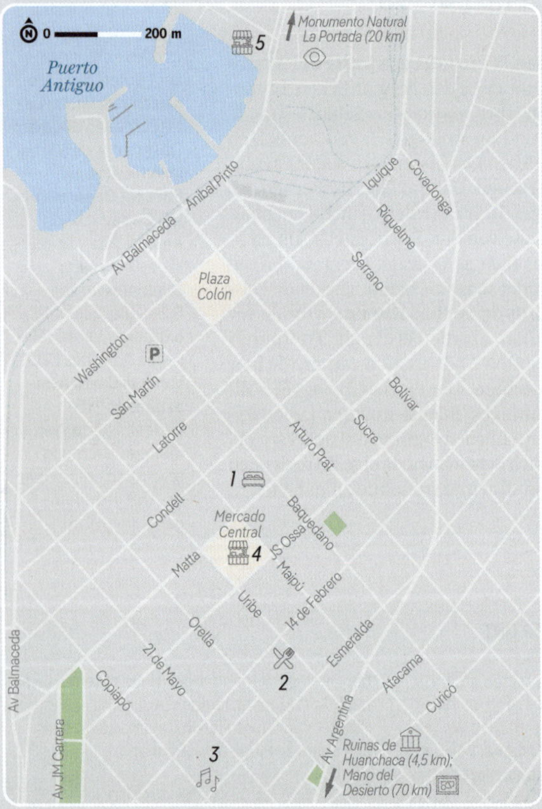

SCHLAFEN
1 Hotel Paola
ESSEN
2 Tío Jacinto
UNTERHALTUNG
3 Café del Sol
SHOPPEN
4 Mercado Central
5 Terminal Pesquero

ELENA CHIKANOVA/SHUTTERSTOCK ©

Mano del Desierto

DIE WÜSTENHAND

70 km südlich von Antofagasta, an der Ruta 5 Panamericana, ragt die **Mano del Desierto**, eine riesige Granithand, aus dem Wüstensand. Der Bildhauer Mario Irarrázabal schuf die 11 m hohe Skulptur und sagte, dass die Betrachterin oder der Betrachter entscheide, was die Hand bedeute.
Die Skulptur ist ein tolles Fotomotiv. Wenn man sie nachts vor dem sternenübersäten Himmel fotografiert, wirkt sie wie aus einer anderen Welt.

Nordchiles Bergbaugeschichte

MUSEUM UND BERGBAURUINEN

In einem Gebäude des früheren bolivianischen Unternehmens Huanchaca befindet sich ein lohnendes Museum. Der gesamte Komplex wirkt wie die Ruinen einer antiken Siedlung, doch tatsächlich stammen die **Ruinas de Huanchaca** aus dem späten 19. Jh. Das Unternehmen war damals einer der reichsten Silberminenbetriebe. Über 1000 Menschen arbeiteten an diesem Ort, der als Gießerei und Raffinerie für die in Pulacayo im bolivianischen Potosí geförderten Rohstoffe genutzt wurde. Die Ruinen sind ein Nationaldenkmal, man kann sie fotografieren, aber nicht betreten. Oben auf der Treppe links vom Eingang hat man den besten Blick.

Der Besuch beginnt mit der Bergbaugalerie, die sich dem Leben in den Pampa-Bergbaustädten während des Salpeterbooms und auch den Kindern widmet, die hier arbeiteten. QR-Codes führen zu englischen Übersetzungen der Texte.

Die Innenhöfe zwischen den Räumen schmücken stimmungsvolle Wandbilder mit Bergbaumotiven von Luis Núñez San

SALPETER-BERGBAU-GEISTERSTÄDTE

Die verlassenen früheren Bergbaustädte **Humberstone** und **Santa Laura** (S. 114) in der Nähe von Iquique sind heute Museen. Die Geisterstädte sind Relikte des Salpeterbergbaus in der Region.

SCHLAFEN & ESSEN IN ANTOFAGASTA

Hotel Paola
Schickes Hotel im Zentrum mit Dachterrasse und gut ausgestatteten Zimmern. **€€€**

Tío Jacinto
Das familiengeführte Meeresfrüchterestaurant mit hervorragender Weinkarte zählt zu den besten der Region. **€€€**

Café del Sol
Eine *peña* (Volksmusik-Veranstaltungsort) mit Livemusik aus den Anden und herzhaften chilenischen Hauptgerichten. **€€**

SPAZIERGANG DURCH ANTOFAGASTAS BARRIO HISTÓRICO

Die prächtigen Bauwerke in Antofagastas Barrio Histórico erinnern an den Reichtum des Salpeterbooms im 19. Jh. Die **1 Plaza Colón** ist ein schöner Platz aus dem 19. Jh. mit Brunnen, Palmen und Bougainvilleen. Sein Herzstück ist der 1911 erbaute Torre Reloj, ein Geschenk der britischen Gemeinde mit Bergbauinteressen. An der Ecke Antonio José de Sucre und José de San Martín steht das **2 Teatro Municipal** mit einem Wandbild von Luis Núñez San Martín an der Fassade, einer Hommage an die Bergbaugeschichte der Region. Auf der anderen Seite des Platzes erhebt sich das 1930 fertiggestellte einstige Hauptpostamt, ein Wahrzeichen der Stadt, in dem sich die großartige öffentliche Bibliothek **3 Biblioteca Regional de Antofagasta** befindet. Ein Blick in das palastartige Gebäude lohnt. Nun folgt man der Jorge Washington zwei Blocks bis zum **4 Centro Cultural Estación de Antofagasta**, einer Galerie mit interessanten Ausstellungen. In der Bolívar ist die grüne **5 Estación Ferrocarril** (1887) ein restaurierter Endbahnhof der stillgelegten Bahnlinie von Antofagasta nach La Paz; sie ist nicht öffentlich zugänglich, doch von der Westseite sieht man mehrere alte Lokomotiven und britische rote Telefonzellen. Links in der Adrónico Abaroa sind ein großes **6 Wandbild** von San Martín mit der Darstellung einer Pampa-Bergbaustadt und mehrere bunte Mosaikreliefs zu sehen. Zurück in der Bolívar ist das **7 Museo Regional** mit Ausstellungen zu Naturgeschichte und regionaler Kultur in der früheren *aduana* (Zollhaus) einen Besuch wert; besonders interessant sind die Modelle indigener Boote. Danach geht's an den Holzbalustraden des **8 früheren maritimen Verwaltungsgebäudes** von 1910 vorbei zum restaurierten **9 Muelle Salitrero** (Salpeter-Pier).

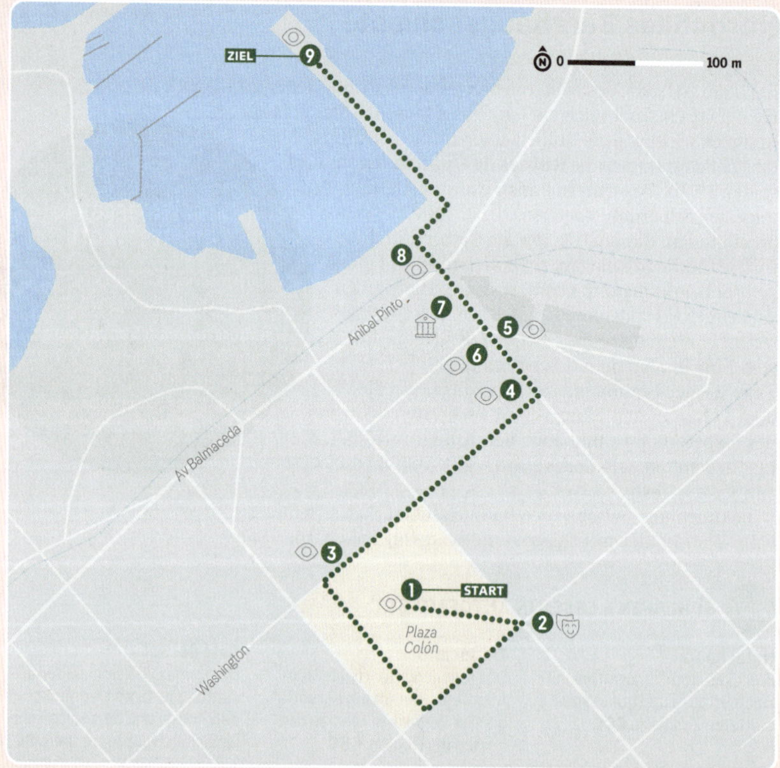

Martín, der auch Werke in Antofagastas Barrio Histórico schuf. Dank der geschickten Gestaltung sind die Ruinen über den Wandbildern sichtbar.

Ein weiterer Raum zeigt vergrößerte, von hinten beleuchtete Weltraumfotografien, die von der Europäischen Südsternwarte (ESO) La Silla, 170 km nördlich von La Serena in Norte Chico, aufgenommen wurden.

Vor dem Museum befindet sich die Installation *Out of Sync* des gefeierten Bildhauers Fernando Casasempere, die aus 10 000 Keramiknarzissen besteht.

Natürlicher Felsenbogen im Meer

AUSSICHTSPUNKT AN DER KÜSTE

Der gewaltige Felsenbogen im Meer befindet sich im **Monumento Natural La Portada** und kann 20 km nördlich von Antofagosta von der Küste aus betrachtet werden. Mit Meeressedimenten überzogen und von einer stabilen Vulkanbasis getragen, haben die Wellen des Pazifiks den einst massiven Felsen erodiert. Er bildet das Herzstück einer von der Conaf verwalteten Schutzzone, die der Lebensraum von Humboldtpinguinen, Seelöwen, Seeschwalben und Wanderfalken ist.

Von einem 70 m langen Pfad auf den Klippen sieht man La Portada und die Strände 50 m weiter unten. Hier schießt man Fotos, schaut aufs Meer und bewundert die Meeresvögel. Eine Treppe hinunter ans Meer wurde aus Sicherheitsgründen geschlossen; auf der Conaf-Website (conaf.cl) kann man erfahren, ob der Küstenpfad wieder geöffnet wurde. Von Antofagasta kommt man mit einem Bus Richtung Norden (von der Schnellstraße sind es noch 2 km zu Fuß) oder mit dem Auto her.

Mittagessen auf einem Markt in Antofagasta

FRISCHE SÄFTE UND SEAFOOD

Die Markthalle Mercado Central befindet sich in einem schönen ehemaligen Bahnhof an der Plaza Sotomayor. Hier drängen sich Fleisch- und Obst-und-Gemüsestände sowie legere Restaurants, die typisch chilenische Mittagsgerichte wie Suppen und Empanadas und Säfte servieren.

Am Meeresufer draußen vor dem geschäftigen Fischmarkt im **Terminal Pesquero** sieht man manchmal Seelöwen und Pelikane. Hier bieten etwa ein Dutzend Stände herzhafte Seafood-Suppen, Ceviche und gebratenen Fisch an.

DIE MUSIK DES NORTE GRANDE

In vieler Hinsicht ähnelt die Musik Nordchiles den Klängen der Altiplano-Regionen Boliviens und Perus. Zu den typischen Instrumenten zählen die *bombo* (Trommel), die *siku* (Panflöte), die *quena* (Flöte) und der *charango* (Saiteninstrument). Blaskapellen sind eine weitere wichtige Tradition in der Region. Sie spielen auf Feiern und Veranstaltungen wie dem Fest der Jungfrau Carmen (S. 115) in La Tirana.

Über die traditionelle Musik der Bergdörfer hinaus findet sich der Einfluss andiner Rhythmen auch im Werk von zeitgenössischen Künstlerinnen des Norte Grande wie Paulina Camus und Natalia Norte. Andine Volksmusik und lokale Bands kann man im **Café del Sol** in Antofagasta hören.

UNTERWEGS VOR ORT

In der Stadt verkehren Busse. Zu den Ruinas de Huanchaca fährt Bus 103 von der Plaza Colón zur Calle Sangra. Vom 4 km nördlich der Stadt liegenden Busbahnhof fahren auch Busse zu Zielen in ganz Nordchile und nach Santiago.

Vom Stadtzentrum zum Busbahnhof geht's mit dem Bus, einem Taxi oder Uber. Der Aeropuerto Cerro Moreno liegt 25 km nördlich der Stadt und bietet Flüge nach Santiago und zu anderen Zielen.

IQUIQUE

An einem sichelförmigen goldenen Küstenstreifen gelegen, ist Iquique ein Urlaubsparadies für Einheimische, die auf Strandpromenaden schlendern, surfen und mit Gleitschirmen von sandigen Klippen fliegen. Tag und Nacht ist etwas los, von Aerobic frühmorgens an der Playa La Gaviota über Volleyball am Nachmittag bis zu Cocktails auf der Península de Cavancha bei Sonnenuntergang. Die Sanddüne Cerro Dragón wird gern zum Sandboarding genutzt.

Mehrere Museen beleuchten den Einfluss des Bergbaubooms im 19. Jh. und des Salpeterkrieges auf die Entwicklung der Stadt. Die renovierten Holzhäuser in der Calle Baquedano stammen aus der Zeit, als Iquique ein Salpeterumschlagplatz für die Minen in Humberstone und Santa Laura war. Nach dem Verfall der Salpeterindustrie erfand sich Iquique als Fischereihafen neu. Heute lässt man sich in hervorragenden Restaurants Fisch und Meeresfrüchte schmecken.

TOP TIPP

Iquique lässt sich gut zu Fuß oder mit dem Fahrrad erkunden. Zum Shoppingkomplex Mall Zofri in der Nähe einiger zwielichtiger Bezirke fährt man sicherer mit einem Taxi oder Uber. Nachts sollte man ruhige Gegenden mit wenigen Menschen meiden.

Gleitschirmfliegen, Iquique

HIGHLIGHTS
1 Chiringuito Cavancha
2 Dominga Bistro
3 Lagerhaus
4 Playa Cavancha
5 Radicales

SEHENSWERTES
6 Museo Corbeta Esmeralda

SCHLAFEN
7 Backpacker's Hostel Iquique
8 NH Iquique
9 Sunfish Hotel

ESSEN
10 Fábrica de Chumbeques M.Koo
11 La Mulata
12 Marrasquino
13 Santorini

AUSGEHEN & FEIERN
14 Ciocciata

SHOPPING
15 Caleta Riquelme

HISTORISCHER STADTSPAZIERGANG IN IQUIQUE

Der 1 km lange Spaziergang auf der Baquedano bis zur Plaza Prat führt an den schönsten historischen Bauten vorbei. Los geht's am **1 Monumento Boya Esmeralda**, einer Kopie der Boje über dem *Esmeralda*-Wrack, dann an einer Statue des *Esmeralda*-Kapitäns Arturo Prat auf der **2 Plaza 21 de Mayo** vorbei zum breiten Boulevard Baquedano. Die restaurierten Häuser wurden zwischen 1820 und 1920 zur Zeit der Salpeterminen aus Douglasienholz gebaut. Das Zollhaus von 1871 im Norden beherbergt heute das **3 Museo Naval** mit Exponaten vom Wrack der *Esmeralda*. Weiter geht's bis zur Bernardo O'Higgins. Hier steht das Herrenhaus **4 Palacio Astoreca**, das 1904 für einen Salpeter-Magnaten gebaut wurde und heute ein Kulturzentrum mit Kunstausstellungen in aufwendig dekorierten Räumen ist. Zurück auf dem Pasea Baquedano kann man im **5 Pájaro en Mano** vorbeischauen, das regional designte Poster, T-Shirts und Kaffeebecher mit Motiven historischer Figuren der Pampa-Salpeterminen und vom Festival von La Tirana (S. 115) verkauft. Danach lohnt der Besuch des **6 Museo Regional** im früheren Gerichtsgebäude von 1892. Neben Dauerausstellungen zur Regionalgeschichte zeigt das Museum auch interessante Sonderausstellungen. Zwei Blocks weiter steht auf der **7 Plaza Prat** der **8 Torre Reloj** (Uhrenturm) von 1877 und an der Südseite das neoklassizistische **9 Teatro Municipal**, in dem seit 1890 Theaterstücke und Opern aufgeführt werden. Das auffälligste Bauwerk an der Plaza Prat ist das **10 Casino Español**, ein 1904 im maurischen Stil erbauter Palast, der heute ein Restaurant ist und dessen Interieur fantastische Kacheln, Kassettendecken und fantasievolle Wandbilder aufweist.

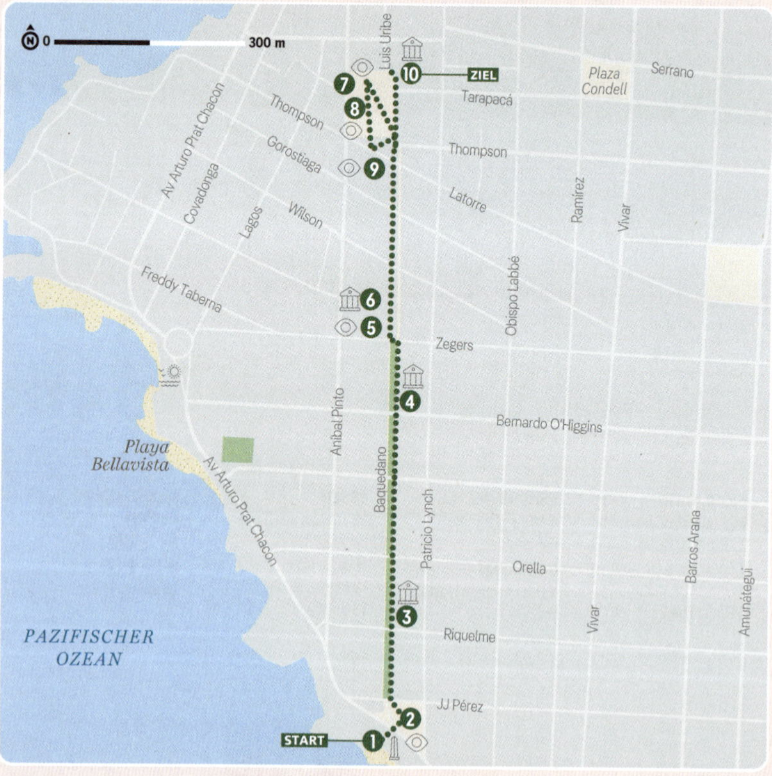

JEREMY RICHARDS/SHUTTERSTOCK ©

Museo Corbeta Esmeralda

An Bord des Museo Corbeta Esmeralda

NACHBAU DES KRIEGSSCHIFFES

An einem erstklassigen Spot im Hafen befindet sich das **Museo Corbeta Esmeralda** in der Replik des gleichnamigen gesunkenen Kriegsschiffes und erzählt von dessen Rolle im Salpeterkrieg (1879–1883), als Chile eine peruanisch-bolivianische Allianz besiegte und sein Territorium im Norden erweiterte. Das Wrack des Originalschiffs ruht in der Nähe auf dem Meeresgrund, eine Boje markiert seine Lage. Nach seinem Kapitän Arturo Prat sind Plätze und Straßen im ganzen Land benannt.

Eine Führung durch das Schiff auf Spanisch und einen englischen Audioguide im Voraus buchen (museoesmeralda.cl). Das Museum (Montag geschlossen) erzählt die Geschichte des Salpeterkrieges aus chilenischer Sicht und gibt anhand von nachgebauten Besatzungsquartieren einen Eindruck vom Leben an Bord. Der Nachbau der *Esmeralda* erfolgte nach Originalzeichnungen; ein Highlight ist die Arztkabine mit Medikamenten und chirurgischen Instrumenten.

Die nahen Restaurants über dem Fischmarkt in der **Caleta Riquelme** sind gute Lunch-Spots.

Ausgehen in Iquique

STRANDRESTAURANTS UND BARS

Auf der **Península de Cavancha** südlich der Playa Cavanche gibt's einige Luxusimmobilien, hauptsächlich schicke Apartmenthäuser, sowie mehrere Restaurants und Bars, wo sich Scharen junger Leute zum *la previa* (Drinks am frühen Abend)

DAS BESTE ESSEN IN IQUIQUE

La Mulata
Mit Meerblick und fantastischer peruanisch-japanischer Küche ist das La Mulate eine sehr gute Wahl. €€€

Santorini
Im Innenhof mit Bougainvilleen wird herausragendes griechisches Essen serviert. €€

Ciocciata
Café im Stadtzentrum, das Kaffee, Sandwiches und Kuchen serviert. €€

Marrasquino
Kuchen- und Eisladen am Meer mit einer riesigen Auswahl an Geschmacksrichtungen. €

Fábrica de Chumbeques M.Koo
Der beste Ort in der Stadt, um *chumbeques* zu probieren: Kekse, die mit Mango, Zitrone, Guave, Passionsfrucht oder *manjar* (Milchkaramell) gefüllt sind. €

ÜBERNACHTEN IN IQUIQUE

Backpacker's Hostel Iquique
Das gesellige Hostel direkt an der Playa Cavancha hat eine Küche, eine Bar und ein Café. **€**

NH Iquique
Dieses Haus der NH-Kette mit Meerblick ist eines der schönsten Hotels der Stadt. **€€€**

Sunfish Hotel
Hochhaushotel nahe der Playa Cavancha mit geräumigen Zimmern und Dachpool. **€€€**

DIE BESTEN AKTIVITÄTEN IN IQUIQUE

Gleitschirmfliegen
Ganzjährig möglich. Gestartet wird auf 500 m Höhe in Alto Hospicio, dann gleitet man über die Stadt und landet auf Höhe des Meeresspiegels.

Sandboarding
Am Cerro Dragón möglich, einer großen Sanddüne in der Stadt.

Surfen & Bodyboarding
Die beste Zeit zum Surfen und Bodyboarden ist der Winter, wenn die Dünung von Norden kommt, möglich ist es aber das ganze Jahr über.

Radfahren
Ein 8 km langer Fahrradweg verläuft parallel zum Strand, weitere Wege sind im Bau.

treffen. Das **Chiringuito Cavancha** am Südende der Playa Cavanche ist ein angesagtes Restaurant mit Tischen im Freien und Meerblick, man sollte reservieren. Durchs Zentrum der Halbinsel verläuft der Boulevard **Filomena Valenzuela** mit lebhaften Bars und Restaurants, von noblen Sushi-Lokalen bis zu Pizzerien und Sportsbars. Für Meeresfrüchte und Cocktails ist das **Dominga Bistro** eine gute Wahl. Es hat drinnen und draußen Sitzplätze und ist luxuriös und modern gestaltet.

Nach dem Essen und ein paar Drinks auf der Halbinsel geht's weiter zu den Bars in der Fußgängerzone **Paseo Baquedano**. Das **Radicales** hat zwei Etagen mit mehreren Räumen. Im nahen **Lagerhaus** gibt's gutes Craft-Bier.

Strandleben in Iquique

SONNE, SAND UND WELLEN

Iquiques beliebtester Sandstrand ist die schöne, von Palmen und Gras gesäumte **Playa Cavancha**. Das Wasser ist hier so warm wie fast nirgends in Chile. Man kann nicht nur sicher schwimmen, sondern auch surfen, bodyboarden, Kajak fahren und stehpaddeln. Morgens ist die Playa Cavancha meistens ruhig, doch im Sommer füllt sich der Strand nachmittags. Wer morgens mit dem Surf- oder Bodyboard ins Wasser will, hat am Nordende des Strands weniger Konkurrenz. Mehrere Agenturen verleihen Surfboards und bieten Kurse an.

Morgens ist es in Iquique in der Regel noch kühl, dann kann man an der Küste wunderbar Rad fahren, joggen oder spazieren gehen. Von der Playa Cavancha führen Fuß- und Radwege zur **Playa Brava**, einem breiten Sandstrand; das Wasser ist nicht zum Baden geeignet. Abends gibt's spektakuläre Sonnenuntergänge in leuchtendem Pink und Orange.

Im Mai kommen die weltbesten Surfprofis zum Surfwettbewerb **Héroes de Mayo Pro** nach Iquique, bei dem etwa 200 Surfer:innen um Tausende Dollar Preisgeld und die Verbesserung ihres Rankings in der World Surf League konkurrieren. Bei dem Event wird auch die Ola El Colegio nördlich der Playa Cavancha gesurft.

Caleta Los Verdes ist eine kleine Bucht 25 km südlich von Iquique, die für ihre großartigen Fischrestaurants bekannt ist. Hier findet jedes Jahr im Januar der Bodyboarding-Wettbewerb **Copa Verano Iquique** statt.

SURFEN IN NORTE GRANDE

Nordchiles beste Wellen bietet die Playa Las Machas (S. 119) in Arica. Hier ist das Wasser warm und die Wellen eignen sich zum Surfen für alle Niveaus.

UNTERWEGS VOR ORT

Colectivos (Sammeltaxis) sind ein praktisches Verkehrsmittel in der Stadt. Fernbusse nach Arica, Calama, Antofagasta und Santiago fahren vom Terminal Rodoviario, 4 km nördlich der Playa Cavancha. Der Aeropuerto Diego Aracena liegt 40 km südlich von Iquique; hier gibt's Flugverbindungen nach Santiago und Arica.

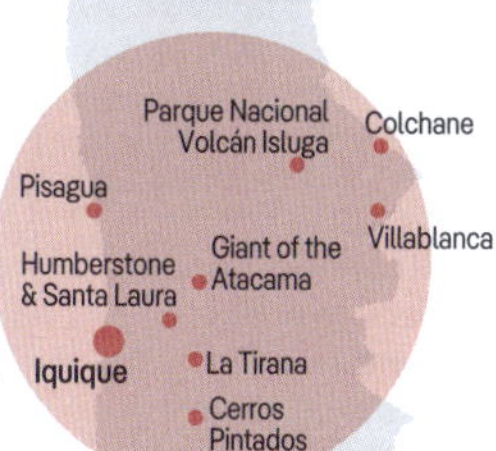

Rund um Iquique

Die Wüste im Hinterland von Iquique ist von der Geschichte geprägt. Hier findet auch eines von Chiles wichtigsten religiösen Festivals statt.

Wer von Iquique landeinwärts reist, stößt in der Wüste auf einzelne Geisterstädte, gespenstische Relikte der einst florierenden Salpetersiedlungen, die heute Museen sind. In der Nähe erzählen mysteriöse Geoglyphen von einer fernen Vergangenheit, als das Gebiet eine Handelsroute zwischen Bergen und Küste war.

Die Straße von Huara nach Colchane führt von der Panamericana durch Andenausläufer und an Vulkanen des Altiplano vorbei, wo der Parque Nacional Volcán Isluga eine Oase natürlicher Schönheit ist. Kulturelle Traditionen sind in den nahe gelegenen Aymara-Dörfern noch lebendig, in denen Alpakas und Lamas gehalten und aus ihrer Wolle Stoffe gewebt werden. Iquiques Pisco Sours und Wolkenkratzer scheinen hier Welten entfernt.

TOP TIPP

Während des Festes der Jungfrau Carmen fahren den ganzen Tag lang Busse von La Tirana nach Iquique und Pica. Die Unterkünfte sollte man dann im Voraus buchen.

Cerros Pintados (S. 115)

HOLGER LEUE/GETTY IMAGES ©

CHILES DUNKLE VERGANGENHEIT

120 km nördlich von Iquique liegt Pisagua, das im 19. Jh. während des Salpeterbooms einer der wichtigsten chilenischen Häfen war. Heute ist Pisagua aber besser bekannt als Ort eines Lagers für politische Gefangene während Pinochets Militärdiktatur (1973–1989), wo später ein nicht markiertes Massengrab auf dem örtlichen Friedhof entdeckt wurde. Der Friedhof befindet sich 3 km nördlich der Stadt auf einem Hügel. Eine Gedenktafel kennzeichnet die Grube unter einem Felsen, wo das Grab mit den Leichen von 21 politischen Gefangenen entdeckt wurde; vorhandene Schusswunden lassen auf Erschießungen schließen.

JEREMY RICHARDS/SHUTTERSTOCK ©

Santa Laura

Bergbaugeisterstädte

IN MUSEEN VERWANDELTE SALPETERMINEN

Die verlassenen Städte **Humberstone** und **Santa Laura**, einst florierende Siedlungen, in denen die Bergleute und ihre Familien lebten, werden heute als Museen bewahrt. Die Gebäude dieser gespenstischen Geisterstädte stehen unter Schutz, ein Tribut an die Menschen, die hart arbeiteten und so den Salpeterboom befeuerten. Humberstone wurde 1872 als La Pampa gegründet, nach der Entwicklung synthetischer Nitrate schloss die Stätte jedoch 1960.

Der Besuch der verlassenden Städte ist eine verstörende Erfahrung. Einige Gebäude wurden restauriert, andere verfallen dagegen, darum ist immer Vorsicht geboten. In den Häusern am Eingang zur Stadt befinden sich kleine Museen mit thematischen Sammlungen von Gegenständen, die hier gefunden wurden: Ganze Wände sind mit bizarren Kombinationen aus Kinderspielzeug, Küchenzubehör und Werkzeugen bedeckt.

Nur 2 km westlich von Humberstone, zu Fuß oder mit dem Auto zu erreichen, liegt die kleinere Stadt Santa Laura, die Teil des Museumskomplexes ist, aber weniger Ausstellungen zeigt als Humberstone. Die Museen kann man von Iquique aus an einem halben Tag besuchen, die Fahrt dauert 45 Minuten.

SCHLAFEN & ESSEN RUND UM IQUIQUE

Hostal Inka Thaki
Praktisch die einzige Pension in Colchane mit Restaurant und warmen Duschen. **€**

Hostal La Roca
Ein freundliches Paar führt diese Pension mit charmanten Zimmern und Meerblick in Pisagua. **€**

Restaurante Qori Inti
Dieses andine Restaurant in Pica serviert typische Gerichte wie Kaninchen, Lama und Quinoa-Suppe. **€€**

Das Fest der Jungfrau Carmen in La Tirana

TRACHTEN, BLASKAPELLEN UND TANZ

Das Fest der **Jungfrau Carmen** ist eines der spektakulärsten religiösen Feste Chiles. Über 250 000 kostümierte Menschen füllen die Straßen der ansonsten schläfrigen Stadt **La Tirana** mit Tanz und Musik. Die Ursprünge der Stadt haben Bezug zur Legende von einer Inka-Prinzessin namens La Tirana, die spanischen Eindringlingen Widerstand leistete und ermordet wurde. Das Dorf wurde an der Stelle ihres Grabes gegründet.

Am 15. Juli breitet sich Aufregung aus und um Mitternacht wird das Fest mit einem Feuerwerk eröffnet. Der 16. Juli beginnt mit einer Messe in der Morgendämmerung. Danach zieht eine Parade mit der Jungfrau durchs Dorf, gefolgt von einer grandiosen Prozession mit Tanzgruppen und Blaskapellen.

Während des Festes verkehren Tag und Nacht Shuttlebusse zwischen La Tirana und Iquique, die Feiernde zu ihren Unterkünften bringen.

Abenteuer im Altiplano

ANDENLANDSCHAFT UND KULTUR

Im Altiplano, etwa 250 km außerhalb von Iquique, liegt der **Parque Nacional Volcán Isluga** mit schneebedeckten kegelförmigen Vulkanen und *bofedales* (Feuchtgebiete der Hochanden), die Heimat von Guanakos, Vikunjas und Nandus. Zur Hochgebirgsflora dieser Zone gehören bis zu 4 m hohe Kakteen. Im Nationalpark erhebt sich der Volcán Isluga, auf dessen Gipfel ein 6 km langer Wanderweg führt (ca. 8 Std.). In der Nähe liegt das unbewohnte Dorf Isluga. Bei religiösen Festen treffen sich die verstreut lebenden Ansässigen in der Lehmziegelkirche aus dem 17. Jh. Das Dorf **Colchane** an der bolivianischen Grenze ist einer der wenigen Orte in der Gegend mit Unterkünften.

Südlich von Colchane hat das traditionelle Aymara-Dorf **Villablanca** eine herrliche Lage inmitten von heiligen Bergen und Vulkanen. Es ist mit einfachen Lehmziegelhäusern und einer hübschen Kirche nicht auf Tourismus ausgerichtet, doch Gäste werden herzlich begrüßt. Wer Interesse an traditionell gewebten Alpaka-Stoffen und handgefertigten Gitarren hat, fragt am besten herum. Man kann zur **Laguna Villablanca** wandern, wo man Flamingos und Farmern begegnet, die ihre Lamas und Alpakas zum Weiden ans Ufer bringen.

MYSTERIÖSE GEOGLYPHEN IN DER WÜSTE

Der etwa 100 m lange **Gigante de Atacama** (Riese von Atacama) ist eine der größten Geoglyphen (großflächige, durch Steine oder Ausscharrungen kreierte Erd- oder Bodenzeichnungen) der Welt. Die auch Gigante de Tarapacá genannte Geoglyphe wird auf die Zeit um 900 datiert und könnte einen Schamanen darstellen. Sie befindet sich auf einem Hang am Hügel Cerro Unita, 14 km östlich von Huara an der Straße nach Colchane. Weiter südlich am **Cerros Pintados** sind etwa 420 Geoglyphen zu sehen, darunter menschliche Figuren und Tiere. Man nimmt an, dass diese Geoglyphen im Zusammenhang mit den Routen der alten Lama-Karawanen standen und die Lage von Wasserquellen angezeigt haben könnten.

UNTERWEGS VOR ORT

Nach Humberstone und Santa Laura gelangt man mit dem Bus der Busgesellschaft Santa Angela, der von Iquique in Richtung Pozo Almonte fährt. Von der Fernstraße ist es nur ein kurzer Fußweg zu den Museen. Zwischen Iquique und La Tirana verkehren täglich Busse und während des Festes gibt's ständigen Pendelverkehr. Die Busse von Iquique nach Oruro (Bolivien) halten in Colchane. Den Parque Nacional Volcán Isluga und andere Dörfer in der Umgebung erreicht man nur mit eigenem Auto.

ARICA

Arica
Santiago

Arica lädt mit einem angenehmen Klima, kilometerlangen Sandstränden und der entspannten Surfszene dazu ein, eine Weile hier zu relaxen. Doch hinter der heiteren Oberfläche erinnern Gedenkstätten an den Salpeterkrieg im 19. Jh., in dessen Folge Arica an Chile fiel, und zeugen von den Spannungen mit dem benachbarten Peru. Auf dem Hügel eines bedeutenden Schlachtfeldes weht eine riesige chilenische Fahne, die womöglich noch in Peru zu sehen sein mag.

Verglichen mit 7000 Jahre alter Geschichte der Chinchorro-Kultur in diesem Gebiet sind die jüngeren Konflikte Aricas jedoch nur ein kurzes Zwischenspiel gewesen. Ein Wanderweg an der Küste führt durch Höhlen, die einst vom Volk der Chinchorro als Basis zum Jagen und Fischen genutzt wurden. An diesem unberührten Ort kann man einen Eindruck vom Leben vor vielen Tausend Jahren bekommen.

TOP TIPP

Es lohnt sich, Arica während eines der farbenfrohen Feste zu besuchen. Im Februar findet beispielsweise der Carnaval Andino Con la Fuerza del Sol statt, im Juni die Semana Ariqueña.

HIGHLIGHTS
1 Museo de Sitio Colón 10

SEHENSWERTES
2 El Morro
3 Playa El Laucho

AKTIVITÄTEN, KURSE & TOUREN
4 Isla del Alacrán

SCHLAFEN
5 Hotel Arica
6 Hotel Casa Beltrán

ESSEN
7 Cafe del Mar
8 Los Aleros de 21
9 Salteñas y Empanadas Caupolicán

AUSGEHEN & FEIERN
10 Salon de Te 890

VERKEHRSMITTEL
11 Turismo Chogña

ABRIENDOMUNDO/SHUTTERSTOCK ©

Cuevas de Anzota (S. 119)

Ausgegrabene Chinchorro-Begräbnisstätte

ANTIKE MUMIEN

Das **Museo de Sitio Colón 10** nahe dem Stadtzentrum zeigt 48 Mumien in den Originalpositionen zur Zeit der Funde. Im späten 19. Jh. wurde hier ein Haus gebaut, von dem ein Stück der Originalmauer erhalten ist (beim Ticketschalter). Als Architekten 2004 mit Ausgrabungen begannen, um den Boden für einen Hotelbau vorzubereiten, stießen sie in der Erde auf mehrere Knochen. Später wurde nachgewiesen, dass es sich um menschliche Überreste des Chinchorro-Volks handelt.

Die Chinchorro lebten zwischen 8000 und 2000 v. Chr. in den Küstenregionen des heutigen Nordchiles und Südperus. Die Begräbnisstätte am Sitio Colón 10 stammt mutmaßlich aus der späteren Periode zwischen 4200 und 3800 v. Chr., als Leichname nicht mehr mumifiziert, sondern mit Pflanzenfasern und Federn von Meeresvögeln bedeckt wurden. Wegen des trockenen Klimas und hohen Salzgehaltes der Erde wurden die Leichname auf natürliche Weise erhalten.

Im ersten Stock zeigt ein kleines Museum die Mumien so, wie sie gefunden wurden. Durch Glaspaneele, unter denen die Mumien liegen, können Details wie Grasröcke und Federn aus

DAS BESTE ESSEN IN ARICA

Salteñas y Empanadas Caupolicán
Hier gibt's die besten chilenischen Empanadas und bolivianischen *salteñas* (herzhafte gefüllte Pasteten). €

Salón de Té 890
Die heitere Teestube serviert Sandwiches und Kuchen. Unbedingt die Spezialität des Hauses, den Kuchen *siete sabores* (sieben Aromen), probieren! €

Cafe del Mar
Auf der großen Karte stehen Burger, Sandwiches, Snacks und Desserts. €€

Medina's Restaurant Gourmet
Das Restaurant in der Nähe der Playa Las Machas lohnt den Weg wegen des großartigen peruanischen Essens. €€€

Los Aleros de 21
Das Nachbarschaftslokal serviert ausgezeichnete chilenische Grillfleisch- und Meeresfrüchtegerichte. €€€

ÜBERNACHTEN IN ARICA

Sunny Days
Entspannte Pension in der Nähe der Playa de Chinchorro, 2 km nordöstlich von Aricas Zentrum. €

Hotel Casa Beltrán
Boutique-Hotel im Stadtzentrum mit großen, modern ausgestatteten Zimmern. €€

Hotel Arica
Großes Resort am Meer in der Nähe der Playa Laucho mit Bungalows mit Meerblick und einem Pool am Strand. €€€

STADTSPAZIERGANG DURCHS ZENTRUM VON ARICA

Diese Tour führt zu Aricas wichtigsten historischen Stätten. Start ist beim früheren Endbahnhof **1 Estación de Ferrocarril Arica–La Paz** der Bahn, die Bolivien mit der Küste verband. Gegenüber steht das ehemalige Zollhaus **2 Ex Aduana**, das heute ein Kulturzentrum ist. Das von Gustave Eiffel entworfene Gebäude wurde in Paris gefertigt und 1874 vor Ort zusammengebaut. Innen gibt's die originalen Bodenkacheln und eine schmiedeeiserne Wendeltreppe, die Galerien zeigen Wechselausstellungen örtlicher Kunstschaffender. Über die **3 Plaza Colón** geht's an Palmen und Brunnen vorbei zur **4 Catedral San Marcos** im Gotik-Stil, die auch von Eiffel entworfen, 1870 in Frankreich fabriziert und in Einzelteilen nach Arica verschifft wurde – vor dem Bau seines berühmten Pariser Turms. Das Gebäude besteht aus gestanztem und überstrichenem Gusseisen, im Inneren ist die Eisenkonstruktion zu sehen. Nun geht's die 7 de Julio hinauf und rechts in die Colón. An der Ecke der Yungay sind die eleganten Holzveranden der **5 Casa Bolognesi** zu bewundern. Einst das Hauptquartier des peruanischen Kommandeurs Bolognesi, der 1880 im Salpeterkrieg getötet wurde, beherbergt es heute das peruanische Konsulat. Einen Block bergauf ist das **6 Museo de Sitio Colón 10**; mindestens eine Stunde Zeit mitbringen, um die faszinierenden Überreste der Chinchorro-Begräbnisstätten zu besichtigen. Auf dem Hügel dahinter führen Stufen zum Schrein **7 Mirador de la Virgen** mit toller Aussicht. Wer noch Energie hat, folgt dem steilen Pfad links vom Mirador hinauf zur militärischen Gedenkstätte **8 El Morro**.

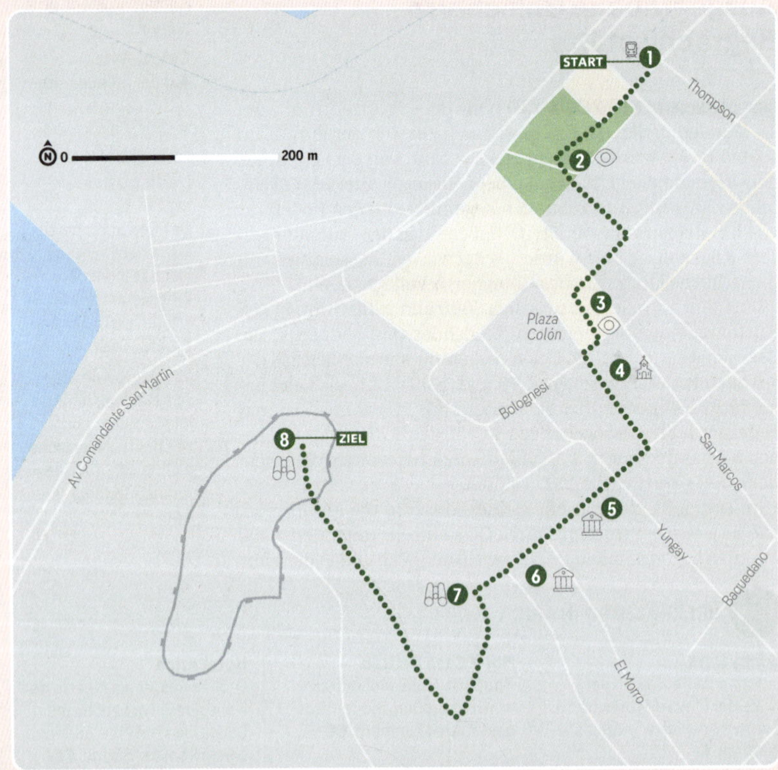

der Nähe betrachtet werden. Nummerierte Wandtafeln identifizieren die Überreste, darunter ein Kind mit rot bemaltem Haar und Perücken aus Menschenhaar. Ein Säugling trägt eine schwarze Maske aus Ton.

Oben stellt eine Galerie Repliken von anthropomorphen Figuren, die in nahe gelegenen Begräbnisstätten gefunden wurden, Angelhaken und Fischernetzen aus Pflanzenfasern aus, die auf die Fischerei- und Tauch-Expertise der Chinchorro hinweisen.

NOCH MEHR CHINCHORRO-MUMIEN

Die bemerkenswerte Mumiensammlung im **Museo Arqueológico San Miguel de Azapa** (S. 121), 12 km östlich von Arica, sollte man auch nicht verpassen. Die Mumien von Azapa wurden an verschiedenen Orten in der Umgebung gefunden.

Historischer Hügel

KRIEGSGEDENKSTÄTTE UND AUSSICHT

Aricas markantestes Wahrzeichen ist **El Morro**. Der imposante, kaffeebraune steile Fels ragt 110 m über der Stadt auf und trägt eine riesige chilenische Fahne. Er ist zu Fuß über einen steilen Pfad vom oberen Ende Colóns oder auf der Straße erreichbar und bietet einen eindrucksvollen Blick auf die Stadt, den Hafen und den Pazifik.

An der Landspitze fand 1889 während des Salpeterkrieges eine Entscheidungsschlacht statt, bei der die chilenische Armee El Morro in weniger als einer Stunde einnahm. Auf dem Hügel erinnern ein Militärmuseum und das Grabmal des Unbekannten Soldaten daran. Ein Fußweg führt um den Hügel zu verschiedenen militärischen Denkmälern und Statuen.

Küstenstraße zu den Cuevas de Anzota

STRÄNDE, HÖHLEN UND TIERE

Die Küstenstraße südlich von Arica zu den Cuevas de Anzota passiert die besten Strände der Stadt; die 10 km lange Strecke eignet sich für eine malerische Radtour, **Turismo Chogña** verleiht Fahrräder.

Von der Plaza Colón führt ein Radweg an der Avenida Comandante San Martín nach Süden. Der erste Strand ist die zum Schwimmen geeignete **Playa El Laucho**. Weiter südlich folgt die hübschere **Playa La Lisera** mit Duschen und Umkleiden.

Die Küstenstraße endet an den zerklüfteten Klippen und der Felsküste der **Cuevas de Anzota** (montags geschlossen). Hier führt ein 2,2 km langer Lehrpfad unter Felsüberhängen hindurch zu den Höhlen (ca. 40 Min.). Vor Jahrtausenden wurden sie vom Chinchorro-Volk als Schutzraum und Begräbnisstätte genutzt. Der Lehrpfad ist kostenlos, man muss eine Verzichtserklärung unterschreiben und einen Schutzhelm tragen. Unterwegs sieht man vielleicht Seelöwen und Otter.

ARICAS BESTE WELLEN

Nördlich vom Stadtzentrum ist die Playa Las Machas ein Surftreff mit Wellen für alle Level. Mehrere Agenturen geben Kurse und verleihen Boards. Im Juli sind die Wellen am größten, dann kommen Surfprofis aus aller Welt her.
Surferfahrene zieht es auch zu den hohen Wellen von **El Gringo** (auch Chilenische Pipeline genannt) und dem Point Break von **El Buey** bei der Isla del Alacrán westlich vom Club de Yates.

UNTERWEGS VOR ORT

Örtliche Busse fahren vom Zentrum Aricas zur Playa Las Machas und zum Busbahnhof, von dem Busse Iquique, Calama, Antofagasta und Santiago ansteuern. Vom Aeropuerto Internacional Chacalluta, der 18 km nördlich von Arica liegt, starten täglich Flüge nach Santiago.

Rund um Arica

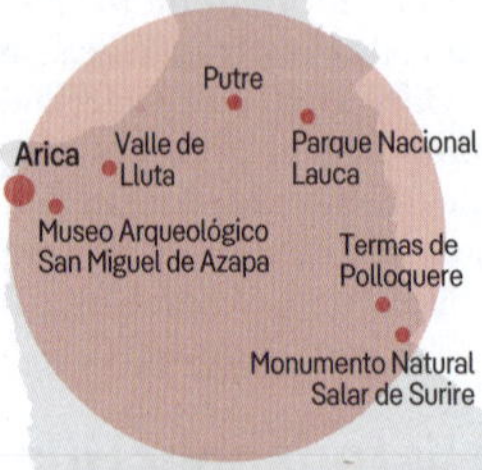

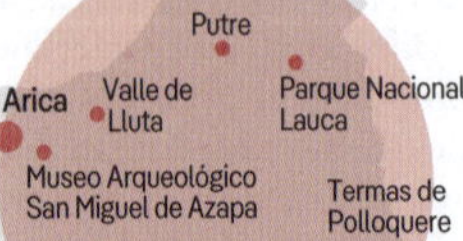

Arica ist das Tor zum Azapa-Tal, zu den Dörfern des Vorgebirges und zu den atemberaubenden Höhen des Altiplano.

Die Umgebung von Arica vermittelt eine ähnlich heitere Atmosphäre wie die Stadt und wirkt nicht so trostlos wie einige Wüstenregionen weiter südlich. Das Azapa-Tal ist ein wichtiges Forschungszentrum für Chinchorro-Mumien und in der Region herrscht ein gewisser Stolz auf diese Relikte einer uralten Kultur.

In der Nähe führt die Ruta 11 hinauf in die Vorgebirge der Anden. In den dortigen Dörfern sorgen Blumen, Schmetterlinge und Kolibris für etwas Farbe. Putre ist eine angenehme Ausgangsbasis für Abenteuer auf dem Altiplano, wo die Wellen des tiefblauen Lago Chungurá in über 4000 m Höhe ans Ufer schlagen. In dieser Gegend mit hoher Biodiversität leben viele Tiere, von Vikunjas bis zu Flamingos.

TOP TIPP

Putre liegt auf 3530 m Höhe und ist damit ideal, um sich auf dem Weg zum Parque Nacional Lauca im Altiplano zu akklimatisieren.

Kolibri, Azapa-Tal

Chinchorro-Mumien

DIE ÄLTESTEN MUMIEN DER WELT

Die Chinchorro-Mumien sind die ältesten künstlich präservierten Mumien der Welt und mehr als 2000 Jahre älter als die ägyptischen Mumien. Entlang der Küste des heutigen Südperus und Nordchiles wurden mehrere Hundert Mumien gefunden, präserviert vom Volk der Chinchorro, das an der Küste jagte und fischte. Die Mumifizierung umfasste die Entnahme der inneren Organe, das Trocknen des Körpers, die Füllung des Körpers mit Stöcken, Schilf, Ton und Tierfell, das Zusammensetzen des Körpers, das Anbringen einer Perücke aus Menschenhaar und einer Tonmaske sowie die Bemalung des Körpers mit schwarzem Mangan (später mit rotem Ocker).

Die Chinchorro-Mumien des Azapa-Tals

9000 JAHRE GESCHICHTE

Im **Museo Arqueológico San Miguel de Azapa** befinden sich einige der ältesten Mumien der Welt. Es steht in einem üppigen Garten und hat mehrere Abteilungen. Man beginnt mit der Ausstellung zur Geschichte der Region von 7000 v. Chr. bis zur spanischen Invasion. Die durchdachten Exponate konzentrieren sich auf die Kulturen in verschiedenen Zeiträumen mit originalen Keramiken, landwirtschaftlichen Werkzeugen und Textilien. Ein Raum zeigt die Olivenölherstellung im Azapa-Tal inklusive einer Ölpresse aus dem 18. Jh.

Am anderen Ende des Gartens widmet sich eine zweite Galerie den Chinchorro-Mumien. In den Vitrinen werden Werkzeug, Kleidung und Grabbeigaben präsentiert. Die Mumien selbst befinden sich in den hintersten Vitrinen.

Man erreicht das Museum, für das man sich ein bis zwei Stunden Zeit nehmen sollte, von Arica unkompliziert mit dem Bus oder Sammeltaxi (30. Min.).

ÜBERNACHTEN IN PUTRE

Terrace Lodge
In dieser Pension gibt's ordentliche, beheizte Zimmer mit Bergblick und einen Garten, in dem sich Kolibris tummeln. **€€**

Hostal Vientos del Altiplano
Die gut geführte Pension bietet einfache, beheizte Zimmer und Balkons mit Gartenblick. **€€**

Pachamama Hostel
Das travellerfreundliche Hostel hat Zimmer mit Gemeinschaftsbad, eine Küche und einen zentralen Innenhof. **€**

LOCAL TIPP: REISETIPPS AUS PUTRE

Odlanier Veliz, der in der Touristeninformation Putre arbeitet, verrät seine besten Tipps und Touren ab Putre.

Akklimatisieren
Es ist unerlässlich, sich in den Vorbergen Zeit fürs Akklimatisieren zu nehmen, ehe man den Altiplano besucht. Eine lohnende Autotour führt in die Dörfer Saxamar, Tignamar und Belén, wo man den Ziegenkäse probieren sollte.

Heiße Quellen
Die nahen Termas de Jurasi und Termas de las Cuevas lohnen einen Besuch.

Suriplaza
Suriplaza, nördlich von Putre, wird wegen der Braun-, Rot-, Grün- und Goldtöne der Landschaft auch „der Hügel der Farben" genannt.

Reisezeit
Die beste Zeit für einen Besuch sind die Monate März bis Mai, wenn die Landschaft nach dem Regen am grünsten ist.

JAROUS/SHUTTERSTOCK ©

Volcán Parinacota

Wandern in der Nähe von Putre

URALTER WEG UND FELSBILDER

Das Vorgebirgsdorf **Putre**, 150 km östlich von Arica (3 Std. mit Bus oder Auto), ist eine gute Ausgangsbasis für Ausflüge auf den Altiplano. Auf einer Halbtageswanderung kann man die Gebirgslandschaft rund um das Aymara-Dorf genießen.

Vom Platz des Ortes aus geht's Richtung Westen die Straße entlang, an der Schule vorbei bergab, über den Fluss, weiter auf der Straße (der Fluss ist links) bis zu einem flachen Gelände mit landwirtschaftlichen Gebäuden. Dann über das Feld und auf den nördlichen von zwei Pfaden; hier kann man sich leicht verlaufen. Wenn auf der rechten Seite ein Gebäude auftaucht, führt ein steiler Pfad hinunter zum Fluss und auf der anderen Seite ein schmaler Pfad bergauf. Das ist der **Sendero de Wilacabrani**, ein Trail aus präinkaischer Zeit und Teil der Route vom Altiplano zur Küste. Auf dem schmalen, steinigen Pfad weiter und an einem Wasserfall vorbei. Wenn man ein Haus sieht, sucht man rechts nach einem Weg, der zu einigen **Höhlenmalereien** führt, darunter Lamas und andere Bilder.

ESSEN IN PUTRE

Casona del Rey
Putres bestes Restaurant bietet eine Auswahl an Gerichten mit lokalen Zutaten, darunter hervorragende Pizzas. **€€**

Suma Q'antati
Das preiswerte Lokal serviert ein typisch andines Mittagsmenü mit einer Suppe, einem Hauptgericht und Obst. **€**

Rosamel
Das Rosamel an der Plaza hat eine umfangreiche Karte mit Anden-Speisen, darunter vegetarische Optionen. **€€**

Erkundung des Nationalparks Lauca

HOCH GELEGENE SEEN UND VULKANE.

Die atemberaubenden Landschaften des **Parque Nacional Lauca**, 50 km östlich von Putre an der Ruta 11 (eine Stunde mit dem Auto), können zwar von Arica aus auf einem Tagesausflug besucht werden, doch eine Übernachtung in Putre zur Akklimatisierung ist ratsam, denn das Highlight des Parks, der Lago Chungará, liegt auf 4517 m.

Es gibt Aussichtspunkte mit Blick auf den schneebedeckten Kegel des **Volcán Parinacota**. Ein Weg am **Lago Chungará** entlang (etwa 20 Min.) führt zu einem idyllischen Lunch-Spot mit Picknicktischen. Unter den vielen Tierarten im Park sind Vikunjas, Viscachas und Kondore.

Ein kurzer Abstecher zum Dorf **Parinacota** lohnt, wo ein Spaziergang und eine typisch andine Kirche warten. Das Restaurant **Uta Kala Don Leo** serviert Essen, man sollte aber vorher telefonisch reservieren (+56 98 895 3373).

GEN SÜDEN NACH ISLUGA

Vom Monumento Natural Salar de Surire führt die Straße Richtung Süden weiter zum Dorf Colchane in der Nähe des **Parque Nacional Volcán Isluga** (S. 115). Vor der Fahrt auf dieser abenteuerlichen, einsamen Route sollte man sich nach den Straßenbedingungen erkundigen.

Flamingobeobachtung in den Salzebenen

DAMPFENDER ALTIPLANO-SEE

Die Salzebenen im **Monumento Natural Salar de Surire** sind eine entlegene Wildnis mit Thermalquellen zum Baden und für Tierbeobachtungen, die mit einer geführten Tour oder auf einem Tagestrip mit dem Auto von Putre aus besucht werden kann. Die unbefestigte Straße südlich des Salar passiert mehrere *bofedales* (grüne, schwammige Feuchtgebiete), zu denen Vikunjas, Guanakos und Nandus zum Grasen kommen. Das winzige entlegene Dorf **Guallatiri** lohnt einen Halt, um die Stein- und Lehmziegelkirche aus dem 19. Jh. zu sehen.

Weiter geht's zu den **Termas de Polloquere**, einem spektakulären See, in dessen Thermalwasser man baden kann. Es gibt keine Dusche und kein Personal, man muss die Temperatur also selbst prüfen. Vorsicht: Einige Stellen sind heißer als andere. Im Wasser genießt man den fantastischen Blick auf die Salzebenen und Vulkane. Häufig sieht man drei Arten von Flamingos, die zum Nisten in die fernen Salzebenen kommen.

Wer auf eigene Faust anreist, sollte früh aufbrechen, acht Stunden einplanen und Essen und Wasser mitbringen. Vorab beim Tourismusbüro in Putre über die Straßenbedingungen informieren (nach Regen kann die Strecke unpassierbar sein).

GEOGLYPHEN IM VALLE DE LLUTA

Die kargen Hänge des Lluta-Tals bilden die Leinwand für mehrere Geoglyphen, **Gigantes de Lluta** genannt, darunter ein Frosch, ein Adler, Lamas und Menschen. Sie sind direkt hinter dem Abzweig von der Panamericana an der Ruta 11 nahe der Straße zu sehen. Die Geoglyphen erinnern an die Bedeutung des Tals als Route der präinkaischen Handelskarawanen zwischen Tiwanaku im heutigen Bolivien und der Pazifikküste. Weitere Geoglyphen sind an den Hängen des Azapa-Tals sehen; auf dem Weg zum Museum in San Miguel de Azapa (S. 121) darauf achten.

UNTERWEGS VOR ORT

Colectivos (Sammeltaxis) nach San Miguel kommen am Eingang zum Museo Arqueológico San Miguel de Azapa vorbei. Sie starten in Arica an der Ecke Chacabuco/Patricio Lynch.

Täglich verkehrt ein Bus zwischen Arica und Putre. Wer zum Parque Nacional Lauca und weiter möchte, benötigt ein eigenes Fahrzeug oder muss eine Tour buchen.

NORTE CHICO

STRÄNDE, STERNE UND ÜPPIGE TÄLER

Ein Streifen Land voller Tierschutzgebiete, reizender Städte und zauberhafter Täler: Der „Kleine Norden" Chiles ist in der Tat klein, aber auch sehr vielfältig.

Zwischen den Anden und dem Ozean erstreckt sich nördlich von La Serena die Atacama-Wüste. Östlich der Stadt ist der Fluss Elqui von einem Streifen Grün gesäumt. In diesem zauberhaften Tal werden Weintrauben zu Pisco verarbeitet und von Sternwarten aus blickt man in den wolkenlosen Nachthimmel. Der Dichterin Gabriela Mistral dienten die Landschaften hier als Inspiration.

Von den Urlaubsorten bei La Serena bis zu den unberührten Sandstränden der Bahía Inglesa und des Pan de Azúcar säumen hübsche Strände die Küste. Dank dem Humboldtstrom ist der Pazifik hier sehr fischreich. In den Naturschutzgebieten der Region werden Meerestiere wie z.B. Humboldtpinguine geschützt. Die kühle Meeresströmung ist außerdem für die *camanchaca* verantwortlich, einen Seenebel, der sich morgens über der Küste bildet.

Tief unter der Wüste liegen die Mineralien, auf denen die hiesige Wirtschaft fußt. Doch erinnert die knapp vermiedene Tragödie der in der Mina San José eingeschlossenen Bergarbeiter an die Gefahren des Bergbaus; Pläne für eine umstrittene Riesenmine sind auf den Widerstand von Umweltschützer:innen gestoßen.

Zwar wirkt die Wüste vielleicht trostlos, doch unter der Oberfläche gedeiht hier das Leben. Sehnsüchtig warten Samen von Wildblumen auf Regen – in Jahren mit genügend Niederschlag verwandelt sich die Wüste in ein buntes Meer aus Blumen.

DIE WICHTIGSTEN ZIELE

LA SERENA
Historische Gebäude und sandige Strände.
S. 130

CALDERA
Urlaubsort an der Küste und Bergbauhafen.
S. 142

Links: Faro (S. 132), La Serena; oben: Bahía Inglesa (S. 146)

Erste Orientierung

Der Norte Chico umfasst zerklüftete, unberührte Küste, beliebte Urlaubsorte am Meer, leere Wüsten, üppige Täler und einsame Andenberge. Kulturzentren und Drehkreuze für die Erkundung der Region sind La Serena und Caldera.

Caldera, S. 142

Die alte Hafenstadt Caldera bietet Museen und ausgezeichnetes Seafood und liegt nur eine Fahrradfahrt entfernt vom Strandort Bahía Inglesa.

0 100 km

ARGENTINIEN

BUS

Städte und Orte an der Küste und im Elqui-Tal sind durch ein meist billiges und effizientes Busnetz miteinander verbunden. Mehrere Ziele wie die Nationalparks und Schutzgebiete der Region sind jedoch nicht mit öffentlichen Verkehrsmitteln zu erreichen.

AUTO

Mit einem Mietwagen lassen sich weniger gut zugängliche Gebiete erreichen. Die Hauptstraßen der Region sind in gutem Zustand; jedoch kann man sich in den Bergregionen leicht verirren und auf den Straßen sind auch Eis und Schnee möglich.

GEFÜHRTE TOUREN

Für den Besuch einiger der Nationalparks und Naturschutzgebiete des Norte Chico sind organisierte Touren oft am preisgünstigsten und zeiteffizientesten. Wer mit fachkundigen Guides unterwegs ist, ist in Gegenden, in denen die Orientierung schwierig ist, außerdem auf der sichereren Seite.

Rio los Patos
Chollay
El Transito
San Felix
Guanta
Rio Turbio
Cabrito
Quebraditas
El Chanar
La Campana
Rapel
Caren
Cuncumen
Vizcachitas
Samo Alto
Rio Grande
El Tamba
Rio Elqui
Guatulame
Rio Cogoti
Combarbala
Domeyko
Salamanca
Monte Patria
Rio Choapa
Andacollo
Incoguosi
Quebrada Honda
Pama
Algarrobo
Illapel
La Serena
El Penon
Ovalle
Punitaqui
Canela Baja
Pintacura
Guanguali
Higuerita
Choros Bajos
Chigualoco
Quilimari
Tongoy
Cerillos
Quillaicillo
Huentelauquen
Los Vilos
Rio Limari
Puetro Aldea
Maitencillo

La Serena, S. 130

Chiles zweitälteste Stadt hat einen eleganten Hauptplatz, alte Gemäuer, eine quirlige Markthalle und einen Sandstrand.

PAZIFISCHER OZEAN

Perfekte Tage

Der Norte Chico lädt ein zu geruhsamem Reisen und zum Verweilen in interessanten Talstädten und Strandorten.

Coquimbo (S. 136)

Wenig Zeit

- Schnurstracks geht's nach **La Serena** (S. 130), um das **Stadtzentrum** (S. 131) zu erkunden, **heimische Lebensmittel** (S. 133) zu kaufen, bei Sonnenuntergang am Strand zu bummeln und Meeresfrüchte zu schlemmen.

- Auf einer **Radtour** (S. 132) an der Küste entlang nach **Coquimbo** (S. 136), wo die alten Gebäude im Barrio Inglés von fabelhaften Wandbildern umgeben sind, genießt du die Meeresbrise.

- Weiter geht's Richtung Osten ins üppige Elqui-Tal. Von deinem Stützpunkt Vicuña aus besuchst du tagsüber die **Pisco-Brennereien** (S. 139) im Tal und abends nimmst du bei einer Sternwarte in der Nähe an einer **Sternenbeobachtungstour** (S. 138) teil. Auf einer **Radtour** oder **Wanderung** (S. 137) genießt du die natürliche Schönheit der Region.

Beste Reisezeit

In den Sommermonaten Januar und Februar ist es heiß und an den Stränden tummeln sich Urlauber:innen. Für die Walbeobachtung ist Dezember bis März am besten.

JANUAR

Beim **Verano en La Serena** gibt's Kulturevents wie traditionellen Volkstanz, Ballett und Theateraufführungen.

FEBRUAR

Das Internationale **Cocinas del Pacífico** in Bahía Inglesa bietet Vorträge, Kochvorführungen und Verkostungsmöglichkeiten.

MÄRZ

Ein guter Monat für den Besuch der **Pisco-Brennereien** im Elqui-Tal, wo von Februar bis Mai Weinlese ist.

Fünf Tage

- Nach zwei Tagen in La Serena und im Elqui-Tal führt dich ein Tagesausflug in die **Reserva Nacional Pingüino de Humboldt** (S. 141) mit Pinguinen, Seelöwen und vielleicht Walen.

- Anschließend geht's Richtung Norden nach **Caldera** (S. 142). Vormittags erkundest du die **Museen** (S. 143) der Stadt, danach machst du eine Radtour an der Küste entlang und isst in **Bahía Inglesa** (S. 146) zu Mittag, bevor du im Parque Paleontológico Los Dedos die Fossilien inspizierst.

- Auf einer Tagestour zum **Parque Nacional Pan de Azúcar** (S. 147) wanderst du zu Aussichtspunkten und entspannst an unberührten Stränden.

Eine Woche

- Los geht's an den Stränden südlich von **La Serena** (S. 130): An der **Playa Totoralillo** (S. 134) kannst du surfen, in **Tongoy** (S. 137) Meeresfrüchte verspeisen.

- Nach der Erkundung von La Serena und des Elqui-Tals geht's gen Norden nach **Caldera** (S. 142), von wo aus du nahe Strände ansteuerst. Plane einen Tag für die Erkundung der Küste südlich von Caldera bis hinunter zur **Playa La Virgen** (S. 146) ein, einen weiteren für eine Tour Richtung Norden über das Naturreservat **Orbicular Granite** (S. 147) zum **Parque Nacional Pan de Azúcar** (S. 147).

- Die letzten beiden Tage verbringst du in den Bergen im entlegenen **Parque Nacional Nevado Tres Cruces** (S. 148).

MAI
Am 15. Mai wird in Orten im Elqui- und Limarí-Tal mit Partys und Cocktails der **Día Nacional del Pisco** gefeiert.

JULI
Mit mehreren Kulturevents erinnert die **Fiesta de la Recreación** in Caldera an die Inbetriebnahme der ersten Eisenbahn Chiles.

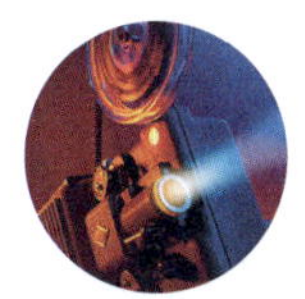

OKTOBER
Beim fünftägigen internationalen Filmfestival **FECILS** werden in der ganzen Stadt Filme gezeigt.

DEZEMBER
Vom 23. bis 27. Dezember findet im Ort **Andacollo** bei La Serena ein religiöses Fest mit traditionellem Volkstanz statt.

LA SERENA

La Serena
Santiago

Chiles zweitgrößte Stadt ist Regionalhauptstadt und beliebter Badeort. Mit mehreren Sandstränden in der Nähe ist La Serena nicht nur eine relaxte Stadt, sondern profitiert auch von einem Füllhorn an Erzeugnissen aus dem Elqui- und Limarí-Tal und von frischen Meeresfrüchten, die Fischer:innen der benachbarten Hafenstadt Coquimbo aus dem Meer fischen.

Die spanischen Kolonialisten wählten die Lage La Serenas als strategischen Punkt zwischen Santiago und Peru, in einem Gebiet, das lange von den indigenen Diaguitas bewohnt war. Ein Großteil der Gebäude im spanischen Kolonialstil in der Innenstadt stammt tatsächlich erst aus den späten 1940er-Jahren, errichtet im Rahmen des „Plan Serena" von Gabriel González Videla, Präsident von 1946 bis 1952 – er stammte aus La Serena und war eine sehr umstrittene Figur. Sein Haus an der Plaza de Armas ist heute ein Museum.

TOP TIPP

Die Touristeninformation an der Plaza de Armas ist eine gute Quelle für Infos über La Serena und Umgebung. Im Januar und Februar sind Unterkünfte schnell voll – dann verlangen viele auch einen Mindestaufenthalt von zwei Nächten.

La Serena

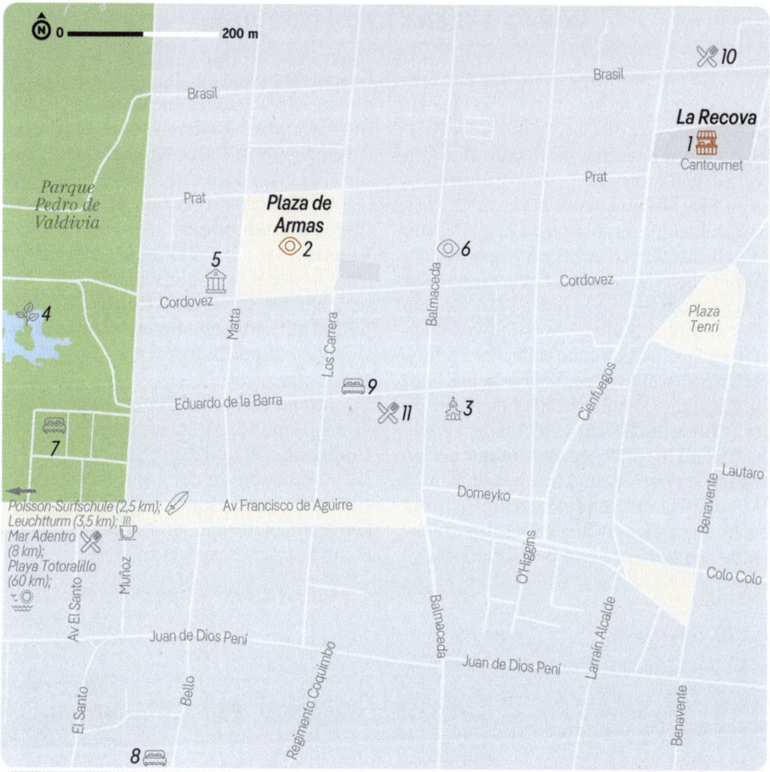

HIGHLIGHTS
1 La Recova
2 Plaza de Armas

SEHENSWERTES
3 Iglesia San Francisco
4 Jardín Japonés
5 Museo Histórico Casa Gabriel González Videla
6 Patio Colonial

SCHLAFEN
7 Hostal El Arbol
8 Hostal El Punto
9 Terra Diaguita

ESSEN
10 Donde El Guatón
11 La Terrazza

Plazas, Gärten & historische Bauten

DIE ALTSTADT VON LA SERENA

Dank schattigen Straßen und hübschen Steinhäusern lässt sich die kompakte Altstadt von La Serena schön erkunden. Für einen geruhsamen Bummel mit zahlreichen Stopps solltest du zwei Stunden einplanen.

Los geht's an der üppigen **Plaza de Armas**: Hier entspannen die Einheimischen auf Bänken, angelockt von den Klängen des Brunnens auf dem Platz. In der Südwestecke des Platzes ist das **Museo Casa Gabriel González Videla**, benannt nach dem Präsidenten Chiles von 1946 bis 1952 und diesem zumeist auch gewidmet. Das Museum in einem Haus des 19. Jhs., das González Videla einst gehörte, beherbergt interessante Sammlerstücke wie etwa fein verzierte *mates* (Kalebassen).

ANDENKEN KAUFEN

In der bunten Markthalle **La Recova** (S. 133) zwei Straßen östlich des Patio Colonial kann man gut regionale Erzeugnisse, Kunstgewerbe und Schmuck kaufen.

VON LA SERENA NACH COQUIMBO

Diese schöne Radtour folgt der Küstenstraße Avenida del Mar von La Serena zur rauen Hafenstadt Coquimbo. Mit Zwischenstopps brauchst du für die Tour hin und zurück mindestens drei Stunden.

Von **1 La Serena** geht's auf dem Radweg an der Avenida Francisco de Aguirre zum **2 Faro**, dem Leuchtturm am Nordende der Avenida del Mar. Nach der Würdigung des goldenen Sandstrands radelst du mit dem Meer rechter Hand auf dem Radweg Richtung Süden. In Coquimbo endet der Radweg kurz vor der Mall Vivo. Weiter geht's über die Avenida Costanera. Rechts siehst du den **3 Terminal Pesquero**: Auf dem Fischmarkt wird in einfachen Restaurants der Tagesfang serviert. Beim Mittagessen kannst du den Fischerbooten beim Dümpeln in der Bucht zuschauen. Weiter geht's links in die Francisco Bilbao, dann drei Querstraßen bergan und rechts in die José Santiago Aldunate. Geradeaus erreichst du das Barrio Inglés (Englische Viertel) mit restaurierten Gebäuden des 19. Jhs. An mehreren Häusern erzählen Tafeln von deren Geschichte. Interessant sind etwa die **Casa Wilson** (1880), **5 Casa Bauza** (1889) und **6 Casa Vicens** (1846). Das **7 Genesis-Wandbild** ganz in der Nähe veranschaulicht die Geschichte der Stadt. Im **8 Centro-Kulturpalast** mit gefliestem Innenhof finden Ausstellungen und Kulturevents statt. Weiter geht's geradeaus die Regimiento Coquimbo entlang vorbei am Hafen, dann rechts in den Camino. Al Fuerte zum **9 Fuerte Coquimbo**, einer Festung aus dem 19. Jh. auf den Felsen an der Nordostspitze der Halbinsel, mit Ausblick auf die Bucht. Von den Aussichtstürmen sind vielleicht Pinguine und andere Seevögel zu sehen.

Radweg am Strand von La Serena entlang (S. 134)

Der **Jardín Japonés** westlich der Plaza de Armas beherbergt japanische Steingärten, Pagoden, Bogenbrücken, Teiche voller Schildkröten und eine herzförmige Insel. Interessant ist auch die Sammlung von Bonsai-Bäumen in der Baumschule.

Die **Iglesia San Francisco** aus dem 16. Jh. an der hübschen Eduardo La Barra Richtung Osten überlebte als einzige Kirche einen vom englischen Piraten Bartholomew Sharp verschuldeten Brand: 1680 ließ er La Serena abfackeln. Schön sind die Details der Schmuckfassade und der elegante Glockenturm. Drinnen verleihen schlichte Steinwände und eine Holzdecke der Kirche eine karge Schönheit.

Der **Patio Colonial** an der Av Balmaceda eine Straße nördlich ist eine von bunten Topfpflanzen gesäumte Gasse, in der in Geschäften Bücher, Schmuck und Schokolade verkauft werden. In mehreren Cafés mit Außenbestuhlung lässt sich bei einem Drink oder Snack wunderbar ein Päuschen einlegen.

Shoppen in der Markthalle

EDELSTEINE, LEDERWAREN UND PAPAYA

In der Markthalle **La Recova** drei Straßen östlich der Plaza de Armas werden Kunstgewerbeartikel und regionale Erzeugnisse feilgeboten. Die örtliche Lieblingsfrucht, die Papa-

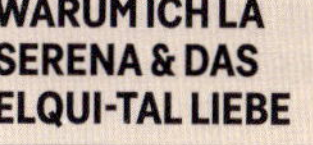

WARUM ICH LA SERENA & DAS ELQUI-TAL LIEBE

Isabel Albiston,
Autorin

Die Stadt La Serena ist eine perfekte regionale Drehscheibe. In den hübschen Straßen kann man schön herumschlendern, während sich von den Stränden in der Nähe weite Blicke auf die Pazifikküste bieten. Wer ein paar Tage in der lockeren Stadt verweilt, kann in die örtliche Kultur eintauchen, sich nach Tipps umhören, frisches Seafood schlemmen und vor der Fahrt ins Elqui-Tal die Meeresbrise genießen. Das außerirdische Flair und die Schönheit des Tals finde ich zutiefst inspirierend, von den bunten Hügeln im flirrenden Tageslicht bis zum spektakulären Nachthimmel. Selbst Skeptiker:innen geben am Ende gern zu, dass diesem zauberhaften Ort eine besondere Energie innewohnt.

ÜBERNACHTEN IN LA SERENA

Terra Diaguita
Schattige Patios und kreative Einrichtungen prägen dieses Hotel. Und es werden Fahrräder verliehen. €€

Hostal El Arbol
Das freundliche Hostel im Zentrum hat Privatzimmer, Dorms, eine Küche und ein gemütliches Wohnzimmer. €

Hostal El Punto
Zentral gelegenes und bunt eingerichtetes Hostel mit hilfsbereitem Personal, Sonnenterrassen und Café. €

DIE BESTEN RESTAURANTS IN LA SERENA

Lighthouse
Strandcafé mit Sandwiches, Burgern, tollem Kuchen und dem besten Kaffee der Stadt. €€

La Terrazza
Quirliges Restaurant mit Tischen drinnen und draußen, toll für Pizza, Pasta und Drinks. €€

Donde El Guaton
Traditionelles Restaurant in reizendem Patio für Grillfleisch und andere klassische chilenische Gerichte. €€

Mar Adentro
Auf Fisch und Meeresfrüchte spezialisiertes Restaurant an der Küstenstraße zwischen La Serena und Coquimbo. €€€

OSCARGUTZO/SHUTTERSTOCK ©

Surfen, La Serena

ya, gibt's in verschiedener Form, von getrockneten Streifen bis zu Marshmallows, Marmelade, Saft und Kuchen. Neben Ständen für Wollkleidung und Decken aus den Anden gibt's hier auch von Kunsthandwerker:innen gefertigte hochwertige Lederwaren. Außerdem kann man hier gut *combarbalita* kaufen, einen bunten Vulkanstein, den es nur im nahen Combarbalá gibt, sowie Lapislazuli aus dem Limarí-Tal. Die freundlichen Händler:innen plaudern auch gern über ihre Waren.

An den Strand

SONNE, MEER UND SAND

Die breiten Sandstrände zwischen La Serena und Coquimbo zählen zu den größten Attraktionen der Gegend. Im Sommer sind Rettungsschwimmer:innen vor Ort, doch sollte man sich vor den starken Strömungen hüten. Außerdem kann man surfen, windsurfen und segeln. Die besten Wassersportreviere sind südlich von Coquimbo, etwa die schöne **Playa Totoralillo**. In La Serena bietet die Surfschule **Poisson** Unterricht und Brettverleih.

Wer genau hinschaut, entdeckt in den Dünen die lila Wildblumen *malvilla* und *suspiro del mar*. An Vögeln lassen sich hier z. B. Austernfänger, Schneeregenpfeifer und Brachvögel blicken.

Parallel zum Strand verläuft eine breite, von Bars und Restaurants gesäumte Promenade samt Radweg. Besonders schön ist es hier zum Sonnenuntergang.

BADEORTE AN DER KÜSTE

Südlich von La Serena erstrecken sich einige beliebte Sandstrände wie z. B. im Badeort **Tongoy** (S. 137). Im Sommer (Januar und Februar) drängeln sich hier oft jede Menge Urlauber:innen.

UNTERWEGS VOR ORT

Der Busbahnhof liegt 1 km südlich der Plaza de Armas. Im Stadtzentrum zu parken ist ein Problem – Autofahrende sollten bei ihrer Unterkunft nachfragen. Das Zentrum lässt sich leicht zu Fuß erkunden. Mit dem Rad kommt man gut zum Strand und an der Küste entlang. Räder verleiht das Hostal Luna del Mar. Abends für die Fahrt zwischen Zentrum und Stadt nur offizielle Funktaxis (Preis vor der Fahrt aushandeln) oder Uber benutzen!

Rund um La Serena

Reserva Nacional Pingüino de Humboldt
La Serena
Coquimbo
Observatorio Cerro Mamalluca
Vicuña
Tongoy
Guanaqueros
Parque Nacional Bosque Fray Jorge
Valle del Encanto

La Serena ist das Tor zu einer Vielzahl von Abenteuern im fesselnden Elqui-Tal und in den Badeorten an der Küste.

Die Gegend rund um La Serena hat viel zu bieten, von Bootstouren zur Tierbeobachtung und Nebelwaldwanderungen bis zu Badeorten an der Küste. Im fruchtbaren Elqui-Tal östlich von La Serena werden Weintrauben angebaut, die in mehreren Brennereien zu Pisco destilliert werden; ein toller Stützpunkt fürs Tal ist Vicuña. Dank dem wolkenlosen Himmel hier bietet sich in der Hügeln um Vicuña ein toller Blick auf den Sternenhimmel; hier befinden sich einige der führenden Astronomiezentren weltweit sowie Sternwarten, die angeleitete Himmelsbeobachtung anbieten.

Pisco Elqui weiter drinnen im Tal ist ein legeres Dorf mit Möglichkeiten zum Mountainbiken und Reiten in den umliegenden Bergen.

TOP TIPP

Zwar lässt sich das Elqui-Tal im Rahmen einer Tagestour besuchen, doch am besten verbringst du eine Nacht in Vicuña oder Pisco Elqui.

Pisco Elqui (S. 139)

FELSKUNST

In ganz Nordchile stößt man auf Beispiele für die spannende Felskunst der Menschen, die hier 4000 Jahre lebten. Mit jeder Menge Felskunst wartet das **Valle del Encanto** 120 km südlich von La Serena bzw. 20 km westlich von Ovalle auf. Die Werke wurden den Molle, Ánimas und Diaguitas zugeschrieben.

Diese Felskunst umfasst Piktogramme (mit Gemüse- und Steinpigmenten auf den Stein gemalt), Petroglyphen (unterschiedlich große Felsritzungen unterschiedlicher Techniken) und *piedras tacitas* (Felsen mit runden, kaffeetassengroßen Löchern, die wahrscheinlich als Mörser zum Mahlen von Ritualpflanzen und Lebensmitteln genutzt wurden).

Cruz del Tercer Milenio

Den Ausblick genießen

HINAUF ZUM WAHRZEICHEN VON COQUIMBO

Das von den Stränden von La Serena sichtbare **Cruz del Tercer Milenio** ist ein 83 m hohes Betonkreuz in den Hügeln von Coquimbo mit tollem Ausblick. Im ersten Stock befindet sich ein Museum – wer auf die Aussichtsplattformen möchte, braucht dafür eine Eintrittskarte. Mit dem Aufzug geht's dann hoch auf 70 m Höhe – von hier schaust du auf die ganze Bucht.

Coquimbo ist eine halbe Busstunde von La Serena entfernt. Das Kreuz steht bei unsicheren Vierteln, also vom Busbahnhof von Coquimbo oder der Mall Vivo mit dem Taxi hochfahren!

Ein Abend auf der Piste in Coquimbo

FEIERN AM HAFEN

Am Wochenende drängelt sich das Feiervolk in den Straßen vor den Bars und Clubs im Barrio Inglés in Coquimbo. Per Taxi geht's zur Calle José Santiago Aldunate (30 Min. ab La Serena), wo man sich zwischen Las Heras und der Plaza Vicuña Mackenna das Passende aussucht. Cocktails und Livemusik, u. a. Jazz, bietet die **Mi Bar Coquimbo**. Abends kann die Gegend zwielichtig sein – also die Hauptstraße nicht verlassen!

ÜBERNACHTEN IM ELQUI-TAL

Campo de Cielo
Nächtigen im Beduinenzelt unterm Sternenhimmel in diesem zauberhaften Camp in den Hügeln bei Vicuña. **€**

Alfa Aldea
Pension inmitten der Weinberge am Rand von Vicuña mit einfachen Zimmern und Bergblick. **€€**

Luna de Cuarzo
Hütten für Selbstversorger auf einem Berggrundstück bei Cochiguaz mit Pools und Whirlpool. **€€**

Seafood in Tongoy

JAKOBSMUSCHELN AM STRAND

Der muntere, gehobene Badeort **Tongoy** ist von La Serena aus leicht auf einer Tagestour per Bus oder Auto zu erreichen. Die schöne Fahrt an der Küste entlang dauert eine Stunde – es gibt also genügend Zeit für Strandbummel, ein Mittagsmahl mit Meeresfrüchten und ein Bad im Meer.

Auf dem Fischmarkt **Terminal Pesquero** gibt's frische Meeresfrüchte wie Jakobs- und Venusmuscheln, Austern, Krabben, Seezunge und Steinbutt. Laut den Einheimischen sind die Jakobsmuscheln *(ostiones)* aus Tongoy die besten in ganz Chile. Fischrestaurants säumen die Avenida Costanera, die parallel zur breiten **Playa Grande** verläuft. Mittags ist **La Bahía Restaurante** eine gute Adresse. Ein geschütztes Eckchen für ein Bad ist die **Playa Socos** auf der Nordseite der Halbinsel.

Der Bus von La Serena nach Tongoy hält in Guanaqueros mit einem berühmten langen weißen Sandstrand. Und vielleicht passt noch ein Teller Seafood? Mit das beste des Orts serviert das lebhafte Strandrestaurant **El Pequeño**.

SCHÖNE STRÄNDE BEI LA SERENA

Playa el Faro
Der Strand bei La Serena ist ein romantisches Sonnenuntergangsziel.

Punta de Teatinos
Die tierreichen Feuchtgebiete 10 km nördlich von La Serena sind toll für die Vogelbeobachtung.

Playa Totoralillo
Schöner Sandstrand 15 km südlich von Coquimbo zum Baden, Schnorcheln und Angeln.

Playa de Guanaqueros
Dank klarem Wasser und viel Sand ist dieser Strand beliebt bei Familien.

Playa Socos
Geschützter Sandstrand in Tongoy, perfekt zum Baden, Kajaken und Stehpaddeln.

Eine Wanderung in den Wolken

EINE WUNDERSAME ECKE GEMÄSSIGTEN WALDES

Aus aller Welt strömen Wissenschaftler:innen hierher, um die einzigartige Vegetation im UNESCO-Biosphärenreservat **Parque Nacional Bosque Fray Jorge** zu studieren, einem Stückchen Grün zwischen Wüste und Meer. Von den vier Ökosystemen im Park ist am bemerkenswertesten der Überrest eines gemäßigten Waldes, der dank seiner Höhenlage und der Feuchtigkeit des dichten *camanchaca*-Nebels (S. 148) inmitten einer Halbwüste voller Kakteen existiert. Dieser dichte Wald zählt zum selben Typus wie die Valvidianischen Wälder 1000 km weiter südlich. Mit am schönsten ist es hier morgens: Dann tropft von den Blättern die Feuchtigkeit der *camanchaca*. Um die Mittagszeit zieht sich das weiße Wolkenkissen, das über dem Meer schwebt, langsam herüber.

Im Park führt ein 1 km langer Lehrpfad durch ein halbtrockenes Ökosystem und dann vorbei an den bemoosten Bäumen des Nebelwalds und einen Kamm oberhalb des Ozeans entlang. Im Park sind Stinktiere, Füchse und bis zu 120 Vogelarten zu Hause. Auf Kakteen hocken kleine Falken, am Himmel kreisen Adler auf der Suche nach Beute. Doch die Tiere sind nicht die größte Attraktion des Parks – das ist vielmehr die Tatsache, dass solch ein Wald als natürliches Relikt der Vergangenheit inmitten einer Halbwüste exisitiert.

DAS BARRIO INGLÉS IN COQUIMBO BEI TAG

Das Englische Viertel mit seinen Häusern aus dem 19. Jh. ist von **La Serena** (S. 132) aus mit dem Rad zu erreichen. Im Kulturpalast Centro werden Theateraufführungen und Konzerte geboten.

ESSEN IM ELQUI-TAL

Heladería La Bilbaina
Familiengeführte Eisdiele in Vicuña mit Sorten wie Feige und *copao* (Kaktus). **€**

Chivato Negro
Bar und Restaurant in Vicuña mit Pizza, Sandwich und Salaten sowie Garten und gemütlichem Feuer. **€€**

Cervecería Guayacán
Guayacán-Craft-Biere verkosten und Pizza und Burger schlemmen; Ableger gibt's in Vicuña und Pisco Elqui. **€€**

STERNWARTEN

Dank wolkenlosem Himmel und kaum Lichtverschmutzung gilt Nordchile weltweit als beste Gegend zur Beobachtung der Sterne. Viele der astronomischen Zentren der Erde befinden sich hier. Vielleicht lässt sich eine Führung bei Tageslicht durch die Einrichtungen des **Observatorio Interamericano Cerro Tololo** bei Vicuña buchen und lassen sich am Cerro Pachón die beiden 8,1-m-Teleskope **Gemini South** und **SOAR** besichtigen.

Der Legacy Survey of Space and Time (LSST) des **Vera-Rubin-Observatoriums**, der 2024 beginnen soll, soll einen 500 Petabyte großen Satz von Bildern liefern, die uns mehr über die Struktur und die Entstehung des Universums verraten.

Zum Park zwei Autostunden südlich von La Serena fahren keine öffentlichen Verkehrsmittel. Der letzte Teil der Straße ist steil, rau und staubig und nach Regen teils unpassierbar. Die Eintrittsgebühr für den Park zahlt man im Voraus auf der Website der CONAF (conaf.cl).

Himmelsbeobachtung im Elqui-Tal

STERNE, PLANETEN UND FERNE GALAXIEN

Wenn hinter den Hügeln des Elqui-Tals die Sonne untergeht, bietet der sternenübersäte Nachthimmel über Vicuña einen spektakulären Anblick. Die Sternwarten in der Nähe bieten neben astronomischen Fakten auch die Möglichkeit, durch Teleskope die Ringe des Saturn, die Monde des Jupiter und ferne Galaxien zu sehen. Von La Serena aus kann man auf einer Tour oder mit dem Auto (1 Std.) hinkommen, doch die meisten Leute übernachten in Vicuña. Am besten ist die Sicht bei Neumond – dann ist der Himmel am schwärzesten.

Die beliebteste Sternentour bietet das **Observatorio Cerro Mamalluca**, doch dank großer Gruppen kann es eine Weile dauern, bis man dran ist, um durch die Teleskope Galaxien, Sternhaufen und Nebelflecken zu bestaunen. Karten für die zweisprachigen allabendlichen Touren und den Shuttlebus von Vicuña zum Observatorium sind im Büro der Sternwarte an der Plaza Gabriela Mistral in Vicuña erhältlich.

Am Fuß des Cerro Mamalluca bietet das **Centro Astronómico Omega** Touren mit traditioneller Anden-Astronomie, Astrologie und Beobachtungen durch drei verschiedene Teleskope. Was man zu sehen bekommt, hängt von der Jahreszeit ab. Im Sommer sieht man vielleicht den Orion und Tarantula-Nebelflecken, Kugelsternhaufen wie den 47 Tucanae, den Sternhaufen Schmuckkästchen, die Andromeda- und Sculptor-Galaxien und die Planeten Jupiter, Saturn, Mars, Venus und Merkur. Im Winter darf man sich auf die Omega-, Lagunen- und Hantelnebel, Jupiters Geist, den Kugelsternhaufen Omega Centauri, die Sombrero-Galaxie und den Mars freuen. Was vom Mond zu sehen ist, hängt von der Mondphase ab.

Am Stadtrand von Vicuña bietet **Alfa Aldea** Touren, die mit einem Astronomievortrag samt 3D-Film mit stimmungsvollem Soundtrack des chilenischen Musikers Joakín Bello beginnen. Nach der wundervollen Einstimmung erfolgt der Blick in den sternenreichen Himmel durch ein Teleskop.

Weit entfernt von jeder Lichtverschmutzung in den Hügeln 17 km südlich von Vicuña bietet das **Observatorio del Pangue** Himmelsbeobachtungen in kleinen Gruppen durch mehrere starke Teleskope. Die Touren werden u. a. auf Englisch und Spanisch angeboten; für Transfers ab Vicuña ist gesorgt.

ESSEN IM ELQUI-TAL

Delicias del Sol
In dem Restaurant in Villaseca werden die Speisen mit einer Methode zubereitet, die die Sonnenstrahlung nutzt. **€€**

El Bosque
Das Mittagessen wird serviert in idyllischem Waldambiente am Ufer eines Flusses in Horcón. **€€**

Alóe Restorán
Exquisite chilenische Gerichte, tolle Weinkarte und fachkundig gemixte Cocktails in diesem Restaurant in Vicuña. **€€€**

JESS KRAFT/SHUTTERSTOCK ©

Elqui-Tal bei Nacht

Auf der Pisco-Route durchs Elqui-Tal

BRENNEREIEN, WEINBERGE UND BRAUEREIEN

Das Klima des üppigen Elqui-Tals eignet sich gut zum Anbau der Rebsorten, die für die Produktion von Pisco benötigt werden. Die Pisco-Brennereien liegen an der 40 km langen Route von Vicuña (eine Autostunde östlich von La Serena) bis etwas südlich von Pisco Elqui, die meisten in Gehnähe von der Busstrecke von Vicuña nach Pisco Elqui. Hinter Pisco Elqui muss man ein Fahrrad mieten, um zu den Brennereien Doña Josefa und Fundo los Nichos zu gelangen.

Die **Planta Pisco Capel** in Gehnähe der Plaza Gabriela Mistral in Vicuña ist eine handwerkliche Brennerei mit einem kleinen Pisco-Museum. Neben Führungen und Verkostungen werden auch Kurse im Cocktailmixen angeboten.

Die **Pisquera Aba** östlich von Vicuña bietet Führungen, die mit einer Verkostung der Produkte der kleinen Brennerei enden, darunter einige innovative Obstverschnitte. Rund um Weihnachten bekommt man Cola de Mono serviert, ein traditionelles Festzeitgetränk aus Pisco, Kaffee, Milch und Gewürzen. Die renommierte Craft-Bier-Brauerei **Ceveceria Guayacán** im Dorf Diaguitas bezieht den Großteil ihres Stroms aus Solarenergie. Es gibt Führungen, Verkostungen und Mittagessen unterm Blätterdach im Biergarten. Das kleine Weingut **Cavas del Valle** nördlich von Montegrande hat Führungen und Verkostungen im Programm; danach möchte man sicher das eine oder andere Fläschchen Syrah erstehen.

LOCAL TIP: JENSEITS VON VICUÑA

Max Elicer, Besitzer von Campo de Cielo (@campo_de_cielo_mamalluca), nennt uns seine Lieblingsaktivitäten.

Über die Bahntrasse
Radle über die alte Bahntrasse von Vicuña nach Diaguitas, ein Dorf mit Lehmziegelhäusern und Zugang zum Río Elqui. Nach dem Bad im Fluss picknickst du im Schatten der Weiden.

Tempelbesuch
Der Tempel Eco Truly Hare Krishna bietet sonntags vegetarisches Essen, Vorträge und Meditation.

Auf dem Trail
Wandere (oder reite) über den Weg an der Laguna el Cepo in Cochiguaz.

Surfen
Der Stausee am Pulcaro-Damm zählt wegen des beständigen Winds weltweit zu den besten Kite- und Windsurfrevieren.

ÜBERNACHTEN & ESSEN IN GUANAQUEROS & TONGOY

Akítespero
Friedvolle Selbstversorger-Apartments in Guanaqueros mit Terrassen und Meerblick. €

La Bahía
An Tischen am Meer bietet das Restaurant in Tongoy Jakobsmuscheln und Seezunge. €€

El Pequeño
Restaurant in Guanaqueros für Krebse, Garnelen, Jakobsmuscheln, Seafood-Empanadas und fangfrischen Fisch. €€

Destileria Pisco Mistral

NAHBEGEGNUNGEN IN COCHIGUAZ

Die einsame Gegend östlich von Montegrande am Río Cochiguaz verströmt den Einheimischen zufolge starke Energien. Dass dem glitzerndem Quartz im Boden, dem kristallklaren Flusswasser, der dräuenden Präsenz der Berge und dem Rauschen des Winds in den Bäumen etwas Besonderes innewohnt, ist leicht zu glauben. Daher überrascht es nicht, dass die Gegend bei Mystikern und Heilern beliebt ist; in Cochiguaz gibt's sogar einen Stupa mit in der Brise flatternden tibetischen Gebetsfahnen. Und vielleicht werden nicht nur Erdlinge von der Energie von Cochiguaz angelockt: In der Region sollen schon mehrere Ufos gesichtet worden sein.

Die **Destileria Pisco Mistral** in Pisco Elqui zählt zu den bekanntesten und renommiertesten der Gegend. Die Führungen durchs Museum und den Produktionsprozess müssen vorgebucht werden (piscomistral.cl). Anschließend bietet sich ein Bummel durch den legeren Ort mit seiner hübschen Kirche an, bevor es weitergeht gen Süden.

Die familiengeführte Handwerksbrennerei **Doña Josefa** lohnt einen Stopp für eine schnelle Führung und Verkostung, bevor's weitergeht zur 1868 gegründeten Brennerei **Fundo los Nichos**. Hier wird der Pisco noch auf traditionelle Weise destilliert – die Führungen sind vielleicht die interessantesten im gesamten Elqui-Tal. Sie umfassen gute Erläuterungen zum Ernte- und Brennprozess und eine Führung durch die Keller mit Geschichten über Geheimgesellschaften, betrunkene Präsidenten und Gespenster. Am Ende braucht man zur Beruhigung tatsächlich den Pisco, dessen Verkostung inbegriffen ist.

Auf den Spuren von Gabriela Mistral

DIE INSPIRATIONSQUELLE DER DICHTERIN ENTDECKEN

Leben und Werk der Nobelpreisträgerin Gabriela Mistral (1889–1957) werden in ihrem Geburtsort Vicuña und im Dorf Montegrande, wo sie als Kind lebte, an einer Reihe von Stätten gewürdigt. Von La Serena fahren Busse nach Vicuña (1 Std.) und Montegrande (weitere 40 Min.). Für die Sehenswürdigkeiten sollte man etwa zwei Stunden veranschlagen.

Das **Museo Gabriela Mistral** (Mo geschl.) in Vicuña umfasst eine Rekonstruktion der ersten Wohnstatt der Dichterin. In der Hauptgalerie zieren vergrößerte Auszüge aus ihrem Werk die Wände (nur auf Spanisch), viele davon mit Bezug

ESSEN BEI DER RESERVA NACIONAL PINGÜINO DE HUMBOLDT

Los Troncos
Das Restaurant im Dorf Los Choros bietet einfache, preisgünstige Gerichte wie frischen Fisch und Empanadas. **€**

Costa Bahia
Eine gute Adresse für Meeresfrüchte mit Meerblick in Punta de Choros. **€€**

El Pingüino
Das Restaurant auf dem Campingplatz Marea Alta bietet u. a. vegetarische Speisen und hausgemachte Desserts. **€€**

zur hiesigen Landschaft. Nett sind auch Mistrals Schreibtisch und mehrere handgeschriebene Briefe. Draußen wartet der schöne „Garten der Dichterin" mit Bergblicken und einem duftenden Lavendelweg auf, passend zu Mistrals Gedicht *Lavendel*. Hier kann man schön mit einem Band von Mistrals Werken verweilen, erhältlich im angeschlossenen Buchladen.

Den größten Teil ihrer Kindheit verbrachte Mistral in Montegrande. Lucila Godoy Alcayaga – so hieß sie, bevor sie das Pseudonym Gabriela Mistral annahm – besuchte hier die Grundschule, in der ihre ältere Schwester unterrichtete. Als kleines Kind wohnte Mistral mit Schwester und Mutter im Schlafsaal der Schule. Das Gebäude ist heute das kleine **Museo Casa-Escuela Gabriela Mistral**; als Teenagerin begann Mistral dann selbst zu unterrichten. Ebenfalls in Montegrande befindet sich Mistrals **Grabmal**. Der Pfad dorthin ist mit Zitaten und biografischen Notizen gesäumt – eine würdige Hommage an das außergewöhnliche Leben der Poetin.

Der Marsch der Humboldtpinguine

BOOTSTOUREN ZWECKS TIERBEOBACHTUNG

Der Tagesausflug zur **Reserva Nacional Pingüino de Humboldt** zählt zu den schönsten Trips im Norte Chico. Die Bootstouren zu zwei der drei Inseln des Schutzgebiets beginnen in Punta de Choros 1½ Autostunden von La Serena. Am einfachsten gelangt man mit einer Tour eines Anbieters wie **Eco Turismo La Serena** in La Serena hierher. Man kann aber auch auf eigene Faust nach Punta de Choros fahren und dort einen Bootsausflug arrangieren.

An der **Isla de Choros** fahren die Boote nur vorbei, dürfen aber nicht anlegen. Zu sehen gibt's hier neben Humboldtpinguinen große Seemöwen-, Kormoran- und Tölpelkolonien sowie Seelöwen. Auf der **Isla Damas** kann meist eine Stunde lang angelegt werden – Bargeld für den Eintritt ins Schutzgebiet mitnehmen! Über die einzigartige Flora informieren Lehrpfade mit Ausblick auf türkises Wasser und weiße Sandstrände.

Die dritte und größte Insel des Reservats ist die **Isla Chañaral**: Sie wird auf Bootstouren ab Caleta Chañaral de Aceituno 25 km nördlich von Punta de Choros angesteuert. Von Dezember bis März bestehen gute Chancen, unterwegs im Wasser Wale zu erspähen.

Die Fahrt von La Serena nach Punta de Choros bietet teils spektakuläre Ausblicke auf Küsten- und Wüstenlandschaften. Bei Quebrada Honda nach Guanakos Ausschau halten! Für die Mittagspause bietet sich das Dorf **Los Choros** 20 km östlich von Punta de Choros an. Lohnend sind die hiesigen Oliven wie auch ein Blick auf die 1600 erbaute **Iglesia de San José**.

TIERE BEOBACHTEN IM HUMBOLDT-ARCHIPEL

Humboldtpinguine
Die Stars der Show watscheln über die Isla Choros.

Pelikane
Die großen Vögel sind leicht zu erspähen.

Buntscharben
Auf der Isla Choros oft paarweise zu sehen.

Seelöwen
Sonnen sich gern auf den Felsen.

Große Tümmler
Begleiten in großen Schulen oft Boote.

Seeotter
Die kleinen Säugetiere verstecken sich gern in Felsen und Spalten.

Buckelwale
Mit Glück zwischen Dezember und März zu bestaunen.

UNTERWEGS VOR ORT

Von La Serena verkehren regelmäßig Busse nach Vicuña, Montegrande und Pisco Elqui, außerdem an der Küste entlang nach Coquimbo und Tongoy. Den Parque Nacional Bosque Fray Jorge und die Reserva Nacional Pingüino de Humboldt erreicht man am besten im Rahmen einer organisierten Tour ab La Serena.

CALDERA

Zwar hatten an diesem Küstenabschnitt schon seit Jahrtausenden Nomad:innen gelebt, doch die Ursprünge Calderas als Hafenstadt sind eng verbunden mit dem Bergbauboom des 19. Jhs. 1849 identifizierte der aus Massachusetts stammende William Wheelwright die Bucht als ein gutes Ziel einer Eisenbahn für den Export von Mineralien aus den Minen von Copiapó – so wurde Caldera zu einem wichtigen Bergbauhafen. Heute wird der Hafen weiterhin für die Ausfuhr von Kupfer genutzt. Außerdem hat Caldera eine florierende Fischindustrie.

Caldera ist ein lockeres Städtchen mit sonnigem Klima und gepflegten einstöckigen Häusern mit Kakteen in den Vorgärten. In den Sommermonaten strömen Chilen:innen zu Strandurlauben hierher und aus Bars plärrt bis spät in die Nacht Musik. Zwar hat Caldera einen Strand, doch schöner sind der weiße Sand und das klare Wasser im benachbarten Bahía Inglesa.

Caldera
Santiago

TOP TIPP

Viele Reisende bevorzugen die Strände, Restaurants und Bars im benachbarten Bahía Inglesa. Für Sparfüchse ist es eventuell jedoch billiger, in Caldera zu übernachten und die Tage am Strand in Bahía Inglesa zu verbringen.

HIGHLIGHTS
1 Casa Tornini
2 Centro Cultural Esctación

SEHENSWERTES
3 Gruta del Padre Negro

SCHLAFEN
4 Hostal El Faro
5 Hotel Costa Fósil
6 Hotel Quinta Estación

ESSEN
7 Big Bang Caldera
siehe 1 Caffe Museo
10 El Cafe de Wheelwright
8 Kavana Restobar
9 Vecino Otto

BERNAT MATEU SALAT/SHUTTERSTOCK ©

Faro de Punta Caldera

Historisches Caldera

ARCHITEKTUR UND EISENBAHN

Die **Casa Tornini**, eine rote klassizistische Villa, wurde 1875 als Residenz des amerikanischen Eisenbahnverwalters Thomas Smith erbaut; später erwarb sie der Italiener Bernardo Tornini Capelli. Führungen durch die Räume voller Stilmöbel werden von Capellis Urenkel geleitet, der selbst im Haus aufgewachsen ist, und vermitteln Stadtgeschichte mit einer persönlichen Note.

Der 1850 erbaute **Centro Cultural Esctación** in der Nähe diente als Endbahnhof der ersten Eisenbahnstrecke Südamerikas, worauf Caldera sehr stolz ist. Heute beherbergt er ein paläontologisches Museum mit in der Umgebung gefundenen Fossilien sowie Ausstellungsräume.

Zum Leuchtturm

VOGELBEOBACHTUNG AM FARO VON CALDERA

Umschwirrt von Meeresvögeln thront auf den Felsen an der Spitze der Punta de Caldera 5 km nordwestlich von Calderas Hauptplatz der rot-weiße **Faro de Punta Caldera**. Du kannst hinradeln, doch unterwegs gibt's ein paar steile Hügel. Von der Straße zum Leuchtturm an der Ostseite der Halb-

DIE BESTEN RESTAURANTS IN CALDERA

Caffe Museo
Das Café neben der Casa Tornini serviert Kaffee auf Espressobasis, Sandwiches und Kuchen. €

Big Bang Caldera
Lebhaftes Restaurant, in dem die stylische Einrichtung der Qualität des Essens und der Cocktails entspricht. €€€

El Cafe de Wheelwright
Café, Restaurant und Bar in historischem Gebäude mit einer sehr gut gefüllten Kuchentheke. €€

Vecino Otto
Viertelrestaurant mit großzügigen Portionen Fleisch vom Grill und Aufläufen. €

Kavana Restobar
Freundliche Kneipe mit Bier vom Fass sowie Fajitas, Burgern und Barsnacks. €€

ÜBERNACHTEN IN CALDERA

Hostal El Faro
Freundliche Pension 2 km westlich vom Ort mit Seeblick und kleinem Pool. **€**

Hotel Costa Fósil
Hotel in zentraler Lage mit freundlichem Personal, luftigen Patios und komfortablen Zimmern. **€€**

Hotel Quinta Estación
Gutes Frühstück, makellose Zimmer und die zentrale Lage machen das Hotel zu einer Top-Adresse. **€€**

insel bieten sich schöne Ausblicke auf das bunte Meeresufer von Caldera und den Hafen. Auf dem letzten Teil der Strecke stellt sich angesichts der Aussicht auf leere Küste ein Gefühl der Abgeschiedenheit ein.

Der 1868 aus Douglasfichtenholz erbaute Leuchtturm ist insofern ungewöhnlich, als das Gebäude selbst sich drehen sollte (was es heute nicht mehr tut). Hier kann man inmitten tosender Brandung und kreischender Seevögel schön ein bisschen verweilen. Auch Pelikane, Kormorane, Tölpel und Möwen gibt's hier.

FOSSILIENKÜSTE

Bei Caldera ist eine große Menge rund 9 Mio. Jahre alter Fossilien gefunden worden. Am bemerkenswertesten war 2010 der Fund von Fossilien von zehn Arten Meeressäugern am Cerro Ballena (Walhügel) gleich nördlich von Caldera. Die Stätte wartet mit der weltweit dichtesten Ansammlung von fossilen Walen (über 40) und anderen ausgestorbenen Meeressäugern auf, von denen einige im paläontologischen Museum (S. 143) in Caldera zu sehen sind. Weitere Fossilien gibt's im Freilichtmuseum Parque Paleontológico Los Dedos.

Radfahren an der Küste entlang

STRÄNDE, WÜSTE UND DINOSAURIER

Die Küste von Caldera bis Bahía Inglesa und darüber hinaus lässt sich schön mit dem Rad erkunden. Für die Tour zum Parque Paleontológico und zurück solltest du mit Pausen mindestens drei Stunden einplanen.

Der Radweg beginnt westlich des Orts am Kreisverkehr an der Carvallo. Vor der Fahrt solltest du noch in die **Gruta del Padre Negro** schauen, eine ungewöhnliche Kirche an der Avenida Canal Beagle. Das grottenartige Steingebäude stammt von 1940, die Wandbilder drinnen von 1978.

Die Küstenblicke vom 6 km langen Radweg sind wenig spektakulär, doch nachdem man von der Hauptstraße zum Strand abgebogen ist (der Beschilderung folgen), erscheinen der weiße Sand und das türkise Wasser der Bahía Inglesa. Fürs Mittagessen bieten sich zahlreiche Restaurants an.

Weiter geht's über die Avenida El Morro und dann auf dem Radweg die **Playa Las Machas** entlang. Wo der Radweg am Südende des Strands endet, geht's zurück auf die Küstenstraße und 7 km weiter Richtung Süden, mit dem Ozean rechts und den riesigen leeren Dünen der Atacama-Wüste links. Bald erreichst du den **Parque Paleontológico Los Dedos**, ein Freiluft-Fossilienmuseum.

Vom Eingang führt ein 500 m langer Lehrpfad durch die Dünen. Unterwegs sind die hier entdeckten Fossilien ausgestorbener Säugetiere zu sehen wie von Gavialen, Krokodilen, Megalodons, 25 m langen Haien, Acrophoca, Urahnen der Robben, und Caldera-Pinguinen, die vor rund 9 Mio. Jahren hier in der Gegend lebten. Los Dedos (die Finger) heißt die Stätte, da die Sandhügel hier Fingern ähneln.

EIN BAD IM MEER

In Caldera ist das Wasser leicht durch Benzin vom nahen Dock verschmutzt. Wer baden möchte, steuert besser **Bahía Inglesa** (S. 146) oder die **Playa La Virgen** (S. 146) an.

UNTERWEGS VOR ORT

Caldera ist leicht zu Fuß zu erkunden. Zwischen Caldera und Bahía Inglesa pendeln Sammeltaxis. Außerdem ist Bahía Inglesa mit dem Rad über den Radweg zu erreichen; Räder verleiht Tiska Bicicletas in Caldera. Nach Copiapó (1 Std.), wichtiges Drehkreuz für Busverbindungen Richtung Norden und Süden, fahren den ganzen Tag Busse. Von Caldera selbst fahren nur unregelmäßig Fernbusse. Vom Aeropuerto Desierto de Atacama 25 km südlich von Caldera gibt's mehrere Flüge täglich nach Santiago.

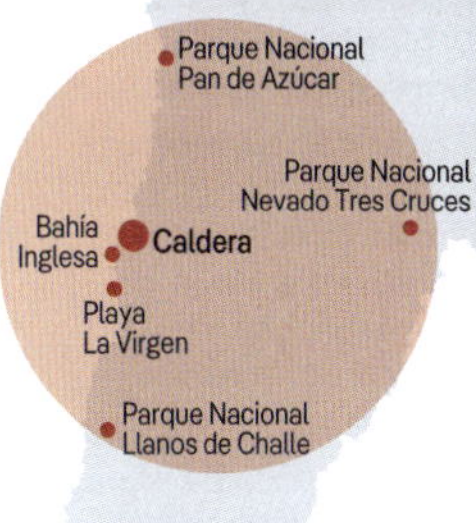

Rund um Caldera

Von unberührter Küste bis zur riesigen Wüste und Chiles höchstem Berg: Caldera ist von vielseitigen Landschaften umgeben.

75 km östlich von Caldera liegt die Regionalhauptstadt Copiapó mit historischen Gebäuden. Der Goldboom des 18. Jhs. hatte 1851 schließlich die Inbetriebnahme der ersten Eisenbahn Südamerikas von Copiapó zum Hafen Caldera zur Folge. Heute sorgt der Kupferbergbau für Arbeitsplätze in der Region. Ganz in der Nähe ist die Mina San José, wo 2010 auf wundersame Weise 33 eingeschlossene Bergarbeiter gerettet wurden.

Neben der Bergbaugeschichte bietet die Region mit dem weißen Sand der Küste und den majestätischen Anden im Osten viel natürliche Schönheit. In manchen Jahren erblüht die karge Wüste dazwischen: Dann ist der Wüstensand mit Wildblumen übersät.

TOP TIPP

Wer auch in die Berge möchte, sollte sich unten an der Küste tagsüber auf Hitze und in den Anden auf kalte Nächte einstellen.

***Corona de fraile* („Mönchskrone“, *Encelia canescens*; S. 148)**

DIE PIRATEN DER BAHÍA INGLESA

Die Bahía Inglesa (Englische Bucht) verdankt ihren Namen den britischen Piraten, die hier im 17. Jh. unterwegs waren. Angeblich liegt in der Bucht irgendwo ein Schatz versteckt. 1687 verließ der Pirat Edward Davis sein vor der Küste vor Anker liegendes Schiff und verbrachte fast eine ganze Woche in der Bahía Inglesa. Sein langer Aufenthalt nährte den Verdacht, dass er nach Sachen suchte, die er hier vergraben hatte. Jedoch fand er nichts.

DORLING KINDERSLEY LTD/ALAMY STOCK PHOTO ©

Fuchs, Parque Nacional Pan de Azúcar

Unberührte Strände in Bahía Inglesa

WEISSER SAND UND TÜRKISFARBENES MEER

Felsen, kristallklares Wasser und weißer Sand: **Bahía Inglesa** ist ein idyllisches Urlaubsziel. Am besten genießt man das chillige Flair des Badeorts, indem man am Strand abhängt, im Meer badet und in den angesagten Bars und Restaurants Cocktails schlürft und Meeresfrüchte verspeist. Am Strand werden SUP-Boards und Kajaks verliehen; außerdem gibt's in der Bucht Tauch- und Schnorchelspots. An der **Playa Las Machas** sind Schaukeln und Spielplatzausstattung mit Dinosauriermotto, dazu Tischtennisplatten, Volleyballfelder und Planken- und Radwege vorhanden.

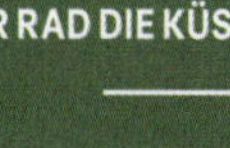

PER RAD DIE KÜSTE ENTLANG

Von Caldera führen 6 km Radweg nach Bahía Inglesa. Weitere 7 km die Küstenstraße entlang Richtung Playa La Virgen ist der **Parque Paleontológico Los Dedos** (S. 144).

Küstenstraße zur Playa La Virgen

EIN STÜCK VOM PARADIES

Von Bahía Inglesa sind es auf der Küstenstraße 46 km gen Süden zur **Playa La Virgen**, einem weißen Sandstrand an einer der schönsten Buchten Chiles. Unterwegs kann man an der **Playa Chorrillos** schön einem Pfad über die Felsen hinunter zum Strand folgen. Weiter die Küste hinunter führt die

ÜBERNACHTEN IN BAHÍA INGLESA

Nautel
Moderne Pension beim Strand mit netten Patiobereichen zum Abhängen und Outdoorküche. €€

Coral de Bahía
Das schicke Hotel in bester Lage mit Strandblick ist im Sommer schnell ausgebucht. €€€

Hotel Rocas de Bahía
Geräumige, mit geometrischen Mustern eingerichtete Zimmer mit Balkon mit Meerblick sowie ein kleiner Pool. €€€

Straße vorbei am stillen Strand der **Bahía Cisne**, den markanten Sandsteinklippen **Salto del Gato** und den Feuchtgebieten **Humedalas Salinas** an der Mündung des Flusses Copiapó.

Mit dem Auto ist dies ein einfacher Tagesausflug (ca. 1 Std. ab Caldera). Am Strand gibt's für Übernachtungen auch Hütten und einen Campingplatz. Es werden auch organisierte Touren angeboten, mit Stopps bei den Sehenswürdigkeiten unterwegs.

Die Rettung der Bergleute

DER KAMPF UM DAS LEBEN DER 33

121 Jahre lang gingen die Bergarbeiter in der **Mina San José** 40 km östlich von Caldera ihrer Arbeit nach, indem sie tief unter der Atacama-Wüste nach Kupfer gruben. Doch am Nachmittag des 5. August 2010 schlug das Schicksal zu: 33 Bergleute wurden 700 m unter der Erde eingeschlossen. Die folgende Rettungsmission wurde weltweit im Fernsehen übertragen; die chilenische Regierung forderte Bohrteams aus aller Welt und Experten der NASA an. Schließlich sahen geschätzte 1 Mrd. Zuschauer dabei zu, wie die Bergleute zwei Monate nach dem Unglück, am 13. Oktober 2010, endlich durch einen engen Schacht ans Tageslicht gehievt wurden.

Nach dem Unglück stellte die Mine den Betrieb ein, doch 2015 wurde sie für Besucher:innen wieder geöffnet. Ein Abstecher hierher (30 Autominuten von Caldera) ist sehr bewegend. Am Eingang wehen 33 Flaggen – eine für jeden Bergmann, darunter ein Bolivianer. Hier schlugen die Familien und Unterstützer:innen der Bergleute bis zu deren Rettung ihr Camp auf. Ein kleines Museum bietet Fotos, Videos und eine Zeitleiste der Rettungsaktion. Jorge Galleguillos, einer der 33 eingeschlossenen Bergleute, ist gewöhnlich vor Ort, um Besucher:innen die Stätte näherzubringen und zu zeigen, wo die Rettung stattfand.

In Copiapó (45 Autominuten südlich der Mina San José) befindet sich im Hof des **Museo Regional de Atacam** die speziell angefertigte Rettungskapsel, mit der die Bergleute nacheinander noch oben gehievt wurden. In der Bergbauabteilung des Museums ist die Nachricht zu sehen, mit der die Bergleute mitteilen konnten, dass sie leben: *Estamos bien en el refugio los 33* (Wir sind wohlauf im Schutzraum, alle 33).

Den Parque Nacional Pan de Azúcar erkunden

WANDERUNGEN, STRÄNDE UND TIERBEOBACHTUNG

Die weißen Sandstrände, die Wanderwege und die fabelhafte Flora, Fauna und Meereswelt des **Parque Nacional Pan de**

LOCAL TIPP: AUSFLÜGE AB CALDERA

Yerko Invernizzi von Thaqhiri Tour Atacama (@thaqhiri_tour_atacama) gibt Tipps für Abenteuer ab Caldera.

Orbicular Granite
Das Naturschutzgebiet 12 km nördlich von Caldera ist ein Stück Strand mit extrem seltenen Tonalitformationen, entstanden beim Erdkern und durch tektonische Bewegungen nach oben befördert.

Zoológico de Piedras
Der „Steinzoo" 3 km weiter nördlich: Im Lauf der Zeit haben Wind und Regen den Sandstein zu vermeintlichen Tierfiguren erodiert.

Termas de Juncal
Mein Lieblingsausflug führt zu diesen warmen Quellen in den Bergen – hier kann man auch baden. Schon die Anreise ist ein Abenteuer: Es geht durch Flüsse und vorbei an Wasserfällen und Sanddünen.

ESSEN IN BAHÍA INGLESA

Ostiones Vivos
Der Fischschuppen direkt am Strand serviert köstliche frische Jakobsmuscheln *(ostiones)*. €

Punto de Referencía
Das gemütliche Restaurant eine Straße vom Wasser ist auf Seafood, Sushi und Sashimi spezialisiert. €€

Coral Restaurant
Das Restaurant im Hotel Coral de Bahía ist perfekt für Ceviche und ein Glas Wein. €€€

MORGENDLICHER KÜSTENNEBEL

Die *camanchaca* ist ein Nebel, der vom Pazifik über die Küstengebiete Nordchiles zieht. Wenn die kühle Seeluft – die sich dem Humboldtstrom verdankt – auf die warme Wüstenluft stößt, steigt sie auf und bleibt an den Hügeln hängen, sodass sie zu dichtem Nebel kondensiert. Dieses Phänomen ist auch für die Trockenheit der Atacama-Wüste verantwortlich. Eine innovative Lösung für die Wasserknappheit der Region liegt in der Sammlung der winzigen Tröpfchen des Nebels in speziellen Netzen. Auf dem Weg zum Pan de Azúcar sind sie nördlich von Chañaral an den Hängen zu sehen. Die Craft-Bier-Brauerei Atrapaniebla nutzt so gesammeltes Wasser zum Brauen.

Azúcar machen diesen zu einem tollen Ziel in der Natur. Der Ausgangspunkt für den beliebten, 2,5 km langen Wanderweg zum **Mirador Grande** mit spektakulärem Ausblick ist 4 km mit dem Auto oder zu Fuß von der Caleta entfernt, dem Parkbereich mit Seafoodrestaurants und Anleger. Unterwegs Ausschau halten nach Guanakos und Füchsen! Wer kein Auto hat und länger wandern möchte, kann dem stilleren, 11 km langen Weg durch Terrain voller Kakteen zum **Mirador Chico** folgen, einem etwas niedrigeren, aber gleichermaßen lohnenden Aussichtspunkt.

Der 5 km lange Trail **Aguada los Sapos** ist eine nette Küstenstrecke mit Wüstenflora, der 4 km lange **Las Lomitas** führt landeinwärts durch ein Gebiet sanfter Hügel.

Die **Isla Pan de Azúcar** ein Stück vor der Küste beherbergt Humboldtpinguine, Seelöwen und Seeotter. Auf Bootstouren kann man sich die Tierwelt aus der Nähe anschauen. Die Boote legen ab, wenn genügend Passagiere da sind.

Der Park ist im Rahmen eines Tagesausflugs ab Caldera (1½ Std. per Auto) zu erreichen, doch für Übernachtungen stehen auch Zeltplätze und Hütten zur Verfügung. Für den Parkeintritt vorab auf der CONAF-Website (conaf.cl) registrieren!

Die Wüste blüht

WILDBLUMEN IM SAND

In manchen Jahren findet in der öden Wüste des Norte Chico eine erstaunliche Verwandlung statt. Nach schweren Regenfällen bricht aus dem trockenen Land ein bunter Teppich aus Wildblumen hervor, was als *desierto florido* (blühende Wüste) bekannt ist. In feuchteren Jahren gibt's dieses Phänomen gewöhnlich von Juli bis September. Zu sehen sind dann z. B. *garra de león* („Löwenklaue"), *suspiro de campo* („Seufzer des Feldes", eine zarte weiße oder lila Blume), *pata de guanaco* („Guanako-Huf", leuchtend violett) und die gelbe *corona de fraile* („Mönchskrone").

Die blühenden Wildblumen sind an verschiedenen Stellen zu sehen, doch ob die Blüte tatsächlich stattfindet, lässt sich nur schwer voraussagen. Eine der besten Stellen ist der **Parque Nacional Llanos de Challe**, ein entlegener Nationalpark zwei Fahrstunden südlich von Caldera, der nur mit dem Auto oder auf einer organisierten Tour zu erreichen ist.

Abgeschiedene Bergseen

VULKANE, FLAMINGOS UND SALZSEEN

Der **Parque Nacional Nevado Tres Cruces** hoch oben in den Anden ist nur schwer zu erreichen, doch wer es hinschafft,

ÜBERNACHTEN & ESSEN IN COPIAPÓ

Cumbres de Atacama
Makelloses Hotel mit geräumigen Zimmern in Gehnähe zum Hauptplatz. **€€**

Aji Rocoto
Ausgezeichnetes peruanisches Restaurant mit freundlichem Patio, fast Grund genug für eine Fahrt nach Copiapó. **€€**

Legado
Top-Restaurant für Grillsteaks, Meeresfrüchte-Risottos und kreativ dargebotene Desserts. **€€€**

Salar de Pedernales

schwärmt von seiner wilden Schönheit und Einsamkeit. Der Park teilt sich in zwei Abschnitte: den größeren Sector Laguna Santa Rosa mit einer Lagune und dem Salzsee Salar de Maricunga und den kleineren Sector Laguna del Negro Francisco, wo der See im Sommer Tausende Vögel anlockt. Zu sehen sind Anden-, Chile- und vielleicht sogar ein paar James-Flamingos. An den Hängen in der Nähe sind auch Vicunjas und Guanakos unterwegs.

Der Sector Santa Rosa liegt 150 km östlich von Copiapó (230 km östlich von Caldera), der Sector del Negro Francisco 80 km weiter. Im Sector Santa Rosa gibt's einen Campingplatz und Hütten. Auf den rauen, unbeschilderten Bergstraßen kann man sich leicht verirren, sodass man vielleicht besser an einer organisierten Tour ab Caldera oder Copiapó teilnimmt. Mehrtägige Touren umfassen vielleicht auch einen Besuch beim schönen **Salar de Pedernales**, einem Salzsee nördlich des Parks, wo oft Andenflamingos zugegen sind.

DER HÖCHSTE VULKAN DER WELT

Chiles höchster Berg ist der **Ojos del Salado** beim Parque Nacional Nevado Tres Cruces an der Grenze zu Argentinien. Mit 6893 m ist er nach dem Aconcagua in Argentinien der zweithöchste Berg Südamerikas und außerdem der höchste Vulkan der Welt. Von November bis März lässt sich der Ojos del Salado erklimmen. Mit Ausnahme des Schlussteils ist die Besteigung technisch nicht schwierig, doch ein Problem ist die Höhe. Auf jeden Fall sollte man sich vorher lange genug akklimatisieren. Agenturen in Copiapó und Santiago bieten Expeditionen an, die meist bei der Laguna Santa Rosa auf 3600 m Höhe beginnen.

UNTERWEGS VOR ORT

Die meisten Ausflüge ab Caldera sind ohne Auto schwierig. Für kurze Touren an der Küste entlang kann man ein Rad mieten. Ohne Mietwagen ist der Parque Nacional Pan de Azúcar per Bus bis Chañaral und Taxi von dort zum Park zu erreichen. Mit dem Taxifahrer sollte auch die Abholung vom Nationalpark arrangiert werden. Tourveranstalter in Caldera bieten zudem Touren zum Pan de Azúcar, zum Parque Nacional Nevado Tres Cruces, zur Mina San José und zur Playa La Virgen an.

Oben: Das Colchagua-Tal (S. 175); rechts: Surfen vor Punta de Lobos (S. 179)

ZENTRAL-CHILE

SURFEN, SKIFAHREN UND WEINGENUSS

Von den ungleichen Schwesterstädten Viña und Valparaíso über noble Enklaven an der Küste und sonnenverwöhnte Weingegenden bis zu Resorts hoch in den Anden – Zentralchile hat für jeden Geschmack etwas zu bieten.

Wer Spaß hat an Wein, feinem Essen, Thermalquellen, Street-Art, Clubbing, Skifahren, Wandern, Mountainbiking, Surfen oder einfach an faulem Leben an wildromantischen Küsten, hat Glück. Für all das und mehr hat Zentralchile den richtigen Ort.

Für Vergleiche mit dem Mittelmeer sorgen schon Klima und Landschaft der Region mit sonnigen Feldern, welligen Hügeln und Sandstränden zwischen Felsküsten. Außerdem befindet sich hier das wichtigste Weinanbaugebiet Chiles. Die Weinberge und gemütlichen B&Bs in den Tälern von Colchagua, Casablanca, Maule und Itata kitzeln den Gaumen und wecken alle Sinne.

Wer gern ein Board besteigt, findet entlang der ganzen Küste geniale Wellen; in Städten wie Maitencillo, Pichilemu, Matanzas und Cobquecura tobt die Surfkultur. Fürs Wandern und Skifahren gibt's abgeschiedene Lagunen und steile Pisten weiter östlich in den Anden, Kultursuchende möchten die rockige Musikszene in Concepción oder die Wandbilder und das Gassengewirr von Valparaíso nicht missen.

Letzteres liegt – ebenso wie Santa Cruz im Colchagua-Tal – eindeutig auf der Globetrotter-Route. Doch wenn man bedenkt, wie nahe Santiago ist, sieht der Großteil Zentralchiles viel weniger internationale Gäste als Patagonien oder die Atacama. Ob nun das Meer, die Gipfel oder die sonnigen Täler des Zentrums: Möglichkeiten, sich in idyllischen chilenischen Landschaften zu verlieren, gibt's überall.

DIE WICHTIGSTEN ZIELE

VALPARAÍSO
Boheme, die von Kunst lebt. S. 156

VIÑA DEL MAR
Schicke Stadt am Meer. S. 166

SANTA CRUZ
Wein, Reben und Restaurants. S. 173

COBQUECURA
Wellen, Strand und Seelöwen. S. 181

TERMAS DE CHILLÁN
Auf Vulkane klettern, auf Skiern abfahren. S. 189

Mendoza

Erste Orientierung

Zentralchile ist eine riesige Region im Herzen des Landes. Hier leben 75% der chilenischen Bevölkerung und die Infrastruktur in Bezug auf Straßen und öffentliche Verkehrsmittel ist hervorragend.

Viña del Mar, S. 166

Die „Gartenstadt", das genaue Gegenteil des benachbarten Valparaíso, glänzt mit leuchtendgrünen Parks, endlosen Stränden, gepflegten Straßen und hervorragenden Museen.

Valparaíso, S. 156

Diese beherzte Hafenstadt ist eine Augenweide mit pulsierendem Künstlerflair und bunt bemalten Häusern an ihren 42 Hügeln.

AUTO

In Viña del Mar und Valparaíso braucht man kein Auto, aber für die Nationalparks in den Anden oder individuelle Touren durch Weinberge gibt's keine Alternative. Bargeld mitnehmen für die vielen Mautstationen auf der Ruta 5 und anderen Fernstraßen!

BUS

Die Busverbindungen in Zentralchile gehen wie Speichen von Knotenpunkten aus, besonders in Richtung Süden – wo in einer Stadt an der Ruta 5 ein Umsteigen erforderlich sein kann, um zum Zielort zu gelangen. Die Küstenstädte unmittelbar nördlich und südlich von Valparaíso sind mit öffentlichen Verkehrsmitteln gut angebunden.

ZUG

Eine der wenigen Zugverbindungen, die es in Chile noch gibt, verkehrt von Santiago nach Süden bis Chillán mit Halten in Städten wie San Fernando, Curicó und Talca. Für Ziele in den Anden oder an der Küste in Bussen umsteigen.

Laguna Llancanelo

Malargue

Santa Cruz, S. 173

Diese attraktive Stadt, Zentrum der hochwertigen chilenischen Weinproduktion, ist mit stilvollen Hotels und Restaurants die Basis für Weinproben und Touren im Colchagua-Tal.

Termas de Chillán, S. 189

Jeden Winter sammelt sich hier die Skiwelt zum Carving, anschließend wird in Thermalbecken gebadet. Die Sommer sind zum Wandern und Radeln unter rauchenden Vulkanen.

Chos Malal

ARGENTINIEN

Laguna del Maule

Laguna de la Laja

Rio Nuble

Rio Biobio

San Clemente
Linares
Talca
San Javier
San Blas
San Gregorio
Parral
Cato
Coihueco
Termas de Chillán
Los Rastrojos
Antuco
San Carlos
Pinto
Chillán
Yungay
Huepil
Canteras
Verquico
Pemuco
San Nicolas
Campanario
Human
Los Ángeles
Mulchen
Cauquenes
Santa Juana
Bulnes
Cambrero
Puente Perales
El Parron
Ercilla
Victoria
Constitucion
Cancha Alegre
Quirihue
El Milagro
Tomeco
Yumbel
Nacimiento
Illoquilque
Coelemu
Florida
Rere
Laja
San Rosendo
Angol
Loanco
Cobquecura
Rafael
Roa
Santa Lucia
Boca De Itata
Dichato
Coihue
San Jeronimo
Tome
Chiguayante
Poico Chico
Don Alfonso
Pillimpilli
Colonia Alemana
Concepción
San Jose De Colico
Talcahuano
Coronel
Cayucupil
Los Notros
Laguna Puyehue
Canete
Pehuen
Quidico
Aguapie
Frutillar
Lebu

Cobquecura, S. 181

In diesen charmanten Küstenort zieht es alle, die hohe Wellen, entspannte Strandspaziergänge, Kajaktouren durch Flussmündungen voller Vögel und goldene Sonnenuntergänge über dem Pazifik lieben.

PAZIFISCHER OZEAN

0 — 100 km

Perfekte Tage

Wo man seine Zeit verbringen möchte, hängt von der persönlichen Vorliebe ab – für pulsierendes Großstadtleben, idyllische Weingärten, Bergwanderwege oder ein langes, genüssliches Abendessen am Strand.

SKREIDZELEU/SHUTTERSTOCK ©

Valparaíso (S. 156)

Zentralchile in drei Tagen

● Zum Auftakt geht's direkt an die Küste ins entweder unkonventionelle **Valparaíso** (S. 156) oder gesetztere **Viña del Mar** (S. 166) als Basislager. Egal, wo du schläfst, beide Städte lassen sich leicht erkunden. Tag 1 gehört einem Spaziergang durch die Straßen von Valparaíso, um Wandbilder in allen Regenbogenfarben von **Cerro Alegre** und **Cerro Concepción** (S. 157) zu sehen, dann wartet **La Sebastiana** (S. 160), das verspielte Haus des Dichters Pablo Neruda. Danach auf zu den Museen, Parks und breiten Stränden in Viña.

● Für Tag 3 empfiehlt sich eine Ganztagestour entlang der Küste – entweder zu geschützten Buchten wie **Quintay** (S. 164) im Süden oder an Strände wie **Maitencillo** (S. 171) und **Zapallar** (S. 171) im Norden.

Beste Reisezeit

Die Hochsaison ist an der Küste der Sommer und in den Andenstädten mit Skiresorts der Winter. Dazwischen liegen die idealen Jahreszeiten zum Wandern und für Weinproben.

JANUAR

Olmué vor der Kulisse des Parque Nacional La Campana lebt während des **Festival del Huaso de Olmué** ganz für die Volksmusik.

FEBRUAR

Das verschwenderische **Festival de Viña del Mar** lockt Topmusiker aus ganz Lateinamerika in die Quinta Vergara von Viña.

APRIL

Ende März und Anfang April ist in den Tälern Weinlese. Zu den Winzerfesten zählt die **Fiesta de la Vendimia Colchagua**.

DIEGO SUGONIAEV/SHUTTERSTOCK ©, NICOLAS LISPERGUIER/SHUTTERSTOCK ©, JOSE LUIS STEPHENS/SHUTTERSTOCK ©

Länger Zeit

- Weiter südlich verdient die andine Spielwiese **Termas de Chillán** (S. 189) einen Besuch. Im Winter geht's auf die Pisten in **Nevados de Chillán** (S. 190), im Sommer dienen dieselben Hänge fürs Mountainbiken oder Aufstiegen zur **Laguna del Huemul** (S. 191). Die nahe **Laguna del Laja** (S. 193) punktet mit einem Bilderbuch-Vulkankegel und mehr Wander- und Skioptionen.

- An der Küste sollte ein längerer Besuch Zentralchiles in **Cobquecura** enden (S. 181), einer ruhigen Surfstadt mit riesigen Höhlen, reichlich Möglichkeiten zur Tierbeobachtung wie zu gehobenem Essen und Übernachten. Von dort geht's weiter ins **Itata-Tal** (S. 187) zu mehr Weinproben oder nach **Concepción** (S. 188) zu einer weiteren Dosis Kultur.

Eine Woche Zentralchile

- Mehr Zeit für Weinproben im weißweinlastigen **Casablanca-Tal** (S. 163) oder im eher „roten" **Colchagua-Tal** (S. 175) einplanen, wo **Santa Cruz** (S. 173) der richtige Standort ist. Spitzengüter wie Viña MontGras und Viña Vik nicht verpassen!

- Wenn der Durst gelöscht ist, stehen zur Wahl der Surfort **Pichilemu** (S. 179), eine klassische Drehscheibe des Rucksacktourismus, und das stillere, noblere **Matanzas** (S. 165). Erstklassige Essens- und Hoteloptionen gibt's in beiden.

- Am letzten Tag tauscht man die Küste gegen die Anden und fährt in einen Naturpark wie **Altos de Lircay** (S. 180), wo in den bewaldeten Bergen eine der besten Ganztageswandertouren der Region wartet, der Sendero Enladrillado.

JUNI

Fischerdörfer in der gesamten Region feiern die **Fiesta de San Pedro** mit prächtigen Prozessionen und reich geschmückten Booten.

JULI

In Wintersportorten wie Nevados de Chillán startet mit dem Schneefall in den Anden die **Skisaison** kräftig durch.

SEPTEMBER

Die **Fiestas Patrias** in Valparaíso sind eine richtig wilde Festzeit mit jeder Menge Tanz, Dragqueens und Bands.

DEZEMBER

Nirgendwo lässt Chile es zu **Silvester** so krachen wie in Viña und Valparaíso, wo Feuerwerke über dem Pazifik aufsteigen.

VALPARAÍSO

Valparaíso ist ein wunderbares Durcheinander, verwahrlost, bunt und poetisch. Pablo Neruda, den die arbeitsame Hafenstadt inspirierte, drückte es am besten aus: „Valparaíso, du bist so unmöglich ... du hast dich nicht gekämmt, du hattest nie die Zeit, dich anzuziehen, immer hat das Leben dich überrascht." Der Literaturnobelpreisträger erlag Valparaísos närrischem Charme jedoch nicht als Einziger.

Chiles ungewöhnlichste Stadt zieht schon lange Kunstschaffende und Freizeit-Philosophen an. Neben der stark fluktuierenden Hafenbevölkerung mit Seeleuten, Dock- und Sexarbeitenden verleihen sie dem rauen, wunderbar spontanen Valpo (wie es Einheimische nennen) eine knisternde „Alles geht"-Atmosphäre. Hinzu kommen die spektakuläre Schönheit der *cerros* (Berge), Street-Art vom Feinsten und ein Labyrinth aus steilen, gewundenen Gässchen und *escaleras* (Treppen) mit hohen, bröckelnden Herrenhäusern. Es ist klar, wieso manche hier mehr Zeit als in Santiago verbringen.

Valparaíso

JOHN W BANAGAN/GETTY IMAGES ©

TOP TIPP

Valparaíso hat den Ruf, nicht so sicher wie andere chilenische Städte zu sein. Während die touristischen Hügel (Alegre, Concepción, Cárcel, Bellavista und Florida) weniger Kleinkriminalität sehen, sollte man auf seine Umgebung achten, besonders nachts, und keine Wertgegenstände zeigen. Vernünftige Traveller werden keinen Ärger haben.

KUNSTGALERIEN IN VALPARAÍSO

Bahía Utópica
Diese angesehene Galerie bietet die Werke örtlicher Kunstschaffender an, darunter Sängerin Mon Laferte und Valpos berühmter Chronist Loro Coirón.

Galería Artemark Online
Das recht neue Geschäft zeigt etwa im Monatsrhythmus neue Ausstellungen und hat sich einen Namen für guten Geschmack gemacht.

Galería Espacio Rojo
In der Nähe des Palacio Baburizza verfügt diese Galerie über eine eigenwillige Auswahl hochpreisiger Kunstwerke lokaler Herkunft und kitschige Souvenirs.

Kunst auf den Cerros Alegre & Concepción

EIN OPEN-AIR-MUSEUM ERLEBEN

Die Häuserfassaden auf dem **Cerro Alegre** und **Cerro Concepción** sind wie eine sich ständig verändernde Leinwand und die größte Verlockung Valparaísos. Ein Spaziergang startet am oberen Ende des **Ascensor El Peral**, wo der Art-Nouveau-**Palacio Baburizza** das Kunstmuseum der Stadt beherbergt. Danach den Paseo Yugoslavo queren und der Alvaro Besa folgen bis zum **Paseo Gálvez**, eine gewundene Gasse mit einem Kaleidoskop konkurrierender Farben und Ideen.

Mehrere Promenaden teilen den Weg beim Blick über die Stadt vom **Paseo Gervasoni** (mit Touristeninfo) und Paseo Atkinson aus. Von hier geht's auf der Calle Beethoven bis zur Escalera Piano („Piano-Treppe") und über die Calle Templeman bergauf zum Wandbild We Are Not Hippies, We Are Happies von Art+Believe. In der Nähe liegt an der von Galerien gesäumten Calle Lautaro Rosas das Museo Universitario del Grabado, das der chilenischen Druckgrafik gewidmet ist, mit Werken von Mario Toral, Roberto Matta und Beatriz Leyton.

Wandbilder kommen und gehen, aber es lohnt sich, Ausschau nach lokalen Künstlern wie Inti Castro, Anis und Un Kolor Distinto zu halten. Mehr Kontext liefert ein Rundgang mit **Valpo Street Art Tours**.

Ein Bummel über die Plaza Sotomayor & El Plan

AUF DEN SPUREN VON VALPARAÍSOS VERGANGENER PRACHT

Der flache Landstrich zwischen Bergen und Meer heißt **El Plan** und umfasst fast alle Verwaltungs- und Wirtschaftsgebäude der Stadt. Heute ist diese Gegend etwas rau, aber die verfallende Pracht der historischen Bauten erinnert daran, wie reich dieser Hafen einmal war, bevor der Panamakanal Valparaíso die Bedeutung nahm. So manches mit Graffitis bedeckte Bankgebäude ist atemberaubend, wenn man kurz hineinschaut.

El Plan unterteilt sich in die beiden Bereiche **Barrio Puerto** und **El Almendral**. Mehr Zeit verdient das Barrio Puerto von der **Plaza Sotomayor** aus, die vom **Edificio Armada de Chile** im Neorenaissancestil dominiert ist. Davor steht das **Monumento a Los Héroes de Iquique**, ein pompöses Denkmal für die im Salpeterkrieg gefallenen Seeleute. Typischerweise ist die Plaza voller Kunsthandwerksstände, besonders wenn ein Kreuzfahrtschiff angelegt hat. Beim Spaziergang mit Durchgangsverkehr rechnen – auch mit Autos und Bussen!

SAG MIR, WO DIE SEILBAHN IST

Zu den größten Freuden gehört es, mit den *ascensores* (Seilbahnen) auf- und abzufahren und über das Hügelgewirr von Valparaíso zu blicken. Doch von den einst 30 *ascensores* sind nur noch 16 übrig. Davon waren zur Zeit der Recherche ganze fünf in Betrieb (Polanco, San Agustín, El Peral, Reina Victoria und Barón), zehn weitere sind seit über einem Jahrzehnt geschlossen, nachdem der Staat sie 2012 kaufte. Einige der versprochenen Renovierungen wurden nicht durchgeführt. Bei anderen Bahnen hängen sie Jahre hinter dem Zeitplan zurück, was die Einheimischen stinkwütend macht und Travellern die leichtesten Zugangswege zu einigen Hauptattraktionen der Stadt nimmt.

ESSEN IN VALPARAÍSO

María María
Die ewig lange Warteliste für diese Bäckerei spricht Bände über ihr fantastisches Gebäck, den Kaffee und den Brunch. **€**

La Caperucita y el Lobo
Valpos Souveränin der gehobenen Esskultur mit traumhaften Speiseplatten, super Service und tollen Aromen. **€€€**

Circular
Dieses Restaurant für Fisch & Meeresfrüchte bietet einen grandiosen Panoramablick. **€€**

HIGHLIGHTS
1 Escalera Piano
2 Parque Cultural de Valparaíso
3 Paseo Atkinson
4 Paseo Gálvez
5 Paseo Gervasoni
6 We Are Not Hippies, We Are Happies

SEHENSWERTES
7 Ascensor El Peral
8 Ascensor Espíritu Santo
9 Bahía Utópica
10 Catedral de Valparaíso
11 Cerro Bellavista
12 Edificio Armada de Chile
13 Galería Artemark Online
14 Galería Espacio Rojo
15 Mercado Puerto
16 Monumento a Los Héroes de Iquique
17 Muelle Prat
18 Museo a Cielo Abierto
19 Museo Universitario del Grabado
20 Palacio Baburizza
21 Plaza Sotomayor
22 Plaza Victoria

SCHLAFEN
23 Fauna Hotel
24 Maki Hostel

ESSEN
25 Circular
26 La Caperucita y el Lobo
27 María María
28 Porto di Vino
29 Ropa Tendida Bar y Cocina

AUSGEHEN & FEIERN
30 Bar del Tio
31 Bar Ritual
32 Callejón Café
33 Casa Cervecera Altamira
34 Cinzano

UNTERHALTUNG
35 La Quinta de los Nuñez
36 Máscara

Capilla
Elias
Atahualpa
Cementerio Católico
Cementerio de Disidentes
Pirámide
Donoso
Av Brasil
Yungay
Pl Simón Bolívar
22
10
E Ramirez
Chacabuco
Cerro Cárcel
Parque Cultural de Valparaíso
2
Cumming
Subida Ecuador
Mackenna
Calvo
Condell
La Españita (650 m)
Av Pedro Montt
Independencia
Huito
Lira
Edwards
8
Aldunate
San Pedro (85 km)
Av Equador
Av Yerbas Buenas
18
Av Colón
26
Pl Bismark
Newman
Rudolph
Bernardo Ramos
Cerro Bellavista
Carrera
35
Av Ramos
Lastra
Cerro San Juan de Dios
Pl Yungay
Ricardo Ferrari
Mena
Winebox (120 m)
11
Cerro La Florida
Av Baquedano
Verso Restaurante (50 m); La Sebastiana (200 m)

Ascensore **(Seilbahn; S. 157)**

LOCOMOTIVE74/SHUTTERSTOCK ©

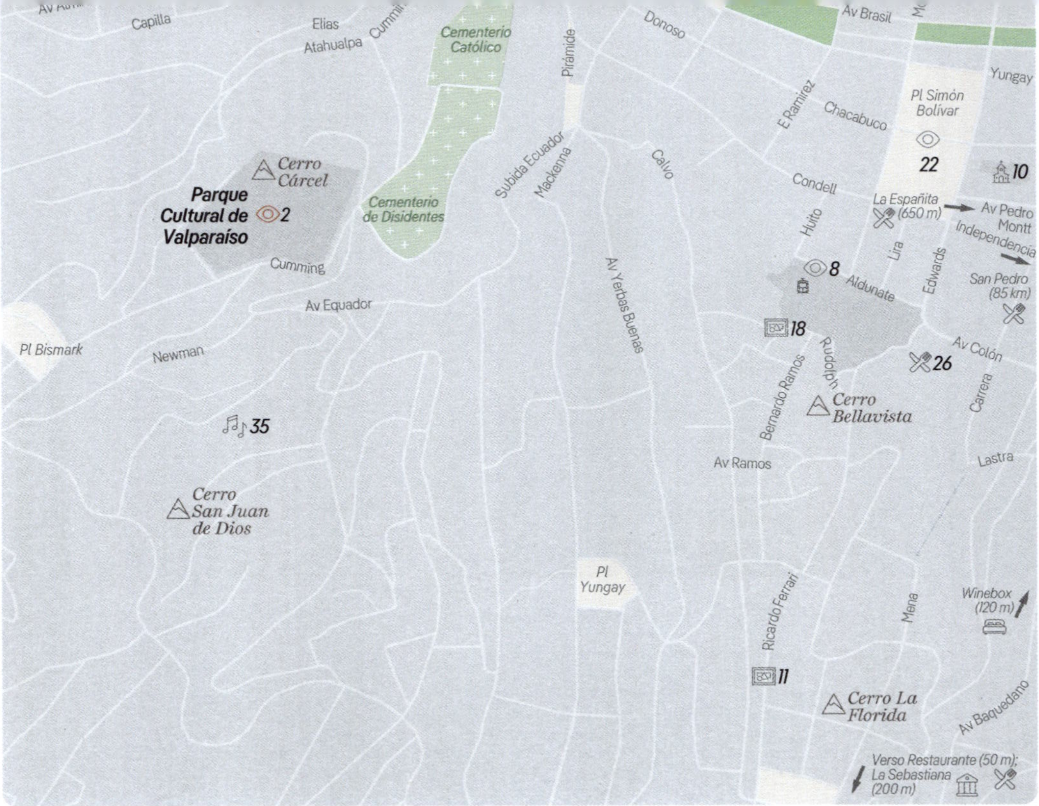

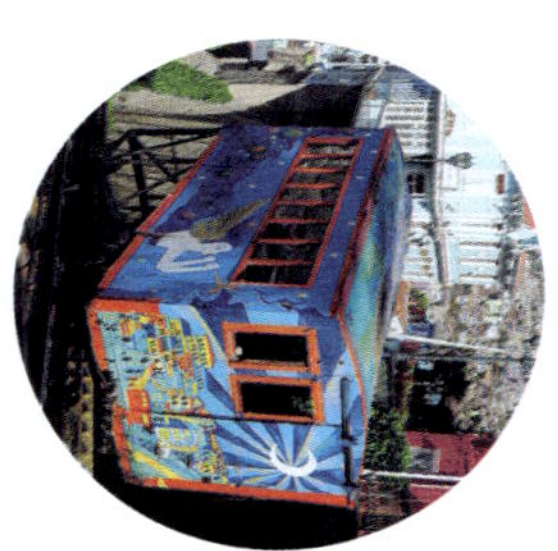

KULTUR AUF DEM „KNASTHÜGEL"

Der **Parque Cultural Valparaíso** auf dem Cerro Cárcel ist eine der klügsten Erfindungen der Stadt: ein umwerfendes Kulturzentrum, erbaut aus dem Kern eines *cárcel* (Gefängnis), wo während der Diktatur politische Gefangene gefoltert wurden. Der einstige Ort der Ausschließung kreist heute um Inklusion in darstellender Kunst, Theater, Musik und Tanz, angesiedelt im Hauptgebäude und im Innovationszentrum jenseits des belebten Parks. Ebenfalls auf diesem Hügel steht **La Quinta de los Nuñez**, ein kaum bekannter Folktreff, der sonntags öffnet und unvergessliche Nachmittage mit Cueca, Tango und Bolero beschert. Es ist *das* Valpo-Erlebnis schlechthin – und du bist wahrscheinlich das einzige ausländische Gesicht in der Menge.

DIEGO GRANDI/SHUTTERSTOCK ©

Plaza Sotomayor (S. 157)

Von der Plaza Sotomayor geht's Richtung Ozean an die **Muelle Prat**, eine kleine Hafenpromenade, wo konkurrierende Straßenhändler billige Bootstouren verhökern, die an Kränen, Containern und diversen Kriegsschiffen vorbei zu herumtollenden Seelöwen führen. Nördlich der Plaza liegt der historische Kern des derben Barrio Puerto, der mit einigen richtig guten Cafés wie dem **Callejón Café** und Weinrestaurants wie dem **Porto di Vino** ein Facelift erhielt. Auf dem wiederbelebten **Mercado Puerto** wird Gemüse neben handgefertigten Souvenirs und sogar Garagenwein verkauft. Von der Plaza Aduana geht ein langer Spaziergang den **Cerro Artillería** hinauf, vorbei am geschlossenen *ascensor* (der Seilbahn) zum **Paseo 21 de Mayo**. Von hier aus gibt's Panoramablicke auf alles gerade Gesehene.

Bergab von den Cerros Bellavista & Florida

PABLO NERUDAS VALPO

Der **Cerro Florida** wurde zu einem der markantesten Hügel Valparaísos, als der Literaturnobelpreisträger Pablo Neruda 1961 ins Haus **La Sebastiana** zog. Heute wandert man durch fünf Etagen, genießt den spektakulären Hafenblick und betrach-

ÜBERNACHTEN IN VALPARAÍSO

Fauna Hotel
Überwältigende Architektur, holzgetäfelte Zimmer und ein sagenhaftes Restaurant, das zum Sundowner einlädt. €€€

Winebox
Das verrückt einfallsreiche Containerhotel auf dem Cerro Florida ist gleichzeitig die erste Urban Winery in Chile. €€

Maki Hostel
Dieses gut geführte Hostel bietet geräumige Schlafsäle und noch bessere Einzelzimmer zu unschlagbaren Preisen. €

tet die riesige Sammlung von Kuriositäten aus aller Welt, darunter ein Karussellpferd aus Spanien, eine Punschbowle in Kuhform aus Italien und ein einbalsamierter Scharlachsichler aus Venezuela. Dem Audioguide zufolge baute sich Neruda das Haus als von morgens bis abends verfügbares Spielzeug. Ein Besuch dieses märchenhaften Anwesens gibt faszinierende Einblicke in seinen verspielten Geist.

Gleich um die Ecke von La Sebastiana steht das **Verso Restaurante**, dessen kunstvolle Speiseplatten und bestechende Geschmackskombinationen den Besuch ideal fortsetzen. Von den vielen Lunch-Optionen ist dieses Restaurant die beste. Der Weg bergab führt mitten in den **Cerro Bellavista** voller lebhafter Wandbilder und Mosaiken. Leider sind die Werke berühmter chilenischer Kunstschaffender, die das **Museo a Cielo Abierto** („Freilichtmuseum", die einstige Hauptattraktion der Gegend) säumen, heute verfallen. Doch die Umgebung ist quietschlebendig und bietet tolle Restaurants und Cafés. Der **Ascensor Espíritu Santo** bringt von hier gleich hinter die von Palmen beschattete **Plaza Victoria** mit historischen Bauten, darunter Valparaísos ruhige **Kathedrale**.

Valparaíso bei Nacht

EIN ABEND IN DER STADT

Generationen von Chilenen kommen aus einem Grund nach Valparaíso: um die Nacht in einem der legendären wilden Clubs mit Alles-geht-Einstellung durchzutanzen. Vor Mitternacht steht man allein auf der Tanzfläche. Also beginnt man die Nacht in einer grandiosen Bar. Die **Casa Cervecera Altamira** hat eine exzellente Auswahl an trübem India Pale Ale und trockenem Stout, dazu sättigende Kneipenkost. Wer Stärkeres sucht, findet in der **Bar del Tío** die fantasievollsten Cocktails (mit aberwitzig gutem Preis-Leistungs-Verhältnis), serviert in einem sexy Ambiente mit stimmungsvoller Musik. Wer nicht reinkommt (an Wochenenden ist es rappelvoll), geht auf die andere Straßenseite zur **Bar Ritual**, einem flippigen Klassiker, der für preiswerte, starke Pisco Sours bekannt ist.

Die nächste Station hängt davon ab, welche Art Nacht es werden soll. Etwas Klassisches bietet der älteste Nachtclub der Stadt **Cinzano**, wo sich raue Seebären traditionelle chilenische Volksmusik anhören. Das nahe **Máscara** bedröhnt zwei Tanzebenen voll aufgekratzter Zwanziger und Dreißiger mit Disco, New Wave, Diven und Britpop (eine chilenische Obsession). Zwar ist es sehr queerfreundlich, doch landen viele aus der LGBTIQ+-Community später im **Pagano** mit Spaß ohne Limit und wilden Dragshows. Andere Nachtlokale kommen und gehen, aber diese drei sind unsterblich.

LOCAL TIPP: ESSEN WIE EINHEIMISCHE

Marcelo del Pino, lokaler Bartender, DJ und Hotelberater, verrät seine wenig bekannten Lieblingslokale.

La Españita
Der klassische *fuente de soda* (Stadtteil-Diner) ist ideal für einen *completo*, Chiles Hotdog-Version, oder um inmitten pensionierter Seeleute ein kühles Bier zu trinken. €

San Pedro
Doña Rosana zaubert mit dem, was ihr Mann Don Carlos täglich aus dem Pazifik holt. Unbedingt probieren: ihren *loco* (eine Seeschnecke, die an Abalone erinnert) und die frittierten Empanadas mit Käsefüllung. €

Ropa Tendida Bar y Cocina
Dieses schöne Restaurant mit Terrasse hat eine tolle Cocktailkarte und perfekte Fassbiere mit einem herrlichen Blick auf die Stadt. €€

UNTERWEGS VOR ORT

Wer ein Auto nach Valparaíso bringt, bereut es nur: Das Straßenlabyrinth führt über unglaublich steile Hügel. Offiziell sind die Straßen zwar zweispurig, aber oft passt nur ein Auto durch. Man nimmt besser den Bus oder ein Taxi. Die meisten Gegenden lassen sich zu Fuß erkunden, die Seilbahnen können einige (aber garantiert nicht alle) Klettertouren ersparen.

Rund um Valparaíso

Attraktive Ferienorte, leere Strände und luxuriöse Weingüter sind gute Gründe, über Valparaíso hinaus zu reisen.

So magisch Valparaíso sein kann, das Schwelgen in seinem schäbigen Glanz entfacht Sehnsucht nach dem Umland. Nur 30 Minuten südöstlich der Stadtgrenze liegen Chiles beste Kaltklima-Weinbaugebiete, die einen frischen Sauvignon Blanc und einen samtigen Pinot Noir hervorbringen, Exportartikel, die in alle Welt gehen. Die Küstenlinie südlich der Stadt ist überraschend unberührt. In rund einer Stunde führt sie zu einer Reihe hübscher Buchten mit Fischerdörfern, Mittelklasse-Ferienorten und Städten mit proletarischen Wurzeln, die einige von Chiles berühmtesten Dichtern inspirierten. Noch weiter südlich ist der Hipstertreff Matanzas, dessen Architektur so einladend ist wie die Wellen, die auf den grauen Sandstrand rollen.

TOP TIPP

An Wochenenden sind die Weingüter und Küstenorte nahe Valparaíso brechend voll. Mitten in der Woche hinzureisen spart Übernachtungskosten.

Weinberg im Casablanca-Tal

FILIPE.LOPES/SHUTTERSTOCK ©

Weinfässer, Casablanca-Tal

WEINGÜTER IM CASABLANCA-TAL BESUCHEN

Die Weingüter des Casablanca-Tals sind fabelhaft, durchorganisiert und nehmen den Tourismus ernst: Es gibt Restaurants, Erlebnisangebote und mehrsprachige Führungen. Doch ein Besuch ist gar nicht so leicht. So nahe Casablanca an Valparaíso und Santiago liegt: Spontanbesuche werden oft missbilligt. Die meisten Güter erwarten, dass man seine Tour, Weinprobe oder Mahlzeit vorher bucht. Die Preise für solche Angebote können dann stark überhöht sein – ganz anders als die Preise pro Flasche, die normalerweise sehr günstig sind. Unangekündigt auftauchen und eine Weinprobe erwarten funktioniert nur selten, allerdings haben manche Güter auch Wein im Ausschank. Vorausplanung ist alles.

Weine im Kaltklima

WEINPROBE IM CASABLANCA-TAL

Ein kühles Klima mit großem Tag-Nacht-Temperaturunterschied machen Casablanca zu Chiles bestem Weißweintal. Chardonnay und Sauvignon Blanc gedeihen besonders gut, obwohl samtig-glatte Pinot Noirs und überraschend frische Syrahs auch Rotwein-Aficionados glücklich machen. Weil die Fernstraße nach Santiago das Tal 40 km südöstlich von Valparaíso teilt, scheint es sehr ausgedehnt. Im Informationszentrum der **Ruta del Vino de Casablanca** auf dem Hauptplatz gibt's Orientierungshilfen, Karten zum Mitnehmen und Hinweise auf Güter, die besichtigt werden können; jedoch nicht alle Güter gehören der Organisation an, die das Zentrum betreibt.

Westlich der Stadt ist die **Casas del Bosque** eines der touristischsten Weingüter mit einem Verkostungsbereich im Hacienda-Stil. Die Weine sind hervorragend, allerdings wirken die Führungen ein bisschen kommerziell und hastig. Anders ist das im nahen Weingut **Bodegas RE**, dessen Spezialität wilde Mischungen wie Syragnan (Syrah und Carignan) oder Chardonnoir (Chardonnay und Pinot Noir) sind. **Villard Fine Wines** ist ein Boutique-Weingut in Familienbesitz. Es liegt in den hügeligen Weingärten des malerischen Tapihue-Gebiets und

ÜBERNACHTEN IM CASABLANCA-TAL

Indomo Casablanca
Diese Kuppeln und winzigen Hütten auf dem Gelände des Weinguts Matetic sind auf Familien ausgelegt. **€€**

Hotel Casablanca BCW
Hotel im Hacienda-Stil mit Feuerstellen, einer Sauna und zwei Pools samt Carmenere-farbigem Wasser. **€€€**

Residencial del Valle
Dieses saubere Haus in Familienbesitz ist eine der wenigen Budget-Optionen in Casablanca. **€**

EIN KERAMIK-PARADIES

Auf halber Strecke zwischen der Poetenküste und Santiago liegt **Pomaire**, ein lebendiges Städtchen, das für sein Töpferhandwerk und klassische chilenische Kochkunst bekannt ist. Hier wurden mehrere Rekorde in Ton aufgestellt, darunter das weltgrößte Sparschwein; allerdings findet man hauptsächlich Töpfe, Geschirr und Souvenirs.
Riesige Empanadas in Fußballgröße zählen zu den typischen Speisen der Stadt, ebenso traditionelle Grillgerichte. Die meisten Gäste sind *huasos* (Cowboys) aus dem Umland, zu erkennen an ihren verstaubten Stiefeln und *chupallas*-Hüten mit breiter flacher Krempe. Am Wochenende ist der Ort voller Tagesausflügler, unter der Woche kann er wie ausgestorben sein.

Strand von Tunquen

hat wie Bodegas RE erschwinglichere Weinproben im Angebot. Wer genug hat vom Vino – oder die Bierfans in der Gruppe versöhnen muss –, geht zur **Cervecería CODA**. Diese Hipster-Craft-Brauerei in einem Industriegebiet nördlich der Stadt ist auf India Pale Ale spezialisiert.

Die Dichterküste

NACH SÜDEN AN DIE STRÄNDE FAHREN

Eine zweistündige Fahrt von Valparaíso nach Süden durch wilde, weite Landschaften führt zu atemberaubenden Stränden und quirligen Küstenstädten, die Chiles größte Dichter inspirierten. **Caleta Quintay**, ein buntes Fischerdörfchen in einer Bucht zwischen zackigen Klippen, kommt zuerst. Es ist ein wunderbarer Lunch- und Schnorchel-Spot, wird aber vor allem wegen des **Museo Ex Ballenera** besucht, das Quintay als einen der größten Walfangorte am Pazifik zwischen 1943 und 1967 zeigt, wo etwa 13 700 Wale verarbeitet wurden.

Südlich von Quintay ist dank der Forstwirtschaft ein Küstenstreifen mit Kiefern bewachsen. In seinem Herzen liegt **Tunquen**, ein junges Durcheinander aus Zweitwohnungen und abgelegenen Restaurants wie die **Casa Tunquén** mit wei-

ÜBERNACHTEN IN MATANZAS

OMZ – Olas de Matanzas
OMZ bietet etwas für jedes Budget, von Hütten bis zu einer Lodge am Meer und waldigen Campingplätzen. **€€**

Hotel Surazo
Die Wellen sind in diesem High-Design-Hotel am Strand nur wenige Schritte vom Fenster entfernt. **€€€**

Hostal Mar de Boca
Dieses Hostel auf einem Felsen in La Boca mit Meerblick und geführten Touren ist ein Schnäppchen. **€**

tem Ausblick über eine wilde Bucht und kreativen Fisch- & Meeresfrüchtegerichten. Hierher kommen Leute auf der Suche nach Ruhe. Das nahe **Algarrobo** ist das genaue Gegenteil: eine stolze Mittelklasse-Resort-Stadt, über deren Hauptstrand die Apartmentanlage San Alfonso del Mar herrscht, die mit dem bis 2015 größten Pool der Welt wirbt. Eine bessere Wahl ist die nahe **Playa El Canelillo**, ein Juwel von Strand an einem geschützten Wald.

Nach Süden geht's weiter entlang der **Poetenküste**. Der berühmte Dichter Pablo Neruda liegt in der **Casa de Isla Negra** begraben, dem wildesten seiner drei Häuser und eine Tourismusattraktion. Nicht weniger beliebt sind Nicanor Parra, der gleich südlich in **Las Cruces** lebte, und Vicente Huidobro, dessen Museum im historischen **Cartagena** nebenan steht. Wer ans Ende der Küste gelangt und nicht umkehren möchte, schwelgt im poetischen Geist des **Patio Ferreiro**, eines B&B voller Kunstwerke und mit leidenschaftlichen Gastgebern.

Cooles Ufer in Matanzas

SURFEN, SAND UND STIL

In Architekturzeitschriften finden sich häufig Bilder von umwerfenden Ferienhäusern an der chilenischen Küste bei **Matanzas**, rund 160 km südlich von Valparaíso. Ansässige Firmen wie WMR Arquitectos haben für die Region eine einmalige Ästhetik geschaffen und ihre Uferklippen mit Zweitwohnsitzen gespickt, die durch ihre Kastenform, modularen Aufbau, Kiefernholzrahmen und ausladende Glasfassaden auffallen. Viele dieser Häuser sind über Anbieter wie Airbnb zu mieten. Dieselben Architekten stecken außerdem hinter den Restaurants und Hotels in Matanzas und benachbarten Küstenstädten wie **Puertecillo** und **Boca de Pupuya** und machen die Gegend für Fans von modernem Design zum Hochgenuss.

Fürs Windsurfen weist Matanzas einige der besten Bedingungen an der ganzen chilenischen Küste auf. Gesurft wird dagegen am Südrand von Puertecillo, weil es dort einen Pointbreak nach links über Sandgrund gibt. Alle anderen kommen an diese Küste, um an langen Stränden mit grauem Sand entlangzuwandern und die winzigen Dörfchen zwischen erbsengrünen Hügeln zu besichtigen. Besonders hübsch ist **La Boca** nördlich von Matanzas. Hier schlängelt sich der Río Rapel zum Pazifik, dessen Mündung ideal für Kajaks und Paddelboards ist. Lohnenswert ist der **Mirador La Boca**, eine Aussichtsplattform mit gewundenem Holzsteg, der zu einem der schönsten und doch einsamsten Strände der Gegend führt.

ESSEN & TRINKEN RUND UM MATANZAS

Surazo
Unschlagbar ist dieses Hotelrestaurant fürs Essen oder einen Sundowner direkt am Strand. Der Star ist gegrillter Fisch, es gibt aber auch ausgezeichnete (und preiswertere) Pizza. €€€

Caleta de Pescadores
Früher waren Empanadas mit Fisch und Meeresfrüchten oder billige Ceviches das Einzige, was es hier gab. Jetzt gibt's Verkaufsstände für Craft-Eis, Espresso und Smoothies. €

Márola
Ohne Reservierung geht nichts bei diesem umwerfenden Meeresfrüchterestaurant im Nachbarort Pupuya mit kräftigen Fisch- und Fleischgerichten. €€€

UNTERWEGS VOR ORT

In Städte wie Matanzas, Casablanca und Algarrobo kommt man zwar mit dem Bus, aber viele Attraktionen liegen weiter abseits. Wer durch die Weingüter von Casablanca touren oder spontan die Küste erkunden möchte, braucht ein Auto. Alternativ kann man sich in einem der Verkehrsknoten einmieten und Ausflüge buchen oder Radtouren unternehmen.

VIÑA DEL MAR

Viña del Mar
Santiago

Das aufgeräumte Viña del Mar bildet einen scharfen Kontrast zum charmanten Durcheinander der Nachbarstadt Valparaíso. Von Palmen gesäumte Boulevards, imposante Paläste, ein ausgedehnter öffentlicher Strand und wunderschöne Parkanlagen gaben ihm den Beinamen *Ciudad Jardín* (Gartenstadt). Der offizielle Name, der „Weinberg am Meer" bedeutet, stammt von den Reben, die hier wuchsen, als der Ort noch eine schlichte Hacienda auf dem Land war.

Bei Südamerikanern und wohlhabenden Santiaguinos auf Wochenendurlaub ist Viña beliebter als bei Travellern von anderswo, die lieber einen Tagesausflug von Valparaíso aus machen. Aber bei Reisenden, die lange, entspannte Strandspaziergänge und den Komfort einer reicheren Stadt bevorzugen, trifft sie genau den Ton. Während die Nachbarstadt ihre Straßen mit Graffiti färbt, nimmt Viña dafür Blumen. Es ist sauberer, grüner, platter und berechenbarer.

TOP TIPP

Viña del Mar ist flach und dabei dicht bebaut, deshalb lässt es sich zu Fuß leicht entdecken. Insgesamt liegen die hübscheren Shops und Restaurants nördlich der Flussmündung. Valparaíso ist mit Bus, Taxi oder S-Bahn nur 15 Minuten weit weg, also kann man problemlos beide Städte erkunden.

HIGHLIGHTS
1 Artequin
2 Museo Palacio Vergara

SEHENSWERTES
3 Caleta Abarca
4 Mirador Jorge Alessandri
5 Museo de Arqueología e Historia Francisco Fonck
6 Palacio Rioja
7 Plaza Vergara
8 Quinta Vergara
9 Reloj de Flores

ESSEN
10 Bakery Lynch
11 Donde Willy
12 Ilo Mapu

SWELLEN AZEVEDO/ALAMY STOCK PHOTO ©

Playa Los Cañones

Lieblingsstrände zum Aussuchen

SPAZIERGANG AN VIÑAS SAGENHAFTER KÜSTE

Viña del Mar ist quicklebendig, aber sein größtes Plus ist die Sandküste. Richtig genießen lässt sie sich beim langen, ruhigen Strandbummel. Nimm ein Taxi zum nördlichsten Strand der Stadt, der **Playa Las Salinas**; er ist bewacht und der sicherste Platz zum Schwimmen. Nach dem Planschen ist es Zeit für den 3 km langen Rückweg nach Süden in die Stadtmitte. Zuerst kommt die **Playa del Deporte**, wo es, wie der Name verspricht (*deporte* heißt „Sport"), jede Menge Fitnessgeräte zur allgemeinen Verwendung gibt. Beachvolleyballfelder und eine hübsche Seebühne blicken auf die Türme des fernen Valparaíso.

Aus diesem Strand wird die **Playa Los Cañones**, sobald man die Marineschule passiert (mit ein paar Kanonen davor). Ein blumenbewachsenes Netz aus Uferwegen führt zum Nordrand von Viña, wo die Skyline mit einem Schlag von Bungalows zu über 20 Stockwerken wechselt. Dies ist die **Playa El Sol**, der belebteste Streifen mit offiziellen und inoffiziellen Strandverkäufern (Letztere verkaufen oft billige Mojitos mit Fruchtaroma). Nördlich der Mole **Muelle Vergara** gibt's einen Souvenirmarkt. Im Süden enden Strand und Küstenweg. Genauso schön ist die Strecke zum Radfahren oder fürs Morgen- und Abendjogging.

Museum-Hopping rund um Viña

ARCHÄOLOGIE, KUNST UND ARISTOKRATIE

Der Strand ist zwar Viñas Hauptattraktion, aber in dieser Stadt am Meer sind einige der bedeutenderen Museen beheimatet. Zwei liegen im Quinta-Vergara-Park. Das **Museo Palacio Ver-**

SPAZIERGANG AUF DEM CERRO CASTILLO

Cerro Castillo ist genau das richtige Barrio für einen Nachmittagsspaziergang: Es liegt höher als die übrige Stadt und hat Meerblick. Ein entspannter Bummel führt an liebevoll restaurierten Anwesen, fantastischen Ausblicken auf die Stadt, einem kleinen „Schloss" und dem **Palacio Presidencial de Cerro Castillo** vorbei, der Sommerresidenz des chilenischen Präsidenten. Besonders traumhaft ist die Aussicht vom **Mirador Jorge Alessandri**, von wo man zum **Reloj de Flores** (Blumenuhr) und zum Strand Caleta Abarca gelangt. Der einfachste Weg auf den Hügel führt entweder durch die Straße Bajada Britannia (beim Castillo Wulff) oder durch die Vista Hermosa (geht von der Calle Valparaíso ab).

ESSEN IN VIÑA DEL MAR

Donde Willy
Das charmante Familienrestaurant serviert exzellente chilenische Fischgerichte und dazu passende Weine. **€€**

Bakery Lynch
Café mit Bäckerei und holzbetontem Ambiente. Günstige Sandwiches und süßes Gebäck. Lecker: *mechada Italiana*. **€**

Ilo Mapu
Indigene Geschmacksrichtungen aus den Wäldern des Südens in einem Restaurant mit Mapuche-Fusion-Küche. **€€€**

gara ist ein schicker pinker Palast im Stil der venezianischen Gotik mit einem wunderbaren Mix aus Malerei des 20. Jahrhunderts und moderneren Werken regionaler Kunstschaffender. Nach einer schönen Restaurierung eröffnete er 2021 neu und zeigt hypnotische Bodenfliesen, wuchtige Kronleuchter und erstklassige Ausstellungen. Das nahe **Artequin** ist ein Kindermuseum, das durch interaktive Erfahrungen an die bildende Kunst heranführen möchte.

Richtung Norden liegt nach dem Hauptplatz **Plaza Vergara** das **Museo de Arqueología e Historia Francisco Fonck**, ein kleines Museum für Geschichte und Archäologie. Ein *moai* (monolithische Statue) aus Rapa Nui vor dem Eingang signalisiert die Ankunft. Drinnen gibt's eine große Sammlung von Rapa-Nui-Artefakten neben Kunst und Kunsthandwerk anderer indigener Kulturen, darunter Mapuche-Silberschmuck und gemusterte Diaguitas-Keramik. Das Obergeschoss ist voller ausgestopfter chilenischer Tiere; besonders spektakulär sind der Puma und der Kondor.

Als Letztes lohnt der **Palacio Rioja** einen Besuch, der sich der dekorativen Kunst der chilenischen Aristokratie im 20. Jahrhundert widmet. Im französisch angehauchten Museumsgebäude gibt's ein hübsches Café und gelegentlich auch Konzerte mit klassischer Musik.

VIÑAS FESTIVAL – WO STARS GEBOREN WERDEN

Eine besondere Bedeutung hat Viña für viele Menschen in Lateinamerika, weil sie schon als Kinder mit dem alljährlichen **Festival Internacional de la Canción de Viña del Mar** aufgewachsen sind, das am dritten Februarwochenende im Anfiteatro de la Quinta Vergara stattfindet. Dorthin strömen rund 15 000 Leute – und weitere 150 Millionen sind aus der gesamten Region live zugeschaltet, wenn Pop-, Rock- und Folkstars sich mit erstklassigen Musikern aus aller Welt zu einem Spektakel zusammentun, das alle Rekorde sprengt. Bei diesem Riesenereignis haben einfach alle ihre Karriere begonnen, von Shakira bis zur früheren Festivalmoderatorin Sofia Vergara.

Die Gartenstadt

PARKS, BLUMEN UND GRÜN

Wieso Viña bei Chilenen *Ciudad Jardín* (Gartenstadt) heißt, verrät eine Tour durch seine Parks, Gärten und Grünflächen. Start ist das **Reloj de Flores** am Fuß des Cerro Castillo, eine große funktionierende Uhr, die aus exakt beschnittenen Blumen besteht. Dieses verspielte botanische Wahrzeichen, das für die Weltmeisterschaft 1962 angelegt wurde, ist GPS-gesteuert und läutet jede Viertelstunde vor großen Menschenmengen.

Die **Quinta Vergara** war früher der Privatpark einer der bekanntesten Familien der Stadt, den Alvares-Vergaras. Diese Oase ist ein einziger Farbkasten mit Blumen, geschwungenen Palmen und großen Grasflächen, auf denen Pärchen gern picknicken. Mit jeder Menge Bänken ist der Ort ideal für eine Entspannungspause im Schatten einer Araukarie. Der größte Park von allen ist der **Jardín Botánico Nacional**, Chiles nationaler Botanischer Garten 8 km südöstlich der Stadt. Auf 400 ha Parklandschaft enthält er über 3000 Pflanzenarten, darunter der fast ausgestorbene Toromiro-Baum aus Rapa Nui und eine Sammlung seltener endemischer Spezies vom Juan-Fernández-Archipel. Entlang der Wanderwege gibt's 26 verschiedene botanische Sammlungen zu entdecken.

UNTERWEGS VOR ORT

Viña ist ziemlich flach und lässt sich einfach zu Fuß erkunden. Es gibt viele öffentliche Busse, die praktisch sind, um von einem Ortsende zum anderen zu kommen. Sie fahren außerdem auch ins benachbarte Valparaíso – eine Alternative ist die S-Bahn Tren Limache-Puerto. Zusätzlich gibt's Taxis (und ein paar internationale Taxi-Apps).

Rund um Viña del Mar

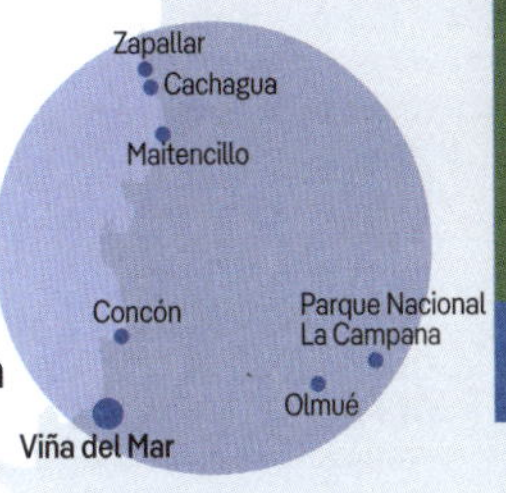

Idyllische chilenische Dörfer, noble Ferienorte an der Küste und palmenbestandene Hügel, die zum Wandern einladen, machen die Region um Viña zu einem Fest für Reisende.

An der Küste nördlich von Viña del Mar liegen einige der schicksten Enklaven in ganz Chile. Reiche Santiaguinos verbringen den Sommer damit, Jakobsmuscheln aus der Schale zu schlürfen und trockenen Rosé zu trinken, während die Sonne über dem Pazifik untergeht. An Wochenenden schwärmen die Großstädter in Massen aus, um sich an den weiten Stränden von Maitencillo und Cachagua oder in der grünen Bucht von Zapallar zu vergnügen. Wer gern mit Chiles Mächtigen verkehren möchte (bei entsprechenden Preisen), mache es ebenso.

Eher athletische Traveller finden ein Stückchen landeinwärts den Parque Nacional La Campana mit steilen Bergen und dem größten noch existierenden Honigpalmen-Wald.

TOP TIPP

Apps übersetzen *ostiones* (ein gängiges Essen an der Küste) zwar mit „Austern", aber in Chile handelt es sich dabei tatsächlich um Jakobsmuscheln.

Maitencillo **(S. 171)**

JOSE LUIS STEPHENS/SHUTTERSTOCK ©

DER LÄNDLICHE CHARME VON OLMUÉ

Ein Hintergrund aus grünen Hügeln, Plazas voller holzgeschnitzter Cowboys, Straßen unter Palmen und Jacarandas – **Olmué** ist das vielleicht süßeste Städtchen in ganz Zentralchile. Bei einheimischen Reisenden, wenn auch selten bei Ausländern, ist es ein gefragter Ferienort, der den Stolz auf seine Eigenheiten jeden Januar beim **Festival del Huaso de Olmué** zur Schau stellt, einem Volksmusikfestival im großen Anfiteatro El Patagual. Wer Olmué besucht (wahrscheinlich auf dem Weg nach La Campana), unternimmt eine Zeitreise ins chilenische Landleben von einst.

BRYAN TORO/ALAMY STOCK PHOTO ©

Honigpalme, Cerro La Campana

Ein Palmenparadies

WANDERN IM PARQUE NACIONAL LA CAMPANA

Viele der höchsten Berge in Chiles Küstenkordillere liegen im atemberaubenden **Parque Nacional La Campana** rund 50 km östlich von Viña, darunter der **Cerro La Campana** (1890 m), den Charles Darwin 1834 bestieg. Der 7 km lange Bergwanderweg **Sendero Andinista** auf den Gipfel ist inzwischen so beliebt, dass man einen der nur 50 Plätze vorab buchen muss (aspticket.cl). Der zweite Grund sind die 60 000 Jubaea-Palmen, auch Honigpalmen genannt, mit den dicksten Stämmen aller Palmenarten.

Wer diese größten noch erhaltenen Palmenwälder erwandern möchte, geht nach Norden in den Bezirk **Ocoa**. Für eine Gipfeltour auf den La Campana geht's stattdessen in den südlichen **Granizo**-Sektor. Eine dritte Rangerstation liegt am Eingang zum nahen **Cajón Grande**, wo es einige Wanderwege mit geringen Höhenunterschieden gibt, außerdem den Weg **Sendero El Portezuelo de Ocoa**, der zu einem Aussichtspunkt über einem Tal voller Palmen führt (6 km einfach).

Im Park gibt's weder Straßen noch aktive Campingplätze (wegen der anhaltenden Dürre geschlossen). Leider kann man

ÜBERNACHTEN AM PARQUE NACIONAL LA CAMPANA

Domos Ocoa
Für eine vierköpfige Gruppe sind diese Zweizimmer-Kuppelhäuser nahe beim Ocoa-Eingang sehr günstig. **€**

Biosfera Lodge
Runde Kuppeln, ein Pool, ein Restaurant und ein Yoga-Shala (Studio) – alles auf einem Berghang am Cajón Grande. **€€€**

El Copihue
Dieses Hotel mit Resort-Flair auf der Plaza von Olmué hat viel ländlichen Charme und Charakter. **€€**

nicht mehr von einem Parkende zum anderen wandern, also will gut überlegt sein, wo man das Gebiet betritt. Ocoa ist entlegener und verfügt nur über die touristische Grundausstattung. Cajón Grande und Granizo liegen dagegen am Rand von **Olmué**, einem beliebten Ferienort, in dem Dutzende Hotels, Ferienhäuser und Campingplätze zur Auswahl stehen.

Auf der Straße nach Cachagua

DÜNEN, STRÄNDE UND PINGUINE

Eine Stunde nördlich von Viña ist man noch nicht aus dem Stadtleben heraus – erst hinter den Hochhäusern der Nachbarorte **Reñaca** und **Concón**; Letzteres ist für phänomenale Fisch- & Meeresfrüchterestaurants bekannt. Frischluft gibt's in **Ritoque**, einem winzigen Haufen Bungalows, Resto-Bars und Hütten (**La Ritoqueña** ist schön), die nach Süden über 15 km Strand vor leeren Dünenwellen blicken. Die Wildnis ringsum kann zu Fuß, mit dem Rad oder zu Pferd erkundet werden.

Im Norden liegt **Maitencillo**, wo Chiles Neureiche Urlaub machen. An dessen bezaubernden Stränden gibt's hippe Restaurants, jugendliche Läden und geschäftige Surfanbieter. Für eine Übernachtung dort sind etwa die **Posada Portal del Sol** (eine ruhige Pension auf einem Hügel) oder die **Cabañas Hermansen** (massentaugliche Hütten nur ein paar Schritte vom Strand) geeignet. Weiter nördlich geht's vorbei an mehreren hochklassigen Wohnanlagen hinunter ins verschlafene **Cachagua**, dessen Schotterpisten mit Millionen-Dollar-Anwesen gesäumt sind. Am Nordrand seiner Bucht liegt die **Isla Cachagua**, eine vorgelagerte Insel, die 3 % der weltweit verbliebenen Humboldtpinguine beheimatet. Betreten darf man sie nicht, wohl aber ein Bootstaxi in der *caleta* (Bucht) im benachbarten Zapallar mieten und näher heranfahren. Im Binnenland bei Cachagua schützt der private Naturpark **Outlife Parque Aguas Claras** einige der letzten unberührten Küstenwälder der Gegend, die im Trockenklima dank des Küstennebels existieren.

Küstenspaziergang bei Zapallar

EIN SCHICKER ORT AM WASSER

Gut 70 km im Norden liegt **Zapallar**, Chiles reichste Küstengemeinde und *der* Ort, um sich unter die Reichen und Berühmten zu mischen, die hier ihre Wochenenden und Sommerferien verbringen. Die stille Innenstadt ist wenig mehr als eine Ansammlung von Privathäusern am Hang und Cafés, Süßwarenläden, Modeboutiquen und ab und zu einer Kunstgalerie.

DIE BESTEN FISCH- & MEERESFRÜCHTE-RESTAURANTS IN CONCÓN & MAITENCILLO

Aquí Jaime
Austern, Jakobs- und Venusmuscheln schlemmen mit Blick auf den Hafen von Concón. €€€

Empanadas El Hoyo
Krabben und Käse-Empanadas gleich am Strand, unschlagbar preiswert – wenn man das Gedränge überlebt. €

5unset Lounge
Lässige Rhythmen, Holztische im Sand, Speisen der Haute Nikkei Cuisine (peruanisch-japanische Fusion-Küche) und natürlich dramatische Sonnenuntergänge locken eingeschworene Gäste. Das *Sashimi*-ähnliche *tiradito* probieren. €€€

La Perla Del Pacífico
Tradition ist das Erfolgsrezept dieser alteingesessenen (und oft kopierten) Stütze von Concón, wo Seafood wie kaum sonst zubereitet wird. €€

ÜBERNACHTEN IN ZAPALLAR

Hostería Zapallar
Das altmodische Gasthaus mit Gemeinschaftsküche kommt in Zapallar einer günstigen Option noch am nächsten. **€€**

Casa Wilson
Historisches B&B in unschlagbarer Lage am Meer und mit zeitlosem Flair. **€€€**

Hotel Casa Zapallar
Durchdesigntes Boutique-Hotel mit Plüschbetten, einer schicken Lounge und kleinem Sprungbecken. **€€**

WASSERSPORT AN DER ZENTRALCHILENISCHEN KÜSTE

Kayak Zapallar
Die ruhigen Gewässer vor Zapallar sind ideal für Seekajaks und Paddelboards. Hier und bei den folgenden Anbietern im Voraus nach englisch- oder deutschsprachigen Guides erkundigen.

Escuela de Surf Maitencillo
Diese beliebte Surfschule in Maitencillo verleiht Bretter, bietet Kurse an und betreibt am Strand einen Coffeeshop mit viel Surfpublikum.

Austral Divers
Quintay lockt mit Tauchtouren zu gesunkenen Walfangbooten, die heute Unterwasserbiotope sind. Austral Divers ist der führende Anbieter und hat außerdem ein eigenes Taucherhostel.

Playa Zapallar (S. 171)

Das richtige Leben geht an der **Playa Zapallar** ab, dem hübschesten Halbmond aus Sand und dichten grünen Wäldern am Rand. Nirgendwo sonst ist das Wasser so ruhig zum Schwimmen.

Vom Strand aus nordwärts gibt's einen sagenhaften 2 km langen **Küstenweg** an Privatresidenzen entlang, deren gestaltete Gärten bis ans Meer reichen. Im Süden wartet die **Caleta de Zapallar**, ein kleiner Fischerkai, der zugleich für Kajak- und Tauchtouren genutzt wird. Zapallars berühmtestes Fischrestaurant **Chiringuito** liegt nebenan und hat Tische mit Blick aufs Meer und Pelikane, die ins Wasser tauchen. Westlich liegt **Cerro La Cruz**, ein kleines Naturschutzgebiet mit Wanderwegen. Ein Abstecher nach Süden führt mehrere Kilometer über den in Fels gehauenen Küstenpfad um hochragende Felsen und meerumspülte Buchten. Wer länger an diesem Küstenstreifen bleiben kann, möchte nirgendwo anders wohnen.

UNTERWEGS VOR ORT

Vom Terminal de Buses in Viña fahren regelmäßig Busse entlang der Küste bis Zapallar und darüber hinaus, mit Halt in den meisten Ferienorten unterwegs. Nach Olmué kann man über die EFE (efe.cl) ein Bahn-Bus-Kombiticket lösen, die S-Bahn Tren Limache bis Limache nehmen und dann in einen Bus nach Olmué oder zum Eingang des Cajón-Grande-Nationalparks umsteigen.

SANTA CRUZ

Es war im Jahr 1994, als zwischen Merlot-Reben in Chile eine tiefrote Traube entdeckt wurde, die in ihrer Heimat bei Bordeaux seit über hundert Jahren als ausgestorben galt. In den folgenden Jahrzehnten wurde Carménère die Vorzeigerebe Chiles und seine Repräsentantin in den Weinregalen der ganzen Welt. Nirgends gedeiht Carménère besser als im sonnendurchglühten Colchagua-Tal, einer mittelmeerähnlichen Landschaft mit welligen Hügeln, die von einem Flickenteppich aus Weinbergen bedeckt sind.

Im Herzen des Tals liegt das verschlafene Santa Cruz, eine Stadt mit einem pittoresken Hauptplatz, guten Restaurants, überraschenden Museen und einer wachsenden Zahl wirklich ausgezeichneter Hotels. Der Hacienda-Look (weiße Adobe-Mauern, rote Ziegeldächer und hohe Holzbalkendecken) dominiert den Ort ebenso wie das Umland, wo der echte *encanto* (Zauber) der Region zu finden ist. Koste den Vino, besuche schrullige Winzer und spüre den poetischen Lockruf des Weinlandes.

Viña Santa Cruz (S. 176)

RUSSELL KORD/ALAMY STOCK PHOTO ©

TOP TIPP

Zwar bieten viele der genannten Weingüter auch Weinproben für Spontanbesucher an, doch es empfiehlt sich, Touren 24 Stunden im Voraus zu buchen, besonders mit Essen. Nicht alle Weingüter sind täglich geöffnet. Viele schließen sonntags oder zu Wochenanfang.

WEINGÜTER IM MAULE-TAL

Viña Gillmore
Verkoste experimentelle Weine auf diesem freundlichen Weingut, das Touren und Weinproben anbietet und eine Lodge mit Fass-Thema, Tabonkö, hat. Nach dem Ursprung von Maules exklusiver Herkunftsbezeichnung VIGNO fragen.

Viña Balduzzi
Gleich an der Panamericana werden Touren und Weinproben ohne Reservierung angeboten.

Viña J Bouchon
Bouchon macht einige der aufregendsten Weine in Chile. Touren des umwerfenden Weinguts Mingre vorab buchen. Hier steht auch das romantische High-End-Hotel Casa Bouchon.

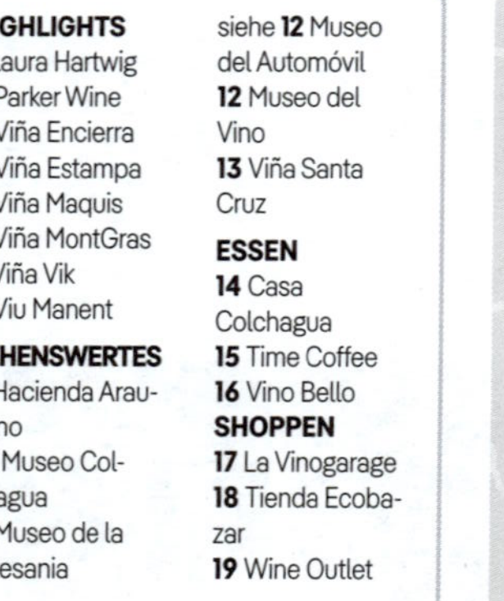

HIGHLIGHTS
1 Laura Hartwig
2 Parker Wine
3 Viña Encierra
4 Viña Estampa
5 Viña Maquis
6 Viña MontGras
7 Viña Vik
8 Viu Manent

SEHENSWERTES
9 Hacienda Araucano
10 Museo Colchagua
11 Museo de la Artesania siehe **12** Museo del Automóvil
12 Museo del Vino
13 Viña Santa Cruz

ESSEN
14 Casa Colchagua
15 Time Coffee
16 Vino Bello

SHOPPEN
17 La Vinogarage
18 Tienda Ecobazar
19 Wine Outlet

Machigüe
San Roberto
Santa Amelia
Larmahue
Portezuelo de Larmahue
Lo Argentina
Pencahue Plaza
El Niche
Santa Inés
0 10 km
Población
Peralillo
Estero Las Toscas
Río Tinguiririca
Viña Encierra 3
San José del Carmen
7 Viña Vik
Embalse Millarahue
Viña MontGras 6
San Rafael
Viña Maquis 5
4 Viña Estampa
Palmilla
Los Boldos
0 1 km
14
16
1 Laura Hartwig
Avenida Cabello
Diego Portales
Díaz Besoain
21 de Mayo
10
15
18
Santa Cruz
Pumanque
Santa Cruz
Siehe Detailplan Santa Cruz
19
8 Viu Manent
Cunaco
2 Parker Wine
17
Río Tinguiririca
Nancagua
Puquillay Alto
Puquillay Bajo
Estero Chimbarongo
Cruce de Panamá
Chepica
13
12
9
11
Lolol
Viña Balduzzi (120 km);
Viña Gillmore (144 km);
Viña J Bouchon (156 km)

VIK

Weinfass, Viña Vik

AGENT WOLF/SHUTTERSTOCK ©

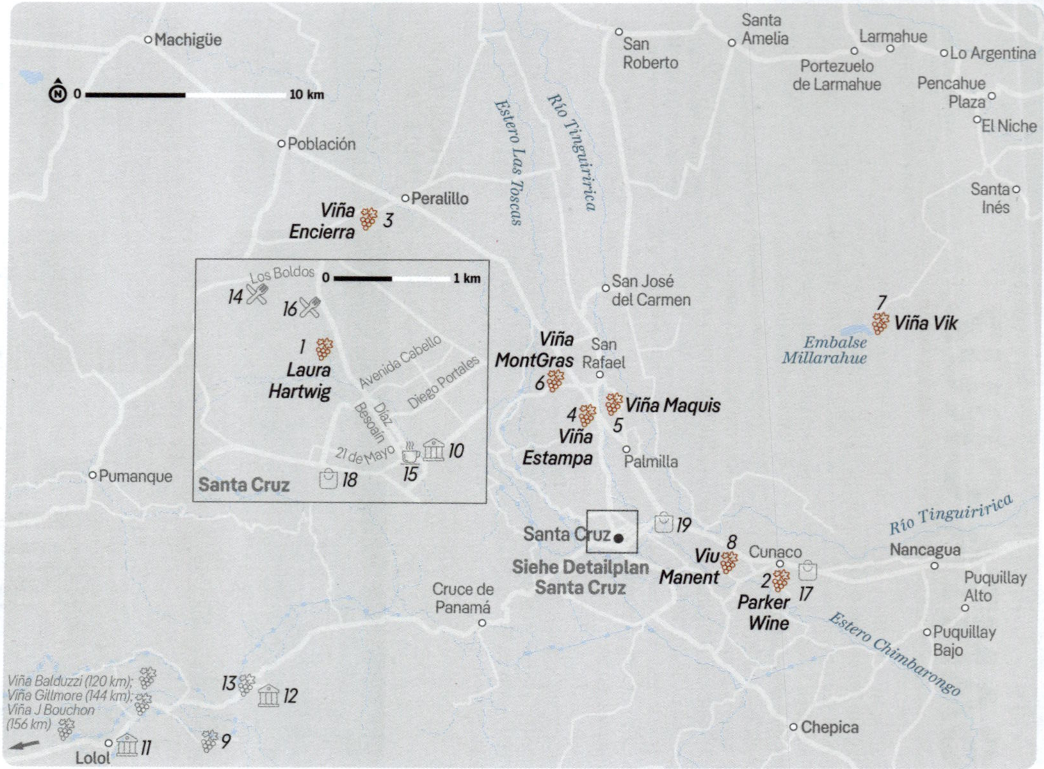

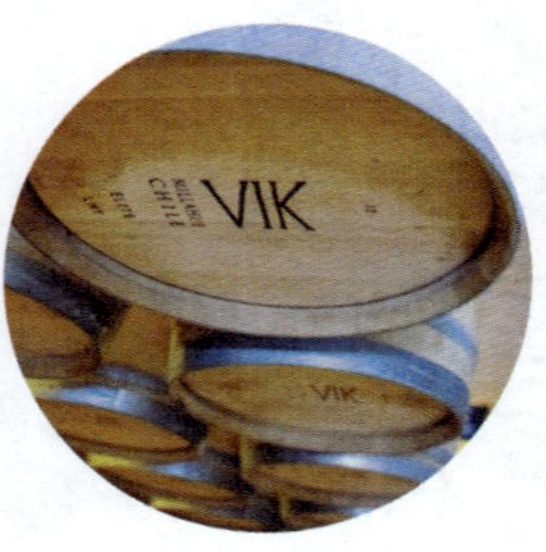

Who's who im chilenischen Weinbau

TOUR DURCH CHILES BERÜHMTE WEINGÜTER

Die großen Weingüter im Colchagua-Tal sind multimillionenschwere Unternehmen mit prunkvollen Vorzeige-*bodegas* (Weinkeller). Das beste Beispiel ist die Casa Silva, ein üppiges Weingut, in dessen ausgezeichnetem Restaurant mit Blick auf ein Polofeld man nach einer Besichtigung oder Verkostung in der Weinhandlung essen kann. Und dann gibt's die **Viña Vik**, eine Skulptur des chilenischen Stararchitekten Smiljan Radic. Von Santa Cruz ist es ein bisschen weit (technisch liegt es im benachbarten Cachapoal-Tal) – dafür wird hier eigenes Biogemüse angebaut; also wird zur Besichtigung auch ein Mittagessen im kunstreichen **Pavilion Restaurant** gebucht.

Bei **Viu Manent**, einem der wenigen chilenischen Malbec-Spezialisten, wählt man nach einer Weinprobe oder Tour, viele davon mit Kutschfahrten, zwischen dem günstigen Café und der luxuriösen Restaurantterrasse **Rayuela**. Die auf Nachhaltigkeit bedachte **Viña Maquis**, deren Hauptgebäude in kühlem Brutalismus gebaut ist, liegt am Zusammenfluss zweier Flüsse. Touren, eine davon mit Rad, führen durch diese ruhige Uferlandschaft und bei Weinproben werden außerordentlich elegante Weine vorgestellt, viele davon von einer (in Chile) unerwarteten Rebsorte – Cabernet Franc.

Wenn nur Zeit für eine der Großen im Colchagua-Tal ist, wählt man am besten **Viña MontGras**, das netteste Kind der Gegend ohne jede Überheblichkeit trotz des umwerfenden Hacienda-Baus und der großartigen Weine. Die Spezialitäten des Hauses sind Cab-Sauv und Syrah, zu probieren sind sie auf Flügen, nach einer Tour oder im Glas. Außerdem gibt's hier die Möglichkeit, selbst Wein zu machen, und von Februar bis April interaktive Ernte-Touren.

Weine mit Persönlichkeit

REISE DURCH COLCHAGUAS BOUTIQUE-WEINGÜTER

Colchagua ist zwar Chiles wichtigstes Weinbaugebiet, hat aber nicht nur weltweite Exporteure. Mindestens ein Dutzend kleinere Weingüter bieten eine persönlichere Weinerfahrung an. Bei **Viña Encierra** an der Straße nach Marchigüe verkostet man in der winzigen Probierstube hervorragenden Carménère und Rotweincuvées oder bucht ein privates Mittagessen unter Rebstöcken. **Laura Hartwig**, Spezialistin für Petit Verdot, hat ihren Sitz am Stadtrand von Santa Cruz und ist besonders leicht zu besuchen. Man zahlt eine kleine Gebühr fürs Glas (das man behält) und füllt es anschließend mit den Wei-

WEINPROBEN IN COLCHAGUA

Weine im Colchagua-Tal – und in ganz Chile – zu verkosten kann frustrierend werden, wenn man sich in anderen Weinländern daran gewöhnt hat, unangemeldet in einem Weingut zum Probieren vorbeizuschauen. Chiles Weingüter ziehen vor, dass man ihre durchdachten ein- bis zweistündigen Touren im Voraus bucht, besonders im Umfeld von Apalta, wo Egos riesig und die Preise hoch sind. Generell sind die von uns empfohlenen Weingüter aufgeschlossener für Spontanbesuche von Gästen, die gern mal eine Tour machen, aber nicht drei davon am selben Tag. Manchmal will man einfach nur Wein probieren – bei einer Verkostung oder im Ausschank.

ESSEN IN SANTA CRUZ

Time Coffee
Espresso, Süßes und preiswerte, leckere Sandwiches werden in einem grünen Garten neben der Plaza serviert. €

Vino Bello
Hausgemachte Pasta ist die Spezialität des italienischen Restaurants mit Weinberg- und Sonnenuntergangsblick. €€€

Casa Colchagua
Dieses hervorragende Restaurant mit Patio serviert tolle Fisch- und Fleischgerichte zu Weinen der Region. €€

nen, die man verkosten möchte. Im schattigen Patio kann außerdem eine Käseplatte bestellt werden.

Die modernere **Viña Estampa** ist auf Cuvées spezialisiert, hat aber auch einige experimentelle Weine aus Einzelsorten im Programm. Tagsüber gibt's Touren, Spontanverkostungen oder ein Mittagessen im Café, am Spätnachmittag einen Flug mit Snacks, während die Sonne über der Küstenkordillere sinkt. Estampa ist eins der wenigen Weingüter, die abends geöffnet bleiben (donnerstags bis samstags). Das privateste Erlebnis überhaupt ist ein Rundgang durch **Parker Wine**, ein Gut in kalifornischem Besitz, das sich 2022 für Publikum öffnete und neben peppigen Cidre-Sorten aus hundertjährigen Rebstöcken einen Sémillon mit Zitrusnoten und einen Cabernet Sauvignon mit reicher Textur keltert; Reservierung erforderlich.

FÜR WEIN-AFICIONADOS

Noch weiter außerhalb der Wein-Landkarte ist das **Itata-Tal** (S. 187) sozusagen der Wilde Westen des chilenischen Vino und ein faszinierender Ort für alle, die natürliche, beinahe von selbst wachsende Weine lieben.

DIE BESTEN WEINTOUREN

Ruta del Vino Colchagua
Zusammenschluss von Weingütern des Colchagua-Tals mit einem Informationsstand auf der Plaza, wo sich Touren buchen lassen (Transport nicht enthalten). Optionen sind online verfügbar (rutadelvino.cl).

Casa Suiza
Radtouren zu kleinen Weinproduzenten (in vier Sprachen) sind der Fokus dieses gut organisierten Betriebs mit Sitz im gleichnamigen Hostel. Vermietung von Mountainbikes und Crossrädern.

Upscape
Angesehene Firma mit hochpreisigen Touren durchs Colchagua-Tal, die Kulinarik und Weingenuss verbinden.

Überraschende Museen in Santa Cruz

COLCHAGUAS KULTURELLE SEITE

Nur wenige kommen wegen hochklassiger Museen ins Colchagua-Tal, aber dank der Fundación Cardoen beherbergt das Tal die schönsten Sammlungen präkolumbischer Kunst, archäologischer Funde und historischer Artefakte außerhalb Santiagos. Unumgänglich ist das **Museo Colchagua** mit der größten naturgeschichtlichen Privatsammlung des Landes sowie präkolumbischen Mumien, Keramik, Textilien und Schmuck. Eine große Ausstellung gilt dem Bergwerksunglück von Copiapó 2010, als 33 Kumpel nach 69 Tagen gerettet wurden.

Zwei weitere Museen der Stiftung befinden sich in der **Viña Santa Cruz**, einem überladenen Weingut rund 25 km westlich der Innenstadt. Im **Museo del Automóvil** steht einer der DeLoreans aus *Zurück in die Zukunft* neben einer Menge anderer klassischer Wagen, die Autofans ins Schwärmen geraten lassen. Das benachbarte **Museo del Vino** ist das größte Weinmuseum Südamerikas. Seine Sammlung führt von den Anfängen der Weinherstellung im Kaukasus bis zur Ankunft der Reben in Chile und Umgebung. Zu den Highlights zählen ein Aromenraum und zahlreiche historische Winzergerätschaften. Leider ist die Beschriftung nur auf Spanisch.

Wohl ebenso spannend wie diese Museen ist die abenteuerliche Geschichte ihres Stifters Carlos Cardoen, der angeblich Rüstungsgeschäfte mit dem Irak zur Zeit Saddam Husseins machte. Seit drei Jahrzehnten steht er auf Interpols Fahndungsliste, kann das Land nicht verlassen und ist seitdem eine Schlüsselfigur bei der touristischen Erschließung seiner Heimatstadt.

SHOPPEN IN SANTA CRUZ

Wine Outlet
Überschuss-Weine zu Ausverkaufspreisen, besonders günstig im Sechserkarton.

Tienda Ecobazar
Künstlerkooperative mit einer sagenhafte Sammlung von Kunsthandwerk, Kosmetikprodukten, Keramik, Textilien usw.

La Vinogarage
Verkauft schräge Flaschen von Kleinwinzern, die es nirgendwo sonst gibt.

SALLY ANDERSON/ALAMY STOCK PHOTO ©

Weingut Laura Hartwig (S. 175)

Entspannen im historischen Lolol

KLEINSTADTCHARME

Das winzige Lolol hinterlässt einen tiefen Eindruck ob seiner Entschlossenheit, den historischen Charakter der spanischen Kolonialzeit zu bewahren. Hier gibt's nicht viel zu tun, außer über das Kopfsteinpflaster der Straßen zu flanieren und das **Museo de la Artesania** (ein weiteres der Fundación Cardoen) zu besuchen. Chiles stolze Tradition volkstümlicher Kunst wird oft übersehen, aber dieses Museum nimmt mit auf eine Reise durch die regionale Handwerksgeschichte von lebhaften Textilien der Atacama über Holzschnitzereien von Rapa Nui bis zur Korbflechterei von Chiloé. Besonders gut vertreten ist Zentralchile, u. a. mit folkloristischer Keramik aus Quinchamalí. Leider gibt's auch hier nur eine spanische Beschilderung.

Wer von diesen Werken inspiriert wurde, kann bei **La Casa del Artesano** alles von chilenischen Textilien über Schnitzereien bis zu Körben oder Honig aus der Region kaufen. Für eine Weinbergtour mit Mittagessen (Reservierung) lohnt das Bio-Gut **Hacienda Araucano** des berühmten französischen Winzers François Lurton am Stadtrand. Der Einfluss des Pazifiks macht die Weine spürbar frischer als im übrigen Colchagua.

WARUM ICH SANTA CRUZ LIEBE

Mark Johanson,
Autor

Fragt man mich, wieso ich in Chile lebe, hat die Antwort meist irgendwie mit Wein zu tun. Zu einem großen Mittagessen in der Familie gehören hier endlose Vino-Runden, während wir den Nachtisch beenden und langsam zur *sobremesa* übergehen (der Tradition, nach der Mahlzeit am Tisch zu sitzen und zu plaudern). Der Wein ist ein so wichtiger Bestandteil der Landesidentität, dass die Image of Chile Foundation bei ihrer Suche nach dem einprägsamsten Symbol für Chile im Ausland nicht etwa bei den schneebedeckten Anden oder den *moai* auf Rapa Nui (der Osterinsel) landete, sondern beim Wein. Aber die besten Flaschen schaffen es oft gar nicht über die Grenze. Deshalb kann eine Reise nach Colchagua die reinste Offenbarung werden, wenn man hier neu ist.

UNTERWEGS VOR ORT

Santa Cruz hat ein wachsendes Radwegenetz, aber es reicht nicht über die Stadt hinaus, wo fast alle Weingüter liegen. Die Straßen sind manchmal staubig und es gibt keinen Schatten, also mieten die meisten ein Auto, buchen eine Tour inklusive Transport oder helfen sich mit Taxis und Mitfahr-Apps.

Rund um Santa Cruz

Parque Nacional Las Palmas de Cocalán
Pichilemu
Cáhuil
Reserva Nacional Río de Los Cipreses
Santa Cruz
Parque Nacional Radal Siete Tazas
Reserva Nacional Altos de Lircay

Wilde Wellen peitschen graue Sandstrände, während Kondore über schneebedeckten Gipfeln im Umland von Santa Cruz kreisen.

An einem zentral gelegenen Ort wie Santa Cruz ist man nie mehr als 90 Minuten vom Pazifik oder den Anden entfernt. Nach Westen kommt man in eine Küstenlandschaft mit windzerzausten Stränden, hippen Ferienorten und den wildesten Surfbreaks Südamerikas. Pichilemu, das wichtigste Surfzentrum, hat sowohl einige der günstigsten Strandunterkünfte in Reichweite des Colchagua-Tals also auch eine Reihe genialer Restaurants zu bieten.

Im Osten locken großartige hochandine Parks und Schutzgebiete Traveller an. Fremde eilen oft in den Seendistrikt oder nach Patagonien und übersehen dabei Orte wie Altos de Lircay, die eine nähere Betrachtung verdienen.

TOP TIPP

Für die meisten Parks und Naturschutzgebiete in den Zentralanden muss man sich im Voraus registrieren (aspticket.cl). Einplanen sollte man, dass sie montags geschlossen sind.

Pichilemu

CHRISTIAN CREIXELL/ALAMY STOCK PHOTO ©

Surfen, Pichilemu

Surfen, Sand & Smoothies

WELLENREITEN IN PICHILEMU

Wellengötter und -göttinnen trotzen das ganze Jahr über in **Pichilemu**, 90 km westlich von Santa Cruz, dem eisigen Wasser von Chiles heimlicher Surfhauptstadt. **La Puntilla** ist der nächste Surfspot mit einem langen, langsamen Pointbreak. **Punta de Lobos** 6 km weiter südlich ist die Hauptattraktion: ein solider, schwerer, beständiger Break nach links. Das empfehlenswerte englischsprachige Unternehmen **Océanos Chile** organisiert Unterricht, Mietbretter und Unterkünfte in seinem Surf House. Normalsterbliche fahren von Dezember bis März nach Pichilemu und aalen sich an langen grausandigen Stränden.

Die Innenstadt von Pichilemu ist keine Schönheit, aber der Stadtrand mit einer einmaligen Holzkistenästhetik eindeutig trendy. Besonders die Straße nach Punta de Lobos säumen gute Restaurants, Cafés und Unterkünfte zu vernünftigen Preisen. Zwischen zwei Rides stärkt sich die Surfwelt bei **Cúrcuma** mit Smoothies und veganen Getreidebowls und bei **Taller 2470** mit Kaffee oder Matcha-Latte. Bei Sonnenuntergang sammeln sich alle wieder in **Los Piures**, einem Hipster-Club mit Craft-Bieren und einfallsreichen Fisch- & Meeresfrüchte-Tapas. Pichilemus Party-Vibes können süchtig machen.

CÁHUIL: SALZSTRASSE

Cáhuil, 12 km südlich von Pichilemu, ist in ganz Chile für sein Meersalz berühmt, das Speisen in den besten Restaurants des Landes veredelt. Diese erstaunlich billigen dicken Körner sind ein geniales Mitbringsel für Hobbyköche. Bei der Ankunft – wahrscheinlich mit dem Auto – trifft man Salzverkaufsstände auf einem Markt nahe dem Ortseingang. Besser folgt man der ausgeschilderten Straße **La Ruta de la Sal**, vorbei am Markt, den Restaurants und Kunsthandwerksläden bis zur malerischen Flussmündung von Cáhuil, wo 46 Vogelarten leben, darunter Schwäne und Reiher. Am besten direkt von den Salinen in Orten wie **Barrancas** kaufen, die allen offenstehen, die gern mehr über die Herstellung wissen möchte.

ÜBERNACHTEN IN PICHILEMU

SudEste Hostel
Eine Seltenheit: Hostel am Meer mit Pool, Schlafsälen und irrsinnig teuren Einzelzimmern mit unverbautem Seeblick. **€**

Surf Lodge Punta de Lobos
Dieser attraktive Komplex im Grünen hat große Freizeitbereiche, darunter Pools und ein Wellnessbad. **€€**

Hostal Moreno
Sauberkeit, Freundlichkeit, zentrale Lage und ein grüner Patio – eine gute, preiswerte Option. **€**

NAHEGELEGENE NATIONALPARKS

Wenn Santiaguinos dem trockenen Zentraltal entfliehen wollen, kommen sie in die **Reserva Nacional Río de Los Cipreses**. Zwei hervorragende Campingplätze, familienfreundliche Wanderwege und die dramatische Abendwanderung des *tricahue*, eines olivgrünen Papageis, der Höhlen gräbt, machen den Park beliebt.
Im Süden glänzt der **Parque Nacional Radal Siete Tazas** mit zwei 50 m hohen Wasserfällen, die in smaragdgrüne Badeseen donnern. Das Highlight dieser Waldberge sind jedoch die *siete tazas*, eine unglaubliche Kette aus sieben Seen, die der Río Claro aus dem schwarzen Basalt gegraben hat. Daneben bilden 35000 Honigpalmen (Jubaea) einen kecken Wald im wenig besuchten **Parque Nacional Las Palmas de Cocalán** in der Küstenkordillere.

OBSCUR/SHUTTERSTOCK ©

Reserva Nacional Altos de Lircay

In die Anden klettern

WANDERN IN ALTOS DE LIRCAY

Die Auswahl an anspruchsvollen Wanderrouten in der gut organisierten, leicht zugänglichen **Reserva Nacional Altos de Lircay** (180 km südöstlich von Santa Cruz) ist, wortwörtlich, atemberaubend. Das Glanzstück ist der **Sendero Enladrillado**, wohl die beste Tageswanderung in ganz Zentralchile, der auf ein Basaltplateau in 2300 m Höhe führt.

Zunächst geht's zwei Stunden nach Osten auf dem **Sendero de Chile**, dann an einer Gabelung mit Wegweiser rechts gut eine Stunde lang steil bergauf durch dichten Wald, ehe es ebener wird. Schließlich erreicht man die flache Plattform Enladrillado, die manche für einen UFO-Landeplatz halten. Im Westen zeigt sich die abgeflachte Spitze des **Volcán Descabezado** („Kopfloser Vulkan"), neben ihm der scharf umrissene **Cerro Azul**. Der 10 km lange Einbahnweg führt rund vier Stunden bergauf und drei Stunden abwärts.

Parkkarten zeigen die Verbindung dieses Wegs mit dem **Sendero Laguna del Alto**, der zu einer bergumschlossenen Lagune auf 2000 m Höhe führt. **Trekking Chile** hat seine Basis in der **Lodge Casa Chueca** im nahen Talca, verkauft Geländekarten und vermittelt Guides für Tageswanderungen oder längere Touren wie den sechstägigen Rundweg **Circuito los Cóndores** durch die Hochanden. **Camping Antahuara**, ein schattiger Conaf-Campingplatz 800 m hinter der Adminstración, ist eine andere Unterkunftsoption.

Nach der Parkerkundung nicht den türkisblauen **Lago Colbún** vergessen. Der See im andinen Vorgebirge ist ein ruhiger Ort zum Kajakfahren mit mehreren Unterkünften am Ufer, darunter **Ecorefugio Spa**, ein verspieltes Containerhotel.

UNTERWEGS VOR ORT

Santa Cruz ist nicht so gut durch öffentliche Verkehrsmittel erschlossen wie größere Städte. Der Besuch naher Ziele erfordert oft mindestens einmaliges Umsteigen (meistens in San Fernando). Ein Auto ist das einzig praktikable Mittel, um hinauf in die Anden zu kommen, ohne vorab die seltenen Ortsbusse einplanen zu müssen, die von größeren Städten entlang der Ruta 5 verkehren. Insgesamt sind die Straßen zu den Parks in gutem Zustand.

COBQUECURA

Santiago
Cobquecura

Cobquecura ist eine nette Enklave am Meer mit pittoreskem Ortskern, der bei einem Erdbeben 2010 beinahe zerbröckelt wäre. Seine langen, breiten Strände mit wilden Brechern und schwarzem Sand ziehen die Surfwelt an, aber man muss keine Wellen reiten, um seine stillen Reize zu genießen. Scheinbar immer im Begriff, entdeckt zu werden, ist „Cobque" (wie die Einheimischen sagen) nie so überlaufen wie die Surforte näher an Santiago. Tatsächlich teilt man sich nicht selten die Straße mit einem Ochsenkarren – so langsam verläuft hier das Leben.

Im Norden gibt's am Strand von Buchupureo hervorragende Unterkünfte, während hier wie an der nördlichen Nachbarbucht Pullay ausgezeichnetes Abendessen mit Meerblick zu finden ist. Südlich der Stadt ist die Playa Rinconada sowohl Fischerdorf als auch der ruhigste Strand zum Schwimmen.

TOP TIPP

Cobquecura ist weniger ein einziger Ort als eine Kette einzelner Strandstädte, die von Taucú im Süden bis Buchupureo und Pullay im Norden reicht. Cobquecura selbst hat die meiste Infrastruktur, aber Buchupureo fühlt sich mehr nach Ferienort an und lockt die meisten Reisenden zu sich.

Pullay (S. 185)

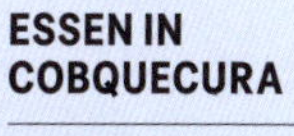

ESSEN IN COBQUECURA

El Chiringuito de Pullay
Dieser Spot (nur Bargeld) mit leckerem *pastel de jaiba* (Krabbeneintopf) ist ein Surftreff. €€

Salón Verde
Lokale Erzeugnisse, frische Produkte der Saison und Weine aus dem Itata-Tal geben in diesem Restaurant in Pullay den Ton an. €€

Ruka Antu
Etwas besser als andere Hotelrestaurants mit kreativen Fisch- & Meeresfrüchtegerichten, darunter Risottos nach peruanischer Art, und weitem Meerblick. €€€

Caleta Rinconada de Taucú
Unglaublich preiswerte Ceviches aus fangfrischem Fisch. €

HIGHLIGHTS
1 La Boca
2 La Lobería
3 Playa Rinconada
4 Pullay

SEHENSWERTES
5 Parque Las Nalkas

AKTIVITÄTEN, KURSE & TOUREN
6 El Chiringuito de Pullay
7 Escuela Nanosurf Cobquecura
8 Iglesia de Piedra

SCHLAFEN
9 Complejo Turístico Ayekan
10 Hotel Boutique Kurayafu
11 View Buchupureo

ESSEN
12 Ruka Antu
13 Salón Verde

FEIERN
siehe 9 Café La Mano
14 Cerveceria Kofke

COBQUECURA

0 2 km

Puente Tregualemu
Estero Tregualemu
6
Pullay
4
13
Pullay
Camino al Cementerio
9
1
La Boca
Buchupureo
Río Buchupureo
Camino El Castillo
PAZIFISCHER OZEAN
11
Parque Las Nalkas
5

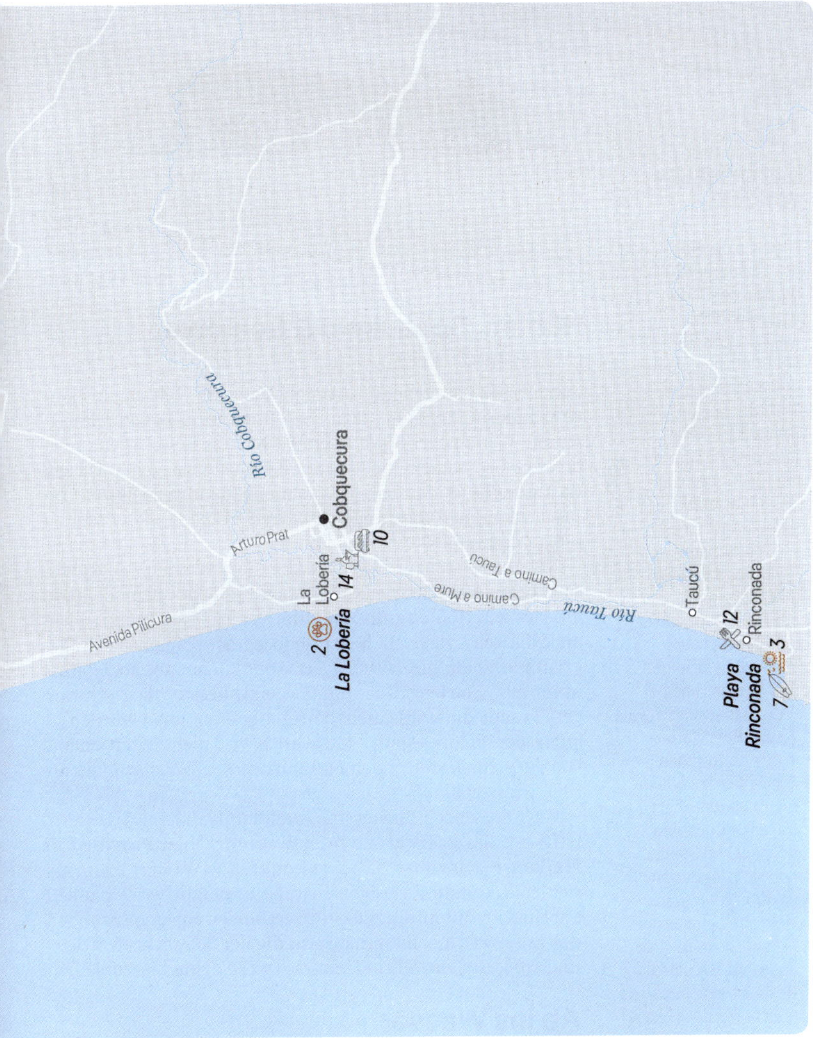

Río Cobquecura
Cobquecura
10
Arturo Prat
La Lobería
14
2
La Lobería
Avenida Pilicura
Camino a Taucú
Camino a Mure
Río Taucú
Taucú
12
Rinconada
3
Playa Rinconada
7

Seelöwen (S. 184), Cobquecura

SURFSPOTS

Punta de Lobos in **Pichilemu** (S. 179) ist wohl Chiles berühmteste Welle und eine Pilgerstätte für die Surfwelt. Wer fürs Wellenreiten lebt, plant seine Reise um diese beiden Orte.

DAS ERDBEBEN VON 2010

Mitten in der Nacht des 27. Februar 2010 begann der Boden unter Cobquecura zu wackeln. Das heftige Schütteln hielt volle drei Minuten an, als ein Erdbeben der Stärke 8,8 auf der Richterskala kurz vor der Küste zuschlug. Das sechststärkste je gemessene Beben richtete Schäden von über fünf Milliarden Dollar an. Rund 525 Menschen kamen ums Leben, hauptsächlich beim folgenden Tsunami und bei Erdrutschen, und etwa 9 % der Bevölkerung in den betroffenen Zonen wurde obdachlos. Besonders hart traf es Cobquecura. An manchen Stellen hob sich der Boden um drei Meter, was viele alte Lehmziegelhäuser zusammenbrechen ließ. Bei einem Besuch heute merkt man kaum, dass hier je etwas passiert ist.

BIOSPHOTO/ALAMY STOCK PHOTO ©

Iglesia de Piedra

Höhlen, Schaukeln & Seelöwen

SPAZIERGANG AM MEER

Cobquecura bietet mehrere Attraktionen, die sich für eine lange Wanderung eignen, darunter seinen 8 km langen Hauptstrand. Wer aus der Stadt nach Westen ans Wasser geht, hört tiefes Gebell von einem 50 m vor der Küste gelegenen Felsen. **La Lobería** ist das Zuhause sonnenbadender Seelöwen. Im Januar kommen die Jungen zur Welt, was kilometerweit zu riechen ist.

Über die Küstenstraße geht's 4 km nach Norden zur grandiosen **Iglesia de Piedra** („Steinkirche"), einem Felsmonolithen mit riesigen Höhlen zum Meer hin. Das Licht im Innern wirkt majestätisch – vielleicht hielt Cobquecuras vorspanische Bevölkerung deshalb hier rituelle Versammlungen ab; heute steht in ihr eine Marienstatue. Eine Legende besagt, dass schwangere Frauen die Höhle nicht betreten sollten, sonst würden sie aufs Meer hinausgespült – tatsächlich wird nicht selten jemand von der schnell steigenden Flut mitgerissen. Warnschilder am Eingang beachten!

Wer weiter nach Buchupureo und dann landeinwärts fährt, trifft auf das 22 ha große private Schutzgebiet **Parque Las Nalkas**. Eigenwillige Naturwege führen zu Wasserfällen, Aussichtspunkten und riesigen Instagram-tauglichen Schaukeln auf Hügeln. Rubinrote Holzstege verbinden ein atemberaubendes Ensemble aus Baumhäusern, die der Schwerkraft trotzen und ein guter Grund sind, ein bis zwei Nächte hierzubleiben.

Ab ins Wasser

REITEN AUF EISIGEN WELLEN

Die Surf-Community setzte Cobquecura Anfang der 2000er auf die Reiserouten und gehört noch immer zu seinen inbrünstigen Fans. Man braucht kein großes Können, um mitzumachen. Die beste Welle zum Einstieg gibt's südlich der Stadt an der

ÜBERNACHTEN IN COBQUECURA

Complejo Turístico Ayekan
Zelten am Meer auf einer hübschen Lichtung am Ende einer Zufahrt zwischen Eukalyptusbäumen. €

Hotel Boutique Kurayafu
Dank regionaler Kunstwerke, Textilien und einer herrlichen Terrasse ist diese Boutique voller Charakter. €€

View Buchupureo
Wie der Name sagt, haben die rundum verglasten Ferienhütten an einem Berghang einen beispiellosen Meerblick. €€

Playa Rinconada, im Sommer der belebteste Surfstrand mit einem kleinen Surfladen, Campingplätzen und mehreren Ständen mit billigen Fisch-Empanadas. Nördlich der Stadt liegt **Pullay**, ein sandiger Point nach links mit schnellen, starken und vorhersehbaren Wellen – ein Spaß für alle Levels. **La Boca** in Buchupureo ist für Profis ein einmaliger Break: lange Linke und exzellente Zeit im Tunnel. Leider wird Cobquecuras Strand selbst meist von Wellen getroffen, die zum Reiten zu hart sind.

Die meisten Wellen dieser Gegend brechen nach links und eignen sich am besten für mäßig Erfahrene bis Erfahrene. Ein dicker Neoprenanzug ist in jeder Jahreszeit ein Muss – die Wassertemperaturen liegen zwischen 14 °C und 17 °C. Escuela **Nanosurf Cobquecura** ist für Neulinge die erfahrenste Surfschule, für Anleitungen auf Englisch ist die kleinere Schule **El Chiringuito de Pullay** besser geeignet. Beide verleihen Ausrüstung zu vernünftigen Preisen, Letztere ist der wohl größte Surftreff der Region. Ein guter Spot für ein Bier nach dem Ritt ist die **Cerveceria Kofke** mit flippiger Ästhetik und tollen Burgern; wer morgens ins Wasser geht, holt sich im **Café La Mano** seine Koffeindosis.

Paddeln & Vogelbeobachtung

DIE WILDE KÜSTE ERFORSCHEN

Bei einem Aufenthalt an Cobquecuras grauer Sandküste gibt's viele Aktivitäten, die keines Surfbretts bedürfen. Wer sich lieber auf ein Paddelboard stellt, kann mehrere ruhige Flussmündungen durchstreifen – besonders in Taucú und Buchupureo, wo Flüsse aus den Anden erst zum Stillstand kommen und dann ins Meer fließen. **Stand Up Paddle Buchupureo** bietet SUP-Kurse an und veranstaltet Paddeltouren bei Tag und Nacht. Wer beim Rudern lieber sitzt: María Elvira von **Kayak Vilu Cobquecura** verleiht Einer- und Zweierkajaks, mit denen sich die seichten Mündungen des Taucú erkunden lassen, die oft von Blesshühnern, Schwänen, Enten und Reihern wimmeln.

Ancestral Ecoturismo ist eine Reiseagentur, die Ausflüge mit dem Fokus auf Natur und Landschaftsschutz anbietet. Die Guides führen in örtliche Feuchtgebiete, auf Vogelbeobachtungsrouten oder informieren zur Siedlungsgeschichte der Gegend. Zu beachten ist, dass Englischkenntnisse in Cobquecuras Abenteuertouristik allgemein gering sind, man aber mit etwas Geduld, ein paar Schlüsselworten auf Spanisch und geschickter Zeichensprache ganz gut durchkommt. Für Ausflüge mit einem englischsprachigen Guide die Agentur einige Tage im Voraus kontaktieren.

MEERESFRÜCHTE-QUIZ AN DER CALETA

Cobquecuras **Caleta Rinconada de Taucú** eignet sich hervorragend, um die gängigsten Meeresfrüchte an der chilenischen Zentralküste kennenzulernen. Krabben (*jaiba*) gibt's hier in Hülle und Fülle. Typischerweise mit Parmesan, Sahne und Paniermehl gemischt und in einer Tonform gebacken, wird Krabbenfleisch zu *pastel de jaiba*. Außerdem gibt's chilenische Miesmuscheln (*choritos*), die man mit Weißwein, Reis und Knoblauch gedünstet als *arroz con choritos* serviert. Bull Kelp (*cochayuyo*) ist eine vielseitige Seealgenart, die in Salaten und vegetarischer Ceviche verwendet wird. Schwertmuscheln (*navajuelas*) und *piure*, fleischige orange Manteltiere, werden hier wannenweise verkauft. Letztere werden roh verzehrt und schmecken wie Seeigel.

UNTERWEGS VOR ORT

Busse aus Chillán und Concepción fahren von Cobquecura oft weiter nach Buchupureo und Pullay und machen es möglich (wenn auch nicht ideal), mit dem Bus herumzukommen. Da sich die Kette aus Stränden aber über gut 20 km hinzieht, ist es ohne eigenes Fahrzeug am besten, eine Gegend zu wählen und dort zu bleiben. Hotels können normalerweise für einen Shuttledienst und Transportmittel sorgen.

Rund um Cobquecura

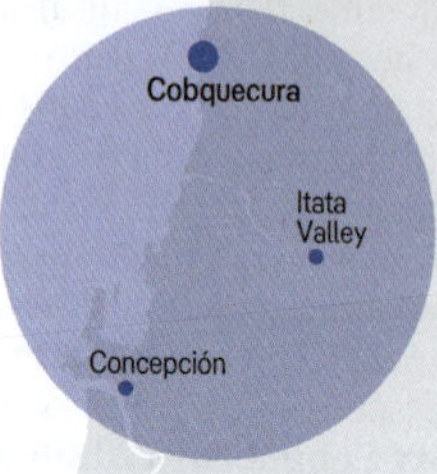

Im Umkreis von 125 km um Cobquecura warten ungewöhnliche Weingüter und Chiles meistunterschätzte Stadt.

Im Inland von Cobquecura breiten sich die unveredelten Buschreben des Itata-Tals auf grünem Hügelland aus, das ansonsten mit Kiefern- und Eukalyptuswäldern bewachsen ist. Die Südgrenze von Chiles Weingebiet unterscheidet sich deutlich von den traditionelleren Tälern weiter nördlich. Itata, das in bestimmten Kreisen Santiagos zum Trend wird, umfasst tatsächlich einige der ältesten Weinberge Nord- und Südamerikas; heute werden die Trauben zu natürlichen Low-Intervention-Weinen verarbeitet.

Das Herz des Tals ist der Río Itata. Wer dem noch größeren Río Biobio folgt, Chiles breitestem Fluss, kommt in die größte Stadt südlich von Santiago, Concepción, die für Universitäten, Rockbands, die Kunstszene und die pulsierende Cafékultur bekannt ist.

TOP TIPP

Das Itata-Tal und Concepción sehen wenig internationalen Tourismus. Für Informationen und Öffnungszeiten am besten die sozialen Medien nutzen.

Concepción (S. 188)

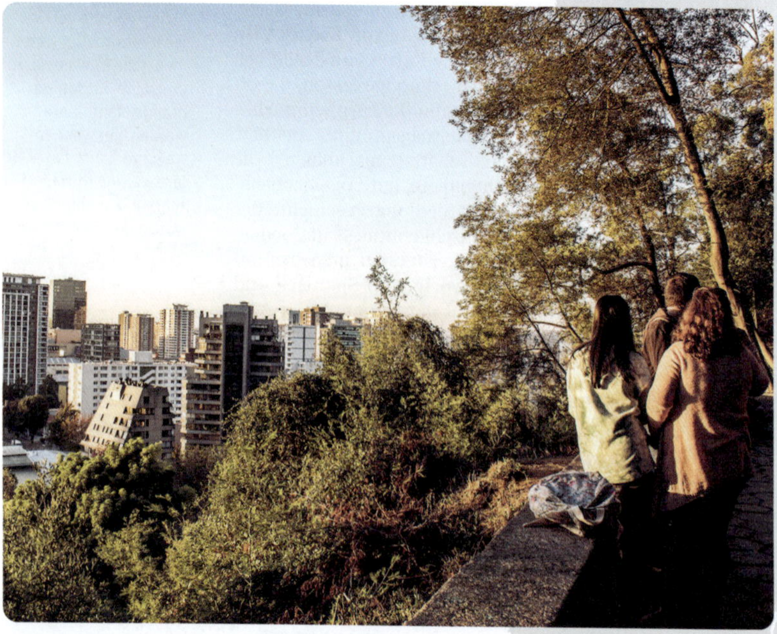

CHRIS MELLOR/ALAMY STOCK PHOTO ©

Weintrauben

Der Wilde Westen des chilenischen Weins

DAS ITATA-TAL VERKOSTEN

Wer eine Önologin in Santiago fragt, welche Region gerade besonders spannend ist, hört wahrscheinlich vom Itata-Tal. Es ist die etablierteste Weinregion in Südchile, wird aber von Boutique-Weingütern und Garagengeschäften beherrscht – damit ist es so etwas wie der Wilde Westen des Weintourismus. Das Tal ist riesig, daher konzentriert man seinen Besuch am besten auf die Landgemeinde **Guarilihue** mit einer aufstrebenden Tourismusindustrie 70 km südlich von Cobquecura. **Borra Bar de Vinos** ist der schönste Ort, um etwas zu essen und sich zu orientieren. Die jungen Besitzer des Lokals in einem charmanten Lehmziegelhaus servieren Natur- oder Low-Intervention-Weine und erstklassige kreative, saisonale Gerichte.

Das nahe **Vinos TresC** vermarktet Flaschen mit ausgezeichnetem Cinsault und País, während **Viña Piedras del Encanto** preisgekrönten Sekt ausschenkt. **Viña Mora Reyes** hat eine breite Produktpalette mit in Chile raren Gewächsen wie Chasselas (Gutedel) und Aramon. Die **Viña La Fábula de Guarilihue** macht Rundgänge durch ihren hundert Jahre alten Adobe-Keller und führt danach auf den perfekten Aussichtspunkt

ALTE REBEN, WILDE WEINE

Mit mehr als 500 Jahren Geschichte gilt das Itata-Tal als eins der ältesten Weinbaugebiete auf dem amerikanischen Doppelkontinent, aber weil seine üblichen Rebsorten früher verschnitten wurden, war es nie Gegenstand eines Hypes. Das ändert sich gerade. Traditionelle Reben wie País (ein kräftiger Roter) und Muscat d'Alexandrie (ein leicht süßlicher Weißer) können weit über 100 Jahre alt sein und werden oft zu Naturweinen verarbeitet. Noch entzückter sind Önologenkreise von den alten Reben *sémillon* (blumiger Weißer) und *cinsault* (fruchtbetonter Roter), die in Chiles Toprestaurants serviert werden. Die **Tienda Alma del Itata** in Ñipas führt 160 Marken aus Itata und ist ein genialer Zwischenstopp, um Seltenheiten zu erwerben.

ÜBERNACHTEN IM ITATA-TAL

TresC
Dieses Weingut bietet u. a. Kuppelhäuser auf einem Hügel oder bequeme Einzelzimmer gleich neben den Reben. **€**

Entre Viñedos
Agrotourismusbetrieb mit Pool, leidenschaftlichem Wirt und Zimmern samt Blick auf Cinsault-Reben. **€€**

Guariliwe Ecolodge & Wines
Chalet im Wald, eine tolle Wahl für Gruppen. Drei Zimmer, ein Pool und ein Whirlpool. **€€**

CONCES ROCK-GESCHICHTE

Concepción gilt als Wiege des chilenischen Rock. Einige der größten Bands des Landes kommen aus der pulsierenden Livemusikszene dieser Stadt, darunter Los Tres (eine der einflussreichsten Rock-En-Español-Bands des 20. Jahrhunderts) und Los Bunkers, die Rock nach Art der Beatles mit den Wurzeln der chilenischen Volksmusik verbinden. Zu den anderen Bands aus Conce gehören Emociones Clandestinas, Santos Dumont, De Saloon, Machuca und Julius Popper; Chiles einflussreichster Musikexport, Los Prisioneros (Pioniere des Nuevo Pop Chileno), hatten hier ihr erstes großes Konzert.

IVAN KONAR/ALAMY STOCK PHOTO ©

Universidad de Concepción

vor einem Wald voller Vögel, der Pate für die Weinetiketten stand. Das Weingut hat an Wochenenden geöffnet und ist das einzige mit englischsprachigen Führungen. Wie bei allen Weingütern in Itata gilt: mindestens 24 Stunden vorher buchen.

Lichter der Großstadt

KUNST UND KULTUR IN CONCEPCIÓN

Rund 125 km südlich von Cobquecura liegt Concepción („Conce"), Chiles drittgrößte Metropolregion nach Santiago und dem Großraum Valparaíso. Diese attraktive Universitätsstadt mit energiegeladener junger Kunst-, Musik- und Kulturszene sieht nur einen Bruchteil des Tourismus, der die anderen Zentren bevölkert. Kulturbegeisterte gönnen sich den Abstecher zu Institutionen wie **La Casa del Arte** auf dem Campus der **Universidad de Concepción** (UdeC, eine der angesehensten Hochschulen Lateinamerikas). Das Highlight ist das facettenreiche (sehr politische) Wandgemälde **Presencia de América Latina** des mexikanischen Künstlers Jorge González Camarena.

Kunstwerke mit sozialem Bezug zeigt auch ein Spaziergang über den UdeC-Campus zu lebhaften öffentlichen Wandbildern. Drei Blocks weiter liegt **Artistas del Acero**, ein Kulturzentrum mit Wechselausstellungen. Auch lohnt ein Blick auf den Spielplan des **Teatro Biobío**; auf Chiles größter Bühne finden Konzerte, Opern, Theater und Ballette statt.

Conces Livemusikszene kann man an einigen von Chiles wildesten Locations wie in der **Casa de Salud** erkunden. Hier verschwimmen die Grenzen zwischen Bar, Club, Konzertbühne, Kunstgalerie und Kulturzentrum – eine multisensorische Erfahrung für Körper, Geist und Seele. Die nahe **La Bodeguita de Nicanor** ist ebenso unkonventionell und bringt alles von traditioneller chilenischer Volksmusik bis Latin-Rock'n'Roll.

UNTERWEGS VOR ORT

Zweimal am Tag fahren Busse von Cobquecura nach Concepción. Die Firma Buses Via Itata verbindet Städte im Itata-Tal, aber wer die Weingüter auf dem Land besucht, braucht ein eigenes Auto oder bucht bei einer Agentur wie Itata Expediciones in Coelemu eine Tour.

TERMAS DE CHILLÁN

Santiago
Termas de Chillán

Jeden Winter zieht es Schnee-Verrückte nach Termas de Chillán, Chiles schönsten Skiort, mit Südamerikas längster Piste, die sich durch immergrüne Wälder im Schatten des ständig qualmenden Volcán Chillán bergab schlängelt. Nach einem langen Tag auf dem Hang werden die Muskeln im Thermalpool entspannt. Zäher Autoverkehr ist in der Hochsaison (zwischen Juni und August) nicht ungewöhnlich, aber den Rest des Jahres über geht es lange nicht so hektisch zu, wenn sich das Tal ringsum, Valle Las Trancas, leuchtend grün färbt.

Von Frühling bis Herbst verlocken Hügelland und schneebedeckte Vulkane zu Wanderungen, Bergsteigen und Mountainbiking. Manche kommen nur, um abzuschalten und sich sattzusehen. Termas de Chillán besitzt die ganze Verführungskraft einer jungen Bergstadt und drei Craft-Brauereien. Hier gibt's Zentralchiles beste Berghütten, Chalets und Ferienhäuser und zum Glück holt die Restaurantszene langsam auf.

TOP TIPP

Ein Besuch unter der Woche kann vom Liftpass bis zur Unterkunft eine Menge Geld sparen. Außerhalb der Skisaison im Winter hat man wahrscheinlich das ganze Tal für sich. Achtung: Vorräte einkaufen. Viele Geschäfte machen in den stilleren Monaten unter der Woche zu.

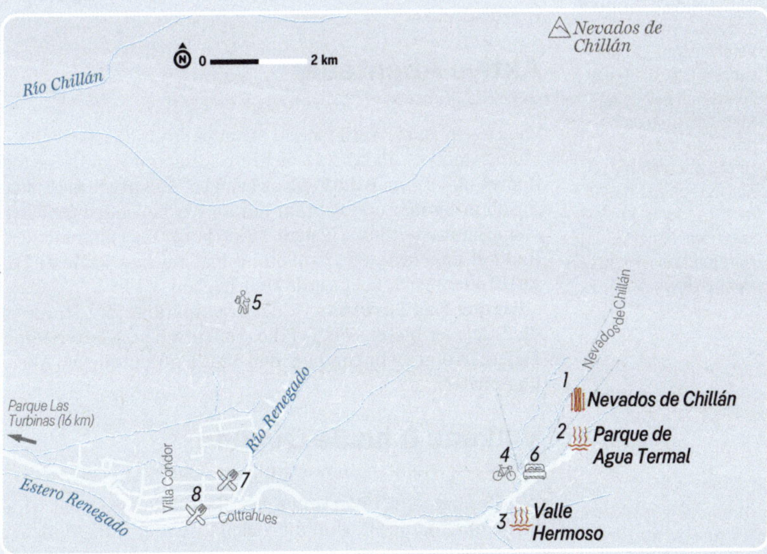

HIGHLIGHTS
1 Nevados de Chillán
2 Parque de Agua Termal
3 Valle Hermoso

KURSE & TOUREN
4 Laguna del Huemul
10 Bike Park

SCHLAFEN
5 Hotel Termas Chillán

ESSEN
8 Bistro Las Cabras
9 Las Bravas Bar & Café
siehe 9 Malcontenta Panadería

DER GEFÄHRDETE HUEMUL

Die Reservate nördlich und südlich des Valle Las Trancas – **Reserva Nacional Los Huemules de Niblinto** und **Reserva Nacional Ñuble** – beheimaten die nördlichsten Populationen des gefährdeten Huemul (Südandenhirsch), der an seinem gedrungenen Körperbau, kurzen Beinen und graubraunem Fell zu erkennen ist. Neben dem Kondor erscheint er in Chiles Staatswappen, aber weniger als 1500 leben noch in freier Wildbahn, von denen sich etwa vier Dutzend auf diese beiden Parks verteilen. Verschiedene Organisationen, darunter die Fundación Rewilding Chile, arbeiten daran, den südlichsten Hirsch der Welt vorm Aussterben zu bewahren, besonders an diesem fragmentierten Nordrand seines einst riesigen Reviers.

Südamerikas Schnee-Hauptstadt

NEVADOS DE CHILLÁN

Die Südhänge des 3186 m hohen **Volcán Chillán** sind der spektakuläre Standort der Skimetropole Nevados de Chillán. Sie zieht weniger internationale Gäste an als die Ferienorte nahe Santiago, aber eingeweihte Skiprofis schätzen die Rivalin im Süden schon immer. Ungewöhnlich für Chiles Skiorte: Viele der 34 Bahnen, die einen guten Mix für Neulinge und Erfahrene bieten, verlaufen durch den Wald. Es hagelt Superlative: Nevados de Chillán hat die längste Piste Südamerikas (die 13 km lange Las Tres Marías), den längsten Sessellift und noch dazu ein paar der besten Après-Ski-Angebote.

Die Skisaison geht oft schon Mitte Juni los und dauert bis Mitte-September. Einheimische schwören darauf, dass Anfang September eine der besten Zeiten ist – toller Schnee, leere Hänge, Rabatt auf die Skipässe –, aber die Saison wird mit jedem Jahr kürzer. Allgemein sorgt das günstige Ortsklima für einige der besten Schneebedingungen des Kontinents. Hostels und Skiverleihe sind hier günstiger als in den Orten nahe Santiago – aber wenn das Budget es zulässt, ist das umwerfende **Hotel Termas Chillán** jeden Cent wert. Chiles schönstes Winterquartier hat ein beheiztes Schwimmbecken mit Außenbereich, das größte Wellnessbad des Landes, noble Essensangebote und ein von den umliegenden Wäldern inspiriertes Holzdesign.

Aktive Abenteuer

RADFAHREN UND MEHR IN TERMAS DE CHILLÁN

Von Dezember bis April tauscht Nevados de Chillán Skier gegen Mountainbikes und öffnet mehrere Lifts, um Abfahrts- und Enduro-Biker zum **Bike Park** zu bringen. Außerhalb der Hochsaison im Januar und Februar nur an Wochenenden geöffnet.

Eine landschaftlich schönere, 26 km lange Tagestour mit dem Rad auf unbefestigten Straßen im malerischen **Valle de Diguillín** lässt sich über Verde Tour buchen.

Parque Las Turbinas ist ein Privatpark an der Straße in die Stadt; er bietet Wasserfälle, Seilrutschen, Klettersteige, Badeseen und mehr rund um den familienfreundlichen Abenteuerurlaub.

Vulkane & heiße Quellen

ENTSPANNEN IN THERMALWASSER

Was Termas de Chillán unter den Skirevieren weltweit wirklich einmalig macht, sind die vielen Thermalbäder, in denen

ESSEN IN TERMAS DE CHILLÁN

Malcontenta Panadería
Diese Hipster-Bäckerei, deren Croissants und Baguettes köstlich sind, backt auch richtig leckere Pizzas. €

Las Bravas Bar & Café
Resto-Bar in den Bergen, mit der man nichts falsch machen kann: Craft-Biere, Burger, Pizzas, Ceviches und Salate. €€

Bistro Las Cabras
Das beste Restaurant im Tal bietet köstliche Fleisch- und Nudelgerichte; nur im Sommer und Winter geöffnet. €€€

man sich nach einem langen Tag auf der Piste entspannen kann. **Valle Hermoso** ist ein grünes Freizeitgebiet zwischen der Stadt und dem Skiresort Nevados de Chillán mit drei Thermalwasser-Außenbecken und einem Restaurant. Weiter oben am Berg liegt der exponiertere **Parque de Agua Termal**, der eine weite Aussicht ins Tal und vier Becken bietet. Beide sind nicht besonders schick und in den Wintermonaten muss man mit Preisaufschlägen rechnen.

Wer es etwas wilder möchte, macht eine Tagestour von 9 km ins **Valle de Aguas Calientes** mit einer Reihe Thermalbecken am Fluss. In dieser Vulkangegend ist man am besten mit Guide unterwegs. **Verde Tour** (verdetour.com) ist eine gute Option für diesen und sonstigen Abenteuerurlaub in der Gegend, etwa für Radfahren, Rucksacktourismus und um mit gut ausgebildeten englischsprachigen Guides den großen (**Volcán Nevado**) und den kleinen (**Volcán Renegado**) Vulkan zu besteigen.

Wanderung zur Laguna del Huemul

EIN EPISCHES ANDENABENTEUER

Von allen Wanderungen im weiteren Umkreis von Termas de Chillán ist die zur **Laguna del Huemul** mittlerweile die beliebteste – und das aus gutem Grund. Man klettert in die Höhe, wird mit dem sagenhaften Blick auf eine andine Lagune belohnt, hat eine tolle Sicht auf den Volcan Chillán und auf Nevados de Chillán und durchwandert dichte Eichen-, Lengas- und Coihue-Südbuchen-Wälder. Der 10 km lange Rundweg enthält 700 m Steigung, das reicht für Herzrasen und ist trotzdem für die meisten aktiven Besucher machbar.

Der Trail startet nahe dem stillgelegten Abenteuerpark Ecoparque Shangri-La. Ausgeschilderte Wege führen zur Steinruine des **Refugio Shangri-La**, einer verlassenen Berghütte aus den 1940ern. Ab hier beginnt der richtige Aufstieg. Tief in den Wäldern kann das Klopfen von Magellanspechten gehört werden. Oben öffnet sich nahe dem zerklüfteten Gipfel des **Cerro Las Cabras** (2024 m) ein Panoramablick auf die türkisblaue Lagune inmitten der umringenden Gipfel. Solo-Hiker sollten die chilenische App SUDA runterladen, über die es offline nutzbare Wanderkarten anderer User gibt. Im Winter muss damit gerechnet werden, dass der Weg wahrscheinlich nicht passierbar ist, aber mit Schneeschuhen lässt sich immerhin bis zum Refugio Shangri-La aufsteigen.

KURZE WANDERUNGEN FÜR EILIGE

Sendero El Mirador ist einer der schönsten, einfachsten Wanderwege und startet gleich in der Stadtmitte. Auf 0,6 km Länge klettert er rasch zu einem weiten Panoramablick über das Valle Las Trancas. Die besten Farben sieht man bei Sonnenuntergang.

Der leichtere **Sendero Los Pangues** ist ein gut markierter, kinderfreundlicher Weg, der über nur 300 m zu einer friedlichen Grotte und einem kleinen, schmalen Wasserfall führt.

Der absolut beste Kurzwanderweg ist die **Ruta Fumaroles** zu den teuflischen Fumarolen von Nevados de Chillán. Die kurze, aber spektakuläre Strecke von 1,3 km startet am Parque de Agua Termal und steigt zu dampfenden Becken und Rauchwolken auf. Aufpassen, wo du hintrittst!

UNTERWEGS VOR ORT

Nach Termas de Chillán verkehren täglich mehrere Busse von Chillán aus, das eine regelmäßige Busverbindung und Bahnanschluss nach Santiago hat. Die dichteste Taktung besteht in den Wintermonaten. Das Tal selbst ist im Sommer extrem fahrradfreundlich, obwohl es viele lieber per Mietwagen erkunden und dazu von Santiago anreisen.

Rund um Termas de Chillán

Nördlich und südlich von Termas de Chillán sind die Anden gespickt mit Nationalparks, die Ausländer nur selten erkunden.

Mag sein, dass Termas de Chillán der Vorzeige-Urlaubsort in den Bergen Zentralchiles ist, aber es ist keineswegs der einzige. Im Gegenteil: Von so ziemlich jeder größeren Stadt entlang der Ruta 5 gehen geteerte Straßen in die Anden ab. Allgemein gilt: Je weiter man nach Süden kommt, desto grüner werden die Berge und desto mehr Vulkane ragen am Horizont auf. Antuco ist das nächste Bergdorf südlich von Termas de Chillán und das Tor zum Parque Nacional Laguna del Laja, einer herben Landschaft aus zerklüfteten Lavafeldern, donnernden Wasserfällen und krachenden Gletschern. Außerdem liegt im Park einer der größten Hochgebirgsseen der chilenischen Anden.

TOP TIPP

Die Metropole der Region, Chillán, ist als Verkehrsknotenpunkt unentbehrlich, wenn man nach Süden in die Andenparks oder nach Westen zur Küste will.

Laguna del Laja

TEDDY ARAOS MOORE/SHUTTERSTOCK ©

Volcan Antuco

Vulkane, Wasserfälle & Lagunen

WANDERN IN LAGUNA DEL LAJA

Laguna del Lajas **Volcan Antuco** (2979 m) ist vielleicht der klassischste Vulkankegel in ganz Chile. Im Winter zieht sein ewig schneebedeckter Hang Skibegeisterte an, das restliche Jahr über kann man die zahllosen Wege im Park erwandern, die über unwirkliche Lavafelder, abschmelzende Gletscher und zu einem der größten Hochgebirgsseen Chiles und Namenspatin des Parks führen, der **Laguna del Laja.**

Die zwei beliebtesten Trails (je 1,6 km einfach) starten vom Aussichtspunkt Chacay. Der **Sendero Los Coihues** durchquert einen Wald aus Chilezedern und endet mit einem sagenhaften Ausblick auf Vulkane. Das Highlight ist aber der **Sendero Las Chilcas**. Nach einer rollstuhltauglichen 500 m langen Strecke entlang eines Klippenrands senkt sich der Weg in ein Lavafeld und umkreist den Río Laja zu mächtigen Wasserfällen. Eine größere Herausforderung ist der **Sendero Sierra Velluda**, der über 4,6 km (ca. 5 Std. hin und zurück) den Gletscher am Fuß der Sierra Velluda (3585 m) ansteuert. Der Vulkan Velluda schläft zwar, dafür ist sein Nachbar Antuco überaus aktiv. Der letzte große Ausbruch war 1869, aber es gibt häufige Fumarolen.

Obwohl nahe bei Termas de Chillán per Luftlinie, kann die Fahrzeit hierher wegen des Straßenverlaufs bis zu drei Stunden dauern. Eine Übernachtung empfiehlt sich. Zu den Optionen zählen **Antucalhue** (einfache Ferienhäuser, Schwimmbecken und Restaurant knapp fünf Minuten vor dem Park) und der **Parque Antuco**, der in einem spektakulären Bergtal A-förmige Hütten und Campingmöglichkeiten auf Parkgelände bietet.

ATTRAKTION AM WEGESRAND

Über den hufeisenförmigen Wasserfall **Salto del Laja**, nördlich von Los Ángeles bei der Ruta 5, stürzt der Río Laja eine steile Klippe fast 50 m tief hinunter. Manche haben das Schauspiel als Miniversion der Iguazú-Fälle bezeichnet, wenn der Fluss viel Wasser führt, aber der Vergleich ist weit hergeholt. Dennoch ist der Wasserfall ein toller Zwischenstopp, wenn man auf dieser Straße unterwegs ist – für ein Picknick, eine Bootstour vor malerischer Kulisse, Souvenirkäufe oder eine Übernachtung in einem der günstigen Ferienparks voller Lokalkolorit. Wer es gern etwas raffinierter möchte, sollte das ruhige **Hotel Salto del Laja** probieren.

UNTERWEGS VOR ORT

Wer nicht auf öffentliche Verkehrsmittel eingeschworen ist und jede Menge Zeit hat, in den Bezirkshauptstädten an der Ruta 5 umzusteigen und auf Busse zu warten, die einmal am Tag fahren, möchte die Andenparks nördlich und südlich von Termas de Chillán wahrscheinlich im Mietwagen entdecken. Überwiegend sind die Straßen in gutem Zustand.

SUR CHICO

BEDROHLICHE VULKANE, UNBERÜHRTE GEWÄSSER UND OUTDOORABENTEUER

Kegelförmige Vulkane über türkisblauen Seen und Flüssen bestimmen die Landschaften des Sur Chico. Eine Kultur mit Mapuche- und deutschen Einflüssen sowie Abenteuer in der Natur tragen zur erhabenen Schönheit bei.

Auch die anderen Beinamen der poetisch als Sur Chico („kleiner Süden") bezeichneten Gegend beflügeln die Fantasie: Zona Sur, Los Lagos, Seen und Vulkane. Die Regionen La Araucanía, Los Ríos und Los Lagos (das Seengebiet) beherbergen ein atemberaubendes Ensemble von Feuer-und-Schwefel-Vulkanen, deren eisiges Gletscherwasser Seen von unglaublich jadegrünem und himmelblauem Glanz sowie wilde Flüsse speist, die sich ihren Weg durch alten Valdivianischen Regenwald bahnen. Die gesamte Region ist ein Abenteuerspielplatz, der vor allem in seinen neun Nationalparks und Naturschutzgebieten für Südamerika einzigartige Outdoorerlebnisse bietet.

Während die perfekt geformten Vulkane, die mit lautem Dröhnen und beunruhigender Regelmäßigkeit immer wieder zum Leben erwachen, die Landschaft dominieren, ist die Kultur ein Potpourri aus scheinbar gegensätzlichen Gesellschaften: La Araucanía gilt als spirituelles Zentrum der Mapuche, Chiles größter indigener Bevölkerungsgruppe, deren Einfluss im Sur Chico an allen Ecken und Enden spürbar ist. Infolge des Gesetzes der Selektiven Einwanderung von 1845, dessen Ziel die Besiedlung und Entwicklung Südchiles durch Europäer aus der Mittel- und Oberschicht war, ließen sich einwandernde Deutsche in und um Puerto Montt, Puerto Varas, Osorno und Valdivia nieder. Das Ergebnis ist ein natürliches Wunderland mit Mapuche-Spiritualität und altdeutschen Traditionen in einer der spektakulärsten Landschaften der südlichen Hemisphäre.

DIE WICHTIGSTEN ZIELE

TEMUCO
Bodenständige Hauptstadt der Araucanía nahe außergewöhnlich schöner Nationalparks. S. 200

PUCÓN
Abenteuer-Hotspot am Fuß eines bedrohlichen Vulkans. S. 207

VALDIVIA
Bier liebende Flussstadt mit deutscher Seele. S. 214

PUERTO MONTT & LAGO LLANQUIHUE
Ein atemberaubender See, unheilvolle Vulkane und grandiose Natur. S. 220

Links: Parque Nacional Vicente Pérez Rosales (S. 226); oben: Volcán Villarrica und Pucón (S. 207)

Erste Orientierung

Der Sur Chico erstreckt sich über knapp 100 000 km^2 im Süden Chiles und umfasst eine Region, die etwa 103 km nördlich von Temuco (La Araucanía) beginnt und an der Südspitze Chiloés (Los Lagos) endet.

Pucón, S. 207

Die Adrenalinhauptstadt Chiles lebt und spielt nach den Regeln des aktiven Vulkans Villarrica und bietet Extremsport, Thermalquellen und Unterhaltung im Überfluss.

Temuco, S. 200

Die Hauptstadt der Region La Araucanía mit proletarischen Wurzeln und Mapuche-Herz ist hauptsächlich das Tor zu zahlreichen unbedingt sehenswerten Nationalparks und Naturschutzgebieten mit imposanten Vulkanlandschaften.

Valdivia, S. 214

Die Hauptstadt der Region Los Ríos, ein Arbeitstier am Pazifik mit deutschem Einschlag, liegt am Zusammenfluss dreier Flüsse und bietet eine lebhafte Bierszene, spanische Festungen und Seelöwen, die sich auf dem Gehweg fläzen.

AUTO

Abgesehen von ein paar Routen zu einigen Nationalparks und Thermalquellen (wie dem Conguillío, dem Huerquehue und den Termas Geométricas) sind die Straßen des Sur Chico in ausgezeichnetem Zustand und überwiegend asphaltiert. Ein Leihwagen ist die beste Option für Entdeckungslustige.

FÄHRE

Manche der zahlreichen wunderschönen Seen lassen sich nur per Fähre überqueren, so zum Beispiel der Lago Tagua-Tagua zwischen Puelo und Llanada Grande und der Lago Todos Los Santos zwischen Petrohué und Peulla.

BUS

Ein exzellentes öffentliches Verkehrsnetz aus Bussen, Minibussen, Vans und Minivans deckt die gesamte Region ab und ist die einfachste Art der Fortbewegung. Kleinere und abgelegenere Orte erfordern eventuell, in der nächstgrößeren Stadt nach einem Anschluss zu suchen.

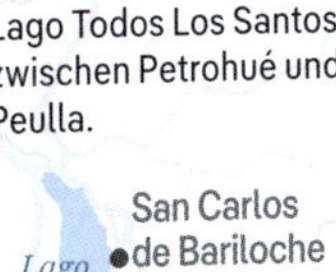

Puerto Montt & Lago Llanquihue, S. 220

Ein gut ausgebautes Nahverkehrsnetz und eine ausgezeichnete abenteuertouristische Infrastruktur bilden den Zugang zu Chiles zweitgrößtem See, dem unglaublich malerischen Lago Llanquihue mit Vulkanen im Hintergrund.

Perfekte Tage

Nirgends gibt's so viele Outdoorabenteuer zu erleben wie im Sur Chico, darunter Wander-, Kletter- und Kajaktouren in verschiedenen Nationalparks, Naturschutzgebieten und anderen malerischen Umgebungen.

GUAXINIM/SHUTTERSTOCK ©

Biologisches Schutzgebiet Huilo Huilo (S. 218)

Wenig Zeit

Wer nur Zeit für eine Aktivität im Sur Chico hat, sollte sich über die aktuelle Situation in **Pucón** (S. 207) erkundigen und, wenn zugelassen, im Parque Nacional Villarrica den **Volcán Villarrica** (S. 211) besteigen, die Vorzeigeattraktion der Region schlechthin. In den feurigen Krater eines aktiven Vulkans zu blicken ist ein einmaliges Erlebnis, bei dem man Unvergessliches sieht, fühlt und riecht. Nach der Bezwingung des Gipfels rutscht man auf seinem Gesäß den Villarrica herunter und macht sich auf ins Zentrum Pucóns, wo man bei Pisco Sours mit anderen Travellern Vulkangeschichten austauscht. Nicht das leckere Essen im Restaurant **Trawen** (S. 209) verpassen.

Beste Reisezeit

Outdooraktivitäten gibt's im Überfluss: Im Winter geht's in den Schnee, doch von April bis Juni – nach den sonnigen Tagen und vor dem Schnee – ist nicht viel los.

JANUAR

Jedes Jahr Ende Januar ertönt am Lago Llanquihue während der zehntägigen Semanas Musicales de Frutillar Musik von Weltklasse.

FEBRUAR

Für das **Bierfest** der Brauerei Kunstmann, Chiles größtes Event dieser Art, holen die Valdivianer ihre Bierkrüge hervor.

MÄRZ

Herbstsonne, Temperaturen um 19 °C und wenige Menschen machen **Puerto Varas** idyllisch. Tolle Flüsse zum Raften und Kajakfahren.

JÖRG SANCHO PERNAS/WIKIPEDIA/CC BY-SA 3.0 ©, JAZZ3311/SHUTTERSTOCK ©, JMAV/SHUTTERSTOCK ©

Eine Woche im Sur Chico

Wer eine Woche für den Sur Chico Zeit hat, kann sie auf die zwei großartigen Adrenalinhauptstädte **Pucón** (S. 207) und **Puerto Varas** (S. 224) aufteilen und diese als Ausgangspunkte für Erkundungen ins Umland nutzen. Pucón lädt zu Entdeckungstouren in die dramatischen Landschaften des **Parque Nacional Villarrica** (S. 211) und des **Parque Nacional Conguillío** (S. 204) sowie der **Reserva Nacional Malalcahuello-Nalcas** (S. 203) ein.

Von Puerto Varas aus lassen sich prima die Kultur und Geschichte sowie die natürlichen Attraktionen rund um den **Lago Llanquihue** (S. 220), den **Reloncaví-Fjord** (S. 228) und Chiles ältesten Nationalpark **Parque Nacional Vicente Pérez Rosales** (S. 226) erkunden. Ein atemberaubend schöner, furchtbar bedrohlicher Vulkan ist nie außer Sichtweite.

Länger Zeit

Am besten wählt man **Pucón** (S. 207) oder **Puerto Varas** (S. 224) als Ausgangspunkt und unternimmt so viele Outdoorabenteuer wie möglich.

Toll sind ein paar Nächte in den fantastischen Unterkünften der Nationalparks wie **La Baita** (S. 205) im Parque Nacional Conguillío, **Refugio Tinquilco** (S. 212) im Parque Nacional Huerquehue und **La Montaña Mágica** (S. 219) im Biologischen Schutzgebiet Huilo Huilo.

Wer durstig ist, fährt nach **Valdivia** (S. 214), wo eine der hopfenlastigsten Bierszenen Chiles zu Hause ist. Auch auf Wanderungen zu abgeschiedenen Fleckchen wie der versteckt gelegenen **Caleta Cóndor** (S. 230) an der Pazifikküste bei Osorno oder **La Junta** (S. 232), 12 km von Cochamó entfernt im Tal des Río Cochamó, sorgt ein Bierchen im Gepäck für eine willkommene Erfrischung.

JULI

Im Corralco Resort de Montana, dem Centro de Montaña Pillán und dem Centro de Ski y Montaña Volcán Osorno beginnt die **Skisaison**.

SEPTEMBER

Wohl der beste Monat für einen Besuch. Bei steigenden Temperaturen kann man morgens Ski und am Nachmittag **Kajak** fahren.

NOVEMBER

Der Frühling ist da und die Urlaubsgäste kommen erst in ein, zwei Monaten. Die Flüsse sind nun ideal fürs **Rafting**.

DEZEMBER

In **Pucón** und Puerto Varas kommt man dem Besucheransturm zuvor und freut sich auf trockene Tage mit milden Temperaturen.

TEMUCO

Pablo Neruda, einer der einflussreichsten Dichter des 20. Jhs., lebte einst in Temuco und verglich die Stadt mit dem Wilden Westen. Überraschend ist das nicht, denn die Hauptstadt von La Araucanía ist ein waschechter Arbeiterort fast ohne touristische Annehmlichkeiten. Die umliegenden Landschaften gehören jedoch zu den schönsten ganz Südamerikas und haben das Werk des Poeten wesentlich beeinflusst. Sein erster Gedichtband, *Crepusculario* von 1923, wurde größtenteils von seiner Zeit in Temuco inspiriert.

Heute ist Temuco eine der größten Städte Südchiles und untrennbar mit dem traditionellen Territorium der Mapuche verbunden, der größten indigenen Gruppe des Kontinents. Obwohl Temuco selbst nicht besonders attraktiv ist, verbringen Reisende zumindest etwas Zeit in der Stadt, auch wenn sie nur auf den Bus zu einem der vielen atemberaubenden Nationalparks der Araucanía warten.

TOP TIPP

Temucos trendigste Restaurants, Bars und Cafés tummeln sich rund um die Avenida Alemania westlich der Avenida Caupolicán nahe dem Portal Temuco, dem schönsten Einkaufszentrum der Stadt. Wer nur eine Nacht hier verbringt, sollte gleich mehrere der tollen Lokale aufsuchen.

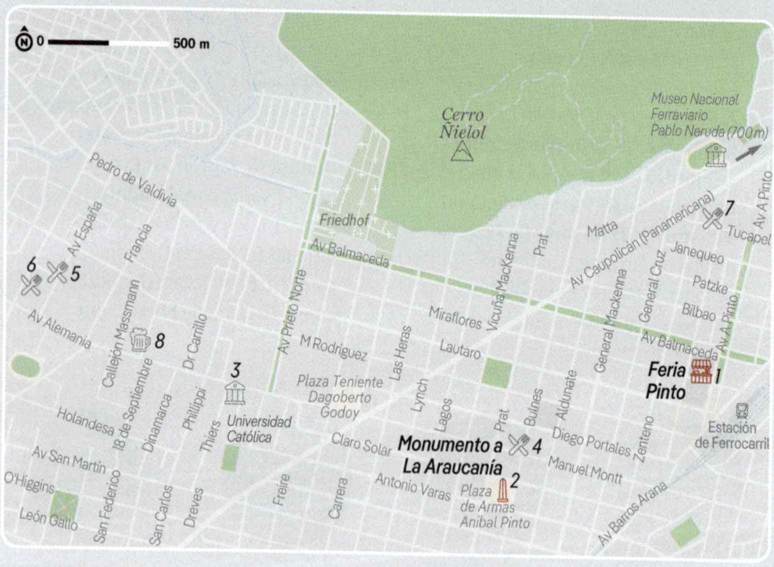

HIGHLIGHTS
1 Feria Pinto
2 Monumento a La Araucanía

SEHENSWERTES
3 Museo Regional de La Araucanía

ESSEN
4 Confitería Central
5 Gohan Sushi
6 Mercato
7 Zuny Tradiciones

AUSGEHEN & FEIERN
8 Casa Birra

Merkén **(Gewürz), Feria Pinto**

Boxenstopp In Temuco

LEBHAFTE MÄRKTE UND MAPUCHE-KULTUR

Mal ehrlich: Die meisten Reisenden sehen Temuco am liebsten im Rückspiegel auf dem Weg zu den spektakulären Nationalparks. Na gut. Wen es doch einmal hierher verschlägt (oder wen die Reiselogistik zum Zwischenstopp zwingt), auf den wartet jede Menge Kultur. Pablo Neruda verbrachte den Großteil seiner Kindheit in Temuco, nachdem seine Familie 1906 wegen der Arbeit seines Vaters bei der Eisenbahn in die Stadt gezogen war. An Neruda und die Bahn erinnert das **Museo Nacional Ferroviario Pablo Neruda**.

Temucos enger Bezug zur Mapuche-Kultur ist sofort sichtbar. Auf der palmenbestandenen Plaza Aníbal Pinto steht das **Monumento a La Araucanía**, das neben einem Mapuche-Krieger und einem indigenen Schamanen auch einen Soldaten, einen europäischen Siedler und einen spanischen Dichter zeigt. Schön ist ein Spaziergang über den riesigen Markt **Feria Pinto**, wo Lebensmittel, Obst und Gemüse, Mapuche-Gewürze (etwa der geräucherte Paprika *merkén*), Gestricktes (Ponchos, Decken und Pullover) und Kleinkram feilgeboten werden. Im einfachen, aber großartigen **Zuny Tradiciones** mit chilenischer Mapuche-Fusion-Küche gibt's leckeres Mittagessen. Nachmittags bietet sich sowohl das **Museo Regional de La Araucanía** in einer Kolonialvilla von 1924 an, wo interessante Exponate aus der Region sowie ein Mapuche-Einbaum zu sehen sind, als auch die **Tienda Rakizuam**, eine Boutique mit hübschen Waren der gemeinnützigen Fair-Trade-Organisation Fundación Chol-Chol, der über 600 Mapuche-Frauen angehören.

Abends geht's in die **Casa Birra**, eine versteckte Kneipe mit 35 Zapfbieren im Paseo Los Suizos, gefolgt vom Abendessen bei **Gohan Sushi** (kreatives Sushi mit chilenischem Touch) oder im **Mercato** (italienisch angehaucht, mit Burgern, frischer Pasta und Pizza).

LOCAL TIPP: TEMUCOS GREATEST HITS

Max Reuca (@max reuca) ist politischer Aktivist und *werken* (Sprecher) der Comunidad Mapuche Loncoyan in Purén. Hier verrät er seine Tipps für Temuco.

Feria Pinto
Ich liebe diesen Markt mit Mapuche-Kunsthandwerk und Gemüse an der Ecke Balmaceda und General Pinto.

Confitería Central
In diesem Café im Herzen der Innenstadt gibt's ausgezeichneten Kaffee und Kuchen.

Avenida Alemania
Toll zum Ausgehen und für leckere Häppchen in den vielen rustikalen Kneipen und Vintage-Lokalen des Viertels.

Monumento Natural Cerro Ñielol
Direkt vor der Stadt liegt dieser hübsche Park für alle, die Flora und Fauna lieben.

UNTERWEGS VOR ORT

Das Zentrum Temucos lässt sich erlaufen, doch wer keine Lust auf einen Fußmarsch von ein oder zwei Kilometern hat, kann sich ein Uber nehmen.

Rund um Temuco

Die ausgesprochen aktiven Vulkane rund um Temuco haben dramatische Landschaften hervorgebracht, die heute als umwerfend schöne Nationalparks unter Naturschutz stehen.

Parque Nacional Tolhuaca
Corralco Reso de Montaña
Reserva Nacional Malalcahuello-Nalcas
Temuco
Parque Nacional Conguillío

Temuco ist das Tor zu einer Reihe von Nationalparks und Naturschutzgebieten in Reichweite der Stadt; in allen spielen atemberaubende Vulkane die Hauptrolle. Im Westen und Nordwesten bieten der Parque Nacional Conguillío und die Reserva Nacional Malalcahuello-Nalcas Landschaften, die nicht von dieser Welt zu sein scheinen. Die benachbarten Schutzgebiete, von feurigen Ausbrüchen ihrer Vulkane (im Conguillío der Volcán Llaima 2008 und in der Reserva Malalcahuello-Nalcas der Volcán Lonquimay in den 1990ern) transformiert, halten einige der postkartenreifsten Wander- und Skirouten Chiles bereit, lassen sich jedoch auch mit dem Auto erkunden. Eine gute Straße führt durch den Parque Nacional Conguillío und eignet sich für einen unübertroffenen Roadtrip.

TOP TIPP

Tickets für den Parque Nacional Conguillío müssen im Voraus online gekauft werden (www.aspticket.cl). Parkwächter kontrollieren am Eingang den QR-Code.

Lago Conguillío und Volcán Llaima (S. 204), Parque Nacional Conguillío

ROBERTO VERDE/SHUTTERSTOCK ©

GRA-CAIRDEAS/SHUTTERSTOCK ©

Reserva Nacional Malalcahuello-Nalcas

Mars oder Malalcahuello-Nalcas?

WANDERN IN DER VERBRANNTEN UMGEBUNG DES VOLCÁN LONQUIMAY

Die 303 km² große **Reserva Nacional Malalcahuello-Nalcas**, etwa zwei Stunden östlich der Stadt, ist einer von drei Vulkanparks nahe Temuco und wirkt wie ein anderer Planet. Das Reservat, eine schwarzgraue Wüstenlandschaft aus Sand und Asche, schützt die wilde, verkohlte Umgebung des Cráter Navidad, der am Weihnachtstag 1988 entstand, als der Volcán Lonquimay ausbrach. Wer nur wenig Zeit hat, fährt direkt bis zum **Corralco Resort de Montaña** für einen Blick auf dieses verbrannte Ödland (oft macht Schnee die Weiterfahrt tiefer in den Park unmöglich), doch dramatischere Szenen bieten sich auf den zwei bis fünf Stunden dauernden Wanderungen. Die leichteste Route ist der **Piedra Santa** (7,5 km einfach, 5 Std.), der erste Abschnitt des längeren Trails zur Laguna Blanca. Er beginnt an der Landstraße nach Lonquimay nahe dem kleinen Conaf-Infozentrum im Dorf Malalcahuello. Auch zum **Cráter Navidad** (1,5 km einfach, 2 Std.), dem Ground Zero dieses verschmorten Schutzgebiets, kann man wandern. Der Ausgangspunkt liegt 4,8 km nördlich des Skiresorts.

ABSEITS UNTERWEGS

Wenn der frühmorgendliche Nebel von den Hügeln der Umgebung aufsteigt, sind auf der staubigen Straße zum 64 km² großen **Parque Nacional Tolhuaca** oft Scharen von Papageien zu sehen – ein klares Zeichen dafür, dass man sich außerhalb der ausgetretenen Pfade befindet. Tolhuaca liegt 120 km nordöstlich von Temuco am Ufer des Río Malleco und zählt vor allem wegen der umständlicheren Anreise als zu den nahen Parks Conguillío und Malalcahuello-Nalcas zu den bestgehüteten Geheimnissen. Im Park gibt's Wanderwege, die auf 850 m bei der Laguna Malleco beginnen und auf den Gipfel des Cerro Colomahuida (1830 m) führen. Der 2806 m hohe Volcán Tolhuaca liegt jenseits der Parkgrenze im Südosten.

ÜBERNACHTEN RUND UM MALALCAHUELLO

Andenrose
Voll ausgestattete, von einem bayerischen Zimmermann gebaute herzliche Unterkunft am Río Cautín. **€€**

Suizandina Lodge
Lodge in schweizerisch-chilenischer Hand mit deutschem Personal. Große Zimmer, Pferde, Schweizer Spezialitäten. **€€**

Spectra Lodge
Magischer Realismus trifft auf unglaubliche Lonquimay-Aussichten in der fantastischen Lodge. **€€€**

ROADTRIP

Das zornige Herz des Llaima

Für diese unglaubliche 90-minütige Fahrt durch das Herz des Parque Nacional Conguillío – eine versengte, unwirkliche Landschaft, die 2008 durch den Ausbruch des Volcán Llaima (3215 m) entstand – wird ein Allradwagen empfohlen. Normale Autos schaffen sie auch, wenn die Straße nach starkem Regen nicht in einem besonders schlechten Zustand ist. Südlich von Curacautín (80 Min. von Temuco) wartet kurz hinter der Laguna Captrén ein haariger Anstieg. Also los!

1 Laguna Captrén

Von Curacautín kommend, zeigt man an der Guardería Captrén 6 km vor der Laguna Captrén den QR-Code seines Tickets vor (12 €, im Voraus über www.aspticket.cl zu kaufen). Die Straße ist zwischen Juni und September geschlossen. Aus dem kleinen, klaren See ragen die Äste unter Wasser liegender Bäume hervor und in der Zugzeit (Oktober bis März) versammeln sich hier Zugvögel. Nicht weit entfernt passiert man den Lavafluss von 2008 und sieht die ganze beeindruckende Katastrophe mit eigenen Augen.

Die Strecke: Weiter geht's 7 km in südliche Richtung. Hinter der Laguna Captrén gibt's eine Steigung, die Wagen ohne Allradantrieb Mühe bereitet. Am besten im ersten Gang den Fuß auf dem Gas lassen. Auch preiswerte Mietwagen haben es geschafft.

2 Lago Conguillío

Vulkanschmelze und mehrere Ausbrüche haben über die Jahre diesen malerischen See geschaffen. Camping Los Ñirres ist einer von fünf Sendas-Conguillío-Campingplätzen auf Conaf-Land und hat ein kleines Café mit Seeblick. Angeln und Kajakfahren sind möglich.

ABRIENDOMUNDO/SHUTTERSTOCK ©

Lago Conguillío und Volcán Llaima, Parque Nacional Conguillío

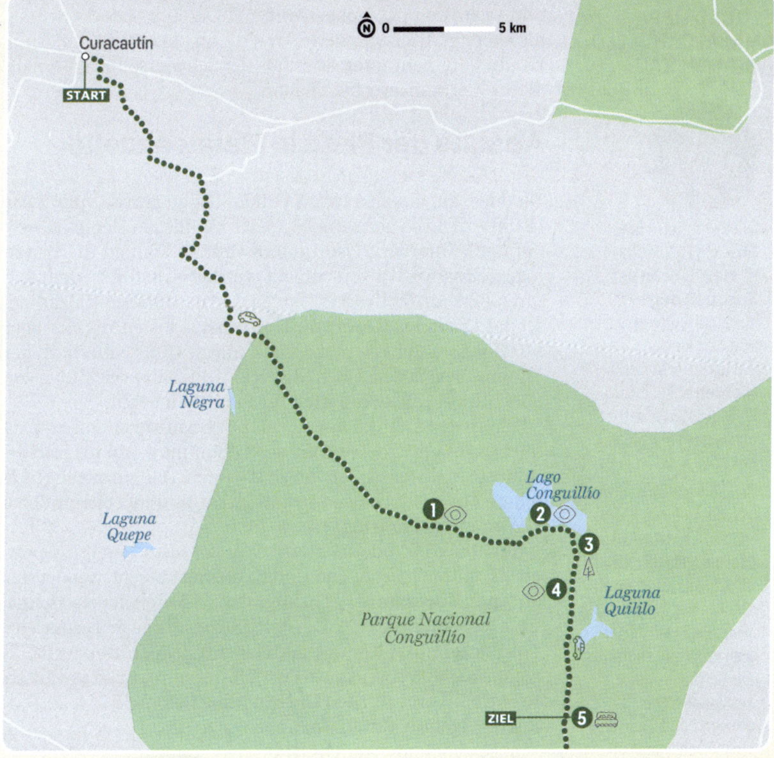

Die Strecke: Hinter dem Lago Conguillío wird die Straße zu einer Piste mit einem Mix aus losem und kompaktiertem Sand, die 3,5 km an fotogenen Araukarien (Andentannen) vorbeiführt.

3 Sendero Sierra Nevada

Auf dem Sendero Sierra Nevada (7 km einfach, 3 Std.) kann man sich wunderbar die Beine vertreten. Er beginnt am kleinen Parkplatz der Playa Linda und steigt von dort aus gleichmäßig in nordöstliche Richtung an, durchquert dichte Coihue-Südbuchenwälder und passiert einige Aussichtspunkte mit Blick auf zwei Seen. Vom zweiten und landschaftlich reizvolleren aus sieht man, wie dichte Araukarienbestände auf dem Bergrücken langsam die Coihue-Südbuchen ablösen.

Die Strecke: Vom Sendero Sierra Nevada geht's 2,5 km weiter in südliche Richtung.

4 Laguna Arcoíris

Eine kleine Aussichtsplattform rahmt diesen kleinen See mit tiefen Jade- und Türkistönen, der sich bildete, als Lava eine nahe gelegene Flussmündung verstopfte. An windstillen und klaren Tagen kann man auf den Grund sehen und über das schillernde Spiegelbild der Umgebung staunen.

Die Strecke: Die letzten 6,5 km führen weiter nach Süden durch die atemberaubende geschwärzte Landschaft des Conguillío.

5 La Baita

Am Ende des Trips lässt es sich in dieser tollen stylishen Lodge der ehemaligen Sängerin Isabel Correa wunderbar entspannen. Sie umfasst neun Cabañas und neun Zimmer mit langsam brennenden Öfen, Solar- und Turbinenstrom sowie Designwaschbecken. Auch wer hier nicht übernachtet, kann sich im großartigen Restaurant (das auch als Lounge und Chillecke dient) stärken, bevor es weitergeht.

LOCAL TIPP: MALALCAHUELLO MIT DEM RAD

Die Kanadierin **Kristin Kidd** (@k.kiddx) ist Mitinhaberin der **Spectra Lodge** in Malalcahuello und lebt seit sieben Jahren in der Araucanía. Hier verrät sie ihre Lieblingsunternehmungen in Malalcahuello.

Besonders gern fahre ich mit meinem Fahrrad auf dem Radweg **Ciclovía Malalcahuello-Manzanar**. Egal, ob man wandert, läuft, Rad fährt oder sich im Winter sogar die Schneeschuhe anschnallt: Die umwerfende Szenerie enttäuscht nie. Auf dem Weg durch alte Tunnel und den Urwald staunt man über dramatische Vulkanansichten, unberührte Flora und Fauna und den tosenden Fluss. Am schönsten ist, dass sich der Fahrradweg für alle Fitnesslevel eignet und sich so jeder an ihm erfreuen kann.

Im Winter wird aus dem Park ein Skiresort mit allem Drum und Dran, denn zwischen Juni und Oktober bedeckt Schnee die apokalyptische Szenerie. Wen die an Mad Max erinnernde Landschaft mehr interessiert als der Schnee, sollte außerhalb dieses Zeitraums vorbeischauen.

Abseits der Piste in Malalcahuello

CHILES HEISSESTES ZIEL FÜR SKITOUREN

Die Idee, auf einem aktiven Vulkan Ski zu fahren, mag zwar in Chile nicht so neu sein wie in der nördlichen Hemisphäre – auf dem Villarrica, Osorno und Chillán können die Pisten jederzeit von Lava verschluckt werden –, hat aber dennoch ihren Reiz. In der Reserva Nacional Malalcahuello-Nalcas bietet das **Corralco Resort de Montaña** 32 Pisten, die sich über 810 Höhenmeter erstrecken und alle zu 100 % oberhalb der Baumgrenze liegen. Doch Malalcahuello hält auch einige von Südchiles schönsten Routen für Skitouren bereit.

Erfahrene Skifans nehmen den Lift **Cumbre** bis auf 2400 m (nur 465 m unter dem Gipfel des Lonquimay), um ins interessanteste und steilste Terrain zu kommen. Das wirkliche Highlight ist hier jedoch das 250 km² große Tourengebiet (inklusive Variantenabfahrten).

Wer Tourenski oder Splitboard (in der Mitte geteiltes Snowboard) fahren möchte und Unterstützung braucht, wendet sich an **Apex Backcountry Guides**, dessen Miteigner ein ehemaliger Profi-Snowboarder aus den USA ist, der zu den erfahrensten Backcountry-Guides der Gegend gehört. Der Anbieter stimmt die Tour jeweils auf das Erfahrungsniveau und gewünschte Extrem-Level ab. **Sled Chile** ist eine renommierte Agentur für adrenalingeladene Schneemobiltouren durchs Hinterland.

Man könnte auch einfach die Pisten an den acht Liften abfahren – hier haben schon die US-amerikanischen, kanadischen und französischen Olympiateams in ihrer Saisonpause trainiert –, aber das wäre ja nur der halbe Spaß, oder?

PULVERSCHNEE AUF DEM VULKAN

Das beste Skiresort des Sur Chico auf einem aktiven Vulkan liegt am Volcán Lonquimay, doch es ist nicht das einzige. Die Vulkane **Villarrica** (S. 211) und **Osorno** (S. 225) mit tollen Aussichten sind weitere Optionen.

UNTERWEGS VOR ORT

Da Malalcahuello recht langgezogen ist, erreicht man die Lodges, das Skiresort und den Nationalpark am besten mit dem Auto.

PUCÓN

Santiago
Pucón

Pucón ist ein touristischer Dauerbrenner und zieht mit unzähligen Outdooraktivitäten von Weltklasse seit Jahrzehnten Abenteuerlustige an. Seine Lage am traumhaften Lago Villarrica unter der rauchenden Spitze des gleichnamigen Vulkans besiegelt seinen Status als Topziel für Adrenalinjunkies, Naturbegeisterte und Outdoorfans jeder Art.

Obwohl Pucón mit der besten touristischen Infrastruktur südlich von Costa Rica glänzt, hat es mittlerweile Mühe, mitzuhalten. Der Ort mit gerade einmal 28 500 Leuten (Zensus von 2017) wurde während der COVID-19-Pandemie zum Ziel *número uno* für viele, die in schöner Umgebung von zu Hause aus arbeiten wollten, und ist daher um 30 000 Menschen reicher. Zusammen mit wechselnden Wellen von Urlaubern aus Santiago, brasilianischen Snowboardnovizen, abenteuersüchtigen Backpackern, New-Age-Spirituellen und Öko-Pionieren kann der Ort leicht überlaufen wirken. Seine unwiderstehliche Anziehungskraft ist trotz alledem intakt und das adrenalingeladene Leben in Pucón so gut wie eh und je.

TOP TIPP

Thermalquellen sind in Pucón ein großes Geschäft, aber nicht alle sind so natürlich, wie sie vorgeben. Manche bedienen sich Boilern und Chemikalien, um den schönen Schein zu wahren, weshalb man für einen beheizten Pool schon mal ein kleines Vermögen zahlt. Die Termas Los Pozones, Termas de Huife und Termas Geométricas sind hingegen seriöse Optionen.

Snowboarding, Lago Villarrica

ERIC BERGERI/GETTY IMAGES ©

LOCAL TIPP: EIN PERFEKTER TAG IN PUCÓN

María Luisa Arratia ist freiberufliche Bergführerin in Pucón. Hier sind ihre Tipps für einen Tag in der Stadt.

Mein perfekter Tag in Pucón ist im Frühling. Man steht früh auf, wandert bis zum Krater des **Volcán Villarrica** und fährt auf Skiern zum Auto zurück. Noch vor Mittag ist man wieder unten und gönnt sich ein tolles kaltes Bier im **Restaurante El Castillo**. Den Nachmittag verbringt man am Strand oder mit Klettern – hier ist alles so schön nah. Beim Grillen oder in der Bar **Mamas & Tapas** klingt der Tag mit Freunden aus.

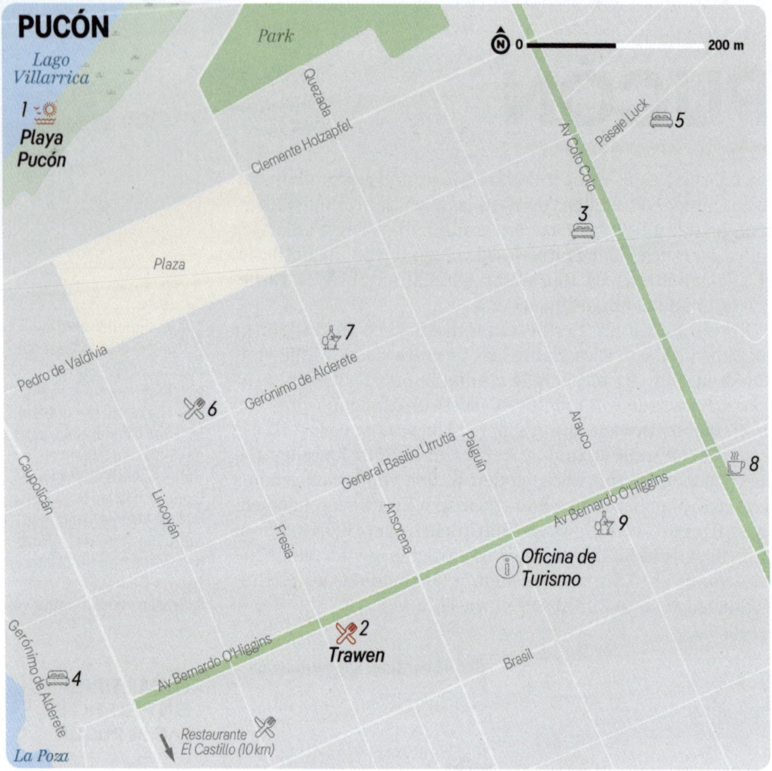

PUCÓN

Lago Villarrica
1 Playa Pucón
Park
Quezada
Clemente Holzapfel
Pasaje Luck
Av Colo Colo
5
3
Plaza
7
Pedro de Valdivia
Gerónimo de Alderete
6
General Basilio Urrutia
Palguín
Arauco
8
Caupolicán
Lincoyán
Fresia
Ansorena
Av Bernardo O'Higgins
9
Oficina de Turismo
2 Trawen
Gerónimo de Alderete
4
Av Bernardo O'Higgins
Brasil
Restaurante El Castillo (10 km)
La Poza
0 — 200 m

HIGHLIGHTS
1 Playa Pucón
2 Trawen

ÜBERNACHTEN
3 Aldea Naukana
4 Chili Kiwi
5 French Andes II

ESSEN
6 La Maga

AUSGEHEN & FEIERN
7 El Camino
8 Madd Goat Coffee Roasters
9 Mamas & Tapas

Das Outdoor-Utopia des Sur Chico

ABENTEUER IN PUCÓN

Im Ranking der weltbesten Outdoorspielplätze ist Pucón ganz oben dabei. Zehn Minuten auf der Avenida Bernardo O'Higgins reichen, um eine Fülle von Abenteueranbietern zu sehen, die jede erdenkliche Exkursion anbieten. Verkauft wird in Pucón alles, was mit Wandern, Springen, Schwimmen, Fahren, Reiten oder Klettern zu tun hat. Oft gibt's das Standardprogramm mit Besteigung des Volcán Villarrica und Rafting auf dem Río Tran-

ÜBERNACHTEN IN PUCÓN

Chili Kiwi
Pucóns geselligstes Hostel mit Schlafräumen am See, Baumhäusern, Cabañas, Hütten im Quonset-Stil und einem Pub. **€**

French Andes II
Apartment-Hostel mit Suiten, auch für längere Aufenthalte. Schöner Garten und Aussichten auf den Villarrica. **€€**

Aldea Naukana
Ein stylishes Boutique-Hotel aus heimischem Hartholz und Vulkangestein mit zehn Zimmern. **€€**

cura. Vorher überlegen, was man machen möchte, und vor der Entscheidung einen Blick ins *Libro de Reclamos* (Beschwerdebuch) in Pucóns **Oficina de Turismo** werfen.

Eine gute Idee ist, zunächst einmal die Stadt kennenzulernen. Pucón ist einer der schönsten Orte Chiles und bietet einen hohen Lebensstandard. Sein Charme liegt dabei nicht in traditionellem Sightseeing, sondern in seinen Straßen voller abenteuerlustiger Reisender mit schweren Rucksäcken, die sich von ihren Ausflügen ins Hochgebirge erzählen und die nächsten Unternehmungen planen. Man mischt sich unter die Menge in Lokalen wie **El Camino**, das Gäste und Einheimische mit vielen kreativen Burgern und guten Fassbieren anzieht (nach Piedra Mala der Brauerei Cerveza Puesco fragen, das perfekte Porter steht meist nicht auf der Karte). Nicht zu verpassen ist die sichelförmige **Playa Pucón**, ein schwarzer Sandstrand mit Tropenfeeling hinter Enjoy Hotels Pucón (Gran Hotel).

Wenn man sich etwas auskennt, wird es Zeit für die Highlights. **Antilco** ist die renommierteste Agentur für Reitausflüge, die überwiegend durch das sattgrüne Liucura-Tal, den Parque Nacional Huerquehue, Mapuche-Reservate und sogar bis nach Argentinien führen. Anfänger sowie Profis wählen aus halbtägigen bis 12-stündigen Reittouren mit Englisch sprechenden Guides.

Wasserratten haben die Qual der Wahl, doch Rafting (zu einem gewissen Grad auch Kajakfahren) ist in Pucón weniger aufregend als anderswo. Die folgenden Flüsse in der Nähe sind befahrbar (in Klammern die Stromschnellen-Klassifizierung): **Trancura Bajo** (III), **Trancura Alto** (IV), **Liucura** (II–III), **Puesco Run** (V) und **Maichín** (IV–V). **Politur** und die **Pucón Kayak School** sind zweckdienliche Anbieter von Rafting- bzw. Kajaktrips. Besser angelegt ist das Rafting-Budget am Río Futaleufú in Patagonien mit Weltklasse-Wildwasser, in Pucón holt man sich seinen Wasserkick lieber beim Hydrospeeding (Wildwasserschwimmen); der Nervenkitzel kostet hier sogar etwas weniger als anderswo. Wer sich mit Schwimmbrett und -flossen in die Stromschnellen stürzen möchte, sollte sich unbedingt für den Anbieter **Aventur** entscheiden.

Klettern lässt es sich am besten mit **Summit Chile** und dem international zertifizierten, ehemaligen chilenischen Kletterchampion Claudio Retamal. In **Cerduo** am Fuße des Volcán Villarrica warten 40 Routen mit Schwierigkeitsgraden zwischen VI– und IX+. Es gibt Sport- und traditionelles Klettern inmitten des Urwalds und Claudio organisiert zudem Ausflüge zu noch anspruchsvolleren Routen.

Diese Aktivitäten sind längst nicht alles, was Pucón zu bieten hat. Auch Schneeschuhfahren, Gleitschirmfliegen im Gebirge und Fahrten mit dem Motorschlitten sind möglich und kleinere Naturschutzgebiete lassen sich prima zu Fuß erkunden.

ESSEN & AUSGEHEN IN PUCÓN

Trawen
Pucóns Kulinariktempel vereint Kreativität mit Nachhaltigkeit und zaubert mit Zutaten aus dem eigenen zertifizierten Biogarten sowie Selbstgebackenem außergewöhnliche Geschmackserlebnisse. €€

La Maga
Eins der besten Grillrestaurants des Sur Chico ist dieses alteingesessene uruguayische Steakhouse, das vor allem mit *bife de chorizo* (Steak) und anderen saftigen Fleischstückchen glänzt. €€€

Madd Goat Coffee Roasters
Der US-Amerikaner Scott Roberts röstet hier lateinamerikanische und afrikanische Bohnen und braut zudem den besten Espresso Südchiles.

Mamas & Tapas
Das langjährige Epizentrum des Nachtlebens in Pucón beeindruckt mit einem Interieur aus Holz, das von einem Akustikingenieur entworfen wurde.

UNTERWEGS VOR ORT

Das Zentrum Pucóns hat nur ein paar wenige – aber ständig länger werdende – lebhafte Straßen, die leicht zu erlaufen sind.

Rund um Pucón

Rauchende Vulkane, Mapuche-Hochburgen und ein Wunderland aus Wasserfällen, Bergseen und Araukarienwäldern prägen das vielfältige Umland Pucóns.

Pucón
Parque Nacional Huerquehue
Santuario El Cañi
Anita Epulef Cocina Mapuche
Aurora Austral Patagonia Husky
Parque Nacional Villarrica

So schön Pucón auch sein mag: Die Stadt dient hauptsächlich als Basis für Outdoorabenteuer in der Umgebung. Der Parque Nacional Villarrica, dessen Highlight über der Stadt thront, liegt knapp 15 Fahrminuten entfernt im Süden. Der Vulkan selbst hält eine Fülle von adrenalingeladenen Aktivitäten bereit, allen voran die bekannteste Exkursion der Region: die Besteigung des vor sich hin schwelenden Biestes und der Blick auf leuchtende Lavaseen und Feuerfontänen vom Kraterrand.

Jenseits des showstehlenden Vulkans bieten die Gletscherseen und Primärwälder des Parque Nacional Huerquehue fantastische Wandermöglichkeiten und eins von Chiles schönsten *refugios* (Berghütte). Und die Kultur der Mapuche ist hier im Kernland der größten indigenen Gruppe des Landes allgegenwärtig.

Wandergruppe, Krater des Volcán Villarrica

TOP TIPP

Die beste Jahreszeit für eine Besteigung des Volcán Villarrica ist zwischen September und März, wenn sowohl Klima- als auch Wegbedingungen optimal sind.

HUNDESCHLITTEN

Aurora Austral Patagonia Husky, 19 km von Villarrica an der Straße nach Licán Ray, in deutscher Hand, bietet einmalige Fahrten mit den hübschesten Sibirischen und Alaskischen Huskys und Europäischen Schlittenhunden. Im Winter gibt's Tagesausflüge (im Sommer kürzere 5-km-Trips). Eine absolut unvergessliche Andenüberquerung bietet die Möglichkeit, mit den schnellsten Hunden Lateinamerikas bei einer längeren Exkursion auf Tuchfühlung zu gehen. Für wahre Hundenarren gibt's vier wunderschöne Cabañas; vier- bis zwölfwöchige Volontariate sind möglich.

Volcán Villarrica mal fünf

ABENTEUER AUF EINEM AKTIVEN VULKAN

Der **Volcán Villarrica** ist einer der aktivsten Vulkane Chiles und liegt nur 45 Fahrminuten südlich von Pucón, dessen Ruf als weltbekanntes Abenteuersportzentrum aufs Konto des perfekt geformten Stratovulkans auf 2847 m Höhe geht, der schon allein Grund genug für einen Besuch hier ist. Seine kegelförmige Vollkommenheit ist ein Wunder von Mutter Natur und inspiriert zu Outdoor-Action und riskanten Abenteuern.

Je nach Jahreszeit, Klima und Aktivität des ominösen (aber schönen) Riesen lässt sich das Glanzstück des **Parque Nacional Villarrica** auf sehr viele Weisen erleben. An erster Stelle steht die atemberaubende Wandertour zum Krater. Nur wenige Erfahrungen im Leben können mit der Besteigung eines rumorenden Monsters wie dem Villarrica und einem Blick in seinen schwelenden Bauch mithalten. Die Exkursion dauert einen ganzen Tag und beginnt (je nach Jahreszeit) zwischen 6 und 7 Uhr morgens in Pucón. Obwohl keine Bergerfahrung vorausgesetzt wird, ist die Besteigung kein Spaziergang. Es gibt keine Garantie, dass man den Gipfel wirklich erreicht, und wenn sich das Wetter ändert, kehren verantwortungsbewusste Guides ohne viel Aufhebens um. Ist eine Gipfelbesteigung möglich (was oft nicht der Fall ist), erlebt man den „Pucón-Moment" schlechthin. Das französisch geführte **Aguaventura** beschäftigt ausgebildete Vulkanführer.

Wenn Sernageomin (staatliche Agentur zur Überwachung der Vulkane) Besteigungen untersagt (oder auf eine Distanz von 500 m zum Krater beschränkt, was sich nicht lohnt), schaut man sich nach Alternativen um. Im Winter fällt die Wahl auf Skier und Snowboard. Das **Centro de Montaña Pillán** an der Nordwestseite des Vulkans hat denselben Betreiber wie die Skiresorts El Colorado und Parques de Farellones bei Santiago. Sicherheit und Infrastruktur wurden verbessert und es stehen mindestens vier Lifte und sechs Pisten zur Verfügung. Der Preis des Lifttickets lohnt sich schon wegen der Aussichten von der Lodge in der Bergmitte.

Auch Nicht-Skifahrer haben Optionen. Eine davon ist das Wandern, allen voran auf der **Travesía Villarrica**. Die drei- oder fünftägige Wanderung zwischen den drei Vulkanen des Nationalparks (Villarrica, Quetrupillán und Lanín) führt durch Lenga-Südbuchen- und Araukarienwälder sowie über Lavafelder und Gletscherflüsse. **Ermitaño Expediciones** kümmert sich um die Logistik.

Auf den offiziellen Conaf-Trails ist Mountainbiken verboten, doch es gibt zahllose Optionen. Aguaventura hilft

SICHERHEIT AUF DEM VOLCÁN VILLARRICA

Die Besteigung des Volcán Villarrica ist die Topexkursion in Pucón, doch aufgrund vulkanischer Aktivität oft vorübergehend untersagt. Seit 2015 gab es keinen wirklichen Ausbruch mehr, aber die Lavafontänen im Inneren des Vulkans sind fast immer aktiv. Im Voraus bei renommierten Veranstaltern und **Sernageomin** (www.sernageomin.cl), der staatlichen Agentur zur Überwachung der Vulkane, über die aktuelle Lage erkundigen. Wenn der Villarrica geschlossen ist, gibt's immer noch die benachbarten Vulkane Quetrupillán, Llaima und Lanín.

SKIFAHREN AUF AKTIVEN VULKANEN

Zu den Skiresorts auf aktiven Vulkanen gehören der **Corralco Resort de Montaña** (S. 203) auf dem Volcán Lonquimay und der **Centro de Ski y Montaña Volcán Osorno** (S. 226) im Parque Nacional Vicente Pérez Rosales.

ESSEN RUND UM PUCÓN

El Sabio
Ein liebenswürdiges argentinisches Paar serviert in Villarrica köstliche längliche Pizzas auf kleinen Schneidebrettern. **€**

El Castillo
Gourmetgerichte, vor allem aus Wildfleisch wie Kaninchen, Reh (besonders gut: Stroganoff) und Wildschwein. **€€**

Hotel Antumalal
Internationale Küche mit chilenischem Touch sowie Zutaten aus dem Biogarten und umwerfende Aussichten. **€€**

CHILES ERSTER PRIVATPARK

In Chile gibt's über 2000 private Parks, doch alles begann 1991, als die Fundación Lahuén – eine kleine Gruppe besorgter Bürger – gemeinsam mit Ancient Forests International und anderen Organisationen Spenden sammelte, um ein Stück Land nahe dem Río Licura bei Pucón zu kaufen, das von der Holzindustrie bedroht wurde. Daraus entstand das **Santuario El Cañi**, ein umwerfend schöner Park, der etwa 500 Hektar alte Araukarienwälder schützt und heute erfolgreich von der Grupo de Guiás Cañe verwaltet wird. Der Park ist das älteste selbsttragende Naturschutzprojekt Chiles in der Hand von Ansässigen. Ein grandioser Wanderweg führt über steiles Gelände zur Laguna Negra und bis zu einem Aussichtspunkt mit kinoreifen Aussichten auf die Vulkane des Gebiets.

Parque Nacional Huerquehue

bei der Organisation und mit Guides. **El Clásico** ist die beliebteste Route mit 1000 Höhenmetern über 9 km angelegte Singletracks und fantastischen Aussichten auf die Seen Villarrica, Colico und Caburgua. Der **Cerduo Bike Park** hat fünf Trails mit insgesamt 13 km. Das unbefestigte, steinige Gelände macht Downhill-Erfahrung zu einem Muss! Weniger anstrengend, doch genauso spannend sind **Nachttouren** zum Villarrica, wenn er besonders wütend ist. Von verschiedenen Aussichtspunkten, die mit dem Auto oder über einen leichten Fußweg erreichbar sind, kann man das glühende Innere des Vulkans sehen, das den Himmel darüber zum Leuchten bringen. Bei günstigem Wetter ist dies eine spektakuläre Show.

Rückzugsort in Huerquehue

EIN UNVERGESSLICHES REFUGIUM

Kurz nachdem die asphaltierte S-905 8 km vor dem **Parque Nacional Huerquehue** (55 Min. von Pucón) zu Staub wird, schlängelt sie sich hinauf bis zum *El Alto*, der hiesige Name für die üppige Bergkuppe, und zu einem versteckten Highlight im Süden, womit nicht der 125 km² große Nationalpark gemeint ist. Fahrzeuge ohne Allradantrieb müssen am Río Huerquehue geparkt werden. Unauffällige Schilder („*Refugio*") weisen den Weg durch herrliche Wälder und über den Fluss zum **Refugio Tinquilco,** einer zweigeschossigen Luxus-Lodge auf einem Privatgrundstück 2 km hinter dem Parkeingang am Beginn des Trails zum Lago Verde. Entworfen hat sie ein Architekt, Schriftsteller, Ingenieur und Emmy-nominierter Dokumentarfilmer; sie ist ein Ort, wo Menschen der Welt entfliehen können. Man isst gemeinsam mit Gastgeber Patricio Lanfran-

AUSGEHEN RUND UM PUCÓN

El Castillo
Drahtige Outdoortypen versammeln sich in dieser Resto-Bar auf dem Weg vom/zum Volcán Villarrica.

The Travellers
LGBTIQ+-freundlicher Treff auf der anderen Seite des Sees in Villarrica mit annehmbaren Essen und besseren Drinks.

Delirium Tremens
Einladende Terrasse und mehrere wohnstubenähnliche Räume mit gemütlicher Atmosphäre in einem Braupub.

co, der herzhafte chilenische Hausmannskost mit French-Press-Kaffee und ausgezeichneten Weinen serviert, und kann mit ihm wunderbar eine Flasche Carménère leeren (seinen Dokumentarfilm *Der Richter und der General* von 2008 über das zerstörerische Pinochet-Regime muss man gesehen haben). Das 2 ha große Grundstück hat einfach alles: einen rauschenden Bach, Campingplätze am Fluss, Arbeitsplätze mit Datensignal neben riesigen Coihue-Südbuchen und einen Privatstrand am **Lago Tinquilco**. Nicht verpassen: die Waldsauna mit Tauchbecken. Hier vergisst man leicht, dass sich gleich nebenan der Parque Nacional Huerquehue mit herrlich aquamarinblauen Seen und Primärwäldern erstreckt, doch das macht gar nichts, denn um herzukommen, muss man nicht einmal ein Parkticket bezahlen!

¿QUIÉNES SON LOS MAPUCHES?

Die Mapuche sind die größte indigene Gruppe Chiles und machen laut Zensus von 2017 fast 10 % der Gesamtbevölkerung des Landes aus. Als unerschrockene Krieger bekannt, führten sie einen der heftigsten und erfolgreichsten Widerstandskämpfe gegen die europäischen Eindringlinge; die spanischen Eroberer konnten sich erst Mitte bis Ende des 19. Jhs. südlich des Río Biobío niederlassen. Heute leben die Mapuche zwischen Concepción und Chiloé (und auch in Argentinien), haben gemeinsame soziale, religiöse und wirtschaftliche Strukturen und sprechen verschiedene Dialekte des Mapudungun.

Mapuche-Momente

EINZIGARTIGE KÜCHE UND EIN SPIRITUELLES ERWACHEN

Das Gebiet der Araucanía ist die historische und spirituelle Wiege der Mapuche („Menschen der Erde"). Ihr unbestreitbarer Einfluss auf die chilenische Kultur umfasst alle Aspekte von der Gastronomie über Kunst und Kunsthandwerk bis zu den Namen fast aller größerer Wahrzeichen. Die Mapuche bleiben lieber unter sich, daher ist es bereichernd, mehr über sie und ihre Lebensweise von ihnen selbst zu erfahren.

Anita Epulef kocht in ihrer **Cocina Mapuche** in der Mapuche-Hochburg Currarehue (zu 80 % Mapuche) 40 Fahrminuten östlich von Pucón in einer holzbeheizten Hütte raffinierte Mapuche-Probiermenüs aus saisonalen Zutaten. *Mullokiñ* (in Quinoa gewälztes Bohnenmus), sautierte *piñones* (die Früchte der Araukarie; nur in der Saison) und *brotes de colihue* – eine spargelähnliche Pflanze, die auch als chilenischer Bambus bekannt ist – sind nur ein paar Beispiele der kulinarischen Abenteuer. **Rutas Ancestrales Araucarias** organisiert auch mehrtägige Wandertouren rund um Currarehue.

Rund um Pucón and Villarrica hat die Mapuche-Kooperative **Ruta Newen Leufu** ein kulturelles Immersionsprojekt gestartet, das eine Wellnesskomponente und Trekking im **Mapuche-Naturreservat Trawünko** enthält. **Elementos Turismo Experiencial** unter deutscher Führung ist ein Vorreiter in Sachen Ethnotourismus und ermöglicht einen tieferen Einblick in die indigene Kultur; auf dem Programm stehen mehrtägige Trips von der Region Bíobío bis nach Chiloé und Mapuche-Kochkursen, Besuche traditioneller *rukas* (reetgedeckter Mapuche-Häuser) und Treffen mit *machis* (traditionellen Heilerinnen).

MAPUCHE-MUSEEN

Wer gern tiefer in die Kultur der Mapuche eintauchen möchte, findet im **Museo Histórico y Antropológico** (S. 215) in Valdivia sowie im **Museo de Volcanes** (S. 219) im Naturschutzgebiet Huilo Huilo ausgezeichnete Ausstellungen zum Thema.

UNTERWEGS VOR ORT

Die meisten touristisch interessanten Gegenden wie etwa der Parque Nacional Huerquehue und das Santuario El Cañi lassen sich von Pucón aus gut mit öffentlichen Verkehrsmitteln erreichen. Wenn das Skigebiet geöffnet ist, fährt zum Fuß des Vulkans ein Shuttlebus. Ansonsten braucht man ein eigenes Auto oder nimmt sich ein Uber.

VALDIVIA

Santiago
Valdivia

Valdivias Charme mag nicht so offensichtlich sein – vielleicht leidet die Stadt darunter, kein Augenschmaus zu sein –, aber es trumpft mit einer wunderschönen Lage am Zusammenfluss von Calle-Calle, Cau-Cau und Cruces auf. Obwohl bereits 1552 vom spanischen Konquistador Pedro de Valdivia gegründet, begann seine Blütezeit erst im 19. Jh. infolge einer deutschen Einwanderungswelle. Das Erdbeben von 1960 zerstörte den Großteil der originalen deutschen Architektur, doch das deutsche Flair ist noch spürbar, genau wie eine jugendliche Energie und der bürgerliche Stolz auf die florierende Bierszene. Zudem zeigt sich Valdivias Charakter am hübschen Flussufer, wo Seelöwen auf den Gehwegen fläzen, die sich an den Abfällen des lebhaften Fischmarktes in eine Art Koma gefressen haben. Die natürliche Schönheit der Gegend lässt sich am besten in den nahen Küstenörtchen Niebla und Corral sowie auf der Insel Mancera bewundern.

TOP TIPP

Wer in Valdivia mit Trendsettern essen und trinken möchte, die Isla Teja auf der anderen Seite der Brücke hat die hippsten Bars und Restaurants der Region, vor allem in den Straßen Los Robles, Oettinger, Saelzer und Los Alerces.

HIGHLIGHTS
1 Bar Bundor
2 El Growler

SCHLAFEN
3 Airesbuenos Hostel & Permacultura

ESSEN
4 La Última Frontera
5 Parrilla de Thor

EIN SPAZIERGANG DURCH VALDIVIA

Action gibt's auf beiden Seiten des glitzernden, mäandernden Río Calle-Calle, der schönsten Attraktion der Stadt. Dieser 5,5 km lange Spaziergang dauert rund eine Stunde und vereint drei der Highlights Valdivias: jahrhundertealte spanische Türme, überraschend urbane Seelöwen und leckere Schokolade. Start ist am **1 Torreón del Barro** an der Avenida Ramón Picarte nahe der herrlichen *costanera* (Flussufer). Der Turm ist nicht zugänglich und gehörte einer spanischen Festung von 1774. Es geht weiter nach Norden zum Fluss und dann rechts zur **2 Feria Fluvial,** einem lebhaften Fisch- und Lebensmittelmarkt. Unterwegs rekeln sich immer wieder korpulente Seelöwen mitten auf dem Bürgersteig. Vom Markt aus ein paar Meter zurück geht's zur Puente Pedro de Valdivia und über die Brücke in Richtung Isla Teja mit Museen, trendigen Restaurants und Craft-Bier-Pubs. Ein Zwischenstopp lohnt im **3 RA Philippi Museo de la Exploración**, ein Wissenschafts- und Naturkundemuseum, das den regionalen Untersuchungen des deutsch-chilenischen Paläontologen und Zoologen Rodolfo Armando Philippi gewidmet ist. Nebenan liegt in einem schönen Anwesen am Fluss eins der besten Museen Chiles, das **4 Museo Histórico y Antropológico**. Das Erdgeschoss zeigt Haushaltsgegenstände aus frühen deutschen Siedlungen, die erste Etage Mapuche-Artefakte wie Silber, Schmuck und Waffen. Danach geht's zurück über die Brücke mit toller Aussicht auf Valdivia und weiter nach Süden zum **5 Torreón de los Canelos**, einem spanischen Turm aus dem 18. Jh. Eine Straße nach Osten auf der Yerbas Buenas und einige weitere auf der Pérez Rosales nach Norden geht's zur **6 Chocolatería Entrelagos** für eine wohlverdiente süße Pause.

LOCAL TIPP: VALDIVIAS HIGHLIGHTS

Cristián Olivares ist in Valdivia geboren und aufgewachsen und gründete Cuello Negro (www.cuello-negro.cl), eine von Chiles besten Craft-Bier-Brauereien.

Die besten Restaurants Valdivias liegen überwiegend außerhalb: **De Pellin y Coigüe** für herrliche Fleischgerichte mit wunderbaren Aussichten auf den **Lago Ranco**; **FishCarraldo** am Ufer des **Río Valdivia** für feinere Mahlzeiten und in der Stadt selbst das **New Orleans**. Für einen Drink gibt's kein besseres Lokal als die intime **Cava del Buho**. Wer ein Wochenende in Valdivia verbringt, sollte unbedingt an die Küste fahren. **Playa San Ignacio**, **Playa de los Enamorados** und **Playa La Misión** sind besonders schöne Strände und auch die Festungen in der **Bahía de Corral** sind einen Besuch wert, besonders die auf der **Isla Mancera**.

Cervecería Kunstmann

Stadt des Biers

CHILES BIERMETROPOLE

Wer schmackhaftere Alternativen zu Chiles beliebten Industriegebräuen Escudo und Cristal sucht, hat Glück: Die Craft-Bier-Szene im Land hat Riesenschritte gemacht und rund um Santiago produzieren Brauereien wie Kross, Jester, Tamango und Granizo (aus Valparaíso) hopfenlastige IPAs und andere aromatische Sorten, die mit den etablierteren Craft-Bieren anderer Länder leicht mithalten können. Gewiss ist Santiago der beste Ort für ein ernsthaftes Pint, doch das Herz der chilenischen Bierwelt schlägt in Valdivia.

Das weiche Wasser der Stadt und ihr ausgeprägtes deutsches Erbe erwiesen sich als perfektes Paar: Valdivias erste Brauerei Anwandter wurde 1851 gegründet. Beim Erdbeben von 1960 zerstört, erneuerte sie sich Jahrzehnte später als **Cervecería Kunstmann**, Südchiles bekannteste Biermarke. Das nur hier erhältliche ungefilterte Torobayo wird bei einer 45-minütigen Führung durch die Brauerei mit Museum, Restaurant und einer Bar mit 32 Zapfhähnen auf der Isla Teja 6 km südwestlich von Valdivia probiert. Herzhafte deutsche Kost rundet den Spaß ab.

Bierfans brauchen die Isla Teja eigentlich gar nicht zu verlassen. Auf der Insel gegenüber dem Zentrum servieren das von einem Oregoner geführte **El Growler** (15 Zapfhähne) und sein Nachbar, die **Bar Bundor** (20 Hähne), einen Mix aus eigenen und auswärtigen chilenischen Craft-Bieren; am Wochenende sind die Tische heiß umkämpft. Im Februar findet das **Bierfest** der Brauerei Kunstmann statt, das ausgelassenste Bierfestival Chiles.

ÜBERNACHTEN & ESSEN IN VALDIVIA

Airesbuenos Hostel & Permacultura
Valdivias bestes Hostel mit einem Mindestaufenthalt von drei Nächten. **€€**

La Última Frontera
Unkonventionelle Resto-Bar in einer maroden, atmosphärischen Villa; kreative Sandwiches und Craft-Biere. **€€**

Parrilla de Thor
Argentinisches Steakhouse am Ufer mit perfekt gegrilltem *bife de chorizo* (Steak) und Beilagen. **€€€**

Rund um Valdivia

Östlich von Valdivia und jenseits des unglaublich blauen Lago Panguipulli lohnt sich ein Abstecher zum Naturschutzreservat Huilo Huilo, einem Spielplatz für Naturbegeisterte mit einem Fokus auf Ökotourismus und Umweltschutz.

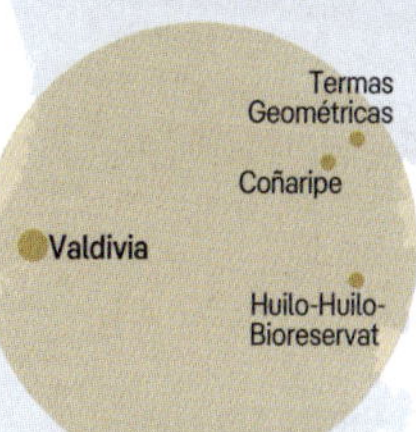

Panguipulli im Osten der Provinz Valdivia wartet mit einigen der atemberaubendsten Kulissen des gesamten Sur Chico auf: Vier allgegenwärtige Vulkane (Villarrica, Quetrupillán, Lanín und Mocho-Choshuenco) ragen am Horizont auf, während sieben Gletscherseen, die sich vom Lago Riñihue in östlicher Richtung bis zum Lago Pirihueico nahe der argentinischen Grenze ziehen, Farbe in die Landschaft bringen.

Dass die Gegend für touristische Zwecke als *Circuito Siete Lagos* (Sieben-Seen-Rundstraße) vermarktet wird, ist im Grunde überflüssig, denn die türkisfarbenen Gewässer inmitten bewaldeter Berge und schneebedeckter Vulkane bedürfen keiner Werbung. Die Region beherbergt das private Naturschutzgebiet Huilo Huilo, ein naturbelassener Abenteuertraum für Outdoorfans mit 1000 km^2 urwüchsigem gemäßigtem Regenwald.

TOP TIPP

Die fantastischen Hotels des Huilo Huilo sind nichts fürs kleine Budget. Wer im 3 km entfernten winzigen Neltume übernachtet, kann einiges sparen.

Panguipulli

LEBEN AM LIMIT

Im Norden grenzt die Región de Los Ríos an die Araucanía und den Parque Nacional Villarrica mit dem gelegentlich rumorenden Volcán Villarrica, einem der aktivsten Vulkane Chiles. Am südöstlichen Ufer des Lago Calafquén (den sich beide Regionen teilen) liegt der kleine Ort **Coñaripe**, eine Alternative zu Pucón als Ausgangspunkt für Erkundungen im Park. Der Haken? Wenn der Villarrica explodiert, bricht die Lava normalerweise direkt über den Ort herein. Das lebhafte Coñaripe hat zahlreiche Thermalquellen und schwarze Sandstrände, doch seine Lage in der Schusslinie des Vulkans bremst Investitionen; es gibt weniger Unterkünfte, einfachere Restaurants und ein verhalteneres Nachtleben.

GUAXINIM/SHUTTERSTOCK ©

Salto de Huilo Huilo

Wunderland Huilo Huilo

MÄRCHENHAFTE HOTELS UND ABENTEUERTOURISMUS

Das **Naturschutzgebiet Huilo Huilo** ist ein Abenteuerziel für jeden Geschmack, von naturbegeisterten Familien und Outdoor-Enthusiasten bis zu Fans von Fantasywelten à la Tolkien. Das im Jahr 2000 begonnene Projekt umfasst 1000 km² Privatland innerhalb des viel größeren UNESCO-Biosphärenreservats, liegt im Schatten des Volcán MochoChoshuenco zwischen zwei postkartenreifen Seen (Lago Pirihueico und Lago Panguipulli) und wird vom rauschenden eisblauen Río Fuy zweigeteilt. Ein Besuch hier, am besten ein paar Tage, bietet jede Menge adrenalingeladene Optionen des sanften Ökotourismus: Wandern, Wasserfälle, Mountainbiking, Wellness, Thermalquellen, Museen, Kajakfahren, Vulkanbesteigungen, Wildwasser-Rafting, Fliegenfischen, Reiten, Baumwipfeltouren ... Sogar eine Mikrobrauerei gibt's!

Schon die heimische Flora und Fauna ist einmalig; es gibt Darwin-Nasenfrösche, Pudus (kleine Rehe), *monitos del monte* (kleine Bergäffchen), 111 Vogel- und 35 Farnarten (nur auf den Juan-Fernández-Inseln gibt's mehr). Die Fundación Huilo Huilo besitzt und betreibt das Reservat und verzeichnete mit der Wiedereinführung des gefährdeten Huemul (Südandenhirsch) einen überraschenden Zuchterfolg.

ÜBERNACHTEN & ESSEN RUND UM VALDIVIA

Treca Rupan
Hinter dieser freundlichen Lodge in Neltume rauscht der Río Fuy. Guter Preis für tollen Stil. **€€**

Verde Bosque
Ein soziales, travellerfreundliches Lokal mit Pizza, Sandwiches und Coñaripes erstem eigenen Craft-Bier. **€**

Cervecería Petermann
Huilo Huilos hauseigene Brauerei und Pizzeria ist das Après-Ski-Pendant in diesem Outdoor-Wunderland. **€€**

Zunächst muss man sich für eins von Huilo Huilos märchenhaften Hotels entscheiden (im Voraus buchen): **La Montaña Mágica** hat neun Zimmer in einem wasserspeienden Turmbau, in dem sich auch Frodo wohlfühlen würde, mit kitschigen Möbeln und übernatürlichen Designelementen. Das **Nothofagus Hotel & Spa** ist das größte Hotel und verfügt über 55 Zimmer in einem von Gaudí inspirierten umgedrehten Konus, der zwischen Baumwipfeln des gemäßigten Regenwaldes hängt. Die **Reino Fungi Lodge** ist einem Pilz nachempfunden und hat 22 Zimmer mit Wellness- und Saunaoptionen (im Preis enthalten). Hartholz dominiert die Einrichtung und verleiht ihr den Charme einer Waldhütte. Weit weniger surreal sind der Campingplatz, ein Hostel in der Hochsaison, gut ausgestattete, rustikale Baumhäuser und luxuriöse Cabañas mit allem Komfort (inklusive offener Bar).

Nach der Eingewöhnung hilft der Exkursionsschalter dabei, die eigenen Wünsche mit dem erstaunlichen Angebot an Aktivitäten zusammenzubringen; viele erfordern einen Guide. Die Highlights sind endlos. Wer wenig Zeit hat, entscheidet sich für den 37 m hohen, spektakulären **Salto de Huilo Huilo** 5 km vor dem Eingang des Parks (ohne Guide, leicht mit dem Auto erreichbar). Die erste Seilbahn Südchiles, der **Teleférico Cóndor Andino**, ist eine ebenso zeitsparende Alternative. Die in der Schweiz hergestellte Bahn entführt die Passagiere auf eine 30-minütige Reise von der Basis auf 580 m bis zum 1167 m hohen Gipfel und bietet weite Aussichten übers gesamte Reservat. Auch das **Museo de los Volcánes** mit einem Kuppeldach aus Stein ist einen Besuch wert: Es ist das beeindruckendste archäologische Museum des Sur Chico und zeigt neben einer der besten Sammlungen von Mapuche-Schmuck auch den prähistorischen Stoßzahn eines Mastodons (einer von weltweit vier, heißt es). Guides gibt's in beiden Besuchszentren.

Die spannendsten Ausflüge erfordern etwas mehr Zeit, wie etwa die achtstündige Wanderung (hin und zurück) zum Gipfel des Volcán Mocho-Choshuenco und der viertägige **Sendero de Lagunas Andinas**. Der 2020 eingeweihte Trail ist der einzige Fernwanderweg des Schutzgebiets und nach Torres del Paine und dem Parque Tantauco in Chiloé erst die dritte mehrtägige Hütte-zu-Hütte-Wanderung in Chile.

Das Naturschutzreservat Huilo Huilo liegt etwa 2½ Fahrstunden östlich von Valdivia und ist am besten mit dem Auto zu erreichen.

BADEN MIT AUSSICHT

Für eine von Chiles kleineren Regionen ist die natürliche Schönheit der Los-Ríos-Landschaften herausragend, was auch den Erschaffern der **Termas Geométricas** nicht entgangen ist, die zu den schönsten Thermalquellen des Landes gehören. Sie liegen 15 km nördlich von Coñaripe an einer holprigen, aber befahrbaren Straße und erinnern mit ihrem asiatisch inspirierten Labyrinth aus 20 herrlichen Schieferthermalbecken und rotbraunen Coihue-Holz an einen japanischen Onsen. Abkühlen kann man sich unter zwei Wasserfällen und in drei kalten Tauchbecken. Das Ganze befindet sich an einer grünen Schlucht über einem rauschenden Bach, und in einer Region, in der es Thermalquellen wie Sand am Meer gibt, ist sie die idyllischste von allen.

UNTERWEGS VOR ORT

Wer kein Mietauto hat, nimmt einen der regelmäßig verkehrenden Busse zwischen Puerto Fuy und Panguipulli und lässt sich in Neltume oder am Naturschutzreservat Huilo Huilo absetzen.

PUERTO MONTT & LAGO LLANQUIHUE

Santiago
Puerto Montt & Lago Llanquihue

Das von Komikern auch liebevoll *Muerto Montt* („Totes Montt") genannte Puerto Montt ist das kommerzielle und logistische Zentrum des Seengebiets, doch sonst eher unspektakulär. Allerdings macht der Umbau der Uferpromenade in den 9 Mrd. Ch$ teuren Parque Costanera Hoffnung für die Zukunft. Wer auf der Suche nach unheilvollen Vulkanen, himmelblauen Gletscherseen und bergigen Nationalparks in den Sur Chico reist oder über die Carretera Austral oder mit der Navimag-Fähre Patagonien anpeilt, kommt auch an Puerto Montt vorbei.

Nur 17 km Luftlinie nördlich liegen Chiles zweitgrößter See Lago Llanquihue und das charmante Puerto Varas. Diese von Deutschen gegründete Stadt wird für ihre einmalige Lage am Wasser gegenüber von zwei atemberaubenden Vulkanen und ausgezeichneten Abenteueroptionen gepriesen. Aufgrund ihrer Nähe sind Puerto Montt und Puerto Varas eng miteinander verbunden, doch Puerto Varas ist der schönere Ausgangspunkt für Entdeckungstouren in die Umgebung.

TOP TIPP

Außer ein paar guten Restaurants und der heimeligen Gastfreundschaft seiner *hospedajes* (Gästehäuser) gibt's keinen Grund für einen längeren Aufenthalt in Puerto Montt. Ein oder zwei Nächte sind vielleicht unumgänglich, doch die meisten Traveller fahren weiter ins touristenfreundlichere und idyllischere Puerto Varas mit seiner wunderschönen Lage am See.

Puerto Montt und Volcán Osorno (S. 225)

NIARKRAD/SHUTTERSTOCK ©

Die Navimag-Erfahrung

MIT DER FÄHRE DURCH DIE FJORDE PATAGONIENS

Eine Reise mit der **Navimag-Fähre** durch Patagoniens Fjorde macht womöglich nicht so große Schlagzeilen wie andere Initiationsriten, doch die viertägige Schiffsfahrt zwischen Puerto Montt und Puerto Natales ist ein unvergesslicher Trip durch eine der schönsten, abgelegensten Gegenden der Welt.

Zwischen Puerto Montt und Puerto Natales gibt's keine Kreuzfahrtschiffe, aber die *Esperanza* – ein in China gebautes, angepasstes Frachtschiff, das 2021 vom Stapel lief – ist ein technisch hoch entwickelter Hybrid, der Sattelzüge und Rinderherden mit gastfreundlichen Kabinen, Bingo, Yoga und Reiki Kursen vereint und zudem typische regionale Köstlichkeiten wie *porotos con rienda* (Eintopf mit Kürbis, Spaghetti und Chorizo), gebratene *merluza* (Seehecht) und *cazuelas* (Fleischeintopf) bietet. Er ist sozusagen ein schwimmendes Hostel, das durch die schönste Landschaft Patagoniens tuckert, die sonst kaum jemand zu Gesicht bekommen würde.

Das Schiff legt dienstags um 22 Uhr in Puerto Montt (freitags um 21 Uhr in Puerto Natales) ab, gleich nach Inbesitznahme der Unterkünfte, die von privaten Premiumsuiten für zwei (1300 US$ pro Person) bis zu fensterlosen Gemeinschaftskojen (550 US$) reichen. Alle Kabinen haben eigene Badezimmer. Außerdem gibt's ein Fitnessstudio, einen Lift, eine Krankenstation, eine Kabine für Passagiere mit eingeschränkter Mobilität sowie ein großes Deck, von dem sich Vögel und die mannigfaltige Flora und Fauna Patagoniens beobachten lassen.

Die Fähre bahnt sich ihren Weg durch die engen Kanäle und Passagen der Region Aysén, wie den White-Kanal und die Angostura Inglesa (wo sie an beiden Seiten fast das Ufer küsst), und hält im abgeschiedenen Puerto Edén, einem kleinen Fischerhafen und letztem Außenposten der indigenen Alacalufes (Kawésqar). Der Kapitän macht den Kurs von der Wetterlage abhängig, daher ist keine bestimmte Route garantiert. Man schippert beispielsweise auf offener See an der Boca del Guafo zwischen der Isla Guafo und dem Chonos-Archipel entlang, quert den Ninualac-Kanal bei der Isla Tuap oder schlängelt sich durch den von Lenga-Südbuchen und Zypressen umstandenen Pulluche-Kanal. Auf keiner Route fehlen jedoch die Wasserfälle, die aus Gletschertälern ins Meer stürzen, die Sonne auf majestätischen weißen Bergkuppen und die Chance, Minke-, Humboldt- und Blauwale sowie Mähnenrobben zu erspähen.

Kontakte zu gleich gesinnten Travellern ergeben sich schnell bei unzähligen Karten- und Brettspielpartien, Mitleidsbezeugungen bei Übelkeit, Fußballspielen an Deck, nächtlichen Tanzpartys, improvisierten Musikdarbietungen und dem Planen

ÜBERNACHTEN IN PUERTO MONTT

Sipo' Hostel
Ausgesprochen gastfreundliches Hostel mit Schlafsälen und Privatzimmern. €

Hospedaje Vista al Mar
Die beste Pension in Puerto Montt mit gemütlicher Holzausstattung und herrlichen Aussichten auf die Bucht. €

Casa Perla
Alteingesessene Pension der legendären Matriarchin Perla voller Schnickschnack. Man spricht auch Englisch und Deutsch. €

Tungulú Cabañas
Stylishe Cabañas (Hütten) mit weitläufigem Meerblick hoch oben an einem Hügel 11 km südwestlich der Stadt. €€

ESSEN IN PUERTO MONTT

Puerto Fritos
Wunderbar frischer Fisch und Meeresfrüchte (wie etwa Muschelsuppe und Ceviche) mit Aussicht. **€**

Chile Picante
Überraschend gourmetverdächtige Drei-Gänge-Menüs aus kreativ zubereiteten regionalen Zutaten. **€€**

Cotelé
Die legendärsten Steaks der Region werden hier in einem *quincho* (Grillhütte) über offenem Feuer gegrillt. **€€€**

PUERTO MONTT & LAGO LLANQUIHUE

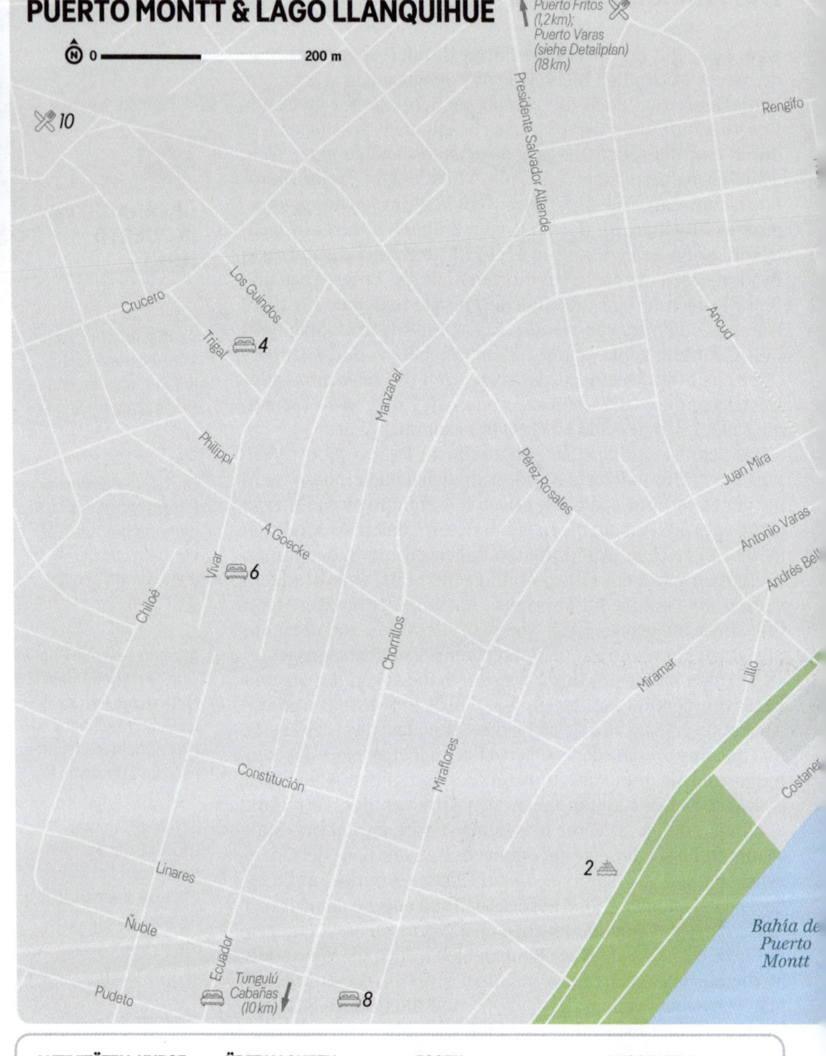

AKTIVITÄTEN, KURSE & TOUREN
1 Birds Chile
2 Navimag

ÜBERNACHTEN
3 Casa Kalfu
4 Casa Perla
5 Compass del Sur
6 Hospedaje Vista al Mar
7 MaPatagonia
8 Sipo' Hostel

ESSEN
9 Casavaldés
10 Chile Picante
11 Cotelé
12 La Vinoteca
13 Mesa Tropera

AUSGEHEN & FEIERN
14 Caffé El Barista
15 Taberna Nosé

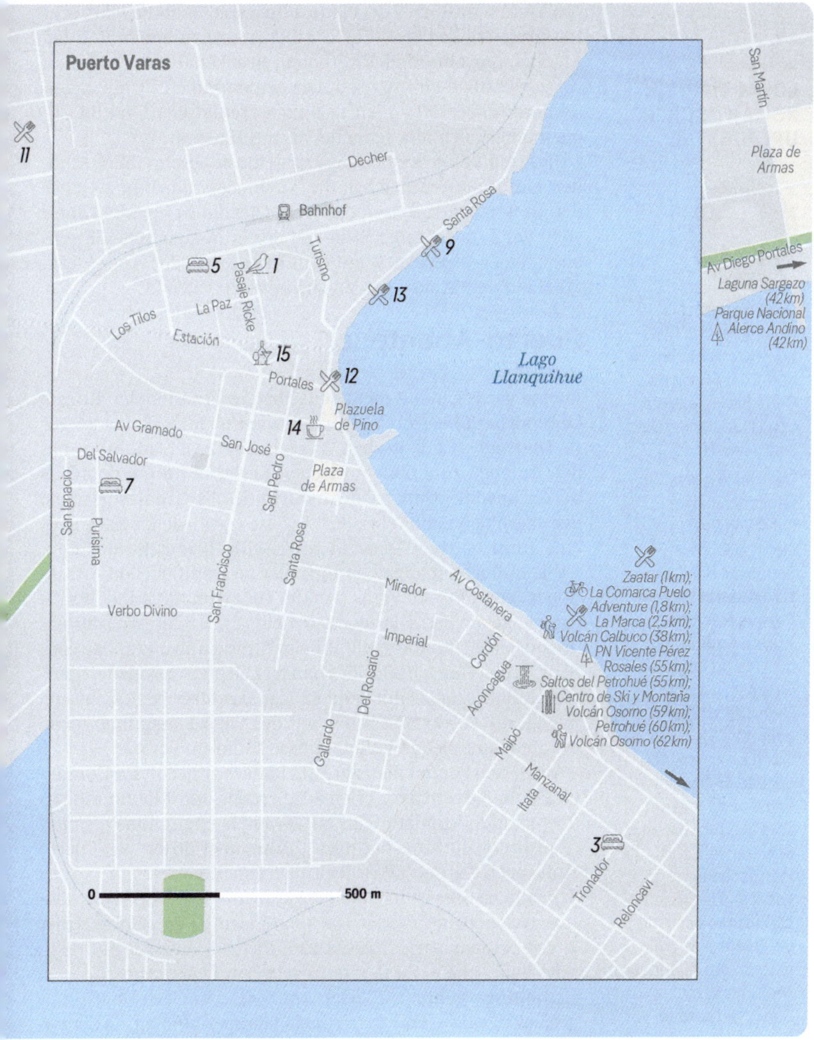

Puerto Varas

Decher
Bahnhof
Santa Rosa
9
5
1
Pasaje Ricke
Turismo
13
Los Tilos
La Paz
Estación
15
Portales
12
Plazuela de Pino
14
Av Gramado
San José
Del Salvador
San Pedro
Plaza de Armas
7
San Ignacio
Purísima
San Francisco
Santa Rosa
Verbo Divino
Mirador
Av Costanera
Imperial
Del Rosario
Cordón
Aconcagua
Gallardo
Maipó
Manzanal
Itata
3
Tronador
Reloncaví
11
San Martín
Plaza de Armas
Av Diego Portales
Laguna Sargazo (42 km)
Parque Nacional Alerce Andino (42 km)
Lago Llanquihue
Zaatar (1 km);
La Comarca Puelo Adventure (1,8 km);
La Marca (2,5 km);
Volcán Calbuco (38 km);
PN Vicente Pérez Rosales (55 km);
Saltos del Petrohué (55 km);
Centro de Ski y Montaña Volcán Osorno (59 km);
Petrohué (60 km);
Volcán Osorno (62 km)
0 — 500 m

Navimag-Fähre durch die Fjorde Patagoniens (S. 221)

BELIKOVA OKSANA/SHUTTERSTOCK ©

Puerto Varas (S. 224)

MATYAS REHAK/SHUTTERSTOCK ©

LOCAL TIPP: EIN ROMANTISCHER URLAUBSTAG

Russ Marquart ist Mitinhaber von Chester Beer (@chester_beer), der Stütze der Craft-Bier-Szene am Lago Llanquihue. Dies sind seine Tipps.

Der perfekte Ausflug beginnt mit einer Fahrt von Puerto Montt in Richtung Süden auf der **Carretera Austral** bis zum **Parque Nacional Alerce Andino**, wo man bis zur **Laguna Sargazo** wandern kann. Die schöne Tour dauert 2½ Stunden und führt durch Wälder und an Bächen und einem Fluss entlang bis zum kleinen See. Danach fährt man nach Puerto Varas und lässt sich in **La Vinoteca** am See bei einem Glas Wein ein leckeres Abendessen schmecken. Sport, Natur, tolle Aussichten, ausgezeichnetes Essen, großartiger Wein – das ist Puerto Varas!

von Treffen im Torres del Paine. Filme sind über die Plattform Navimag Travel Play (WLAN gibt's keins) zu haben und bei Alkohol, obwohl offiziell verboten, drücken die Angestellten für gewöhnlich ein Auge zu. Die gemeinsamen Erfahrungen an Bord führen oft zu lebenslangen Freundschaften und Cliquen bilden sich hier schneller als auf Klassenfahrt.

Diese einmalige Kameraderie und die unbeschreiblich schönen Landschaften machen die Navimag-Erfahrung zu einer der großartigsten Reisen der Welt. Obwohl weniger bekannt, steht der Trip auf einer Stufe mit der Transsibirischen Eisenbahn, einer Wanderung auf dem Inka-Pfad oder einer Flussfahrt auf dem Amazonas. In einem Wort: legendär.

Puerto-Abenteuer

OUTDOORACTION RUND UM PUERTO VARAS

Puerto Varas genießt nicht denselben internationalen Ruf als Outdoorparadies von Weltklasse wie Pucón, und das ist gut so. Die Stadt mit deutschen Wurzeln am Lago Llanquihue hat den Aufstieg zum obligatorischen Reiseziel für Outdoorfans besser bewältigt und den Ansturm des Pauschaltourismus, der über Pucón hereinbrach, teilweise vermieden, während es eine ähnlich große Auswahl an Frischluftabenteuern bietet.

Wie in Pucón mangelt es auch hier an traditionellen Attraktionen, denn Puerto Varas punktet vor allem mit seiner herrlichen Lage am See. Die gepflegte deutsche Architektur der gut organisierten Stadt verleiht ihr ein unverkennbar europäisches Flair, in den Geschäften gibt's handgemachte Schokolade, Gourmetprodukte und Outdoorzubehör, und zahlreiche Restaurants nutzen die Postkarten-Schönheit des Lago Llanquihue sowie die atemberaubende Vulkankulisse zu ihrem Vorteil.

Am besten kommt man auf zwei Rädern zum See. **La Comarca Puelo Adventure** verleiht Fahrräder und Mountainbikes (mehrtägige Anmietungen im Voraus buchen). Eine *ciclovía* (Radweg) – die längste Chiles – führt über 86 km von Puerto Varas nach Las Cascadas, doch auch eine Komplettumrundung des ruhigen Sees ist möglich (168 km). Auf dem Weg liegen hübsche Örtchen, der Parque Nacional Vicente Pérez Rosales (der älteste Nationalpark Chiles; S. 226), kleine Brauereien und deutsche Bauernhöfe. Zu den kulinarischen Leckereien am Lago Llanquihue gehören Fleisch am Spieß, Kuchen (heißt hier genauso: *kuchen*) und andere regionale Spezialitäten. La Comarca Puelo Adventure hat eine dreitägige geführte Tour um den See im Programm.

Es gibt großartige Wassersportangebote, insbesondere mit dem Kajak, sowie Klettern, Angeln, Wandern und sogar Skifahren. Die Seen, Berge, Flüsse und Fjorde der Umgebung bie-

ÜBERNACHTEN IN PUERTO VARAS

MaPatagonia
Herzlicher Klassiker unter den budgetfreundlichen Unterkünften in einem Haus von 1932 mit großen Zimmern. **€**

Compass del Sur
B&B in einem verschachtelten alten Haus im deutschen Stil mit Hartholzdielen und hohen Decken. **€€**

Casa Kalfu
Großes himmelblaues Chalet aus den 1940ern; 19 renovierte Zimmern mit Webarbeiten und Wandteppichen. **€€**

Lago Llanquihue und Volcán Osorno

ten verschiedenste Möglichkeiten. Zu den beliebtesten Trips gehören Rafting und Kajakfahren auf dem herrlich türkisgrünen **Río Petrohué**, dessen Stromschnellen (Klasse III und IV) nicht mit Patagoniens Río Futaleufú mithalten können, aber aufregender sind als der Río Trancura in Pucón. Die Landschaft um den Fluss, der sich auf dem Weg von den Anden bis zum Pazifik durch den Parque Nacional Vicente Pérez Rosales windet, ist unerhört schön. **Ko'Kayak** ist schon lange der Favorit für alle Paddel-Sportarten.

Wer in luftige Höhen möchte, besteigt die Vulkane **Osorno** (2652 m) und **Calbuco** (2006 m). Keiner der beiden setzt Klettererfahrung voraus, doch der Osorno ist aufgrund tiefer Spalten und einer Eiswand technisch anspruchsvoller. In Puerto Varas hat sich **Moyca Expediciones** als zuverlässig etabliert, doch alle Agenturen nutzen für die Besteigung dieselben Guides. Bergtouren auf eigene Faust müssen vorher von der Conaf genehmigt werden und sind nur etwas für technisch sehr erfahrene Kletterprofis.

Ruhiger geht's beim Fliegenfischen mit John Joy von der **Tres Ríos Lodge** in Ensenada oder Gustavo Arenas von **Patagonia Fishing Rockers** zu. Die Flüsse Maullín, Puelo und Petrohué bieten Angeloptionen auf Weltniveau. **Birds Chile** widmet sich der natürlichen Schönheit der Region, sein 12 km langer Geologie-Trail zwischen dem Lago Llanquihue und dem Lago Todos Los Santos ermöglicht, in unvergleichlicher Umgebung tiefer in die Landschaft einzutauchen, die Puerto Varas so einzigartig und reizvoll macht.

ABENTEUERVERANSTALTER IN PUERTO VARAS

Ko'Kayak
Renommierte Agentur für Raftingtrips auf dem Río Petrohué und Seekajakexpeditionen im Reloncaví-Fjord.

La Comarca Puelo Adventure
Der freundliche Ernesto Palm del Curto stellt Mountainbiketouren in weniger erschlossene Gegenden zusammen.

Moyca Expediciones
Wen eine Besteigung des Volcán Osorno oder Volcán Calbuco reizt, der wendet sich an Niccolo Caruso.

Birds Chile
Der Italiener Raffaele Di Biase ist der fachkundigste Naturführer der Gegend und bietet faszinierende Touren mit Schwerpunkt Natur und Vogelbeobachtung an.

AB NACH DRAUSSEN

Pucón (S. 207) liegt 321 km nördlich von Puerto Varas und ist Chiles beliebtester Outdoorspielplatz, auf dem man sich bei Vulkanbesteigungen, Wassersport, Trekking und vielen anderen Aktivitäten so richtig verausgaben kann. Zusammen mit Puerto Varas dürfte es alle Outdoorträume erfüllen.

AUSGEHEN IN PUERTO VARAS

Mesa Tropera
Ableger der Brauerei aus Coyhaique mit Pizzeria und Seeblick. Bestes frisch gezapftes Craft-Bier in Puerto Varas.

Caffé El Barista
Ausgezeichneten Espresso gibt's im sozialen Treffpunkt der Stadt, der nach Sonnenuntergang als Bar dient.

Taberna Nosé
Relaxte Bar, die von Douglas Tompkins' Parkarchitekten entworfen wurde. Es gibt Craft-Bier Tropera und Pubessen.

ESSEN IN PUERTO VARAS

Zaatar
Palästinisches Lokal mit typischen Gerichten, darunter ein ausgezeichnetes Schawarma und leckerer Hummus. €€

La Vinoteca
Halb Weinladen, halb Gourmetziel mit Fisch und Meeresfrüchten aus der gusseisernen Pfanne und deftigen Enten-, Lamm- und Rindfleischgerichten, die gut zu einem Carménère passen. €€€

La Marca
Dicke Scheiben perfekt gegrilltes Rindfleisch machen den legendären Ruf dieses Steakhauses aus. Zum Nachtisch gibt's Churros. €€€

Casavaldés
Das beste Fischrestaurant von Puerto Varas rühmt sich mit Aussichten auf den See und den Volcán Calbuco. Der frische Fisch schmeckt am besten *à la donostiarra* (mit Olivenöl, Knoblauch, rotem Chili und Essig). €€€

ANTON_IVANOV/SHUTTERSTOCK ©

Parque Nacional Vicente Pérez Rosales

Chiles ältester National Park

GLETSCHERSEEN UND ALLMÄCHTIGE VULKANE

Egal, wo man sich in und um Puerto Varas aufhält, der gletscherbedeckte Volcán Osorno ist nie weit entfernt. Makellos wie ein Gemälde ist seine perfekte Kegelform der Stoff unzähliger Geschichten und Legenden, ein fast unwirkliches Abbild der Natur in ihrer schönsten Form – und ihrer bedrohlichsten. Der spektakulärste Tagesausflug von Puerto Varas aus führt geradewegs zu dieser allgegenwärtigen Schönheit (und dem Biest) und in ihre ebenso phänomenale Umgebung, von der 2530 km² vom **Parque Nacional Vicente Pérez Rosales**, Chiles ältestem Nationalpark, geschützt werden.

Der Vulkan selbst ist bis zum **Centro de Ski y Montaña Volcán Osorno** befahrbar, ein Abstecher dorthin lohnt schon wegen der atemberaubenden Aussicht auf den Lago Llanquihue. Zwei Lifte fürs Skifahren im Winter und Sightseeing und Wandern im Sommer fahren bis auf 1675 m hinauf. Wer nicht gerne Zeit auf einem der aktivsten Vulkane Chiles verbringt, begibt sich in den Ort Petrohué am himmelblauen Lago Todos Los Santos. Zu den Highlights des Parks zählen Kajaktrips auf dem See und Raftingtouren auf seinem genauso spektakulären Ablauf in den Río Petrohué. Ko'Kayak aus Puerto Varas kann beides organisieren.

Nicht verpassen sollte man die **Saltos del Petrohué** 6 km südwestlich von Petrohué. Tosend und schäumend bahnen sich hier Wasserfälle ihren Weg durch einen engen Canyon.

Cruce Andino organisiert Bus-und-Boot-Trips zwischen Bariloche in Argentinien und Puerto Varas. Die 12-stündige Fahrt führt durch die Wasser- und Berglandschaft des Passes Pérez Rosales und überquert drei Seen (Lago Todos Los Santos und den Lago Frias sowie den Lago Nahuel Huapi in Argentinien).

UNTERWEGS VOR ORT

Alle Städte und Orte rund um den Lago Llanquihue und auch Puerto Montt lassen sich zu Fuß erkunden, doch ein Auto ist praktisch, um den See und seine Umgebung im eigenen Tempo kennenzulernen.

Rund um Puerto Montt & den Lago Llanquihue

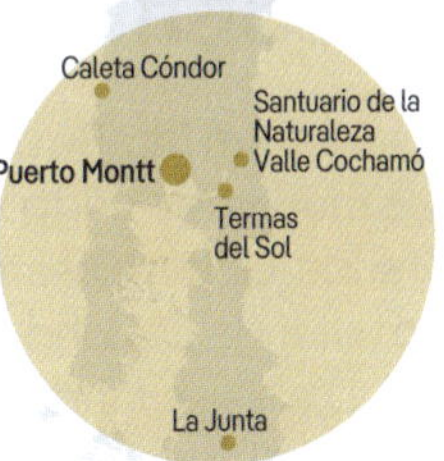

Wer nahe dem Lago Llanquihue die üblichen Touristenpfade verlässt, entdeckt traumhafte Küstenstreifen und entlegene Paradiese an einer abenteuerlicheren Straße nach Argentinien.

Puerto Montt und Puerto Varas liegen dicht beieinander als Tore zu den naturreichen Weiten Patagoniens beiderseits der chilenisch-argentinischen Grenze im Süden und zur unerschlossenen, dramatischen Pazifikküste bei Osorno. Hier wie dort gibt's idyllische Gegenden von außergewöhnlicher natürlicher Schönheit, die abseits des Massentourismus verzaubern.

Abgeschiedene Paradiese wie Caleta Cóndor und La Junta können von der Landschaft her unterschiedlicher nicht sein, mit einer Ausnahme: Beide erfordern etwas mehr Aufwand bei der Anreise, und gerade darin liegt ihr Reiz. Kleine Orte wie Puelo und Llanada Grande sind leichter zu erreichen, vermitteln aber das Gefühl einer anderen Welt – ein Traum, der im Süden Chiles noch in Erfüllung geht.

TOP TIPP

Der Zugang ins Tal des Río Cochamó und zum Sektor La Junta wird streng kontrolliert und eine Anmeldung ist im Voraus über www.reservasvallecochamo.org erforderlich.

La Junta (S. 232)

ROADTRIP

Auf dem Weg nach Llanada Grande

Etwa 166 km Straße und eine 45-minütige Gletscherseeüberfahrt trennen das moderne Puerto Varas vom ungezähmten und isolierten Llanada Grande, einem einsamen Außenposten an der argentinischen Grenze, wo reitende Gaucho-Familien zu Hause sind und Wildhasen umherrennen. Die Reise führt meist am Reloncaví-Fjord entlang – der allein schon einen Halbtagesausflug lohnt –, wo unterwegs eine Fülle von Outdooraktivitäten wie Seekajaktrips, Reitausflüge und Fliegenfischen locken.

1 Cochamó

Die Attraktion des winzigen Cochamó ist die im Chiloé-Stil erbaute Holzschindelkirche **Iglesia Parroquial María Inmaculada** über dem milchig blauen Wasser von Chiles nördlichstem Fjord Reloncaví – wie aus einem Märchenbuch. Hier bieten sich Seekajaktouren, die Ko'Kayak aus Ensenada organisieren kann. Es gibt Seelöwen, Chilenische Delfine, Eisvögel, Kormorane und sogar Pinguine vor dem in der Ferne aufragenden Volcán Yates. Oder man packt seine Satteltaschen und geht mit Southern Trips auf Reitexkursion.

Die Strecke: Von Cochamó nach Puelo sind es 31,5 km auf der unbefestigten V-69, fast immer entlang des spektakulären Reloncaví-Fjords.

MAV DRONE/SHUTTERSTOCK ©

Kajakfahren, Lago Tagua-Tagua

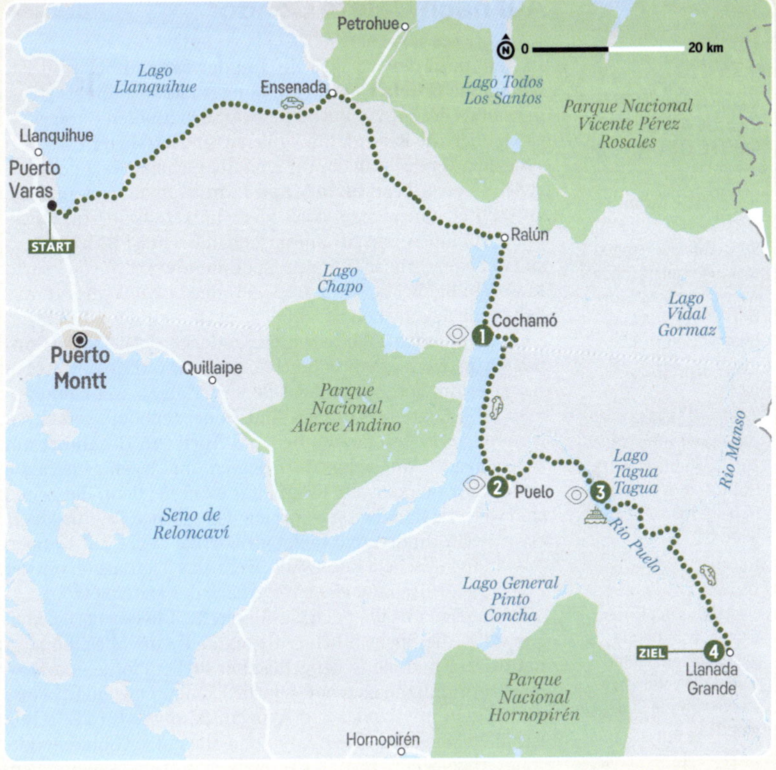

2 Puelo

Der mäandernde jadegrüne Río Puelo durchquert das winzige gleichnamige Dorf – ein idyllisches Plätzchen für einen lauschigen Abend – und zeigt sich zu Sonnenuntergang von seiner schönsten Seite. Die Thermalquelle **Termas del Sol** lädt zum ausgiebigen Entspannungsbad ein.

Die Strecke: Die unbefestigte V-721 zieht sich 14 km von Puelo nach Puerto Canelo, wo Fähren alle paar Stunden ans andere Ufer übersetzen.

3 Lago Tagua-Tagua

Der imposante Lago Tagua-Tagua ist ein unmöglich blaues Juwel inmitten von Bergen, taumelnden Wasserfällen und unberührtem Valdivianischem Regenwald. Es gibt Möglichkeiten zum Fliegenfischen sowie Trekking und Vogelbeobachtung im nahen Parque Tagua Tagua, doch die Überquerung des Sees selbst ist ein Highlight. Zwei abgelegene Lodges, **Lodge Tagua-Tagua** und **Mítico Puelo Lodge,** zieren das Ufer und sind nur per Boot zu erreichen.

Die Strecke: Die letzten 34 km bis nach Llanada Grande bestehen weiterhin aus Schotter entlang Berghängen, die teilweise mit toten Coihue-Südbuchen bestanden sind.

4 Llanada Grande

Bei diesem Roadtrip geht's sowohl um den Weg als auch das Ziel: Das **Campo Eggers** ist ein Bauernhof mit jeder Menge Tiere in Llanada Grande und trumpft mit einer traumhaften Lage vor dem 1200 m hohen Wasserfall El Salto auf. Die beherzte Familie Eggers, ihr Arsenal an Tieren und die traditionellen *asados* mit gegrilltem Lamm oder Wildschwein wird man so schnell nicht vergessen. Man ist jetzt wirklich ganz und gar abseits ausgetretener Pfade unterwegs, was ja auch der Grund für die lange Reise war.

ÜBERNACHTEN & ESSEN AN DER KÜSTE OSORNOS

Hospedaje Rural Mirador
Sehr einfaches Homestay mit dramatischen Aussichten einen kurzen Fußweg über der Caleta Cóndor. €

Altos de Pichi Mallay
Familiengeführte Pension in Maicolpué Rio Sur; holzbeheiztes Hot Tub im Wald mit traumhaftem Ozeanblick. €€

Hostal Caleta Cóndor
Gästehaus mit 13 rustikalen, aber bequemen Zimmern hinter einem der schönsten Pazifikstrände Südamerikas. €

La Casa de Temo
Freundliches Fischlokal in Maicolpué mit empfohlenen *caldillos* (Eintöpfen) und *chupes* (cremigen Suppen). €€

Auf nach Caleta Cóndor

VERSTECKTES PARADIES AN DER PAZIFIKKÜSTE

In Zeiten, in denen fast kein Teil der Erde unbekannt ist, scheint die **Caleta Cóndor** ein blinder Fleck zu sein. Der erste Anblick der *caleta* (Bucht) befeuert den inneren Entdeckergeist, doch die Reise dahin ist keine Spazierfahrt.

Sie liegt versteckt in der ruhigen Abgeschiedenheit des indigenen Gebiets **Territorio Mapu Lahual** an der zerklüfteten, größtenteils unerschlossenen Küste nahe Osorno. Ausgangspunkt für einen Trip zur umwerfenden Bucht ist **Bahía Mansa** zwei Fahrstunden (mit dem Boot!) nordwestlich von Puerto Montt. In Bahía Mansas marodem Hafen beginnt eine oft raue Fahrt, die jeden Übelkeitsanfall wert ist.

Für die Überfahrt gibt's mehrere Optionen, doch **Caleta Cóndor Chile** (www.caletacondorchile.cl) ist die verlässlichste. Man reserviert im Voraus, denn das Boot legt nur ab, wenn mindestens zehn Leute beisammen sind. Touristenboote verkehren generell zwischen September und April (im Dezember am Wochenende, Januar bis März täglich) und legen zwischen 8 und 11 Uhr morgens ab; Flexibilität ist nötig, denn die Zeiten sind wetterabhängig. Die Fahrt auf dem offenen Pazifik dauert etwa zwei Stunden und bietet großartige Blicke auf Klippen mit Valdivianischem Regenwald, wenn das überdachte, von der Marine geprüfte Boot einer Woge nach der anderen trotzt.

Bei der Einfahrt über den glasklaren Río Cholguaco, der vom Pazifik in die Bucht führt, trifft man auf eine Mischung aus natürlicher und menschengemachter Idylle: Pferde und Meeresvögel tummeln sich auf moosbedeckten Plätzen am Fluss vor Hügeln mit *lumas* und Arrayán-Bäumen. Rund dreißig Familien leben hier dauerhaft – und alle nutzen Solarenergie.

Die Abgelegenheit dieses Gebiets dringt ins Bewusstsein, wenn das Boot immer wieder anlegt, um Vorräte für die Einheimischen abzuladen. Monatsrationen an Kartoffeln, Zwiebeln und Hundefutter landen auf improvisierten Landestegen, gefolgt von Olivenölkanistern und Gasflaschen. Vielleicht ist es möglich, eine Instagram-Story oder zwei über die verlassenen Boote zu posten, die im Fluss auf Grund gegangen sind (Movistar, Claro und Wom haben stellenweise Empfang), doch WLAN gibt's hier keins. Noch vor zehn Jahren war die Kommunikation mit der Außenwelt nur über UKW-Funk möglich.

Der Höhepunkt des Trips ist am Ende des Flusses auf einer kleinen Sandbank, die unerwartet tropisch wirkt und den Fluss vom Meeresstrand trennt. Hinter dem Sand grasen Pferde, Schafe und Kühe auf einer ebenso deplatziert scheinenden Weide. Bei Regen ist es ein herrliches Desaster, bei gutem Wetter ein Stück Himmel auf Erden.

ÜBERNACHTEN IN COCHAMÓ

Patagonia Nativa
Pension mit Berghüttencharme und Fjordblick. Der freundliche Cristian spricht etwas Englisch und organisiert Kajaktouren. **€**

La Frontera
Gut organisierte Unterkunft nahe dem Weg nach La Junta, heiße Duschen, Komposttoiletten und Pizza. **€**

Las Bandurrias Eco Hostal
Von Schweizern betriebene Ökopension am Fjord mit Kompost, Solarheizung und selbst gebackenem Hefezopf. **€€**

MARCELO DE LA TORREL/ALAMY STOCK PHOTO ©

Bahía Mansa

Nach der Ankunft (einige Familien bieten einfache Unterkünfte) lohnt der 30-minütige Aufstieg zum Aussichtspunkt am Hügel hinter dem **Hostal Caleta Cóndor** für einen Panoramablick (wenn das Wetter mitspielt). **Caleta Cóndor Expediciones** organisiert Wanderungen, Kajaktrips und Tauchausflüge, auf denen Seesterne, *locos* (Abalonen-ähnliche Seeschnecken), Napfschnecken, Zackenbarsche und vielleicht Kleingefleckte Katzenhaie zu sehen sind. Bei Cristian Vargas, in Caleta Cóndor geboren und aufgewachsen, ist man in guten Händen. Den Abschluss macht ein Bad in einem seiner Hot Tubs mit Ozeanblick.

Zurück in Bahía Mansa sollte man die anderen Huilliche-Gemeinschaften an der Küste von **San Juan de la Costa** nicht verpassen, wo windumtoste Dörfer in wunderschönen *caletas* (Pucatrihue, Maicolpué, Manzano und Tril-Tril) liegen und Delfine und Seelöwen fast bis ans Ufer schwimmen.

BIERVANA

Eine von Chiles legendärsten (und am schwersten zu findenden) Hausbrauereien lohnt einen Umweg, wenn man in der Nähe von Osorno ist. Die **Cervecería Artesanal Armin Schmid** (früher bekannt als „Donde Armin?“ und manchmal Cervecería Märzen genannt) befindet sich in einem unmarkierten Privathaus 12 km außerhalb von Osorno auf der Ruta 215 in Richtung Entre Lagos und argentinische Grenze. Der bayerische Einwanderer Armin Schmid braut das Jahr über ein erfrischendes Märzen, im Sommer Pils und im Winter Bock (und andere saisonale Sorten). In seinem herrlichen improvisierten Biergarten lässt sich eine Runde genießen.

ESSEN IN COCHAMÓ

Peumayén
Macht den fehlenden Blick auf Fjord und Vulkan durch hausgemachte Burger, rustikale Pommes und Craft-Bier wett. **€€**

El Faro
Hausgemachte Gerichte (Ceviche und frischer Fisch in vielen Variationen) mit Blick auf den Reloncaví-Fjord. **€€**

La Ollita
Die Fischgerichte in Cochamós bestem Restaurant enttäuschen, doch die Pisco Sours passen zum Vulkanblick. **€€**

DER KAMPF UM DIE NATUR PATAGONIENS GEHT WEITER

Ökologische Auseinandersetzungen sind in Südchile keine Seltenheit. Im Jahr 2017 gewannen Naturschützer einen mehrjährigen Kampf gegen das bereits genehmigte Staudammprojekt HidroAysén. Schilder mit dem berühmten Schlachtruf „*¡Patagonia Sin Represas!*" („Patagonien ohne Staudämme!") sind heute noch zu sehen und die raue Schönheit der Region scheint einer ständigen Bedrohung ausgesetzt zu sein. Der neueste Brennpunkt ist das Tal des Río Cochamó, das fast zur Hälfte in Privatbesitz ist und zum Verkauf steht. Die Organización Valle Cochamó setzt sich dafür ein, dass der Großteil des Tals zum Naturschutzgebiet **Santuario de la Naturaleza Valle Cochamó** erklärt wird, eine dringend notwendige Schutzmaßnahme, um die Bauunternehmer abzuwehren.

JUAN VILATA/ALAMY STOCK PHOTO ©

Granitberge, Tal des Río Cochamó

Das gute Leben in La Junta

PARADIES FÜR WANDERER UND KLETTERER

Wegen der imposanten Granitkuppeln über dem grünen Blätterdach der gigantischen Alercebäume wird das spektakuläre **Tal des Río Cochamó** gelegentlich auch der Chilenische Yosemite genannt. Wer nicht per Fallschirm ankommen möchte, erreicht dieses Kletter- und Wanderparadies nur über einen fünfstündigen, 12 km langen Fußmarsch oder auf dem Pferd. Es mag absurd scheinen, in ein Gebiet zu wandern, um dort zu wandern, doch es lohnt sich. **La Junta** ist ein spektakuläres Tal, das von emporragenden Granitwänden und hohen Bergen fast verschluckt zu werden scheint.

Mit dem Cochamó-Tal vertraut wird man bei einer Übernachtung in **La Frontera**, das Camping, Glamping und zwei Privatzimmer nahe dem Ausgangspunkt für La Junta bietet; 6 km

ÜBERNACHTEN & ESSEN RUND UM PUELO

Isla Las Bandurrias
Abgeschiedener Rückzugsort auf einer Insel inmitten des Lago Las Rocas, 20 km südlich von Llanada Grande. **€€**

Hostal Vuelta al Sur
Stylishe Pension mit fünf Zimmern in Puelo, die von Leuten aus Viña del Mar betrieben wird. Mit Flusssauna. **€€**

Restaurant Tique
Rustikales Lokal in Familienhand. Einfache, aber leckere chilenische Hausmannskost. **€€**

Schotterpiste vom Abzweig der Hauptstraße kurz vor der Brücke über den Río Cochamó. Man bricht frühmorgens auf (Oktober bis Dezember und ab Mitte März bis April, um den Ansturm im Januar und Februar zu vermeiden). Der Weg steigt gemächlich an, führt am Fluss entlang und durchquert idyllische Weiden und dichten, malerischen Valdivianischen Regenwald, bevor er La Junta erreicht.

Hier gibt's vier Campingplätze und das sehr empfehlenswerte **Refugio Cochamó**, eine chilenisch-argentinisch-amerikanisch geführte Bleibe mit holzbefeuerten Duschen, Wasser direkt vom Wasserfall Trinidad und hausgemachten Mahlzeiten (nur für Gäste, andere müssen ihr Essen mitbringen). Der wunderschöne, gelassene Ort lädt zum Verweilen ein. Es gibt sechs fantastische Tageswanderungen, natürliche Badebecken, über 100 Bigwall- und 80 Felskletterrouten.

Entspannungsbad in der Sonne

THERMALQUELLE MIT VULKANAUSSICHT

Inhaber Samuel del Sol suchte ein Jahr lang im ganzen Land nach der natürlichen Thermalquelle, die heute zu den schönsten Badeerlebnissen Südchiles zählt. Die **Termas del Sol** in Río Puelo liegen rund 90 Fahrminuten vom südöstlichen Zipfel des Lago Llanquihue entfernt und sind dank Samuels Perfektionismus und der Lage unterhalb des 2187 m hohen Volcán Yates die perfekte Medizin für alle Wehwehchen.

Der Eintrittspreis von 32 000 Ch$ scheint etwas übertrieben, ist aber schnell vergessen, wenn man auf dem Weg zu den herrlich sprudelnden Wasserbecken auf Kiefernholzstegen durch die üppige Vegetation schlendert. Rund 3000 einheimische Pflanzenarten wie *nalca* (rhabarberähnliche Pflanze), *calle calle* (chilenische Iris), Coihue-Südbuchen und Armeen von *costilla de vaca* (chilenischer Rippenfarn) umgeben die zehn Thermalbecken, die mit Piedra-Laja-Steinen aus Coñaripe umrandet sind (es ist kein Zufall, dass Samuels Onkel Germán del Sol die Termas Geométricas in Coñaripe gründete, eine weitere von Chiles atemberaubenden heißen Quellen).

Die Wassertemperaturen liegen zwischen 36 °C und 45 °C, doch wichtig ist, dass es ein kühleres Becken mit 24 °C gibt und ein Wechsel zwischen diesem und seinem 45 °C heißen Nachbarn ins therapeutische Nirwana versetzt.

Wer ausreichend aufgeweicht ist, geht ins Restaurant nur für Badegäste, Puelos bestes außerhalb der Luxus-Lodges. Es gibt ausgezeichnete Pizza sowie Sandwiches mit Pulled Pork und geschmortem Rindfleisch, gefolgt von einem Craft-Bier aus Llanada Grande. Hier kann man baden, essen, trinken – und dann noch mal.

PETRI HEIL!

Der Río Puelo ist einer der letzten großen frei fließenden Flüsse und schlängelt sich über 120 km ungehindert vom Gebirge zum Meer, was ihn zu einem Paradies fürs Fliegenfischen macht. Der Fluss hat eine der längsten Fliegenfischsaisons Chiles (September bis Mai) und eine ungeheure Vielzahl an Fischarten, darunter Regenbogen- und Meerforellen, Bachsaiblinge und Königslachse sowie Atlantische und Pazifische Lachse. Die außergewöhnliche Artenvielfalt und das große Angebot an luxuriösen Angel-Lodges in oft spektakulärer und abgeschiedener Lage haben Puelos Schicksal als idyllisches Angel-Mekka auch während des nördlichen Winters besiegelt.

UNTERWEGS VOR ORT

Von Osorno aus fahren regelmäßig Busse in die Ortschaften von San Juan de la Costa, und auch zwischen Puerto Montt und Cochamó, Río Puelo und Llanada Grande gibt's ein paar Verbindungen. Ein Mietwagen bringt jedoch in beiden Gegenden mehr Freude.

Oben: Pazifikküste auf Chiloé; rechts: Iglesia San Francisco de Castro (S. 247), Castro

CHILOÉ

NEBLIGE MEERESINSEL VOLLER LEGENDEN

Die Isla Grande de Chiloé, eine von Südamerikas größten Inseln, ist ein geheimnisumwobenes Land mit einem stolzen Seefahrervolk, prächtigen Holzkirchen und einem Spitzenensemble aus umwerfenden Landschaften.

Das Einzige, was in Bezug auf Chiloé nicht mysteriös zu sein scheint, ist seine Größe: Mit ihren 8394 km² ist die märchenhafteste Insel Chiles die zweitgrößte des Landes hinter Feuerland, doch darüber hinaus wird alles etwas verschwommener. Der rätselhafte Charakter der Insel zeigt sich auf verschiedene Weisen, von den mestizisch geprägten jesuitischen Holzkirchen (16 von ihnen bilden eine der faszinierendsten Welterbestätten der Welt) bis zu einer ausgeprägten Sagenwelt voller Hexerei, Geisterschiffe und Waldschrate.

Die unbeugsamen, unabhängigen Chiloten – eine Mischung aus wind- und regengegerbten Nachfahren der Chono, Hulliche und Cunco – tanzen nach ihrer eigenen Pfeife. Im Vergleich zum Festland (Chiloé liegt nur 30 Fährminuten von Pargua entfernt) fallen die besondere Architektur, Küche und der Lebensstil sofort ins Auge: *Tejuelas* (Holzschindeln), *palafitos* (Pfahlbauten an der Küste), markante Kirchen in unorthodoxen Farben und auch der *curanto* (ein Muschel-Fleisch-Eintopf mit Kartoffeln, der in einem Erdloch gekocht wird) ragen alle heraus. Sanfte Hügel, wilde Nationalparks und dichte Wälder in einer regenverwöhnten, sattgrünen und windumtosten Landschaft bilden zusammen ein faszinierendes Gefüge, das in Chile und Südamerika seinesgleichen sucht. Wenn sich das sentimentale und oftmals missverstandene Chiloé in frühmorgendlichen Nebel hüllt, weiß man, dass an diesem Ort fast alles anders ist.

DIE WICHTIGSTEN ZIELE

ANCUD
Unaufgeregte Stadt mit einem spektakulären Hafenviertel.
S. 240

CASTRO
Provinzhauptstadt mit atmosphärischer Uferarchitektur.
S. 246

Ancud, S. 240

Vom Festland aus kommend, ist Ancud der erste größere Ort auf Chiloé und hat eine umwerfende Lage an der Bucht und dem Kanal sowie ein Umland mit vielen natürlichen Attraktionen.

Castro, S. 246

Wenn es eine kosmopolitische Stadt auf Chiloé gibt, dann ist es die Provinzhauptstadt Castro mit ihrer außergewöhnlichen Holzkirche, den hübschen *palafitos* und einer lebhaften Gastronomieszene.

AUTO

Mit dem Auto lassen sich Gegenden erkunden, die mit öffentlichen Verkehrsmitteln nicht zu erreichen sind. Leihwagen gibt's in Ancud und Castro, doch oft ist es günstiger, gleich eins vom Festland mitzubringen.

BUS

Große Busunternehmen wie Cruz del Sur verkehren zwischen den drei Hauptorten der Insel (Ancud, Castro und Quellón) und größeren Städten auf dem Festland. Lokalbusse verbinden die kleineren Orte auf der Hauptinsel miteinander und bieten Anschluss zu den Fähren auf die umliegenden Inseln.

Erste Orientierung

Das Chiloé-Archipel umfasst eine recht große Hauptinsel, die von etwa 40 kleineren Inseln wie Quinchao, Lemuy, Tranqui und Mechuque umgeben ist.

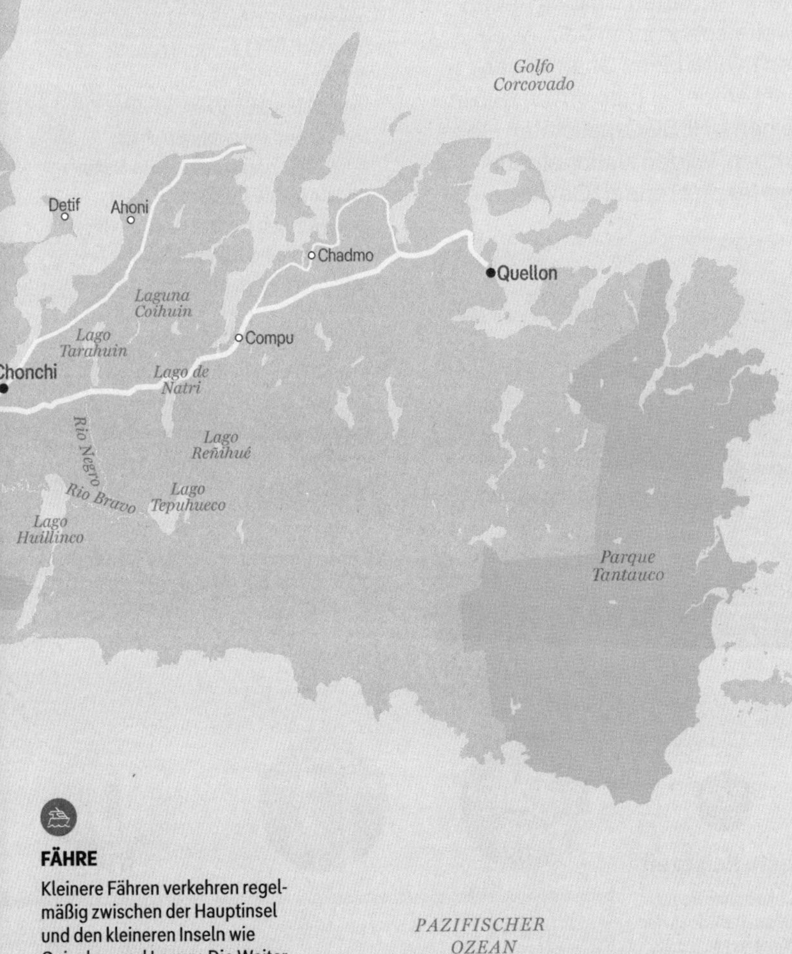

FÄHRE

Kleinere Fähren verkehren regelmäßig zwischen der Hauptinsel und den kleineren Inseln wie Quinchao und Lemuy. Die Weiterreise nach Patagonien ist über die Routen Quellón-Chaitén bzw. Puerto Cisnes möglich, die jedoch weniger häufig befahren werden.

Perfekte Tage

Die Ortschaften Chiloés haben zweifelsohne ihren Reiz, doch den mysteriösen Charme der Insel entdeckt man am besten in seinen UNESCO-gelisteten Holzkirchen, wilden Nationalparks und faszinierenden Gewässern.

DIEGO GRANDI/SHUTTERSTOCK ©

Iglesia Nercón, Castro (S. 246)

Wenig Zeit

- **Ancud** (S. 240) gibt einen Einblick in die chilotische Kultur, ohne tiefer ins Inselinnere reisen zu müssen. Am besten probiert man einen *curanto al hoyo* (in der Erde gekochten Eintopf; S. 242) und lässt sich im **El Jardín Techado** (S. 241) bei toller Aussicht ein Craft-Bier schmecken. Zwischen September und März lohnt sich ein Abstecher zum **Monumento Natural Islotes de Puñihuil** (S. 244), dem einzigen Ort der Welt, an dem Magellan- und Humboldtpinguine in trauter Eintracht leben.

- Wer keine Zeit für die 16 von der UNESCO geschützten Kirchen Chiloés hat, schaut sich alternativ die maßstabsgetreuen Holzmodelle im **Museo de las Iglesias de Chiloé** (S. 242) an.

Beste Reisezeit

Chiloé ohne Regen gibt's selten, doch der Winter ist sehr nass und wird besser gemieden. Im Januar und Februar werden die Städte voll, was nicht jedermanns Sache ist.

JANUAR

Es wird voll, doch zahlreiche **Feste** geben Einblicke in die einzigartigen kulturellen und gastronomischen Traditionen der Insel.

FEBRUAR

Zeit der Kartoffelernte – auf Chiloé gibt's 300 einheimische Sorten – und der Pinguinkinder im **Monumento Natural Islotes de Puñihuil**.

MAI

Im Spätherbst lassen sich **letzte schöne Tage** mit Höchsttemperaturen von bis zu 12 °C genießen, bevor viel Touristisches schließt.

ILDI PAPP/SHUTTERSTOCK ©, ABRIENDOMUNDO/SHUTTERSTOCK ©, DFLC PRINTS/SHUTTERSTOCK ©

Länger Zeit

- Nach Ancud und dem Monumento Natural Islotes de Puñihuil geht man im Morgengrauen auf legendäre Kajaktour durch den versunkenen Wald von **Chepu** (S. 245).
- Nächster Stopp ist **Castro** (S. 246) mit Highlights wie der **Iglesia San Francisco de Castro** (S. 247), chilotischen Spezialitäten mit modernem Touch im **Rucalaf** (S. 248) und Übernachtungen in einem atmosphärischen *palafito*.
- Einen weiteren Tag besucht man so viele der zum Welterbe der UNESCO gehörenden **Holzkirchen** (S. 247) wie möglich. Besonders sehenswert sind die in Achao, Colo und Tenaún.

Zehn Tage für alles

- Die Natur im Umland von **Ancud** (S. 240) erkunden, darunter das **Monumento Natural Islotes de Puñihuil** (S. 244) mit Magellan- und Humboldtpinguinen.
- Den Wecker früh stellen, um durch die dramatische Landschaft bei **Chepu** (S. 245) zu paddeln und anschließend die Kunstinstallation **Muelle de la Luz** (S. 245) zu bewundern.
- Zwischen den Mahlzeiten in den ausgezeichneten Restaurants rund um **Castro** (S. 246) einen Tagesausflug zur kinoreifen **Isla Mechuque** (S. 250) unternehmen.
- Im **Parque Nacional Chiloé** (S. 250) auf dem wilden Sendero Chanquín-Cole Cole wandern.
- Auf der Reise so viele der **zum Welterbe der UNESCO gehörenden Holzkirchen** (S. 247) wie möglich besuchen.

SEPTEMBER

Im **Monumento Natural Islotes de Puñihuil** beginnt die Brutzeit der Magellan- und Humboldtpinguine.

OKTOBER

Der **Encuentro Gastronómico De Productos Del Mar** in Achao bietet Volksmusik, Kochwettbewerbe und traditionell-innovative Küche.

NOVEMBER

Der Niederschlag im **Parque Nacional Chiloé** ist relativ erträglich und der sowieso eher wenig besuchte Park noch ruhiger als sonst.

DEZEMBER

In **Ancud**, **Castro** und **Dalcahue** scheint die Sonne, aber die überfüllte Hochsaison hat noch nicht begonnen.

ANCUD

Santiago
Ancud

Ancud ist von Norden kommend der erste größere Ort auf Chiloé und die perfekte Basis für Ausflüge in die spektakuläre Natur dieser weniger besuchten Ecke der Insel. Mit vielen guten Restaurants, trendigen Bars und hübschen Unterkünften vermittelt er einen ersten, leicht zu verarbeitenden Eindruck von Chiloé, ohne zu überwältigen.

Ancud war einst ein wohlhabender Ort mit imposanten Häusern, *palafitos* (Pfahlbauten am Meeresufer) und einer Eisenbahnverbindung, doch das Valdivia-Erdbeben (und der darauffolgende Tsunami) von 1960 mit einer Stärke von 9,6 dezimierte die ganze Pracht in zehn furchtbaren Minuten. Nur wenig der ursprünglichen Architektur blieb erhalten. Nach dem Wiederaufbau wurde aus Ancud eine weitläufige Stadt mit eilig zusammengezimmerten Gebäuden. Beeindruckend ist jedoch das Hafenviertel, das nach Umbauarbeiten auf der Kanal- und der Buchtseite mit einer Uferpromenade, Plazas mit Sitzgelegenheiten und Aussichtsplattformen glänzt.

Uferpromenade von Ancud

MATYAS REHAK/SHUTTERSTOCK ©

TOP TIPP

Ancud ist zum Surfmekka avanciert. Profis zieht es zu einem Spot beim Faro Corona 36 km nördlich der Stadt, während sich die Playa Guabún 25 km nordwestlich von Ancud auch für Neulinge eignet.

ESSEN IN ANCUD

Ajo Panadería Artesanal
Zwei Brüder zaubern hier das beste Gebäck Chiloés. €

Indómito
Riesige Burger, gourmetverdächtige *pichangas* (Speisenauswahl) und andere aufgepeppte Klassiker gibt's in diesem Lieblingslokal der Einheimischen. Nur Bargeld. €€

Club Social Baquedano
Die trendige Resto-Bar im chilotischen Stil serviert ausgezeichnetes Ceviche, Fisch in Pankokruste und andere Köstlichkeiten. €€

Wabi Sabi
Beliebtes Sushi zum Mitnehmen. Bestellungen werden 90 Min. vorab über Instagram (@wabisabi_sushiancud) aufgegeben. €€

HIGHLIGHTS
1 Museo de las Iglesias de Chiloé

SEHENSWERTES
2 Museo Regional de Ancud Aurelio Bórquez Canobra

KURSE & TOUREN
3 Austral Adventures

SCHLAFEN
4 13 Lunas Hostel
5 Hostal Mundo Nuevo

ESSEN
6 Café Blanco
7 Club Social Baquedano
siehe 5 Indómito
8 Kuranton
9 La Corita
10 Wabi Sabi

SHOPPEN
11 Mercado Municipal

Chillen in Ancud

BIER MIT AUSSICHT

Wer sich im Viertel Arena Gruesa auf einem Hügel am Ufer ein Craft-Bier im **El Jardín Techado** genehmigt – 2020 renoviert und mit Aussicht auf den Kanal von Chacao über einem einsamen Strand –, verfällt leicht dem unwiderstehlichen Reiz der

ÜBERNACHTEN IN ANCUD

13 Lunas Hostel
Empfohlenes Hostel mit Badezimmern im Hotelstandard und einer Terrasse mit Aussicht. €

Hostal Mundo Nuevo
Die Lodge mit Hostel-Vibe in Schweizer Hand ist Ancuds beste Mittelklasseunterkunft. Blick auf die Bucht. €€

Chil-Hué
Englischsprachiges Personal, Gourmetverpflegung, Ökopool, Yoga. Idyllischer Rückzugsort direkt am Meer. €€€

LOCAL TIPP: EIN PERFEKTER TAG IN ANCUD

Die amerikanisch-chilenisch-peruanischen Zwillinge **Miska** (@scushilewis) und **Tamia Lewis Echegaray** (@understorylover) sind waschechte *ancudatinas* und studieren momentan Anthropologie bzw. Umweltwissenschaft. Hier verraten sie ihre Tipps für einen perfekten Tag in ihrer Heimatstadt.

Ein perfekter Tag beginnt mit einem Instantkaffee (so schlecht, dass er schon wieder gut ist) im Tankstellenimbiss **Punto Copec** und einem Spaziergang an der **Costanera** unter Möwengeschrei und mit Blick auf die Boote. Beim Mittagessen im **La Corita** gibt's *mucho* Fisch und Meeresfrüchte und Käse-Empanadas. Danach geht's zur **Playa Guabún**, einem langen, geschwungenen Strand mit Felsen, der nur eine halbe Stunde von Ancud entfernt liegt und der perfekte Ort ist, um den Sonnenuntergang zu beobachten.

Stadt, sei es wegen der Aussicht vom Craft-Bier-Restaurant oder bei einem Spaziergang bei Sonnenuntergang an der neu gestalteten Uferpromenade 1 km weiter südlich.

Wer Chiloé-Luft schnuppern möchte, aber keine Zeit für das weiter südlich gelegene Castro hat, bekommt in Ancud eine Einführung ins Inselleben: Das **Museo de las Iglesias de Chiloé** im ehemaligen Convento Inmaculada Concepción de Ancud zeigt maßstabsgetreue Holzmodelle von den 16 Kirchen Chiloés, die zum Weltkulturerbe der UNESCO gehören. Im **Museo Regional de Ancud Aurelio Bórquez Canobra** ist neben einem riesigen Blauwalskelett auch eine Replik der *Ancud* zu sehen, die in den tückischen Fjorden der Magellanstraße unterwegs war, um Chiles Anspruch auf seine südlichsten Territorien geltend zu machen. Wunderbar verschnaufen lässt es sich bei kleinen Mahlzeiten und süßen Leckereien im **Café Blanco** in einem verschachtelten Chilote-Haus oder bei **La Corita** im **Mercado Municipal,** wo deftige Gerichte aus frischem Fisch und Meeresfrüchten auf den Tisch kommen.

In der Erde brodelt's!

EIN TRADITIONELLES FESTESSEN AUF CHILOÉ

Es ist leicht, in einem Restaurant in Ancud wie dem **Kuranton** *curanto* (Eintopf aus Fleisch, Kartoffeln und Muscheln) zu bestellen, Chiloés berühmteste kulinarische Spezialität, aber der ganz große Coup ist, zu einem *curanto al hoyo* eingeladen zu werden: die aufwendigste traditionelle Version des Gerichts, das mehrere Stunden in einem Erdloch gekocht wird.

Dies ist ein Ritual, bei dem es sich lohnt zuzuschauen. Sobald die Steine heiß sind, beginnt hektisches Gedränge. Die Muscheln kommen zuerst, gefolgt von Blättern des *pangue* oder *nalca* (endemische rhabarberähnliche Pflanze), die auch die weiteren Schichten voneinander trennen, *milcaos* (Fladen aus Kartoffelteig), *chapaleles* (Küchlein aus Kartoffeln und Mehl) und ganz zum Schluss Unmengen an Hühnerfleisch, Rauchfleisch und *longaniza*-Wurst. Alles wird mit weiteren *pangue*-Blättern, einem feuchten Tuch oder Torfbüscheln zugedeckt. Um die Hitze der Steine zu bewahren, geschieht alles mit großer Eile. Ehe man es sich versieht, ist das Loch zu und wird zu einem natürlichen Schnellkochtopf, aus dem während der ein- bis zweistündigen Kochzeit Dampf hervorquillt. Der fertige *curanto* wird auf einem Teller aufgetürmt. Elegant lässt sich die riesige Portion nicht verdrücken, also langt man am besten beherzt zu.

Wer sich nicht in eine private Familienfeier einschleichen kann, weicht auf Gaststätten wie das **Restaurant Quetalmahu** im 12 km von Ancud entfernten Fischerdorf aus. Noch besser sind jedoch intimere *curanto*-Erfahrungen, die von **Austral Adventures** in Ancud oder **Chiloé Natural** in Castro organisiert werden können.

UNTERWEGS VOR ORT

Die Kleinstadt Ancud lässt sich leicht zu Fuß erkunden, doch ein Auto ist vor allem praktisch, um die Strände und die Umgebung zu erreichen.

Rund um Ancud

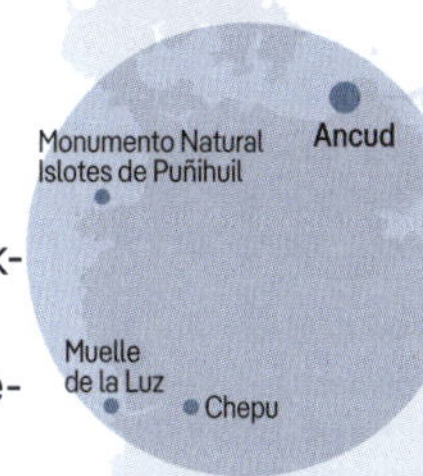

Die Natur im Umland von Ancud ist einfach spektakulär und verzaubert mit seltenen Pinguin-Enklaven, einem versunkenen Wald und atemberaubender Schönheit, wohin man auch schaut.

Obwohl Ancud dank seiner Lage an der gleichnamigen Bucht und dem Kanal von Chacao schon an sich hübsch anzusehen ist, könnte die unmittelbare Umgebung einem Landschaftsbild entstammen: So weit das Auge reicht, ziehen sich sattgrüne Hügel mit Schafen und Kühen bis ans Meer, das oft mehr Glas als Wasser zu sein scheint.

Westlich der Stadt schützt das Monumento Natural Islotes de Puñihuil drei Inseln, die als weltweit einzige Brutstätte für Magellan- und Humboldtpinguine dienen, und im Südwesten liegt nahe dem Nordteil des Parque Nacional Chiloé das ländliche Chepu, ein Paradies von unberührter Schönheit mit 128 Vogelarten, einer fantastischen Küste und traumhaften Flüssen, die bei einem spektakulären versunkenen Wald zusammentreffen.

TOP TIPP

Die beste Zeit für einen Besuch der Pinguine im Monumento Natural Islotes de Puñihuil ist Ende Februar, wenn der Nachwuchs geschlüpft ist.

Monumento Natural Islotes de Puñihuil (S. 244)

PHILIP SCALIA/ALAMY STOCK PHOTO ©

WARUM ICH CHILOÉ LIEBE

Kevin Raub, Autor

Auch nach gut einem halben Dutzend Trips zieht mich die geheimnisvolle Kultur Chiloés bei jedem Besuch erneut in ihren Bann. Schon die außergewöhnliche Landschaft – buntstiftgrüne Hügel und sanftes Weideland mit Kühen, Schafen und holzgeschindelten Häusern – ist Grund genug, um wiederzukommen, doch vor allem die UNESCO-gelisteten Holzkirchen sind immer wieder eine Reise wert. Meine Lieblingskirche ist San Antonio de Colo. Ihre radikal wasserblauen und lachsroten Akzente faszinieren jedes Mal aufs Neue. Zählt man zu diesen Besonderheiten die typische Küche, wird die gesamte Insel zu einem mystischen Schmelztiegel, der ganz anders ist als alle anderen Orte, die ich kenne und liebe.

Humboldtpinguine

Auf der Suche nach Pinguinen

CHILOÉS PINGUINEN UND ANDEREN VÖGELN AUF DER SPUR

Drei Inseln vor der Küste von Puñihuil (26 km südwestlich von Ancud) bilden das **Monumento Natural Islotes de Puñihuil**, ein geschütztes Nistgebiet für Magellan- und gefährdete Humboldtpinguine und der einzige Ort der Welt, an dem beide Arten einträchtig zusammenleben.

Die Brutsaison dauert von September bis März. Zwischen 10.15 und 16.15 Uhr legen in etwa viertelstündlich Boote vom Strand ab und bringen Reisende zu den imposanten Vögeln, die über die Felsen der Inseln watscheln, und fliegenden Kormoranen (insgesamt vier Arten, darunter die chamäleonartige Olivenscharbe), Riesendampfschiffenten (Chiles größte Entenart, die bis zu 6 kg auf die Waage bringen kann) und ver-

ÜBERNACHTEN & ESSEN RUND UM ANCUD

Agroturismo Chepu
Familie Pérez spricht kein Englisch, ist aber überaus gastfreundlich und hat auf ihrem Bauernhof zehn Zimmer. €

Alihuen
Nachhaltiger Bauernhof. Die Cabaña aus recyceltem Wellblech mit zwei Schlafzimmern bietet fünf Personen Platz. €€

Costa Pacífico
Lokal mit Terrasse am Strand von Puñihuil, in dem es frischen Fisch und Meeresfrüchte gibt. €€

einzelt auch Seelöwen. Mit etwas Glück bekommt man sogar ein oder zwei Blauwale zu Gesicht.

Drei der sieben Boote, die für Fahrten zu den Pinguinen zugelassen sind, gehören **Ecoturismo Puñihuil**. Wer mit dem Auto anreist, kann direkt am herrlich wilden Strand parken und für 9000 Ch$ aufs nächste Boot springen. Ohne eigenes Transportmittel wendet man sich am besten an gute Agenturen in Ancud wie das **13 Lunas Hostel** und die **Casa Damasco**, wo Ausflugspakete rund 22 000 Ch$ kosten. Der sehr empfehlenswerte Veranstalter **Austral Adventures** hat auch englischsprachige Pinguintouren in seinem Programm aus maßgeschneiderten Naturexkursionen in die Umgebung.

LUST AUF KAJAK?

Chepu ist nicht der einzige Ort für beschauliche Kajaktrips. In Cochamó, 229 km nordöstlich von Chepu auf dem Festland, gibt's ebenfalls entspannte Touren auf dem **Reloncaví-Fjord** (S. 228).

Chepu im Morgengrauen

KAJAKTOUR BEI SONNENAUFGANG DURCH EINEN VERSUNKENEN WALD

In der global vernetzten Welt von heute werden Orte wie das ländliche **Chepu** immer seltener, denn hier, eine halbe Stunde südwestlich von Ancud, kann man noch etwas wirklich Außergewöhnliches erleben. Das Highlight Chepus ist eine atemberaubende Landschaft mit drei Flüssen und einem 140 km^2 großen versunkenen Wald, der nach dem Valdivia-Erdbeben von 1960 entstand. Damals senkte sich der Boden um rund zwei Meter ab, wodurch Salzwasser in das Gebiet eindringen konnte und die Bäume abstarben. Das Schauspiel lässt sich am besten bei einem surrealen Kajaktrip im Morgengrauen bewundern, der zu den schönsten Erfahrungen in Chile gehört.

Wenn die Sonne den Horizont durchbricht, paddelt man inmitten der ungewöhnlichen Überreste eines einst üppigen Waldes gemächlich durch die mystische Dämmerlandschaft des **Río Puntra**. Die aus dem Wasser ragenden Baumkronen sehen dabei wie die halb versunkenen Grabsteine eines zeitlosen Unterwasserfriedhofs aus. Auf der 90-minütigen Exkursion ist man fast ganz allein und erlebt eine unglaubliche Stille, die nur von den gelegentlichen Rufen der unzähligen nistenden Vogelarten unterbrochen wird.

Obwohl sich die ursprünglichen Begründer dieses sanften Ökotourismus in Chepu nach Valdivia zurückgezogen haben, wird ihr Erbe von Einheimischen wie Sandra Díaz und Armando Pérez von **Agroturismo Chepu** weitergeführt. Die empfehlenswerte Ökotourismusagentur **Chiloé Natural** bietet zweitägige Ausflüge von Castro nach Chepu an.

MUELLE DE LA LUZ

Der **Muelle de la Luz** ist ein wunderbares Stück Landschaftskunst, das man nach einer 30-minütigen Bootsfahrt vom Muelle Anguay beim Refugio Lugar de Encuentro (6000 Ch$ pro Pers.; +56 98351 5946 oder +56 93 427 1194 anrufen, wenn kein Boot zu sehen ist) und einem kurzen Fußweg erreicht. Der Holzpier (2500 Ch$) hockt auf einer Klippe über der Mündung des Río Chepu ins Meer und ist ein erstaunlicher wie beunruhigender Anblick. Geschaffen wurde er vom selben Künstler (Marcelo Orellana Rivera) wie der **Muelle de las Almas** (auch auf Chiloé), der dank Instagram an Charme eingebüßt hat.

UNTERWEGS VOR ORT

Ein Mietauto ist am besten, denn Busverbindungen nach Puñihuil und Chepu sind sporadisch und unzuverlässig. Im Terminal Inter-Rural in Ancud die Abfahrtszeiten erfragen.

CASTRO

Das sowohl marode wie weltoffen wirkende Castro ist die Hauptstadt Chiloés, der größte Ort der Insel und das Herz des Archipels. Es erstreckt sich 85 km südlich von Ancud am Hang über einem geschützten Meeresarm, den typische *palafitos* (die größte Attraktion der Stadt) säumen. Castro präsentiert sich gern als modisch und gastronomieorientiert, entpuppt sich aber letztendlich als Provinzstadt.

Das macht es jedoch nicht unsympathisch, denn Castro verschnürt alle Eigenheiten und Reize der Inselgruppe zu einem hübschen urbanen Päckchen mit chilotischem Charakter und bietet eine bequeme touristische Infrastruktur neben einigen der besten Restaurants und gelegentlichem Großstadtflair. Dank seiner Lage in der Inselmitte eignet es sich bestens als Basis, um entlegenere Attraktionen wie etwa die faszinierenden UNESCO-gelisteten Holzkirchen und die außergewöhnlichen Parks und Naturschutzgebiete Chiloés zu besuchen.

TOP TIPP

Die beste Tageszeit für einen Besuch von Castros *palafitos* an der Pedro Montt und der Puente Gamboa sind der Sonnenaufgang und der frühe Morgen, wenn das Licht genau im richtigen Winkel einfällt. Nachmittags macht die Sonne höchstwahrscheinlich jeder postkartenreifen Instagram-Aufnahme einen Strich durch die Rechnung.

Castro

BERND ZILLICH/SHUTTERSTOCK ©

DIE KIRCHEN VON CHILOÉ

Auf Chiloé gab es einst über 150 prächtige hölzerne *iglesias* (Kirchen) und *capillas* (Kapellen), von denen heute noch etwa 60 übrig sind und 16 zum UNESCO-Welterbe gehören. Sie zählen zu den Hauptattraktionen der Region, und sie alle zu besuchen ist ein gewaltiges Vorhaben, das sich am besten mithilfe der dreisprachigen Ökotourismusagentur Chiloétnico umsetzen lässt. Wem ein paar Kirchen genügen, der macht sich auf diese 174 km lange Halbtagestour zu den schönsten und erreichbarsten.

Los geht's von Castro in Richtung Norden bis ins hübsche Dalcahue mit der **1 Iglesia Nuestra Señora de Los Dolores**. Hier nimmt man die Fähre (3000 Ch$ pro Auto) auf die 10 Min. entfernte Isla Quinchao und fährt bis ins südliche Achao, das mit einer atemberaubenden Aussicht auf den Golf von Corcovado und Patagonien begeistert. Auf der Plaza de Armas steht die älteste Kirche Chiloés, die **2 Iglesia Santa María de Loreto** (1740), ein Highlight, das mit Holzdübeln zusammengehalten wird. Danach geht's zurück nach Dalcahue und Richtung Nordosten bis zur **3 Iglesia de Nuestra Señora del Patrocinio** in Tenaún mit blauen Türmen und einer sternenverzierten Fassade. Die **4 Iglesia San Antonio de Colo** 13 km nördlich von Tenaún ist die kleinste der UNESCO-Kirchen. Der Anblick ihres Mittelschiffs in Lachsrot und Türkisblau wird so manche Auffassung von kirchlicher Innengestaltung zurechtrücken. Die Tour endet in Castro an der unkonventionell in Gelb und Malve gehaltenen **5 Iglesia San Francisco de Castro**, die man am besten an einem sonnigen Tag besucht, wenn das Licht durch die Buntglasfenster in den Innenraum aus lackiertem Holz fällt.

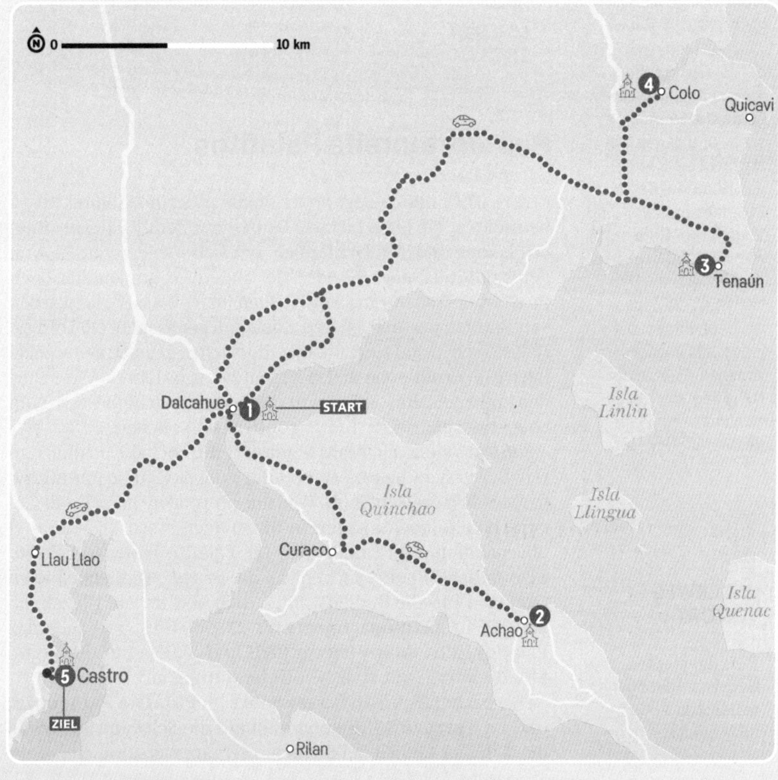

LOCAL TIPP: DER PERFEKTE TAG EINER KÖCHIN IN CASTRO

Lorna Muñoz Arias (@cocinerachilota) ist Gastronomieforscherin aus Chiloé und die Chefköchin des Restaurant Travesía, das sie auch betreibt.

Zuerst schlendert man über die Feria Yumbel, wo man frische Lebensmittel kaufen und in der **Cocineria Doña Amanda** ein deftiges Frühstück genießen kann. Auf dem Rückweg hält man nach der eindrucksvollen **Iglesia San Francisco de Castro** Ausschau und gegen Mittag steht ein Besuch des **Humedal de Putemún** mit dem Vogelführer **Guía Aves de Chile** auf dem Programm. Hier kann man die Zugvögel beobachten, die jedes Jahr wiederkommen. Ganz in der Nähe liegt das ausgezeichnete regionale Restaurant **Rucalaf**.

UNTERWEGS VOR ORT

Trotz des steilen Hügels bei der Puente Gamboa ist Castro fußfreundlich.

HIGHLIGHTS
1 Puente Gamboa Mirador

SCHLAFEN
2 Bledford Chiloé
3 Palafito 1326
4 Palafito Entre Mar y Tierra B&B
5 Palafito Hostel
6 Palafito Waiwen

AUSGEHEN & FEIERN
7 Palafito Patagonia
siehe **3** Terraza 1326

Postkartenreife Palafitos

CASTROS MALERISCHSTE SEITE

Castro ist Chiloés bester Spot, um die *palafito*-Architektur zu betrachten, ein einzigartiger Baustil aus dem 19. Jh., als Bauern keinen anderen Ort fanden, um sich niederzulassen. Von der Straße aus sehen sie wie jedes andere Wohnhaus aus, doch ihre farbenfrohen Rückseiten ragen übers Wasser und werden von Pfählen gestützt, die als Bootsanleger dienen. Obwohl sie theoretisch illegal sind, boomte die Nachfrage nach den wackeligen Konstruktionen in den letzten zwanzig Jahren. Viele wurden zu Hotels, Restaurants und Bars und machten Castro um eine atmosphärische Touristenattraktion reicher.

Palafitos stehen in sechs Stadtvierteln, doch die postkartenreifste Aussicht bietet der Mirador Puente Gamboa unmittelbar westlich des Zentrums. Wer eine profundere *palafito*-Erfahrung haben möchte, kann in ihnen auch essen, trinken und übernachten. Das Palafito Hostel, Palafito Waiwen, Palafito 1326 und das Bledford Chiloé an der Ernesto Riquelme bieten Optionen für alle Budgets, von 35 000 Ch$ für ein Einzelzimmer bis zu Luxusapartments für 271 000 Ch$, und auch das Palafito Entre Mar y Tierra B&B und Sizigia auf der Pedro Montt glänzen mit stylishen Unterkünften auf Stelzen.

Den besten Espresso Castros gibt's im **Palafito Patagonia,** und im **Terraza 1326** kann man auf die Schwäne anstoßen, die sich hier täglich bei Sonnenuntergang versammeln.

Rund um Castro

Jenseits der Inselhauptstadt schützen der Parque Nacional Chiloé und der Parque Tantauco windgepeitschte Küstenstriche, immergrüne Urwälder und die vielfältige Tierwelt Chiloés.

Südlich und westlich von Castro erstrecken sich die zwei größten Schutzgebiete Chiloés über einen unglaublich schönen Teil dieser Insel. Sie sind Paradiese für Naturbegeisterte und beherbergen in ihren wilden und windumtosten Wäldern eine Fauna der Superlative. Im 430 km² großen Parque Nacional Chiloé an der wellengepeitschten Pazifikküste laden immergrüner Urwald und einsame Strände zu inspirierenden Wanderungen ein. Der private Parque Tantauco drei Autostunden südlich von Castro umspannt auf 1180 km² das südliche Ende Chiloés. Er gehört dem Ex-Präsidenten Sebastián Piñera und lockt mit einer der entlegensten und exklusivsten mehrtägigen Hüttenwanderungen Chiles.

TOP TIPP

Den Parque Nacional Chiloé erreicht man am besten über das eine Fahrstunde südwestlich von Castro gelegene Cucao.

Parque Nacional Chiloé (S. 250)

CHILÓE IN MINIATUR

Die filmreife **Isla Mechuque** (Teil der Islas Chauques, die als schönste Inselkette Chiloés gilt) ist wie ein Chiloé im Miniformat, das sich perfekt für einen Tagesausflug eignet: *Tejuela-*(Holzschindel-)Häuser, ein herrlicher Aussichtspunkt, eine malerische Brücke, berühmte *curanto al hoyo* und *palafitos* und eine Atmosphäre vergangener Zeiten sind nur eine Bootsfahrt von Chiloé entfernt. Wer mit der Fähre *Niña Hermosa* aus Quicavi 59 km nordöstlich von Castro ankommt, muss wegen des Fahrplans eine Nacht auf der Insel verbringen, z.B. in der **Hospedaje María Humilde.** Die meisten Gäste unternehmen eine Tagestour mit einer privaten Agentur, wobei **Turismo Pehuén** aus Castro die besten Exkursionen organisiert (bis zu 20 Personen pro Tour, ausschließlich nach Voranmeldung).

Parque Tantauco

Auf der Suche nach einsamen Stränden

VERSTECKTES PARADIES MIT HEIMISCHER TIERWELT

Chiloés 430 km² großer **Parque Nacional Chiloé** ist ein Wunderland aus zerklüfteten Klippen, bestens erhaltenem Urwald und unberührten Stränden und das am einfachsten zu erreichende Naturschutzgebiet der Insel. Der südliche Sektor **Chanquín** grenzt an Cucao und eignet sich besser als Einstieg in den Park als der nördliche Teil bei Chepu (der zwar die Seelöwenkolonie der Isla Metalqui umfasst, aber größtenteils unzugänglich ist) und der mittlere Bereich bei Abtao (von der Conaf zugangsbeschränkt und nur über eine 18 km lange Wanderung erreichbar). Er bietet acht offizielle Wanderrouten verschiedener Längen, von denen der **Sendero Chanquín-Cole Cole** die beliebteste ist. Der 25 km lange Weg führt an der Küste und dem Lago Huelde entlang bis zum Río Cole Cole und einem der

ÜBERNACHTEN RUND UM CASTRO

Hospedaje Mirella
Nahe der Kirche mit den blauen Sternen verwöhnen Mirella und Familie Übernachtungsgäste mit ihren Menüs. **€**

Palafito Cucao Lodge
Cucaos Glanzstück am See bietet moderne Privatzimmer und einen Schlafsaal mit sechs Betten. **€**

Refugio de Navegantes
Stilvollste Option in Dalcahue. Boutique-Hotel mit fünf Zimmern über einem Café mit verlockenden Süßigkeiten. **€€€**

malerischsten Strände Chiles, für den sich dieser wilde, feuchte Fußmarsch allemal lohnt.

Da man hier den Pazifikstürmen ausgeliefert ist, muss mit sehr viel Regen (im Durchschnitt 300 cm pro Jahr) gerechnet werden. Traveller versuchen oft, die gesamte Tour (hin und zurück nach Cucao) an einem Tag zu bewältigen, schaffen es aber meist nur bis zur indigenen Siedlung **Huentemó**. Es ist besser, mit genügend Proviant (letzte Möglichkeit in Cucao) und Zelt loszuziehen und sich von/nach Huentemó bringen zu lassen. An der **Playa Cole Cole** gibt's einen Zeltplatz und ein schlichtes *refugio*. Die Route wimmelt von Tieren, darunter der scheue Pudu (die kleinste Hirschart der Welt lebt im schattigen Tipu-Wald), und mäandert zwischen weitläufigen immergrünen Urwäldern und wilden Strandaussichten. Ein wahrer unberührter Garten Eden am Pazifik.

Ab in den Wald

VON HÜTTE ZU HÜTTE

Die abgeschiedene Lage, eine nicht ganz einfache Anreise und beschränkte Besucherzahlen sorgen dafür, dass alle Naturbegeisterten, die für die sechstägige Wanderung im **Parque Tantauco** keine Mühen scheuen, auch angemessen dafür belohnt werden. Der spektakuläre, aber schwer zugängliche Privatpark gehört zu den 25 Biodiversitäts-Hotspots der Welt und ist einer der wenigen Orte Chiles, an dem man auf einer Hüttenwanderung einen ganzen Naturpark durchqueren kann.

Nur acht Trekker dürfen pro Tag auf den insgesamt 130 km langen Wegen des Parks mit seinen sechs *refugios* unterwegs sein. Alles Nötige muss man selbst mitbringen, doch am Ende des Weges in **Inío** wartet eine wunderbare Pension mit hausgemachten Mahlzeiten. Wie es sich anfühlt, so ganz von der Außenwelt abgeschnitten zu sein, spürt man im gemäßigten Valdivianischen Regenwald, in dem endemische Otter, Darwin-Füchse und Pudus leben. Sowohl das kleinste Beuteltier (*monito del monte* oder „kleines Bergäffchen") als auch das größte Säugetier der Welt (Blauwale im angrenzenden Meer) sind im Park zu Hause, in dem man ganz allein mit der Natur ist.

Das Vergnügen hat jedoch seinen Preis: Zum Ausgangspunkt bei Chaiguata nimmt man einen Privattransfer (120 000 Ch$ für bis zu vier Personen), die *refugios* kosten pro Nacht 20 000 Ch$ pro Person und in Inío muss ein Privatflugzeug gechartert werden (320 000 Ch$ pro Person). **Chiloé Natural** ist der offizielle Tourismuspartner des Parks und kann die Organisation (inkl. Guide und Koch) übernehmen.

DIE BESTEN EINSAMEN LODGES AUF CHILOÉ

Isla Bruja Lodge
Gemütlicher Rückzugsort am Meeresarm Palidad 15 km nordwestlich von Queilen. €€€

Huillín Lodge
Die sechs Cabañas aus Kiefernholz mit Blick auf den Lago Huillinco und die Wälder von Quiao liegen 20 km östlich von Cucao an der Straße zum Sektor Chanquín des Parque Nacional Chiloé. €€€

OCIO Territorial Hotel
Nachhaltiges Idyll mit traditioneller Holzschindelverkleidung und Panoramaaussichten über den Fjord von Castro. €€€

Tierra Chiloé
Spektakulär an einem der wichtigsten Feuchtgebiete Chiloés gelegenes Luxushotel aus unglaublich schönem heimischem Hartholz und unverputztem Beton, das sich in die Natur einfügt und herrliche Aussichten auf die Halbinsel Rilán bietet. €€€

UNTERWEGS VOR ORT

Buses Unión Expresos und Buses Ojeda fahren vom Terminal Municipal de Buses in Castro regelmäßig nach Cucao, dem Haupteingang zum Parque Nacional Chiloé nahe dem südlichen Sektor Chanquín. Zum Parque Tantauco gelangt man nur mit eigenem Transportmittel oder per Privattransfer.

NORD-PATAGONIEN

BERGE, FLÜSSE, GLETSCHER UND FJORDE

Nordpatagonien, eine schroffe, dynamische, von Eis und Wasser geformte Region hält jede Menge Abenteuer bereit.

Von den Gipfeln der Anden und den Gletschern der patagonischen Eisfelder bis zu den *alerces* (Patagonische Zypressen) in den gemäßigten Wäldern und den Stromschnellen des Río Futaleufú: Nordpatagonien steht für Wildnis im Großformat. Die Landschaft der Extreme begeistert schon lange furchtlose Wanderfans und inspiriert zu engagiertem Umweltschutz, während das launenhafte Wetter und gelegentliche Vulkanausbrüche Einheimische immer wieder herausfordern.

Die ersten menschlichen Zeugnisse gehen auf Nomadenstämme zurück, die in der trockenen Steppe umherzogen und in den wilden Fjorden paddelten, doch Anfang des 20. Jhs. wurden sie gewaltsam von europäischen Siedlern verdrängt. Holzfällerei, Landwirtschaft und Bergbau ließen ein paar isolierte Außenposten entstehen, aber erst 1976 wurde mit dem Bau einer ambitionierten 1240 km langen Verbindungsstraße, der Carretera Austral, begonnen. Bis heute ist sie nur zum Teil befestigt und gilt als eine der großen Roadtrip-Routen der Welt.

Neben Abenteuern auf der Carretera sind Kämpfe um Ressourcen ein allgegenwärtiges Thema. Dabei geht's um die ökologischen Folgen der Lachszucht, Kampagnen gegen hydroelektrische Dämme und die Verwandlung von Farmen in Nationalparks. Der Tourismus steckt in der Region noch in den Kinderschuhen, was charmant und herausfordernd zugleich ist. Ein Besuch ist eine echte Bereicherung, nicht nur wegen der großartigen Landschaften, sondern auch wegen der Möglichkeit, lokale Gemeinden zu unterstützen.

DIE WICHTIGSTEN ZIELE

CARRETERA AUSTRAL
Der ultimative Roadtrip. S. 258

FUTALEUFÚ
Erstklassige Flussabenteuer. S. 268

PARQUE NACIONAL LAGUNA SAN RAFAEL
Gletscher, Eisberge und Fjorde mit spektakulärem Ufer. S. 272

PARQUE NACIONAL PATAGONIA
Südamerikanische Safari-Highlights. S. 278

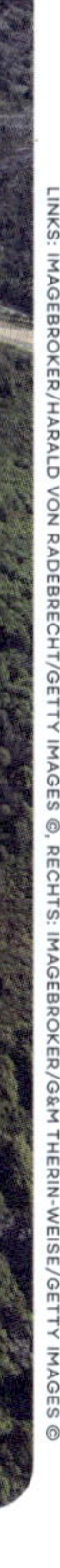

Links: Brücke, Valle Exploradores (S. 273); oben: Parque Nacional Laguna San Rafael (S. 272)

Futaleufú, S. 268
Der türkisfarbene Fluss garantiert Adrenalin pur, während im einstigen Bauerndorf heute Rafting- und Kajakbegeisterte den Ton angeben.

Carretera Austral, S. 258
Die wilde Fahrt führt durch dramatische Berg-, Wald- und Uferlandschaften mit Zwischenstopps in jungen Städten, die die Geschichte der Region erzählen.

ARGENTINIEN
Esquel
Corcovado
Lago Palena
Rio Cisnes
Seccion Magdalena
Seccion Tapera
Lago Fontana
Seccion Bano Nuevo
Casa De Richards
Rio Nireguao
Coyhaique
Futaleufú
Palena
Rio Palena
Lago Verde
Lago Verde
Puerto Las Juntas
Lago Inferior
Vodudahue
Lago Yelcho
Rio Frio
Lago Rosselot
Rio Bordali
Laguna Escondida
Puerto Aysén
Parque Nacional Pumalín
Puerto Cardenas
Parque Nacional Queulat
Puerto Puyuguapi
Puerto Cisnes
Lago Yulton
Puerto Chacabuco
Buill
Chaiten
Parque Nacional Isla Magdalena
Golfo Corcovado
Castro
Chiloé
0 100 km

Erste Orientierung

Die langgezogene bergige Region mag auf den ersten Blick einschüchtern. Wer sich ausreichend Zeit nimmt, egal ob für das ganze Gebiet oder nur Teilabschnitte, wird dafür jedoch mehr als belohnt.

Paso Rio Mayo

Parque Nacional Patagonia, S. 278

Im einst überweideten Grasland dominieren heute majestätische Kondore, galoppierende Guanakos, umherstreifende Pumas und listige Füchse.

AUTO

Mit dem Mietwagen, erhältlich in Puerto Montt und Coyhaique, ist man am flexibelsten und unabhängigsten. Die Straße ist eine Herausforderung und teils ist man auf nicht immer verlässliche Fährverbindungen angewiesen. Mietwagen sind in Puerto Montt günstiger, Benzin ist allerdings überall teuer.

Lago Cisnes
Villa O'Higgins
Laguna Larga
Lago Berguez

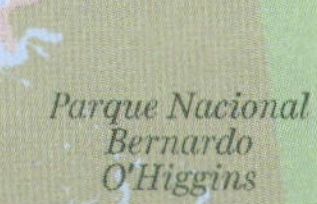

Monte San Valentín
San-Rafael-Gletscher
Parque Nacional Laguna San Rafael

Parque Nacional Laguna San Rafael, S. 272

Eines der eisigsten und unwirtlichsten Gebiete Patagoniens zählt zu den spannendsten und lohnenswertesten Zielen.

PAZIFISCHER OZEAN

BUS

Manche Busrouten werden nur an bestimmten Wochentagen bedient. Von Dezember bis Februar sind Langstreckenbusse schnell ausgebucht. Tickets sollte man mindestens drei Tage im Voraus reservieren. Wer sich auf Busse verlässt, trampt oft am Ende (gilt als sicher in der Region, wird von Lonely Planet jedoch nicht empfohlen).

FLUGZEUG

Bei großen Distanzen spart man mit dem Flugzeug Zeit. LATAM, Sky Airline und Jet Smart bedienen die Regionen mit Flügen zwischen Santiago, Puerto Montt und Coyhaique. Zudem gibt's Charterflüge und manchmal Regionalverbindungen zwischen Puerto Montt, Chaitén, Coyhaique, Cochrane und Villa O'Higgins.

Perfekte Tage

In Nordpatagonien schaltet man einen Gang runter und macht das Beste aus den Gegebenheiten. Hier heißt es „Nutze den Tag", schließlich gibt's kein schlechtes Wetter, nur schlechte Kleidung!

GUAXINIM/SHUTTERSTOCK ©

Lago General Carrera (S. 267)

Wenig Zeit

- Im Rafting-Paradies **Futaleufú** (S. 268) verbringt man ein paar Tage im Wasserfahrzeug eigener Wahl auf dem wilden, wunderschönen **Fluss** (S. 269). Danach bestaunt man bei einer **Wanderung** (S. 271) in die malerischen umliegenden Berge das kühle Nass von oben.

- Bei einem Abstecher zu dem Respekt einflößenden Vulkan und den altehrwürdigen Zypressen im **Parque Nacional Pumalín** (S. 262), einem der schönsten Parks der Region, lässt sich auch kurz die **Carretera Austral** (S. 258) erleben. Gegen müde Beine hilft ein Zwischenstopp bei einer berühmten **Thermalquelle** (S. 262).

Beste Reisezeit

Im Frühjahr blühen Wildblumen, im Sommer sind die Busverbindungen am verlässlichsten. Im kalten Winter kann man Ski und Snowboard fahren.

JANUAR

Mit dem Beginn der **Schulferien** in Chile startet Nordpatagonien in die Hochsaison. Unterkünfte und Exkursionen vorab buchen!

FEBRUAR

Hochsaison. Das **Festival Costumbrista** feiert den Pioniergeist. Auch in vielen kleinen Städten der Region herrscht Partystimmung.

APRIL

Jetzt ist **Dauerregen** angesagt; an der grünen Westküste wird es besonders nass.

MONICA QUINTA/SHUTTERSTOCK ©, RHJPHTOTOS/SHUTTERSTOCK ©, KNIK/SHUTTERSTOCK ©

Ein paar Wochen

- Mit dem Flieger geht's nach Coyhaique und auf der **Carretera Austral** (S. 258) nach Süden. Erster Stopp ist der **Cerro Castillo** (S. 266) mit einer spektakulären Wanderung zu seinen Basaltspitzen und der glitzernden Gletscher-gespeisten Lagune.

- In Puerto Río Tranquilo bestaunt man bei einer Boots- oder Kajakfahrt die **Marmorhöhlen** (S. 267), bevor es zu Fuß oder auf dem Wasser zu den Gletschern im **Parque Nacional Laguna San Rafael** (S. 272) geht.

- Nun geht's nach **Cochrane** (S. 282) und zu Fuß oder mit dem Boot durch den wilden **Parque Nacional Patagonia** (S. 278).

- Wer ein Ticket für die Fähre zurück nach Coyhaique ergattert, verlässt die Carretera Richtung **Chile Chico** (S. 283).

Länger Zeit

- In Puerto Montt folgt man der **Carretera Austral** (S. 258) in den Regenwald und zu den Vulkanwegen im **Parque Nacional Pumalín** (S. 262).

- Ein Abstecher zum **Futaleufú** (S. 268) verspricht **Flussabenteuer** (S. 269).

- Zurück Richtung **Parque Nacional Queulat** (S. 263) wartet eine Gletscherwanderung, dann geht's zur **Thermalquelle** (S. 262) weiter südlich.

- In Coyhaique kann man tanken, **reiten** (S. 264) oder **Kondore** besuchen (S. 265). Danach locken die **Marmorhöhlen** (S. 267) nahe Puerto Río Tranquilo und die Gletscher im **Parque Nacional Laguna San Rafael** (S. 272).

- Nachdem man im **Parque Nacional Patagonia** (S. 278) Guanakos entdeckt hat, besucht man **Caleta Tortel** (S. 276).

JUNI

Der Winter beginnt und die Temperaturen liegen teils um den **Gefrierpunkt**. In der Region halten die Regenfälle an.

OKTOBER

Mit dem Frühling starten erfahrene **Raftingfans** in Futaleufú in die Saison. Die Schneeschmelze lässt den Fluss anschwellen.

NOVEMBER

Gelbe, lila, rosa und weiße **Lupinen** bedecken die Landschaft um die Carretera Austral sowie Parks und Flussbetten.

DEZEMBER

Niedrigere Temperaturen, Wildblumen, moderate Besucherzahlen: der perfekte Monat für einen **Roadtrip** auf der Carretera Austral.

CARRETERA AUSTRAL

Carretera bedeutet Autobahn, doch das ist nicht das richtige Wort für das 1240 km lange Straßenmonster zwischen Puerto Montt und Villa O'Higgins. Die 1996 fertiggestellte, bis heute nur teilweise befestigte Carretera Austral benötigte 20 Jahre Bauzeit und 300 Millionen US$. Der Großteil entstand unter dem brutalen Diktator Augusto Pinochet – in dieser Region eine kontroverse Figur –, der Chile gegen Argentinien verteidigen und entlegene Außenposten mit der nationalen Identität verbinden wollte. Wer gen Süden unterwegs ist, umfährt Nordpatagonien oft auf dem Weg nach Torres del Paine, Abenteuerlustige hingegen werden von der legendären Straße und ihren verborgenen Schätzen angezogen. Die nördlichen Abschnitte sind meist asphaltiert, allerdings kommt man dort, wo Berge und Wasser aufeinandertreffen, nur mit der Fähre weiter, und die langen Schotterpisten südlich von Villa Cerro Castillo bleiben eine Herausforderung.

Carretera Austral, Villa Cerro Castillo

LINKS: THIAGO DICKMANN/ALAMY STOCK PHOTO © RECHTS: JHVEPHOTO/SHUTTERSTOCK ©

Santiago

Carretera Austral

TOP TIPP

Ein flexibler Reiseplan ist wichtig, zudem sollte man sich auf Herausforderungen wie Stürme, riesige Schlaglöcher, verspätete Fähren, platte Reifen oder durch Felsen blockierte Straßen einstellen. Wegen der Wanderstopps unterwegs gehören feste Schuhe und eine Regenjacke ins Gepäck.

AUTOFAHREN

Für eine sichere Fahrt auf der Carretera Austral Reserverad, Wagenheber und Starterkabel mit sich führen. Stets das Licht einschalten (ist vorgeschrieben) und Fahrten im Dunkeln meiden. Volltanken, wenn sich die Möglichkeit bietet. Zusätzliche Wasser- und Proviantvorräte sind bei möglichen Pannen wichtig. Straßenarbeiten und kreuzende Viehherden können die Fahrt verzögern. Fähren im Voraus buchen und mit Verspätungen rechnen. Wenn jemand Hilfe benötigt, anhalten. Auf Schotterpisten Abstand zu Lkws halten – kaputte Windschutzscheiben sind hier typisch. Und schließlich: sich Zeit lassen und die Landschaft genießen.

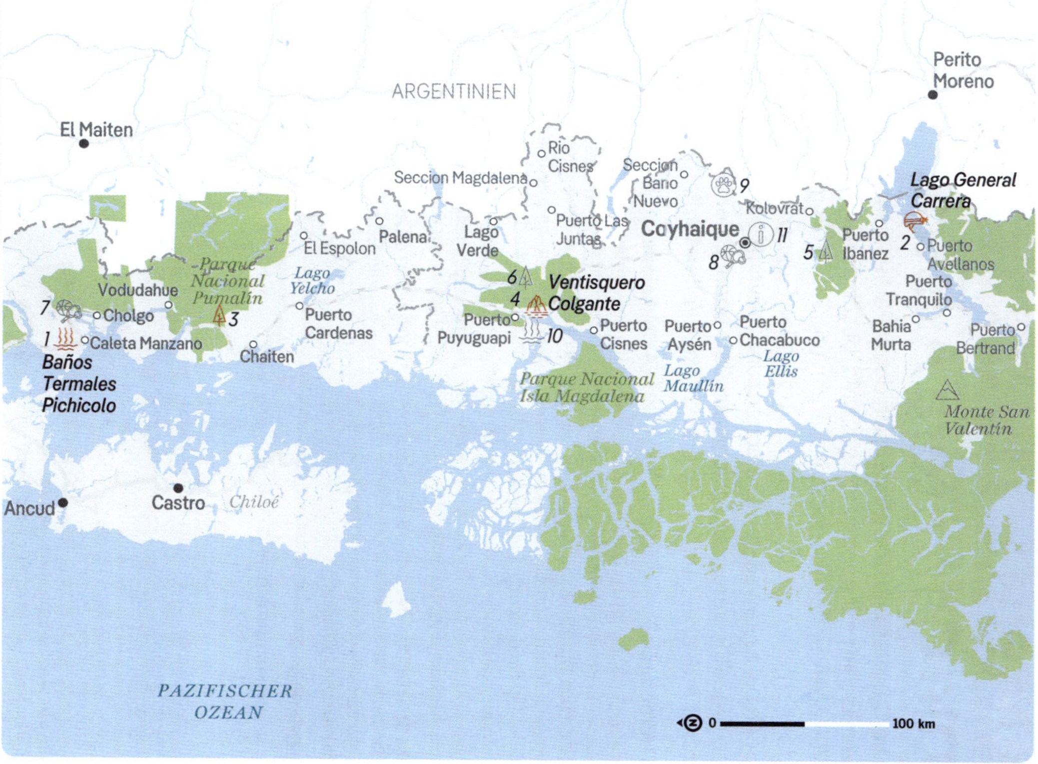

HIGHLIGHTS
1 Baños Termales Pichicolo
2 Lago General Carrera
3 Parque Nacional Pumalín
4 Ventisquero Colgante

SEHENSWERTES
5 Parque Nacional Cerro Castillo
6 Parque Nacional Queulat

AKTIVITÄTEN, KURSE & TOUREN
7 Cabañas Lahuan
8 Fundo Panguilemu
9 Punta del Monte
10 Puyuhuapi Lodge & Spa

PRAKTISCHES
11 Casa del Turismo Rural

ARGENTINIEN
Perito Moreno
El Maiten
Rio Cisnes
Seccion Magdalena
Seccion Baño Nuevo
Kolovrat
Lago General Carrera
Palena
El Espolon
Lago Verde
Puerto Las Juntas
Coyhaique
Puerto Ibanez
Puerto Avellanos
Puerto Tranquilo
Parque Nacional Pumalín
Lago Yelcho
Vodudahue
Cholgo
Caleta Manzano
Baños Termales Pichicolo
Puerto Cardenas
Chaiten
Ventisquero Colgante
Puerto Puyuguapi
Puerto Cisnes
Puerto Aysén
Puerto Chacabuco
Bahia Murta
Puerto Bertrand
Lago Ellis
Lago Maullín
Parque Nacional Isla Magdalena
Monte San Valentín
Ancud
Castro
Chiloé
PAZIFISCHER OZEAN
0
100 km

Capillas de Mármol (S. 267), Puerto Río Tranquilo

ROADTRIP

Die Carretera Austral

Die Carretera Austral windet sich durch Patagoniens dramatische Landschaft mit üppigem Regenwald, buschiger Steppe, rauchenden Vulkanen, schneebedeckten Bergen und weiten Farmen. Wasser ist das Kernelement, von klaren sprudelnden Flüssen und türkisfarbenen Seen bis zu gewaltigen Gletschern und labyrinthischen Fjorden. Dieser Roadtrip vereint alle wichtigen Ziele entlang der Carretera, sei es zum Entdecken, Auftanken oder zur kulturellen Weiterbildung.

1 Hornopirén

Für einen kompletten Roadtrip startet die Reise in Puerto Montt, einem am Fjord gelegenen Verkehrsknotenpunkt mit Lachsfarmen. In direkter Nähe locken Wasserfälle, Thermalquellen und das alpine Hinterland des Parque Nacional Hornopirén. Hier erkundet man den Park und kauft in den Kiosken der Stadt Vorräte.

Die Strecke: Die Fahrt südwärts nach Caleta Gonzalo beinhaltet zwei Fährüberfahrten (vorab unter barcazas.cl reservieren). Danach sind es 55 km bis nach Chaitén.

2 Chaitén

Ein Vulkanausbruch am 2. Mai 2008 zerstörte zahlreiche Häuser, die wiederaufgebaut sind; ein 2023 eröffnetes Museum erinnert daran. Chaitén ist die wichtigste Ausgangsbasis für einen Besuch des Parque Nacional Pumalín mit gemäßigtem Regenwald und einem Weg zu einem Aussichtspunkt auf den rauchenden Krater.

Die Strecke: Die asphaltierte angenehme 200 km lange Fahrt nach Puyuhuapi bietet märchenhafte Fjorde, Seen und Flussquerungen.

3 Puyuhuapi

Das idyllische Dorf am Nordende eines Fjords wurde 1935 von deutschen Eingewanderten besiedelt, die Ackerbau betrieben und hochwertige Teppiche herstellten. Heute ist es das Tor zum Parque Nacional Queulat und ein bekannter Thermalort.

Die Strecke: Der erste kurvenreiche unbefestigte Abschnitt der 233 km langen Fahrt wird gerade ausgebaut. Nach der Abzweigung zum Ventisquero Colgante (S. 263) ist die Straße bis Coyhaique asphaltiert.

4 Coyhaique

In dem weitläufigen Ort in einer hügeligen Gebirgskette vor der Kulisse felsiger verschneiter Gipfel finden Reisende alles Nötige, zudem locken Abenteuer wie Fliegenfischen, Ausritte und Kondorbeobachtungen.

Die Strecke: Die asphaltierte malerische Straße führt über 100 km in den Süden zum Ausgangspunkt großartiger Wanderrouten.

5 Villa Cerro Castillo

Der winzige einladende Ort im Nirgendwo unter den eisigen Spitzen des Cerro

Ventisquero Colgante (S. 263)

JENS OTTE/ALAMY STOCK PHOTO ©

Castillo ist eine gute Ausgangsbasis für die Erkundung des gleichnamigen Nationalparks. Im Februar gibt das Festival Costumbrista authentische Einblicke in patagonisches Rodeo.

Die Strecke: Es wird holprig. Die nächsten 120 km sind fast komplett unbefestigt, doch der Anblick des unwirklich blauen Lago General Carrera macht das wieder wett.

6 Puerto Río Tranquilo

Die Siedlung aus Schindelhäusern am Westufer des Sees wächst und bietet mittlerweile Outdooraktivitäten wie Ausflüge zu Marmorhöhlen und Gletschern im Parque Nacional Laguna San Rafael. Zudem gibt's anständige (wenn auch teure) Unterkünfte, gute Restaurants und ein kleines Geschichtsmuseum, das 2022 öffnete.

Die Strecke: Für die 115 km lange Schotterpiste nach Cochrane braucht man meist länger als geplant. Dafür ist die Fahrt wunderschön mit Blick auf den Zusammenfluss von Baker und Neff.

7 Cochrane

Der alte Ranch-Außenposten ist der südliche Knotenpunkt der Carretera und dank des nahegelegenen Parque Nacional Patagonia ein immer beliebteres Ziel. Nur Minuten vom Sector Tamango entfernt, dient der Ort als Basis für Gletscher- und Flussexkursionen sowie Angelausflüge zum Lago Cochrane.

Die Strecke: Die unbefestigten holprigen 234 km zwischen Cochrane und dem Ende der Carretera sind der am wenigsten befahrene Abschnitt.

8 Villa O'Higgins

Das mythische, abgeschiedene Dorf wurde 1914 von Engländern besiedelt. Der Außenposten lockte nur wenige Einheimische an und die Straße wurde erst 1999 bis hierher ausgebaut. Neben Touren zu Pferd oder zu Fuß gibt's erstklassige Angelgründe und Bootsfahrten auf dem O'Higgins-Gletscher.

ALTEHRWÜRDIGE ALERCEN

Der langsam wachsende Nadelbaum Alerce spielt eine Schlüsselrolle in Patagoniens gemäßigten Regenwäldern, doch aufgrund des fast unzerstörbaren Hartholzes wurde er fast bis zur Ausrottung abgeholzt. Heute ist es verboten, gesunde Bäume zu fällen. Sie wachsen im Seengebiet und in den nordpatagonischen Wäldern, zudem zieren Alerce-Schindeln Chilote-Häuser. Alercen gehören zu den ältesten und größten Bäumen der Welt und können über 4000 Jahre alt werden. Ein Exemplar namens *Gran Abuelo* im chilenischen Parque Nacional Alerce Costero wird auf 5484 Jahre geschätzt. Obwohl die Methode zur Ermittlung des Alters umstritten ist, könnte *Gran Abuelo* die 4789 Jahre alte Borstenkiefer Methusalah in Kalifornien als ältesten lebenden Baum ablösen.

Hot-Stopps auf der Carretera

VULKANISCHE THERMALQUELLEN

Wird die Fahrt auf der Carretera Austral anstrengend, schaffen heiße Quellen mit heilendem Wasser für jeden Geschmack und jedes Budget Abhilfe, schließlich fährt man durch vulkanisches Terrain erster Güte.

Nahe Hornopirén gibt's verschiedene Optionen, darunter die angenehm warmen, gut zugänglichen **Baños Termales Pichicolo** 10 km weiter westlich. Reservierungen sind empfohlen (termasdepichicolo.cl). Mehr Privatsphäre bietet **Cabañas Lahuan** mit einer Bootstour durch den Comau-Fjord und einer Wanderung durch den Valdivianischen Dschungel zu den am Fluss gelegenen **Termas Porcelana** mit Thermalquellen, Massagen, einem Schlammbad, einem Restaurant, Campingplätzen und Hütten.

Weiter südlich liegt das **Puyuhuapi Lodge & Spa**, das exklusivste und luxuriöseste Thermalbad der Region. Es befindet sich in einem feuchten Wald am Westufer des Seno Ventisquero und ist nur per Boot zugänglich. Die Anlage kombiniert den rustikalen Stil von Chilote-*palafitos* (Stelzenhäusern) mit bayerischen Einflüssen. Vier Außenbäder, darunter eine von Farn bewachsene Lagune, liegen am Wasser – perfekt für eine Erfrischung. Ein schickes Indoor-Spa bietet Kaltwasserbecken, Jacuzzis und einen großen Pool mit Wasserstrudeln, zudem gibt's Wellnessbehandlungen und Massagen.

Wandern im Parque Nacional Pumalín

GEMÄSSIGTER REGENWALD UND RAUCHENDE VULKANE

Vom nahen Hornopirén bis südlich von Chaitén erstreckt sich über 2889 km² ein Waldschutzgebiet: Der **Parque Nacional Pumalín** geht auf den verstorbenen US-Philanthropen Douglas Tompkins zurück und wurde 2017 Chile übereignet. Er umfasst weite Landschaften mit gemäßigtem Regenwald, klaren Flüssen und rauchenden Vulkanen und ist dank guter Straßen und Trails, extensiver Infrastruktur und minimaler Eingriffe ein Modellpark für die Region. Der abgeschiedene Norden ist das Stammesland des Nomadenvolkes Chono, das mit Kanus Seelöwen und Fisch jagte sowie Schalentiere und Seegras sammelte. Er ist nur per Boot oder Kajak über die Fjorde zugänglich, doch südlich von Caleta Gonzalo verläuft die Carretera Austral durch den Park. Der Eintritt ist kostenlos.

Eine Fahrt durch den Park macht Spaß, aber man sollte sich ein bis zwei Wanderungen vornehmen. Rund 14 km südlich von Caleta Gonzalo führt der 1 km lange eindrucksvolle **Sendero Los Alerces** durch gemäßigten Regenwald, über eine

ÜBERNACHTEN AN DER CARRETERA AUSTRAL

Hotel Hornopirén
Das intime Hotel punktet mit patagonischem Flair, Wasserblicken und der Präsenz der loyalen Señora Olivia. **€€**

Lodge Caleta Gonzalo
Die winzigen Schindelhütten mit Blick auf den Reñihué-Fjord haben Hartholzdetails und Hochbetten für Kinder. **€€**

Cabañas Pudu
Gemütliche Hütten mit Holzöfen und bequemen Betten; bei Motorradreisenden beliebt. **€**

GALYNA ANDRUSHKO/SHUTTERSTOCK ©

Parque Nacional Pumalín

Hängebrücke und in einen Hain mit 1000 Jahre alten Alerce-Bäumen. In der Nähe bringt der großartige einstündige **Sendero Cascadas Escondidas** von einem Campingplatz zu verschiedenen Wasserfällen. Die schönste Wanderung ist der fünfstündige Rundweg zum **Volcán Chaitén** mit Blick auf den rauchenden Krater.

Im Parksektor **El Amarillo**, 20 km südlich von Chaitén, ist der flache, offene 10 km lange **Sendero Ventisquero Amarillo** zum gleichnamigen hängenden Gletscher der schönste Weg. Er startet am Ventisquero-Campingplatz nahe dem Fuß des Michinmahuida-Gletschers. Eine Alternative ist der 2,5 km lange **Sendero Ranita de Darwin** durch aufgeforsteten Wald mit drei spektakulären Aussichtspunkten. Weitere Infos gibt's im Besucherzentrum gegenüber dem Parkeingang.

Der hängende Ventisquero Colgante

GUT ZUGÄNGLICHER GLETSCHER

Bei einer Fahrt auf der Carretera Austral ist der **Ventisquero Colgante** im **Parque Nacional Queulat** gut zu erreichen. Für einen Blick auf den spektakulären Hängegletscher, der wegen seiner Lage über einem Steilhang so bezeichnet wird,

DIE BESTEN CAMPINGPLÄTZE AN DER CARRETERA

Sector Amarillo
Flache offene Stellplätze und hübsche Ausblicke machen das einstige Ackerland zu einer Topadresse im Parque Nacional Pumalín. €

Camping Ventisquero
Der Zeltplatz im Parque Nacional Queulat bietet zehn attraktive private Stellplätze mit überdachtem Grillbereich, Picknicktischen und Warmwasserduschen. €

Camping Pudu
Hübscher Campingplatz am Strand mit Warmwasserduschen, Waschmaschinen und einer Sauna in Puerto Río Tranquilo. €

Senderos Patagonia
Der Campingplatz mit Hostel nahe dem Parque Nacional Cerro Castillo ist bei Wanderfans beliebt und organisiert Touren und Ausritte. €

Puyuhuapi Lodge & Spa
Chiles führendes Thermalbadresort befindet sich in einem dichten Wald am Ufer des Seno Ventisquero. €€€

Posada Queulat
Die rustikalen geräumigen Hütten mit Holzöfen an einem Fjord bieten erstklassigen Service und Aktivitäten. €€€

Huella Patagónica
Dreistöckiges Hostel aus Wellblech in Coyhaique mit modernen Schlafsälen. Licht und Strom an jedem Bett. €

LEONARDO OLIVER/SHUTTERSTOCK ©

Parque Nacional Cerro Castillo (S. 266)

WARUM ICH DIE CARRETERA AUSTRAL LIEBE

Ashley Harrell, Autorin

Ich liebe die Carretera Austral, weil ich hier die Probleme der Welt vergessen kann, doch noch mehr liebe ich sie, weil sie so viele neue schafft: panische Kühe, die die Straße blockieren, Haarnadelkurven mit steilen Abhängen neben eisigen Seen und leuchtende Lupinenfelder, schneebedeckte Berge und kreisende Kondore, die den Blick von der Straße ablenken. Habe ich die unzähligen Kilometer mit aufgewirbeltem Staub und tiefen Schlaglöchern erwähnt? Zurück auf dem Asphalt stellt sich Erleichterung ein, aber auch das Gefühl, dass etwas fehlt.

muss man sich vorab online registrieren (aspticket.cl), 20 km südlich von Puyuhuapi zwischen 9 und 14.30 Uhr von der Schnellstraße abfahren, die Parkgebühr von 9000 Ch$ bezahlen und einen 200 m langen Bohlenweg (rollstuhlgerecht) bis zu einem eindrucksvollen fernen Aussichtspunkt laufen.

Es gibt noch zwei andere Möglichkeiten, den Gletscher zu erleben. Ein 3,2 km langer Wanderweg führt über eine Brücke über den Río Ventisquero in einen wilden Primärwald voller Farne und Scheinbuchen. Dann geht's über die Spitze einer Moräne durch den 1540 km² großen Park, durch den die Carretera über 70 km auf halbem Weg zwischen Chaitén und Coyhaique verläuft. Regenwolken trüben oft die Sicht, doch wenn sie sich verziehen, bieten sich am Ende des Weges Traumblicke auf steile Klippen, Wasserfälle, einen milchigen türkisfarbenen See und den kalbenden Ventisquero Colgante.

Eine weitere Alternative ist eine Bootstour auf der **Laguna de los Témpanos**. Ein 600 m langer Weg entlang des wilden Flusses führt zu einem Steg, an dem die Fahrten starten (12 000 Ch$, nur im Sommer). Bei der 35-minütigen Tour für vier bis zehn Personen kommt man Wasserfällen sehr nahe. Proviant mitbringen, denn im Park gibt's keine Verpflegung.

Vom Auto aufs Pferd

GAUCHO-TOUR

Nordpatagonien, den schroffsten und entlegensten Teil des chilenischen Festlands, nennen wenige Hartgesottene ihre Heimat. Einst lockte die Gegend umherziehende Cowboys, die Gauchos, an. Die *estancias* (Viehfarmen) im ländlichen Patagonien geben seltene Einblicke in das Leben dieser schwindenden Spezies, das man am besten auf dem Pferderücken versteht.

ÜBERNACHTEN AN DER CARRETERA AUSTRAL

Patagonia House
Boutique-Unterkunft am Ortsrand von Coyhaique mit dezentem modernem Stil, Whirlpool und Gourmet-Abendessen. **€€**

B&B Cabañas Cerro Castillo
Zimmer mit Berg- und Gartenblick und leckeres Frühstück an der Straße in den Nationalpark. **€€**

Rimaya Hostel
Gemütliches Hostel mit gemütlichen Betten. Bestes Preis-Leistungs-Verhältnis in Puerto Río Tranquilo. **€**

Überall auf der Carretera gibt's verschiedene Angebote für ländlichen Tourismus und Ausritte. Manche Veranstalter bieten mehrtägige Wanderritte ins Umland. Oft wird nur Spanisch gesprochen, wobei die **Casa del Turismo Rural** in Coyhaique bei der Vermittlung von ländlichen Privatunterkünften und Guides hilft. Man sollte mindestens eine Woche im Voraus buchen, da die Kontaktaufnahme mit den entlegenen Anbietern etwas Zeit benötigt.

Einblicke in das Leben auf einer modernen *estancia* bietet **Fundo Panguilemu**. Die 1000 ha große Ranch vor Coyhaique neben der malerischen Reserva Nacional Río Simpson setzt bei der Rinder- und Schafhaltung auf ein ganzheitliches, regeneratives Konzept. Auf geführten Reitabenteuern erlebt man das Zusammentreiben der Tiere, besucht die Schafschuranlage und entdeckt weite Naturlandschaften, die ihre Besitzer unberührt lassen. Übernachtet wird in einer der wunderschönen Jurten mit Blick auf den Río Simpson und es gibt exquisite Mahlzeiten aus selbst angebauten Zutaten.

Andenkondore erleben

AUF TUCHFÜHLUNG MIT RAUBVÖGELN

Bei einer Fahrt auf der Carretera Austral entdeckt man garantiert einen Andenkondor, den größten flugfähigen Vogel Südamerikas. Die schwarz-braun-weißen Raubvögel gelten als gefährdet, doch hier gleiten rund 6700 von ihnen durch die Luft und sind mit einer Spannweite von 3 m nicht zu übersehen. Dutzende machen sich morgens auf, den Wind von der Küste nutzend. Das Spektakel lässt sich aus der Nähe erleben, z. B. auf der **Punta del Monte**, einer *estancia* östlich von Coyhaique. Die Familie Galilea Carrillo hält auf ihrer 125 km² großen Ranch seit 1976 Rinder und Schafe, die Kondore lebten jedoch schon vorher hier. Über Jahre konnte Alejandro Galilea die Tiere beim Fliegen, Aufziehen der Jungen in den felsigen Bereichen der Pampa (Weideland) und der Suche nach Aas beobachten. Seit 2003 bringt er Interessierte zu ihnen.

Mittlerweile kann man auf der *estancia* übernachten (oder sich um 5.30 Uhr in Coyhaique abholen lassen). Dann geht's zum Wohnrevier der Kondore, wo sich die majestätischen Vögel sammeln. Meist sind 20 bis 50 Tiere zu sehen, die unschlagbare Fotomotive liefern. Das Ganze kostet 100 000 Ch$ pro Person und beinhaltet ein leckeres Frühstück, eine Safari mit häufigen Sichtungen von Füchsen, Guanakos und anderen Wildtieren und einen Stopp an einem Ort, wo indigene Stämme einst Werkzeuge fertigten. Auf Wunsch zeigt Alejandro Pfeilspitzen, die er auf trockenem Seegrund auf seinem Gelände sammelte. Er kennt sich bestens mit Kondoren, der

NORD-PATAGONIEN: DAMALS & HEUTE

Tausende Jahre lebten indigene Volksgruppen wie die Chonos und Alacalufes an den Kanälen und Inseln Nordpatagoniens, während die Tehuelches die Steppe auf dem Festland vorzogen. Die raue Landschaft schreckte europäische Siedler ab, doch im späten 18. und frühen 19. Jh. fanden Expeditionen in das Gebiet statt, darunter eine mit Charles Darwin.

Anfang des 20. Jhs. begann die chilenische Regierung damit, die indigene Bevölkerung zu dezimieren und umzusiedeln. Sie überließ der Sociedad Industrial Aysén in Valparaíso ein 10 000 km² großes Gebiet rund um Coyhaique für Tierhaltung und Holzfällerei. Kolonisten beanspruchten Farmland für sich und Nordpatagonien wurde als letztes Gebiet Chile einverleibt.

Bis heute ist Nordpatagonien abgeschieden und nur dünn besiedelt. Städte entstanden erst vor etwas mehr als 70 Jahren.

ESSEN AN DER CARRETERA AUSTRAL

El Quijote
Javier, der freundliche Besitzer dieses Bar-Restaurants, serviert leckeren lokalen Fisch mit Pommes oder Salat. **€**

El Muelle
Lokales Bier, deutsche Küche und Fisch aus dem Fjord in einem Schindelhaus mit Kanalblick. **€€**

CB Gastronomia Patagonia
Das beste Restaurant von Coyhaique veredelt regionale Küche. Beliebt sind Morcheln und Lamm-Carpaccio. **€€€**

CARRETERA-STOPPS FÜR BLUMENFANS

Parque Nacional Queulat
Das Mammutblatt ist eigentlich keine Blume, doch die riesige essbare, prähistorisch wirkende Pflanze schmeckt wie Rhabarber und dominiert den Park.

Sendero Laguna Cerro Castillo
Die Blüten des Chilenischen Feuerstrauchs ähneln leuchtend roten Ballons und zieren im Frühjahr diesen spektakulären Weg.

Puerto Río Tranquilo
Im Frühling blühen gelbe Lupinen in der Stadt und an der Carretera.

Río El Canal
Rund 40 km südlich von Puerto Río Tranquilo säumen rosa und lila Lupinen im Frühjahr diesen milchigen Fluss.

DUDAREV MIKHAIL/SHUTTERSTOCK ©

Capillas de Mármol

Geschichte von Coyhaique und naturgeschichtlichen Aspekten der Ranch aus und teilt sein Wissen gerne. Alejandro spricht nur Spanisch, aber bei Bedarf hilft sein Englisch sprechender Schwiegersohn Nicolas weiter.

Wanderung auf den Cerro Castillo

EINDRUCKSVOLLER AUFSTIEG

Die Basaltspitzen des Cerro Castillo sind das Herzstück des 1435 km² großen **Parque Nacional Cerro Castillo** 75 km südlich von Coyhaique. Das einstige Revier des Nomadenvolks Tehuelche, das Guanakos und Nandus mit Pfeil und Bogen jagte, wurde 2017 zum Nationalpark erklärt. Die Infrastruktur muss noch aufgebaut werden und die Zugangspunkte liegen auf Privatbesitz, was die hohen Eintrittsgebühren erklärt. Die beste Tageswanderung im Park – bzw. an der Carretera Austral überhaupt – ist der 15 km lange **Sendero Laguna Cerro Castillo** ab Villa Cerro Castillo. Wer ein Auto hat oder sich zum privaten Zugangspunkt bringen lässt (nach einem offenen Tor und einem runden grünen „*siga*"-Schild Ausschau halten), spart sich ein paar Kilometer auf einer Schotterpiste. Am Eingang zahlt man 18 000 Ch$, bevor es auf dem 13 km langen Trail bergauf (und bergab) geht. Teuer, aber lohnenswert.

Man folgt den umgedrehten gelben Dreiecken einen steilen Pfad hinauf durch Scheinbuchenwald, der im Herbst rot leuchtet, vorbei an mehreren kleinen Wasserfällen. Nachdem man einige grüne Wiesen passiert und auf Holzstämmen Schlamm und seichte Teiche überquert hat, geht's durch leuchtende Chilenische Feuersträucher und in felsiges hochalpines Terrain mit Traumblicken auf das Tal, die Stadt, die umliegen-

ESSEN AN DER CARRETERA AUSTRAL

La Cocina de Sole
Auffällige zusammengefügte Busse in Pastelltönen am Straßenrand; servieren riesige Steak-Sandwiches und Säfte. **€**

Casa Bruja
Das beste Restaurant von Puerto Río Tranquilo ist auf Lamm und Fisch spezialisiert. **€€**

Restaurante Quiyango
Große Teller mit geschmortem Lamm, Rind und Hühnchen an Kartoffeln und Salat begeistern Fleischfans. **€€**

den Seen und bei klarer Sicht bis nach Argentinien. Die Temperatur fällt, Kondore ziehen ihre Kreise und bald erreicht man eine Wasserfall-gespeiste Saphirlagune am Fuß des schneebedeckten Cerro Castillo. Hier genießt man sein Mittagsessen und den Blick auf die 2700 m hohe dreistufige Bergspitze, deren Südhänge Gletscher flankieren.

Eine längere, weniger fordernde Wanderung bietet ein Abschnitt des **Sendero de Chile** mit dem 16 km langen Weg zum Campamento Neozelandés. Wer Zeit hat, dem sei die Viertagestour auf dem **Cerro-Castillo-Rundweg** empfohlen. Dieser führt vom Km 75 der Carretera Austral am Nordende des Parks in luftiger Höhe um den Gipfel, an Gletschern, Flüssen und Seen vorbei bis nach Villa Cerro Castillo. Dies ist wahrhaft abgelegenes Hinterland, daher vor dem Aufbruch andere informieren und wegen saisonaler Risiken den Ranger kontaktieren.

Die Capillas de Mármol entdecken

MARMORHÖHLEN

Zu den beliebtesten Attraktionen Nordpatagoniens gehören die Marmorhöhlen im unwirklich blauen **Lago General Carrera**. Deren Säulen und Bögen bildeten sich in einem Zeitraum von über 6000 Jahren, als die Wellen des windgepeitschten Gletschersees das Kalziumkarbonatgestein ausspülten. Die meisten Touren starten in Puerto Río Tranquilo (weniger häufig in Puerto Sanchéz) mit dem Motorboot, Kajak oder Floß.

Die Bootstour ist die wärmste und günstigste Variante (15 000 Ch$ pro Person), jedoch auch die kürzeste, zudem fährt man nicht durch die schmalen Eingänge und Tunnel innerhalb der Höhlen. Bessere Einblicke bieten die Kajak- und Floßfahrten (37 000 Ch$) von **Experiencia Chilandes** unter der Leitung von Gonzalo, einem sachkundigen Englisch sprechenden Chilenen. Er bringt seine Gäste zum Startpunkt bei der Bahía Manso, 8 km südlich von Puerto Río Tranquilo, und stellt eine Spritzdecke für den Unterkörper, eine Rettungsweste, eine Windjacke, Paddel und das Kajak bereit. Vom Kieselstrand schiebt Gonzalo das Boot in den leuchtend blauen See – der seine Farbe erhält, wenn das Licht von den Mineralien im geschmolzenen Eis gebrochen wird. Umgeben von einer atemberaubenden Berglandschaft paddelt man 30 Minuten bis zu den Formationen, die Einheimische die Höhle, die Kapelle und die Kathedrale nennen.

An sonnigen Morgen schillert das Wasser türkis und die Lichtspiegelungen in den Höhlen wirken fast surreal. Starke Winde können das Paddeln erschweren und dazu führen, dass Touren abgesagt werden.

LOHNENSWERTER ZWISCHENSTOPP: LA CONFLUENCIA

Diesen dramatischen Aussichtspunkt an der Carretera Austral sollte man sich nicht entgehen lassen. Hier ergießt sich Chiles mächtigster Fluss, der Río Baker, in eine breite gewaltige Kaskade, bevor er mit dem milchigeren gletschergespeisten Río Neff in einem Wirbel aus Helltürkis und leuchtendem Blau zusammenfließt. 80 km südlich von Puerto Río Tranquilo und 12 km südlich von Puerto Bertrand gelegen, befindet sich der Zusammenfluss offiziell im Parque Nacional Patagonia (keine Eintrittsgebühr).
Parken kann man auf dem Kiesparkplatz am Straßenrand, dann folgt man den Schildern einen 800 m langen Weg entlang. Proviant ist eine gute Idee, da das Naturspektakel einen längeren Aufenthalt lohnt.

UNTERWEGS VOR ORT

Bei einer Reise auf der Carretera Austral muss man Abstriche machen. Mietwagen sind teuer und weite Abschnitte in schlechtem Zustand, für manche lohnt die Unabhängigkeit jedoch die Mühe. Busse sind günstig, verkehren jedoch meist unregelmäßig und können viel Zeit kosten. Ein paar Unerschrockene wagen die Fahrt mit dem Fahrrad.

FUTALEUFÚ

Santiago
Futaleufú

Einheimischen zufolge ist Futaleufú *„un paisaje pintado por Dios“* (eine von Gott gemalte Landschaft). In dem Tal schlängelt sich vor der Kulisse von gemäßigtem Regenwald und hohen Gipfeln ein türkisfarbener Fluss donnernd durch eine Granitschlucht. Die lebhafte Stadt mit ihren 20 pastellfarbenen Häuserblocks hat sich zu einem weltbekannten Rafting- und Kajakmekka entwickelt, wobei zum vielfältigen Angebot auch Fliegenfischen, Wandern und Ausritte gehören.

Futaleufú ist nur 10 km von Argentinien entfernt und wurde im frühen 20. Jh. von Viehzüchtern beiderseits der damals noch umstrittenen Grenze besiedelt. Nutztiere gibt’s hier noch immer, die Straßen sind jedoch deutlich besser, Auswärtige zogen her und der Flusstourismus boomt. Der Río Futaleufú wurde dank großem Engagement erfolgreich vor den Dammbauplänen multinationaler Energieunternehmen beschützt.

TOP TIPP

Beste Besuchszeit ist die Raftingsaison von Dezember bis März. Erfahrene kommen auch im Oktober und November bei maximalem Wasserstand her, doch manchmal müssen Touren dann abgesagt werden. Mit sinkendem Wasserstand im Spätsommer treten mehr Felsen zutage und die Stromschnellen werden technisch anspruchsvoller.

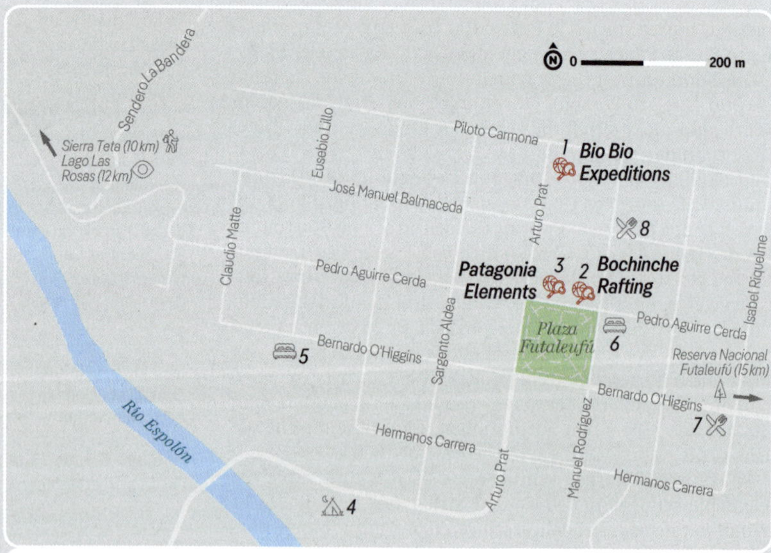

HIGHLIGHTS
1 Bio Bio Expeditions
2 Bochinche Rafting
3 Patagonia Elements

SCHLAFEN
4 Aldea Puerto Espolón
5 Hotel El Barranco
6 La Antigua Casona

ESSEN
7 La Picá de los Colonos
8 Martín Pescador

GUAXINIM/SHUTTERSTOCK ©

Kajakfahren auf dem Río Futaleufú

Den Río Futaleufú meistern

WILDWASSERPARADIES

In der Sprache der Mapuche bedeutet **Futaleufú** „Großes Wasser" – zweifellos eine Untertreibung. Wenn professionelle Rafting- und Kajakbegeisterte hier ins Wasser gehen, bespritzen sie sich ritualmäßig das Gesicht und wünschen sich gegenseitig *„buenas lineas"* (eine gute Route). Auf einem so wilden stürmischen Fluss muss man auf Kurs bleiben.

Der faszinierende gletschergespeiste Fluss, auch „Futa" oder „Fu" genannt, hat einige technisch sehr anspruchsvolle Stromschnellen, die nur für Erfahrene geeignet sind. Selbst die Abschnitte für Anfänger haben Stromschnellen der Kategorien III, IV und IV+, und es kann passieren, dass man durchnässt wird und ins eiskalte, schnell fließende Wasser fällt. Renommierte Anbieter minimieren das Risiko durch das Bereitstellen von Neoprenanzügen, Rettungswesten und Helmen, zudem vermitteln erfahrene Rafting-Guides vorab Kommandos und Paddeltechniken. Für zusätzliche Sicherheit sorgen manchmal auch begleitende Kajaks und Cataraft-Boote.

Die Standardtour für Anfänger ist ein Halbtagesausflug auf dem 7 km langen Abschnitt **Bridge to Bridge**, der durch eini-

DIE BESTEN TOURANBIETER

Bochinche Rafting
Der kleine Veranstalter bietet Rafting- und Kajaktouren, einen Kajak- und Fahrradverleih sowie andere geführte Aktivitäten.

Patagonia Elements
Der alteingesessene Anbieter hat Rafting, Kajakfahren, Fliegenfischen, Ausritte, Canyoning und einen Mountainbike-Verleih im Angebot.

Expediciones Chile
Erfahrenes Unternehmen mit einem Ökocamp am Río Azul, einer Kajakschule am Río Espolón, Mountainbike-Touren und Ausritten.

Outdoor Patagonia
Erfahrener lokaler Anbieter mit einem Camp am Fluss und einem lebendigen Hostel, einer Bar und einem Restaurant in der Stadt.

ÜBERNACHTEN IN FUTALEUFÚ

Aldea Puerto Espolón
Stellplätze, geodätische Kuppeln, Warmwasserduschen und eine Küche an einem Flussufer inmitten der Berge. €

La Antigua Casona
Die renovierte Siedlerhütte mit gemalten Vögeln und Steppbetten in den Zimmern zeugt von viel Liebe zum Detail. €€

Hotel El Barranco
Elegante Lodge am Stadtrand mit Restaurant, Swimmingpool und Sauna. €€€

LOCAL TIPP: ZIELE FÜR AUSRITTE

Ervin Redlich wurde auf einer Farm in Futaleufú geboren und veranstaltet Ausritte am Lago Espolón. Er empfiehlt diese Naturlandschaften:

Saltos del Espolón
Zu den spektakulären Wasserfällen führt eine Bootsfahrt über den Lago Espolón oder ein Ausritt entlang des Ufers und tief ins Valle de Espolón hinein.

Lago las Rosas
Der saphirblaue See ist wegen seiner Insel etwas Besonderes. Hierher führt ein Tagesausflug oder (besser) eine Tour mit Übernachtung zu Fuß oder hoch zu Ross.

Sierra Teta
Der ikonische Berggipfel gehört zu den bekanntesten Attraktionen der Region. Zu erreichen ist er über eine Wanderroute (hin & zurück 13,2 km), zudem entstehen gerade Reitwege.

DAVE STAMBOULIS/ALAMY STOCK PHOTO ©

Río Futaleufú (S. 269)

ge anspruchsvolle Stromschnellen mit eigenen Namen und Eigenarten führt, darunter die lange kraftvolle Entrada, Pillow mit einem großen Felsen und einem mächtigen Loch, das es zu umfahren gilt, oder die Mundaca mit imposanten Wellen. Wer über mehr Erfahrung verfügt, kann sich noch an drei größere wagen wie den Terminator, eine der anspruchsvollsten, kommerziell betriebenen Stromschnellen der Welt. Zuvor stoppen die Guides das Boot, um die Situation zu bewerten und die sicherste Route zu wählen. Während solcher Pausen hat man eventuell Zeit, die mystische Landschaft mit dem kurvenreichen Fluss, der dramatischen Schlucht und den umliegenden schneebedeckten Gipfeln zu bewundern. Weniger anspruchsvoll sind die Riverbug-Touren für Familien des lokalen Veranstalters **Origines Patagonia**.

Je nach Veranstalter und Servicepaket kostet eine halbtägige Raftingtour auf der Route Bridge to Bridge ab 70 000 Ch$ pro Person. Ein Ganztagesausflug für Erfahrene inklusive einiger Abschnitte der Kategorie V gibt's ab 90 000 Ch$.

Der Futa hält auch für Wildwasserkajakfahrten viele Routen bereit, weniger anspruchsvolle Alternativen sind dabei die Nebenflüsse Río Espolón und Río Azul. Die Sportart ist für Unerfahrene eine Herausforderung – viele kämpfen tage-

ESSEN IN FUTALEUFÚ

Martín Pescador
Experimentierfreudige Küche mit lokalen Produkten wie Waldpilzen, Blumen, Nalca und Hase. **€€€**

Restaurant Antigua Casona
Elegantes italienisches Lokal. Hausgemachte Pasta, Gnocchi und Lasagne sowie vegetarische Optionen. **€€**

La Picá de los Colonos
In Nelsas Küche gibt's keine Karte, sondern Gerichte wie hausgemachte Schweinekoteletts und *cazuela* (Eintopf). **€**

lang mit der gefürchteten „Rolle". Kurse gibt's ab 70 000 Ch$ pro Tag.

Für Reisende mit größerem Budget bieten mehrere Veranstalter am Ufer südlich der Stadt Touren der Extraklasse. Als Goldstandard gilt der Vorreiter **Bio Bio Expeditions**, der neuntägige Abenteuer von einem Basislager mit luxuriösen Safarizelten, Whirlpools, Bar, Sauna, Massagen, leckeren hausgemachten Mahlzeiten und einer Seilschaukel über dem Fluss anbietet. Mit dem engagierten, sachkundigen internationalen Mitarbeiterteam verbringt man gerne einige Tage.

Wandern am Futa

TRAUMHAFTE FLUSSBLICKE

Nach ein paar nassen Begegnungen mit dem Río Futaleufú macht es fast ebenso viel Spaß, den Fluss im Trockenen von oben zu bewundern. Mehrere Wanderwege umgeben die Stadt, die besten davon mit steilen Anstiegen und Traumblicken.

In der **Reserva Nacional Futaleufú**, einem Schutzgebiet südlich der Stadt, bieten zwei empfehlenswerte Wanderungen Panoramablicke. Der schwierigere Weg zum **Mirador El Cóndor** führt über steile Serpentinen bergaufwärts zu zwei Plattformen. Auf einer überblickt man das ganze Tal und entdeckt vielleicht einen Andenkondor. Die gesamte Tour dauert 2½ Stunden. Die einfachere 1½-stündige Route zum **Mirador Piedra Ventosa** verläuft an einem ruhigen Flussabschnitt entlang zu einem hübschen (weniger dramatischen) Aussichtspunkt. Wanderungen sind kostenfrei. Am Eingang registrieren.

Eine idyllische Wanderung verspricht die **Piedra de Aguila** (Adlerfels) an der Nordseite der Stadt. Die Route führt größtenteils durch eine private Ranch (der Besitzer Don Perfecto Jesus verlangt 2000 Ch$), während man sich der charakteristischen Felsformation nähert. Von oben überblickt man ein paar unwirklich blaue Seen und das gesamte nordwestliche Tal. Wegen der exponierten Serpentinen ist Sonnenschutz wichtig. Die Tour dauert knappe zwei Stunden.

Seit 2019 wandern Einheimische den Weg zum **Lago Pinilla** (auch Lago Toro oder Lago Obsession genannt), seitdem erfreut er sich immer größerer Beliebtheit. Die anstrengende siebenstündige Tour startet nahe der Peuma Lodge und führt durch dichte Haine mit Pappeln und Lenga-Südbuchen zu traumhaften Ausblicken und einem leuchtend blauen See. Bei Regen ist die Wanderung wegen des felsigen Geländes nicht zu empfehlen.

ZEITREISE IN PALENA

In dem ruhigen Bergort **Palena** rund 90 km südlich von Futaleufú erwarten Reisende Pionier-Lebensart und echte Gastfreundschaft. Cowboy-Programm und Livemusik gibt's beim Rodeo am letzten Januarwochenende und bei der einwöchigen Semana Palena Ende Februar. Die Touristeninformation an der Plaza vermittelt Ausritte sowie Rafting- und Angeltouren mit lokalen Guides. Wichtig ist etwas Vorlaufzeit, da manche ländliche Veranstalter nur per Funk zu erreichen sind. Das Büro bietet Abenteuerlustigen außerdem Wanderungen oder Ausritte zur wunderbaren Farm der Familie Casanova, Rincón de la Nieve. Dort kann man sich ausruhen oder eine Reittour (hin & zurück fünf Tage) zum abgeschiedenen Lago Palena unternehmen.

UNTERWEGS VOR ORT

Ein Mietwagen ist in und um Futaleufú praktisch, ansonsten muss man sich auf seine Wanderkünste oder auf Touranbieter verlassen. Die 1½-stündige Fahrt von der Carretera Austral bis zur Stadt führt über eine unbefestigte, doch relativ gut zu bewältigende Straße. Busse verkehren recht regelmäßig (doch nicht unbedingt täglich) von Futa nach Puerto Montt, Chaitén, Puyuhuapi, Coyhaique und Palena. Fernbusse fahren ein paar Mal wöchentlich zur argentinischen Grenze; von dort verkehren öffentliche Verkehrsmittel nach Trevelín und Esquel in Argentinien. Fahrpläne ändern sich regelmäßig.

PARQUE NACIONAL LAGUNA SAN RAFAEL

Santiago

Parque Nacional Laguna San Rafael

Der 1959 gegründete Park ist mit 17 420 km² einer der größten Chiles. Seine mächtigen, wenn auch schnell schmelzenden Gletscher sind eine Attraktion in der Region. Highlight ist die gefrorene Zunge des Gletschers San Rafael, von der immer wieder hausgroße Stücke abbrechen. Es gibt im Park zudem gemäßigten Regenwald, unberührte Fjorde, Torfmoore und einige der höchsten Berge Patagoniens. Seit 1979 zählt er zu den UNESCO-Biosphärenreservaten.

Einst war die Anreise teuer und zeitintensiv, doch seit den 2010er-Jahren ermöglicht eine Straße durch das Valle Exploradores die Anfahrt ab Puerto Río Tranquilo mit anschließender kurzer Bootsfahrt in den Park. Wer möchte, kann außerdem mit Steigeisen auf dem Exploradores-Gletscher wandern. Ein Großteil der Reisenden kommt jedoch mit dem Schiff oder Charterflug, um die eindrucksvolle Szenerie und das knackende kalbende Eis zu erleben.

TOP TIPP

Wenn möglich, sollte man ein paar Tage in Puerto Río Tranquilo verbringen, so steigen die Chancen, den Park bei akzeptablem Wetter zu erleben. Das Wetter schlägt schnell um, deswegen sind eine gute Jacke, Sonnencreme und Wechselkleider wichtig.

Exploradores-Gletscher (S. 274)

Gletscher erleben

AB AUFS EIS

Die himmelblauen Gletscher im Park kann man beim Wandern, im Kajak, Auto, Flugzeug und Boot (oder mit einer Kombination daraus) erkunden. Auf mehrtägigen Expeditionen lässt sich das eindrucksvolle abgeschiedene Schutzgebiet am besten erleben. Wer nur Zeit für ein Highlight hat, bucht einen Tagesausflug ab Puerto Río Tranquilo zur namengebenden Attraktion des Parks, dem **Glaciar San Rafael**.

Der verlässlichste und erfahrenste Anbieter dieser Tour ist **Destino Patagonia**. Man wird morgens mit einem komfortablen Kleintransporter abgeholt und kann während der Fahrt durch das Valle Exploradores den imposanten Monte San Valentín (mit 4058 m der höchste Berg im chilenischen Patagonien), schäumende Wasserfälle, ferne Gletscher und idyllische Seen bewundern. Nach der Ankunft in Bahía Exploradores trifft man an Bord eines überdachten Boots für 14 Passagiere die Guides, die süßen Tee, Kaffee und ein herzhaftes Frühstückssandwich servieren. Die anschließende zweistündige Fahrt führt durch die Flüsse und Fjorde, die das nördliche patagonische Eisfeld säumen. Spielt das Wetter mit, kann man sich auf einen entspannten Ausflug freuen, ansonsten auf ein Abenteuer.

PATAGONIENS GLETSCHERSCHMELZE

Satellitenaufnahmen von 2023 zeigen, dass die Gletscher in Patagonien schneller schmelzen als irgendwo sonst auf der Welt. Das nördliche patagonische Eisfeld, das zusammen mit dem südlichen patagonischen Eisfeld eine der weltweit größten Eisflächen bildet, hat 39 Gletscher, von denen der Glaciar San Rafael sich am schnellsten bewegt und am aktivsten kalbt. Natürlich ist es eindrucksvoll, wenn die massiven Eisstücke abbrechen und ins Wasser fallen, doch es ist auch bedrückend, wenn man bedenkt, dass sich der Gletscher vor 150 Jahren über zwei Drittel der Lagune erstreckte. Saisonale Schmelze ist normal, doch dieser Gletscher fließt mit einer Geschwindigkeit von rund 7,6 km pro Jahr und schrumpft wegen des menschengemachten Klimawandels dramatisch.

DIE BESTEN TOURANBIETER IM PARQUE NACIONAL LAGUNA SAN RAFAEL

Destino Patagonia
Ein- und mehrtägige Touren zum San-Rafael-Gletscher in einem überdachten Boot mit Verpflegung und Whiskey.

El Puesto Expediciones
Francisco Croxatta leitet seriöse Eiswanderungen zum Exploradores-Gletscher inklusive Transfer und anderem Service.

Nomade Experience
Renommiertes Unternehmen mit Touren zur Laguna San Rafael. Erfahrene englischsprachige Guides.

SEELEOPARDEN

Die majestätischen Meeressäuger haben lange Körper, große Köpfe und graues Fell mit hellen und dunklen Flecken, die an einen Leoparden erinnern. Die bis zu 600 kg schweren Raubtiere sind bei ihrer Beute nicht wählerisch und jagen Fisch, Krill, Seevögel und sogar andere Meeressäuger. Viel Zeit verbringen sie auf Eisbergen, wo sie sich ausruhen, paaren und Junge gebären. Bei einem Beobachtungsprogramm in der Laguna San Rafael wurden zwölf Tiere mit spezifischer Fellfärbung ausfindig gemacht, bei einer Bootstour zum Gletscher entdeckt man vielleicht eines davon. Füttern oder anfassen ist verboten, zudem sollte man keine lauten Geräusche machen und nichts ins Wasser werfen. Für die Boote ist ein Mindestabstand von 50 m zu den Seeleoparden vorgeschrieben.

Bei der Ankunft in der Laguna San Rafael grüßen Eisberge, die wie durchsichtige schwimmende Gipfel wirken. Hunderte brachen vom Gletscher ab und schufen eine wandernde Eismasse mit einer gewaltigen Zunge, die sich in die Lagune erstreckt. Bei gutem Wetter geht man an einem Steg für eine kurze Wanderung zu den Ruinen des alten Hotel Ofqui von Bord. Mit etwas Glück entdeckt man unterwegs die kleinste Wildkatze des amerikanischen Kontinents, die gefleckte Chilenische Waldkatze. Zurück an Bord bestaunt man vom Bug den uralten schmelzenden Gletscher aus nächster Nähe. Wenn sich sattelschleppergroße Eisstücke lösen und 60 m tief ins Wasser fallen, klingt das wie Donnergrollen. Danach gibt's ein typisch patagonisches Mittagessen wie *pastel de choclo* (Maisauflauf mit Rindfleisch und Hühnchen) und Whiskey auf 1000 Jahre altem Eis direkt aus der Lagune. Die oft recht wilde Rückfahrt am Nachmittag durch die Fjorde kann dem einen oder anderen auf den Magen schlagen.

Wem die Zehnstundentour zu viel ist, für den gibt's eine abgespeckte Variante. Etwa auf halbem Weg auf der Schotterpiste nach Bahía Exploradores bei Km 52 zeigt ein Schild zum **Refugio de los Exploradores**. Man kann hierherfahren, die Eintrittsgebühr von 8000 Ch$ bezahlen und den kurzen Weg durch den Wald zum **Mirador Glaciar Exploradores** mit Blick auf die Vorderseite des Gletschers wandern. Echte Gletscherfans erweitern die Tour und folgen dem Weg weitere zwei Stunden in Begleitung eines Guides durch die Eismoräne. Hat man einen Abschnitt mit weißem und blauem Eis erreicht, geht's mit Steigeisen (vom Guide gestellt) bis auf den Gletscher und durch Eistunnel. Für die insgesamt zehnstündige Tour muss man in guter körperlicher Verfassung sein.

Wer noch mehr Abenteuer möchte, fragt bei **Destinos Patagonia** nach zweitägigen Parkausflügen mit Trekking oder Kajakfahren und Camping, Dreitagestouren zur Landbrücke von Ofqui (wo man oft Seiwale entdeckt) und sechstägigen Kajaktrips.

UNTERWEGS VOR ORT

Dank einer 78 km langen Straße durch das Valle Exploradores ist ein Teil der Anreise über den Landweg möglich. Entweder fährt man selbst von Puerto Río Tranquilo nach Bahía Exploradores oder man überlässt den Transport einem Touranbieter; das kostet zwar extra, dafür sitzt man nicht über Stunden auf einer holprigen Schotterpiste hinterm Steuer (Allradantrieb ist zu empfehlen). Dann folgt eine zweistündige Bootsfahrt zum Gletscher. Alternativ gibt's mehrtägige Schiffsreisen von Puerto Chacabuco und Puerto Montt in den Park. Wer mit dem Schiff in Bahía Exploradores ankommt, steigt für die Tour zum Gletscher in ein kleineres Wasserfahrzeug um.

Rund um den Parque Nacional Laguna San Rafael

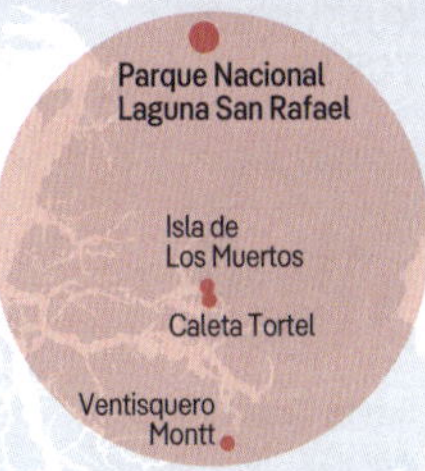

Das abgeschiedene Caleta Tortel ist kein gewöhnlicher Durchgangsort, sondern ein einzigartiges altes Fischer- und Nutzholzdorf.

Ein Weg in den Parque Nacional Laguna San Rafael führt durch die alte Siedlung Caleta Tortel. Bunte Pfahlbauten drängen sich an einen Steilhang und sind durch ein weitläufiges Netz von knarrenden Bohlenwegen miteinander verbunden. Dieser Ort ist so besonders, dass er zu einem Nationaldenkmal erklärt wurde. Straßen gibt's nicht und die Lage zwischen zwei Eisfeldern entlang einer Bucht mit grüner Gischt und der Mündung des Río Baker ist einfach großartig.

Jahrtausende war dies das Land des Nomadenvolks Alacalufe (Kawésqar), das sich mit Kanus fortbewegte; Kolonisten siedelten sich offiziell erst ab 1955 an. Die Verbindungsstraße wurde 2003 gebaut und heute lebt der Ort vom Zypressenholzhandel und dem wachsenden Tourismus.

TOP TIPP

Der Ort ist von einer Turbine abhängig, deswegen ist Wasser ein knappes Gut (bitte sparsam damit umgehen) und Strom wird in Trockenperioden rationiert.

Caleta Tortel (S. 276)

LOCAL TIPP: GESCHICHTE & KULTUR VON TORTEL

Silvia Vegas Familie war eine der ersten in Caleta Tortel. Sie arbeitet als Navigatorin für Waeskar Expeditions und stellt Kunsthandwerk aus Schafswolle her. Sie empfiehlt Folgendes:

Eine Fahrt auf dem Río Baker
Die ersten Siedler nutzten ihre Flöße aus *guaitecas*-Zypressenholz auch zum Transport von Holz zwischen fernen Inseln und Tortel.

Jenseits des Gletschers
Die Familie meiner Mutter ließ sich nahe dem Steffen-Gletscher nieder, wo viele Holzfällerfamilien leben und das Holz mit dem Floß transportieren – ein riskantes Unterfangen.

Den Cordón las Heras besteigen
Der Berg über der Isla de Los Muertos war für Einheimische schon immer ein Bezugspunkt. Mittlerweile gibt's geführte Touren zum Gipfel.

Caleta Tortel

Spaziergang durch Tortel

EINE UNVERGESSLICHE DORFTOUR

Caleta Tortel lässt sich am besten bei einem Spaziergang über die Fußgängerbrücken aus Zypressenholz entdecken. Überall gibt's etwas Unerwartetes und Schönes, sei es ein *mirador* (Aussichtspunkt) über einer versteckten Bucht, ein Kunsthandwerksladen oder ein freundlicher Dorfhund. Für den lohnenswerten 2,5 km langen Rundweg **Sendero Cerro Vigia** durch die Stadt, über einen Berg und wieder zurück braucht man lediglich gute Schuhe und etwas Abenteuerlust.

Der Weg beginnt hinter dem Kreisverkehr am Parkplatz. Von der Touristeninformation geht man 300 m nach Norden die schmale Holztreppe hinauf und folgt den entsprechenden Schildern. Der Weg führt größtenteils über eine Art Schwebebalken auf Stelzen, damit die Füße trocken bleiben (die Gegend ist sumpfig). Schließlich erreicht man tolle Aussichtspunkte, z. B. über den Río Baker, die Cascada Pisagua, den Parque Nacional Laguna San Rafael und Caleta Tortel.

Weiter Richtung Westen verschwinden die Brücken und die Route wird unübersichtlicher. Deswegen ist ein Guide des exzellenten Veranstalters **Waeskar Expeditions** eine gute Idee, auch weil man dann Informationen über die Geschich-

ESSEN IN TORTEL

Kuspe Patagonia
Fröhliches preiswertes Lokal am Ortsrand mit der fachkundigen Küchenchefin Laura. €

Restaurante Llao-Llao Tortel
Einladendes Restaurant am Wasser. Hausgemachte Pasta, Sushi, Craft-Bier und geselliges internationales Flair. €€

El Patagón Tortelino
Das einfache Lokal von Elvira und Fredelinda ist auf Empanadas, frischen Fisch und Fleischgerichte spezialisiert. €€

te der Region, fleischfressende und essbare Pflanzen sowie Hartholzbäume erhält. Der Guide zeigt den Weg am Westhang des Hügels hinab bis zum hinteren Ortseingang. Danach folgt man 2 km den Bohlenwegen und ist zurück am Hafen. Unterwegs sieht man einige gestrandete Boote, die repariert werden, von Einheimischen gefertigte Holzstatuen und weite überdachte Plätze, die Wandmalereien schmücken. Für den rund dreistündigen Ausflug braucht man eine Regenjacke und eine gute Kamera.

Bootsfahrten rund um Tortel

TOUR DURCHS WUNDERLAND

Die Kanäle und Fjorde rund um Caleta Tortel laden dazu ein, entdeckt zu werden, und Veranstalter bieten verschiedene Exkursionen auf dem Wasser. Eine einstündige Bootstour führt zur **Isla de Los Muertos**, einer hübschen Insel im Río-Baker-Delta mit unheimlicher Geschichte (10 000 Ch$ pro Person). Zu Beginn des 20. Jhs. kam eine Gruppe von Holzfällern aus Chiloé hierher, um auf der Insel Zypressen zu fällen. Im Winter 1906 starben Dutzende von ihnen unter mysteriösen Umständen. Auf der Insel gibt's Schilder mit Erklärungsversuchen und zur Geschichte (auf Spanisch und Englisch), zudem führt eine Fußbrücke am Friedhof vorbei.

Wenn das Wetter mitmacht, stehen noch weitere ambitionierte Bootsabenteuer zur Auswahl. Touren zum **Ventisquero Montt** im nördlichen patagonischen Eisfeld (120 000 Ch$ pro Person) führen durch Archipel und Fjorde zu einem mit Eisbergen gespickten Kanal. Manche Veranstalter bieten eine Wanderung durch die Moräne nahe dem Gletscher an, und bei allen gehören ein hausgemachtes Mittagessen und lokale Spirituosen, gekühlt mit Gletschereis, zum Programm. **Paz Austral** veranstaltet zwei- und dreitägige Touren mit Extras wie zusätzlichen Wanderungen, Abendessen bei Sonnenuntergang, Safaris auf den Spuren des bedrohten Huemul (Südandenhirsch) und Ausflügen zum **Ventisquero Steffen** im Norden im Parque Nacional Laguna San Rafael.

Renommierte Unternehmen mit englischsprachigen Guides, die Bootstouren anbieten, sind u. a. Paz Austral, Waeskar Expediciones und **BordeRío**. Letzteres organisiert auch Kajakausflüge auf dem Río-Baker-Delta sowie rund um die Isla de Los Muertos und die Cascada Pisagua.

DIE BESTEN UNTERKÜNFTE IN TORTEL

Hostal Natureza
Freundliches zweistöckiges Hotel unter Leitung eines hippen patagonisch-brasilianischen Pärchens mit authentischem Boho-Stil und einer Bar. €

Residencial Estilo
Alejandras gepflegtes Holzhaus hat helle Farben und saubere Doppelzimmer mit Daunenbettdecken. €€

Entre Hielos
Eine steile Treppe führt zu diesem gemütlichen Zypressenhaus im modernen Stil. Exzellentes Frühstück und hausgemachtes Abendessen. €€€

Camping Tortel
Stellplätze auf Plattformen mit Warmwasserduschen in praktischer Lage im Dorfzentrum. €

UNTERWEGS VOR ORT

Die Straße endet am Rand von Caleta Tortel. Wer mit dem Auto anreist, muss es hier abstellen. Bohlenwege und Treppen führen ins Zentrum und zur Playa Ancha, einem weiten Strand. In der Hochsaison verkehren Wassertaxis, dennoch sollte man angesichts der vielen Stufen sein Gepäck auf ein Minimum begrenzen. Sämtliche Busse fahren an einer Haltestelle neben dem Tourismuskiosk am oberen Ortseingang ab. Die Buslinien werden von Privatpersonen bedient, die eine staatliche Lizenz benötigen, deswegen können Anbieter und Fahrpläne von Jahr zu Jahr wechseln.

PARQUE NACIONAL PATAGONIA

Santiago
Parque Nacional Patagonia

Sieht man den riesigen Park mit seiner Steppe voller Guanakos, den gewaltigen Bergen, Buchenwäldern und den Lagunen samt zahlreichen Vögeln, glaubt man kaum, dass einst große Teile von Zäunen geteilt und intensiv von Schafen und Rindern beweidet wurden. Heute ist der 3045 km² große Park eine der Topattraktionen der Region und wird wegen der vielfältigen Tierwelt auch „Serengeti des Südkegels" genannt.

Tatsächlich gibt's ihn erst seit 2018 dank einer beispiellosen Vereinbarung zwischen der chilenischen Regierung und der gemeinnützigen Tompkins Conservation, die eine Fläche von 690 km² (den Sector Valle Chacabuco) abtrat. Chile verpflichtete sich, zwei nahe nationale Schutzgebiete (Sector Lago Jeinimeni, Sector Tamango) neu einzustufen und dem riesigen Wildtierkorridor höchsten Schutzstatus zu gewähren.

Zu den Highlights gehören Wanderungen, Safaris, Höhlenmalereien, Flamingos und ein großartiges Besucherzentrum.

TOP TIPP

Der Park ist nicht leicht zugänglich. Die drei entlegenen Eingänge sind nicht mit öffentlichen Verkehrsmitteln zu erreichen, deswegen ist man auf einen fahrbaren Untersatz angewiesen. Wer keinen Mietwagen hat, sollte sich mit viel Vorlauf um privaten Transport oder eine geführte Tour kümmern.

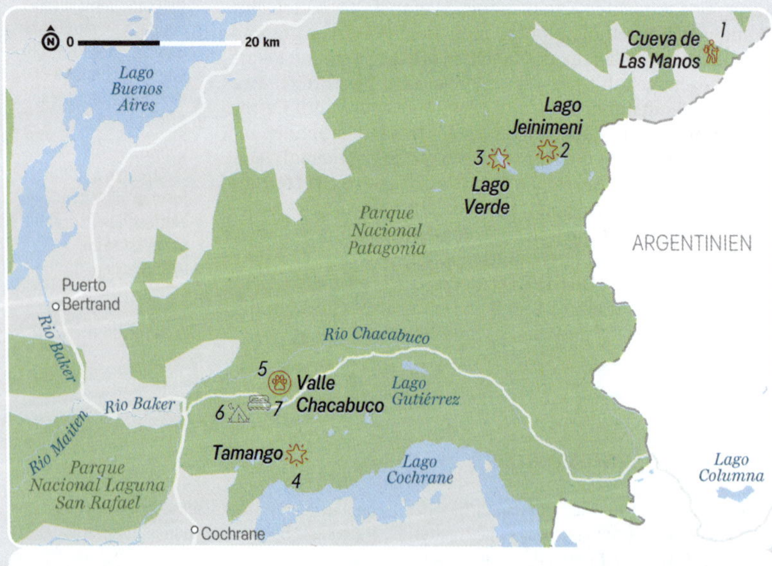

HIGHLIGHTS
1 Cueva de Las Manos
2 Lago Jeinimeni
3 Lago Verde
4 Tamango
5 Valle Chacabuco

SCHLAFEN
6 Camping Los West Winds
7 Lodge at Valle Chacabuco

DANITA DELIMONT/SHUTTERSTOCK ©

Guanakos, Parque Nacional Patagonia

Den Parque Nacional Patagonia entdecken

MIT DEM AUTO, ZU FUSS UND MIT DEM BOOT

Meist bleibt nicht genug Zeit, den gesamten Park zu erkunden, deswegen hilft es, die Highlights und besten Wanderrouten zu kennen. Im **Sector Valle Chacabuco** stehen Wildtiere im Mittelpunkt, vor allem Tausende Guanakos. Die schönste Autostrecke ist der 72 km lange Abschnitt vom Río Baker bis zur argentinischen Grenze an der X-83 durch das Tal und die Steppe, vorbei an Seen, Guanakos und großen Kaninchen. Mit etwas Glück sieht man Flamingos, Füchse, Huemuls und Nandus. Auf der schmalen unbefestigten Straße langsam fahren.

Die längere der zwei spektakulären Routen in diesem Sektor ist der **Lagunas-Atlas-Trail**. Er führt vom Campingbereich Los West Winds hinauf in Richtung eines südlichen Kamms,

DIE „BIG FOUR" IM PARK

Guanakos
Tausende dieser Lama-Verwandten durchstreifen die Grassavannen und das Hochland. Besonders viele gibt's entlang der X-83.

Huemuls
Die im Park lebenden bedrohten Andenhirsche machen 10 % der weltweiten Population aus. Ihre Bewegungen werden wissenschaftlich überwacht.

Pumas
Auf den Wegen rund um das Besucherzentrum im Sector Valle Chacabuco hat man gute Chancen, Pumas zu entdecken, besonders vor Sonnenuntergang.

Nandus
Der Strauß-Verwandte war im Süden Chiles fast ausgestorben, wurde jedoch erfolgreich wieder angesiedelt und ist oft an der X-83 in Grenznähe zu sehen.

ÜBERNACHTEN IM PARQUE NACIONAL PATAGONIA

Camping Los West Winds
Größter Campingplatz im Valle Chacabuco. 60 Stellplätze, überdachte Kochbereiche, Badehaus mit Solarduschen. **€**

Camping im Sector Tamango
Rund 200 m nach dem Parkeingang liegt ein Campingplatz mit Seezugang, Kajakverleih und Bädern. **€**

Lodge at Valle Chacabuco
Steinlodges und ein Gourmetrestaurant nach dem Vorbild englischer Architektur in Argentinien. Reservieren! **€€€**

TOMPKINS' GESCHENK

Kristine und (der verstorbene) Douglas Tompkins, ein philanthropisches Unternehmerpaar aus den USA, begannen in den 1990er-Jahren mit dem Kauf chilenischer Landflächen, um die Wildnis Patagoniens zu schützen. Ihre gemeinnützige Tompkins Conservation überschrieb 2018 4045 km² Fläche an Chile. Im Gegenzug steuerte die Regierung weitere 10 115 km² öffentliches Land bei und stufte 21 850 km² große Schutzgebiete neu ein, schaffte fünf neue Nationalparks und erweiterte drei weitere. Die geschützte Fläche ist größer als die Schweiz, was Chile zu einem weltweiten Vorreiter in Sachen Naturschutz macht. In einem Land mit wenig philanthropischer Tradition erregten Tompkins' Landkäufe zunächst Argwohn, doch allmählich wurde der wirtschaftliche Wert erstklassiger Parks offensichtlich.

ostwärts über offenes Terrain um ein paar kleine Seen und hinab zu den Verwaltungsgebäuden. Es bieten sich malerische Ausblicke auf das Chacabuco-Tal, San Lorenzo, das nördliche patagonische Eisfeld und die Jeinimeni-Berge. Ausreichend Wasser für die 23 km lange Tagestour mitnehmen.

Weniger Zeit und Ausdauer ist für den 16 km langen Rundweg im **Aviles-Tal** durch offene Steppe nötig. Vom Campingplatz Casa Piedra geht's auf einer Seite eine Flussschlucht hinauf, über eine Hängebrücke und auf der anderen Seite hinunter; unterwegs hält man nach Andenkondoren Ausschau. Alternativ dehnt man die Route auf eine eindrucksvolle drei- bis viertägige Wanderung (hin & zurück ca. 50 km) in den Sector Lago Jeinimeni aus. Mangels Beschilderung ist ein guter Orientierungssinn wichtig. Die Rückfahrt vorab organisieren, denn hier, fernab der Zivilisation, gibt's weder öffentliche Verkehrsmittel noch Handyempfang.

Der **Sector Lago Jeinimeni** entlang der Grenze mit Argentinien bei der X-753 lockt mit leuchtend blaugrünen Seen und einer Flamingopopulation. Die schönste Route führt zum blauen **Lago Jeinimeni** und zum mintgrünen **Lago Verde**; wer möchte, läuft hinauf zu einem Aussichtspunkt oder zeltet am Lago Verde. Der angrenzende **Sector Cueva de las Manos**, ebenfalls an der X-753, bietet einen spektakulären 7,4 km langen Rundweg durch dürre Berglandschaft. Zu den Highlights zählen eigenartige Felsformationen, prähistorische Handzeichnungen und rund 10 000 Jahre alte Bilder von Guanakos sowie ein „Mondtal" mit einem exponierten surrealen Kamm. Die abgelegene Route erfordert Allradantrieb und ist teils schwer zu verfolgen; ein Guide wird empfohlen.

Am besten zugänglich ist der **Sector Tamango** mit Wandermöglichkeiten in den Bergen und entlang des leuchtend blauen Río Cochrane. Viele Wildtiere gibt's nicht und die Wege sind weniger eindrucksvoll, dafür lässt sich der Sektor gemütlich vom Boot aus erkunden. Direkt vor dem Parkeingang folgt man der Schotterpiste rechter Hand, fährt bis zum Haus von Elvis Tomasin, parkt im Gras nahe Ufer und Pier und handelt mit Elvis eine Bootsfahrt flussaufwärts aus (um die Klarheit des Wassers zu würdigen). Elvis lässt einen nahe der Quelle des Flusses für einen Spaziergang von Bord. Wer möchte, kann auch den 3 km langen Uferweg zurücklaufen.

Die Parkgebühr von 9000 Ch$ gilt für drei Tage, wobei der Sector Cueva de las Manos und Bootsfahrten auf dem Río Cochrane nicht gebührenpflichtig sind. Reservierungen für den Nationalpark müssen vorab getätigt werden (aspticket.cl).

UNTERWEGS VOR ORT

Ein Mietwagen ist die beste Option. Tourveranstalter in Cochrane bieten Tagesausflüge und Transfers in einem privaten Kleintransporter in die Sektoren Valle Chacabuco (18 km nördlich von Cochrane) und Tamango (4 km östlich von Cochrane). Der Sector Lago Jeinimeni 54 km südlich von Chile Chico ist mit einem Fahrzeug mit Allradantrieb oder im Rahmen von Touren ab Chile Chico zugänglich.

Rund um den Parque Nacional Patagonia

Chile Chico
Parque Nacional Patagonia
Cochrane

Die Einfallstore in den Parque Nacional Patagonia, Cochrane und Chile Chico, gehen mit der Zeit.

Im alten Ranch-Außenposten Cochrane südlich des Parque Nacional Patagonia brachte der Tourismus Infrastrukturverbesserung und Jobs mit sich. Bei den Unterkünften handelt es sich meist um familienbetriebene Pensionen und Hütten, die Gastroszene ist noch jung. Vor Ort kann man Kajak fahren, schnorcheln, den Ventisquero Calluqueo besuchen und den Monte San Lorenzo erklimmen.

Auch der windgepeitschte Ort Chile Chico mit seinen Kirschbaumgärten, fast 200 km im Nordosten zwischen dem Park und dem Südufer des Lago General Carrera, boomt. Einheimische, die einst von Viehzucht und Bergbau lebten, öffnen nun Unterkünfte, Restaurants und Tourbüros und überall in der Stadt sieht man neue Hartholzfassaden und frisch gestrichene Häuser. Zu den jüngsten Attraktionen zählen E-Bikes und Stand-up-Paddeln.

Chile Chico (S. 283)

ILDI.FOOD/ALAMY STOCK PHOTO ©

DIE BESTEN UNTERKÜNFTE IN COCHRANE

Hotel Ultimo Paraíso
Kleines Paradies mit Zypressenholzwänden und Zimmern mit gemütlichen Betten und Holzöfen. €€

Kalfu Patagonia
Makellose Apartments mit zwei Ebenen, Holzdetails und geschwungenen Treppen. Auf dem Gelände gibt's einen Outdoorshop und ein Café mit großartigem Kaffee. €€

Cabañas Sol y Luna
Die gut ausgestatteten Hütten liegen etwas außerhalb der Stadt, punkten jedoch mit einer Sauna, Whirlpools und einer kleinen Hausbrauerei. €€

Residencial y Cabañas Sur Austral
Die charmante Familienpension gehört zu den ersten in Cochrane und hat gemütliche Schlafzimmer im Obergeschoss und voll ausgestattete Hütten. €€

JAN JERMAN/SHUTTERSTOCK ©

Río Cochrane

Action in Cochrane

WASSERSPASS UND BERGABENTEUER

Cochrane ist nicht nur die beste Ausgangsbasis, um von Westen in den Park zu gelangen, sondern lädt mit seinem hübschen zentralen Platz auch zu einem Spaziergang ein. Durch die Lage nahe dem azurblauen Río Cochrane, einem der klarsten Flüsse der Welt, locken außerdem Wasserabenteuer mit dem Veranstalter **Descubriendo**, dessen Mitinhaber der erfahrene englischsprachige Guide Christian Restrepo ist. Ob man nun mit dem Kajak unterwegs ist oder sich ins kalte Wasser stürzt und flussabwärts treiben lässt: Río Cochrane ist ein einzigartiges und lohnenswertes Ziel auf jeder Patagonienreise.

Ausgangspunkt ist das Büro von Descubriendo am Flussufer, wo Ausrüstung gerichtet wird und die Touren beginnen. Kajakfahrten dauern 1½ bis acht Stunden und kosten 35 000 bis 90 000 Ch$. Kürzere Trips führen durch den Nationalpark, die längsten zum Lago Cochrane, ein leckeres Mittagessen inklusive. Freitauch- und Schnorchelausflüge von Descubriendo sind drei bis fünf Stunden lang (50 000 bis 100 000 Ch$). Der Freitauchkurs findet direkt vor dem Steg beim Büro statt, danach geht's flussabwärts in den Sector Tamango. Sämtliche Ausrüstung wird gestellt, auch dicke Neoprenanzüge.

ESSEN IN COCHRANE

La Isla
Fisch und Lamm vor hübscher Kulisse auf einer Insel außerhalb von Cochrane; vermietet auch Ferienhäuser. €€

Panadería La Estrella
Leckere Auswahl an süßen und herzhaften Backwaren wie Empanadas, Kuchen und Fettgebäck. €

Cervecería Tehuelche
Die kleine Brauereikneipe lädt zu später Stunde zu einer Pizza und anständigem lokalem Bier ein. €

Im Fluss leisten einem zahllose Forellen Gesellschaft. Wer diese fangen und essen möchte, wendet sich an Carlos von **Ultimo Paraíso**. Für Trekkingausflüge auf dem **Ventisquero Calluqueo** oder Klettertouren auf den **Monte San Lorenzo** ist **Lord Patagonia** die richtige Adresse.

Erholung in Chile Chico

KAJAKTOUREN, RADFAHREN UND ZEIT AM STRAND

In **Chile Chico** ist die Luft irgendwie anders. Das Wetter unterscheidet sich von der restlichen Region: Hier ist es wärmer, windiger und deutlich weniger niederschlagsreich. Ein hübscher Stadtspaziergang führt am Ufer entlang hoch zur **Plaza del Viento**, einer Aussichtsplattform, die an die Chinesische Mauer erinnert. Hinauf gelangt man über einige Hundert Stufen mit Blick auf den See, Inseln in der Nähe und ganz Chile Chico. Die **Casa de la Cultural** lohnt mit Werken regionaler Kunstschaffender und lokalen Artefakten wie Mineralien und Fossilien einen Stopp. Draußen liegt das restaurierte Boot *El Andes*, das für den Personen- und Frachttransport auf dem See aus Europa importiert wurde.

Abenteuerlustige können den See mit Leihkajaks oder beim Stehpaddeln erkunden, während an Land nahe der Stadt Aktivitäten wie Felsklettern, Wandern sowie Mountain- und E-Bike-Touren warten. Der renommierte Veranstalter **Patagonia Xpress** verleiht Mountainbikes und andere Ausrüstung, arrangiert Wanderungen mit Guides und organisiert Transport. Zusätzlich verleiht die Gemeinde am Busbahnhof E-Bikes; für die Zukunft ist ein E-Bike-Verleihsystem für Fahrten nach/ab Argentinien geplant. Eine ambitionierte Route führt 16 km westwärts zum ruhigen warmen Wasser der bei Einheimischen beliebten Bahía Jara, wo man baden und campen kann.

Auch das Nachtleben in Chile Chico kann sich mittlerweile sehen lassen. **Puesto Pioneeros**, die Mikrobrauerei der Stadt, hat meist lang geöffnet und es gibt noch einige andere Bars vor Ort.

ESSEN IN CHILE CHICO

Lenga Café & Bistrot
Das wunderbare Café serviert Salate, Sandwiches, Smoothies, Kaffee und Tee. Frische, überwiegend lokale Zutaten. €€

Restaurante Jeinimeni
Hier gibt's knusprig dünne Steinofenpizzas, Meeresfrüchte, Sandwiches und chilenische Klassiker. €€

La Cuchara e' Palo
Chile Chicos Naturkostladen und Gastrotreff erfindet immer wieder Neues und macht aus veganen und vegetarischen Zutaten kreative Köstlichkeiten. €€

UNTERWEGS VOR ORT

Busse fahren täglich zwischen Coyhaique und Cochrane. Es gibt weniger häufige, aber regelmäßige Verbindungen von Cochrane nach Caleta Tortel, Villa O'Higgins und Chile Chico. Eine Fahrt auf den engen Kurven der Ruta CH-265 von der Kreuzung mit der Carretera Austral ostwärts nach Chile Chico zählt zu den Highlights der Region. Die anspruchsvolle faszinierende Schotterpiste führt über unübersichtliche Kurven und steile Anstiege hoch über dem See – hier ist Vorsicht angesagt. Die Buslinien werden von Privatpersonen bedient, die eine staatlichen Lizenz benötigen, deswegen können Anbieter und Fahrpläne von Jahr zu Jahr wechseln.

Manchmal gibt's auch kürzere Bus-Fährverbindungen über den Lago General Carrera nach Coyhaique. Nur 9 km westlich von Chile Chico liegt die argentinische Grenzstadt Los Antiguos. Busse gibt's nicht. Ein E-Bike-Verleihsystem für die Fahrt zur/ab der Grenze ist in Planung.

LINKS: OLEG SENKOV/SHUTTERSTOCK ©, RECHTS: BUTEO/SHUTTERSTOCK ©

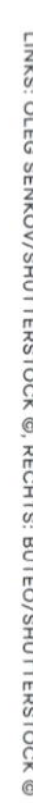

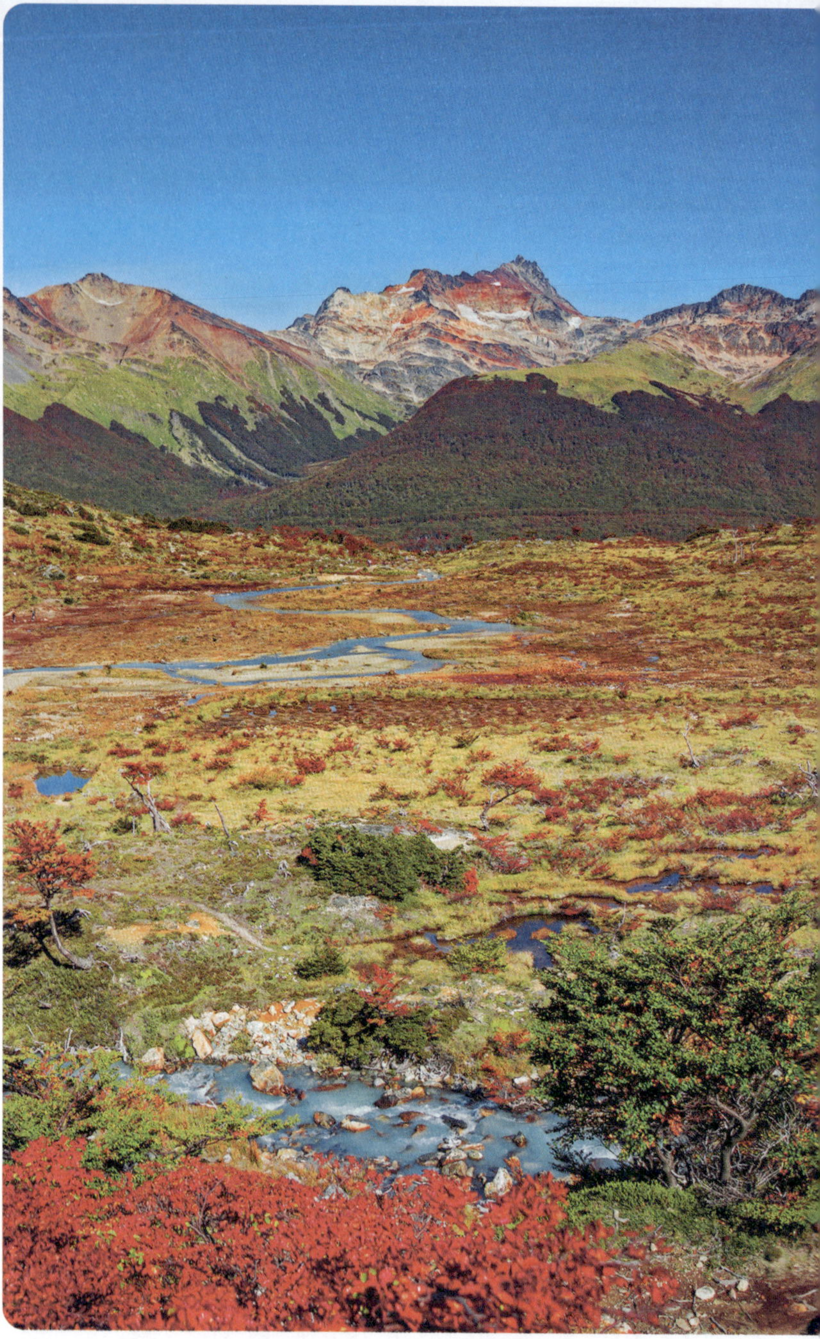

Oben: Die farbenfrohe Landschaft von Tierra del Fuego; rechts: Guanakos

SÜDPATAGONIEN & TIERRA DEL FUEGO (FEUERLAND)

ABENTEUER AM ENDE DER WELT

Chiles tiefer Süden verbindet umwerfende Landschaften mit außergewöhnlichen Nationalparks, die zu einer Fülle von Outdooraktivitäten einladen.

Turmhohe Gipfel und schimmernde Seen, windgepeitschte Halbinseln und schier endlose Steppen, grüne Wälder und gewaltige Eisschilde: In Südpatagonien und Tierra del Fuego findet man einige der spektakulärsten Landschaften der Erde, geformt von uralten Gletschern. Es gibt in der spärlich bevölkerten Gegend außerdem Schaffarmen und abgelegene Siedlungen.

Südpatagoniens Regionen Magallanes und Última Esperanza sind ein Paradies für Reisende auf der Suche nach Outdoorabenteuern, besonders die Reit- und Wanderangebote sind außerordentlich. Dazu gibt's spannende Städte, lautstarke Pinguinkolonien und faszinierende historische Stätten, außerdem auftauchende Wale, kreisende Kondore und nervöse Guanakoherden. Spitzenattraktion ist der majestätische Parque Nacional Torres del Paine, der alljährlich Hunderttausende aus aller Welt anzieht.

Südlich der Magellanstraße liegt Tierra del Fuego (Feuerland), ein Irrgarten aus meist unbewohnten Inseln, Kaps und eisigen Wasserstraßen, der allmählich in das bewegte Südmeer übergeht. Die herbe, wunderschöne Heimat des winzigen Puerto Williams, der südlichsten Stadt der Welt, des berühmten Beagle-Kanals und des einsamen Cabo de Hornos (Kap Hoorn) – südlicher liegt nur noch die Antarktis – bewahrt sich ihr besonderes Grenzland-Flair.

Von Südchile aus lohnt ein kleiner Abstecher über die Grenze in den argentinischen Teil Patagoniens und Feuerlands, dessen Highlights in diesem Kapitel behandelt werden.

DIE WICHTIGSTEN ZIELE

PUNTA ARENAS
Bezaubernde, geschichtsträchtige Hafenstadt.
S. 290

PUERTO NATALES
Anlaufstelle für Reisende am Fjord der letzten Hoffnung.
S. 300

PARQUE NACIONAL TORRES DEL PAINE
Erhabene Landschaft, geniale Wanderwege.
S. 308

PUERTO WILLIAMS
Entlegene Siedlung am Beagle-Kanal.
S. 318

Erste Orientierung

Südpatagonien und Tierra del Fuego umfassen einen riesigen Teil Chiles. Hier wurden Orte ausgewählt, die für erstaunliche Landschaften, vielfältige Fauna, stürmische Geschichte und faszinierende Kulturen stehen, damit jeder sein eigenes Abenteuer planen kann.

Puerto Natales, S. 300

Die quirlige, auf Reisende ausgerichtete Stadt ist das Tor nach Torres del Paine und hat eine Fülle ausgezeichneter Möglichkeiten zum Essen, Trinken und Übernachten zu bieten.

Parque Nacional Torres del Paine, S. 308

Die zahllosen Wanderwege in einem der schönsten Naturparks Südamerikas führen zu magischen Ausblicken auf Berge, Seen, Gletscher und Steppen.

ATLANTISCHER OZEAN
Kap Hoorn
Laguna Roja
Puerto Williams
Puerto Santa Rosa
Ushuaia
Caleta Lewaia
Lago Lövenborg
Caleta Peron
San Sebastian
Estancia Rio Chico
Rio Grande
San Martin
Munizaga
Tierra del Fuego (Feuerland)
Lago Blanco
Aserradero La Paciencia
Lago Ofhidro
Rio Nuevo
Parque Nacional Tierra del Fuego
Caleta Rosario
San Luis
Puerto Yartou
Porvenir
Mision
Magellanstraße
San Juan
Punta Arenas
Rio Verde
Puerto Curtze
Lago Riesco
Parque Nacional Kawésqar
Lago Titus
PAZIFISCHER OZEAN

Puerto Williams, S. 318

Die abgeschiedene Siedlung Puerto Williams ist eine einladende Basis zur Erkundung der spektakulären Gebirgskette Dientes de Navarino und des Beagle-Kanals.

Punta Arenas, S. 290

Historische Hafenstadt an der Magellanstraße, die größte Stadt Südpatagoniens und ein wichtiger Verkehrsknotenpunkt.

BUS

Die wichtigsten Städte Südpatagoniens haben gute Busverbindungen und häufige Anschlüsse über die Grenze in den argentinischen Teil Patagoniens und Feuerlands (mit einer Fährüberfahrt). Im chilenischen Tierra del Fuego gibt's dagegen nur wenige Busverbindungen.

SCHIFF

Fähren verbinden Puerto Montt mit Puerto Natales sowie Punta Arenas mit Porvenir und Puerto Williams. Von Punta Arenas gibt's Schiffe nach Ushuaia im argentinischen Tierra del Fuego. Die Bootsverbindung zwischen Ushuaia und Puerto Williams ist derzeit eingestellt.

FLUGZEUG

Viele Reisende fliegen aus Städten wie Santiago nach Punta Arenas oder Puerto Natales. Regelmäßige Flugverbindungen gibt's zwischen Punta Arenas und Puerto Williams, das keinen Straßenanschluss ans übrige Chile hat.

Perfekte Tage

Südpatagonien und Tierra del Fuego sind eine riesige Region voller Attraktionen – nimm dir also viel Zeit für ihre packenden Landschaften, Geschichte und Kultur.

HUGO BRIZARD-YOUGOPHOTO/SHUTTERSTOCK ©

Wandern im Parque Nacional Torres del Paine (S. 308)

Wenig Zeit

Gleich in den **Parque Nacional Torres del Paine** (S. 308) gehen, das Glanzstück der Region. Die berühmtesten Wanderwege im Park – der **W Trek** (S. 309) und der **Paine Circuit** (S. 310) – erfordern jeweils eine Woche; wer wenig Zeit hat, findet neben kürzeren Strecken auch Bootsfahrten, Kajaktouren und Reitangebote. Zwar lässt sich Torres del Paine von **Puerto Natales** (S. 300) auch als Tagesausflug besuchen, aber viel besser sind mindestens ein paar Übernachtungen in einem der vielen Hotels, Zeltplätze oder einer Hütte in und um den Park.

Beste Reisezeit

Das Wetter in Südpatagonien ist berüchtigt. Die meisten Traveller reisen zwischen Oktober und März an. Die Wintermonate sind ruhiger, aber oft eine größere Herausforderung.

JANUAR

Primetime, um **Seelöwen bei der Paarung** am Beagle-Kanal zu beobachten – sowie Wale, Delfine und Seevögel.

MÄRZ

Die Sommerwinde lassen langsam nach, **Herbstfarben** tauchen auf und allmählich sinken die Besucherzahlen in Torres del Paine.

JUNI

Von Ende Juni bis September schließen viele Betriebe. Eine tolle Zeit für Wanderungen durch die verschneiten Torres del Paine.

ANGELO DAMICO/SHUTTERSTOCK ©, GERARDO BELTRAN/SHUTTERSTOCK ©, STEVE ALLEN/SHUTTERSTOCK ©

Rundreise in 10 Tagen

● Nach ein paar Tagen zur Erkundung des **Parque Nacional Torres del Paine** (S. 308) führt der Weg für eine Nacht nach **Puerto Natales** (S. 300). Bummle am Ufer entlang, besuche das **Museo Histórico** (S. 301) und teste die hervorragenden Cafés und Restaurants.

● Weiter geht's nach Süden in die Hafenstadt **Punta Arenas** (S. 290), deren historische Bauten, Museen und prächtiger Friedhof einen Eindruck davon vermitteln, welchen Reichtum der Schafzuchtboom Patagonien im 20. Jahrhundert einbrachte.

● Plane auch eine Tagestour zu Attraktionen wie dem **Parque del Estrecho de Magallanes** (S. 297), der Baudenkmäler und ein Museum umfasst, oder dem **Monumento Natural Los Pingüinos** (S. 298), einem wichtigen Schutzgebiet für Pinguine.

Länger Zeit

● Von **Puerto Natales** aus (S. 300) mit dem Bus über die Grenze nach **Argentinisch-Patagonien** (S. 316) mit ein paar Tagen Aufenthalt in El Chaltén und El Calafate, den Startpunkten für alle möglichen Aktivitäten im **Parque Nacional Los Glaciares** (S. 308).

● Von Punta Arenas bringt ein Flug oder die Fähre nach **Puerto Williams** (S. 318) in Tierra del Fuego. Wandere auf den Gipfel des **Cerro Bandera** (S. 321) und genieße eine grandiose Aussicht, besuche das **Museo Antropológico Martín Gusinde** (S. 319) und gönne dir eine Fahrt mit Tierbeobachtungen durch den **Beagle-Kanal** (S. 326).

● Wenn noch Extratage übrig sind, kannst du dich sogar auf den anspruchsvollen Wanderweg **Dientes de Navarino Circuit** begeben (S. 321).

JULI

Hochsaison für den Wintersport im argentinischen Tierra del Fuego. In Punta Arenas feiert man den **Winterkarneval**.

OKTOBER

Die Pinguine kehren zum Monumento Natural Los Pingüinos zurück, um zu brüten, und bleiben meistens bis April.

NOVEMBER

Frühlingsende und Sommeranfang sind eine gute Zeit, um vor Beginn der betriebsamen Hochsaison zu **wandern**.

DEZEMBER

Der Auftakt zur wärmsten, belebtesten Saison ist ideal zum Wandern und für Ranch-Besuche, dafür sind die **Nationalparks** überlaufen.

PUNTA ARENAS

Entlang der Magellanstraße erstreckt sich Punta Arenas, die größte Stadt Südchiles und eine Mischung aus rustikal und großartig. 1848 gegründet, war es anfangs eine Militärgarnison und Strafkolonie, deren Wirtschaft auf Robben- und Guanakofellen beruhte und auf dem Handel mit Schiffen auf dem Weg zum kalifornischen Goldrausch. Die ersten Schafe von den Falklandinseln veränderten die Stadt – und ganz Patagonien. Die Schafzucht wurde zur Boomindustrie, die einige wenige bereicherte, Einwanderung aus ganz Europa verursachte, die indigenen Gemeinden der Region jedoch verheerte.

Heute ist Punta Arenas ein wichtiger Verkehrsknotenpunkt mit zahlreichen touristischen Angeboten wie Hotels, Restaurants und Reisebüros. Am Stadtrand in der Zona Franca gibt's riesige Duty-Free-Outlets, doch das Zentrum ist eine architektonische Schatzkammer mit stattlichen Häusern aus der Zeit des Wollbooms und einem renovierten Hafen.

Chilenischer *baqueano* (Cowboy)

MICHELE RINALDIO/SHUTTERSTOCK ©

TOP TIPP

Punta Arenas veranstaltet mitten im Winter eine Reihe lebhafter Fiestas. Am 21. Juni feiert die Stadt die Wintersonnenwende (die längste Nacht im Jahr), Ende Juli folgt der Carnival de Invierno (Winterkarneval) mit Feuerwerk, Straßenumzügen und Livemusik.

DIE BESTEN BARS & COFFEESHOPS

Wake Up
Hippe Baristas zaubern exzellente Cappuccinos, Cortados und Espressos zu leckeren Kuchen und Teilchen, kleinen Mahlzeiten und herzhaften Snacks.

Taberna Club de la Unión
Diese Kellerbar mit Restaurant unter dem Palacio Sara Braun hat ein großes Angebot an Piscos, Gins, Whiskeys und patagonischen Bieren.

Café Tapiz
Der Nachmittag vergeht schnell bei einem Kaffee oder Drink in diesem stylishen, schummrigen Lokal, wenn man einen der Tische am Fenster erwischt.

HIGHLIGHTS
1 Cementerio Municipal
2 Museo Naval y Marítimo
3 Museo Regional de Magallanes
4 Palacio Sara Braun
5 Plaza Muñoz Gamero

SCHLAFEN
6 Hostal Buenavista
7 Hotel Plaza
8 Ilaia
9 Innata Patagonia
10 La Yegua Loca

ESSEN
11 Fuente Hamburg
12 Kiosco Roca
13 La Marmita
14 La Vianda
15 Mercado Municipal

AUSGEHEN & FEIERN
16 Bodega 87
17 Café Tapiz
18 Taberna Club de la Unión
19 Wake Up

Ein flüchtiges Goldenes Zeitalter

DAS ERBE DER SCHAFBARONE

Die Prachtarchitektur im Zentrum von Punta Arenas erinnert eindrücklich an die Reichtümer der Schafzüchter-Elite in ihrer Hochphase im späten 19. und frühen 20. Jahrhun-

ESSEN IN PUNTA ARENAS

Kiosko Roca
Institution der Stadt. Chorizo-Sandwiches und Bananenmilch, eine bizarre Kombi, die aber irgendwie funktioniert. €

La Marmita
Gemütlicher Lieblingsort für Reisende. Kreative Hauptgerichte, leckere Veggie- und vegane Angebote. €€

La Vianda
Erstklassige Bäckerei/Café mit köstlichem Brot, Kuchen, Teilchen und gesunden Salaten. €

HOCHADEL AUS DEM MEER

Kein Besuch von Chiles tiefem Süden wäre vollständig ohne eine Kostprobe der köstlichen *centolla* (Königskrabbe). Die eisigen Gewässer der Region wimmeln von diesen XXL-Krustentieren, die auf einen Meter Länge oder mehr wachsen können, und in Chile lebt eine blühende Industrie von diesem Fang, unter anderem in Puerto Williams und Puerto Toro. Auf den Speisekarten der Restaurants in ganz Südpatagonien und Tierra del Fuego kommt *centolla* in Gratins, Nudelgerichten, Risottos, Crêpes, Salaten, Suppen, Sandwiches und anderen Gestalten vor. Bei einer Bestellung außerhalb der Fangsaison (etwa von Juli bis November) gibt's eventuell Krabbe aus der Dose oder Tiefkühltruhe, die nicht annähernd an die frische herankommt.

MARK GREEN/SHUTTERSTOCK ©

Statue Ferdinand Magellans, Plaza Muñoz Gamero

dert. Am sichtbarsten wird das auf der **Plaza Muñoz Gamero**, dem Hauptplatz und Herz der Stadt. Umrahmt von der Kathedrale, prunkvollen Residenzen und imposanten Bauten ist der Platz ideal, um in die Stadtgeschichte einzutauchen. Im Zentrum steht inmitten hochragender Koniferen eine Statue des portugiesischen Seefahrers Ferdinand Magellan, die der mächtige Schafzuchtbaron José Menéndez 1920 stiftete, um das 400. Jubiläum der Reise durch die nach ihm benannte Wasserstraße zu feiern. Zu beiden Seiten Magellans stellen zwei stilisierte Statuen die indigene Bevölkerung Patagoniens und Tierra del Fuegos dar. Einer Legende zufolge muss, wer in die Stadt zurückkehren möchte, den Zeh der Statue des Selk'nam-Mannes anfassen oder küssen.

Einen Steinwurf von der Plaza entfernt liegt der Palacio Braun-Menéndez, eine von 1903 bis 1906 erbaute neoklassizistische Stadtresidenz. Heute beherbergt er das **Museo Regional de Magallanes**, das tieferen Einblick in den verschwenderischen Lebensstil der wenigen Auserwählten gewährt. In den gut erhaltenen Zimmern gibt's Importmöbel aus Paris und London, glitzernde Kronleuchter, hauchdünne chinesische Vasen und steife Familienporträts, während der bescheidene Dienstbotentrakt im Untergeschoss eine ganz andere

ÜBERNACHTEN IN PUNTA ARENAS

Hostel Entre Vientos
Gut ausgestattetes Hostel mit Schlafsälen, Einzelzimmern, Gästeküche und Lounge. 25 Gehminuten vom Zentrum. €

La Yegua Loca
Boutique-Hotel auf einem Hang über der Stadt mit attraktiven Räumen und gutem hauseigenem Restaurant. €€€

Innata Patagonia
Solide Pension mittlerer Preisklasse. Einfache, bequeme Apartments, darunter einige günstige für vier Personen. €€

Seite des damaligen Lebens erzählt. Es gibt Präsentationen zur Regionalgeschichte, die zum Verständnis der Geologie, der indigenen Kulturen und der tiefgreifenden regionalen Veränderungen durch den Schafboom beitragen. Bei der Information am Eingang gibt's eine englischsprachige Broschüre.

Wenn das Museo Regional de Magallanes Interesse am Leben in Punta Arenas Anfang des 20. Jahrhunderts geweckt hat, wartet gleich um die Ecke der fürstliche **Palacio Sara Braun** mit Blick auf die Plaza. Heute beherbergt der 1905 vollendete Bau das exklusive Hotel José Nogueira und im Souterrain die **Taberna Club de la Unión**, ein stimmungsvolles Bar-Restaurant.

Marine gucken

EINTAUCHEN IN DIE SCHIFFFAHRTSGESCHICHTE

Ein paar Häuserblocks östlich des Hauptplatzes steht das **Museo Naval y Marítimo,** das einen Überblick über die faszinierende Seefahrtsgeschichte Patagoniens und Tierra del Fuegos liefert. Zu den Exponaten zählen ein packender Bericht, wie die chilenische Marine die gestrandete Crew des Polarforschers Ernest Shackleton rettete, einige Schiffsmodelle und vergilbte Karten, ein paar bedrohliche Torpedos, Porträts bekannter Marineoffiziere und ein ziemlich abenteuerlicher alter Tauchanzug. Außerdem gibt's die Replik einer Kommandobrücke samt Steuerrad, Bullaugen, Seekarten und Funkgerät sowie eine Liste der Leuchttürme in der Region.

Ergreifende Stadt der Toten

FRIEDHOFSGESCHICHTEN

Nordöstlich der Plaza, 15 Minuten zu Fuß, liegt der riesige **Cementerio Municipal,** einer der faszinierendsten Friedhöfe Südamerikas. Das Areal aus den 1890ern bedeckt vier Hektar, seine Alleen mit genau beschnittenen kanadischen Zypressen sind voller protziger Grabmäler wie das Mausoleum Sara Brauns, die einer Schafzüchterdynastie angehörte, das des vergleichbar reichen José Menéndez und vieler schlichterer Gräber. Zusammen gewähren sie einen bewegenden Einblick in Punta Arenas Geschichte, vor allem in die multikulturelle Zusammensetzung der frühen europäischen Bevölkerung – Kroaten, Deutsche, Briten, Franzosen, Spanier, Italiener und viele andere. Mehrere Ehrenmäler gedenken der zahllosen Seeleute, die ihr Leben in den gefährlichen Gewässern vor der Küste Südchiles verloren.

Auf dem 2012 zum nationalen Geschichtsdenkmal erklärten Friedhof steht außerdem die Statue eines nicht benann-

BRUCE CHATWIN & PUNTA ARENAS

Punta Arenas spielt eine wichtige Rolle in Bruce Chatwins klassischem Reisebuch *In Patagonien*. 1898 erlitt der Handelskapitän Charley Milward, ein entfernter Verwandter Chatwins, in der Magellanstraße Schiffbruch, ließ sich in Punta Arenas nieder und wurde der britische Konsul, doch bekannt ist er dafür, seiner Familie das Fellstück eines prähistorischen Riesenfaultiers geschickt zu haben, das in der Cueva del Milodón gefunden wurde. Der junge Chatwin war fasziniert und schrieb: „Ich nannte es ‚das Brontosaurus-Stück' und setzte es in die Mitte meines Kindheits-Bestiariums." Es war die Inspiration für sein Buch von 1977 (dessen Geschichten gelinde gesagt sehr ausgeschmückt sind).

Ilaia
Eine attraktive Mischung aus familiärer Wärme und modernen Räumen machen dieses Hotel zur guten Wahl. **€€**

Hotel Plaza
Umgebauter Familiensitz mit betagten, aber preiswerten Zimmern und einer Top-Lage gleich hinter der Plaza. **€**

Hostal Buenavista
Moderne Pension mit sauberen Doppel- und Dreibettzimmern in erhöhter Lage mit Blick aufs Zentrum. **€**

ANTARKTISFORSCHER

Punta Arenas ist stolz auf seine Verbindungen zum „Heldenzeitalter" der Antarktisforschung im späten 19. und frühen 20. Jh, als viele der Hauptfiguren durch die Stadt reisten. Dieser Rundgang führt an einige der wichtigsten Schauplätze, angefangen mit dem **1 Monumento Piloto Pardo** an der *costanera* (Uferpromenade), östlich des auffälligen Hotels Dreams del Estrecho. Das 2021 eingeweihte Denkmal zeigt den chilenischen Marinekapitän Luis Pardo neben dem Bug seines Schiffes *Yelcho*, mit dem er 1916 Ernest Shackletons gestrandete *Endurance*-Crew von Elephant Island rettete, einer unwirtlichen Fels- und Eismasse vor der Küste der Antarktischen Halbinsel. Von hier aus folgt der Rundgang teilweise dem Circuito Turístico Antártico (Antarktischer Touristenrundgang), eine Reihe zweisprachiger blauer Tafeln an wichtigen historischen Gebäuden im Zentrum von Punta Arenas. Ein paar Häuserblocks nordwestlich liegt das **2 Hotel de France**, in dem der norwegische Entdecker Roald Amundsen einst abstieg, der erste Mensch am Südpol. Zwei Blocks weiter im Nordwesten stehen an der Plaza Muñoz Gamero das **3 alte Postamt**, wo der unglückselige Captain Robert Falcon Scott 1904 Briefe in die Heimat aufgab, und die **4 Residencia Blanchard**, das ehemalige Haus eines produktiven französischen Antarktis-Walfängers. Shackleton und seine Besatzungsmitglieder Tom Crean und Frank Worsley besuchten die **5 Anglikanische Kirche St. James**, fünf Minuten zu Fuß nordwestlich der Plaza. Zurück an der Plaza geht's noch zwei Blocks weiter zum **6 Museo Naval y Marítimo**, wo mehr über die kühnen Taten und das Stehvermögen von Pardo, Shackleton und ihren Crews zu erfahren ist.

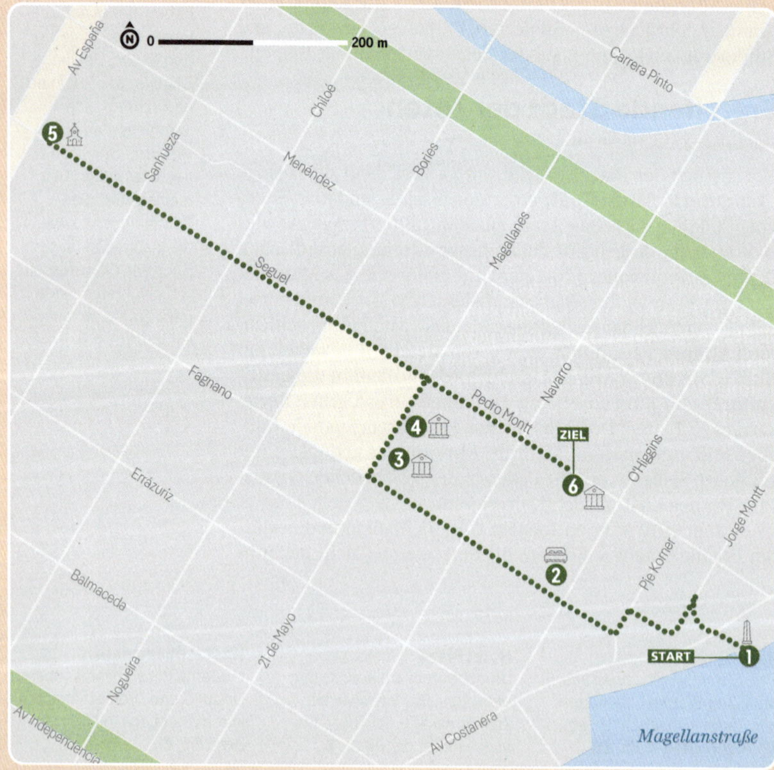

ten Selk'nam-Mannes; der sogenannte *Indio Desconocido* („Unbekannter Indianer") zieht einen steten Besucherstrom an, weil er angeblich Wünsche erfüllt, und ist umgeben von Blumensträußen, Fotos und Kacheln mit Danksagungen.

Eine hilfreiche Karte der interessantesten Gräber auf dem Cementerio Municipal gibt's am Haupteingang des Friedhofs.

Skelette & Skizzen

MAGELLANS MEERESBEWOHNERN BEGEGNEN

Wer Interesse an den Lebewesen hat, die die Magellanstraße bewohnen, geht zum **Museo de Historia Natural Río Seco.** Dieses private naturhistorische Museum – die Idee zweier Brüder, eines Meeresbiologen und eines darstellenden Künstlers – zeigt eine Sammlung sorgfältig rekonstruierter und kreativ präsentierter Skelette, von Walen und Seelöwen bis zu einer Vielzahl von Vögeln. Wunderbare Zeichnungen erwecken die Tiere zum Leben. Das Museum, besonders für Familien eine gute Wahl, liegt im Küstenort Río Seco, 15 Autominuten nördlich der Innenstadt von Punta Arenas.

Kreuz(fahrten) des Südens

IN SEE STECHEN VON PUNTA ARENAS

Die Eröffnung des Panamakanals 1914 minderte die weltweite Bedeutung des Hafens von Punta Arenas, doch über ein Jahrhundert später hat es etwas unbestreitbar Romantisches, hier die Segel zu setzen. Eine Reise Richtung Süden per **Kreuzfahrtschiff** oder **Fähre** nach Tierra del Fuego führt durch historische Wasserstraßen wie die Magellanstraße und den Beagle-Kanal und zeigt die eindrucksvollen Landschaften der Region, die ansonsten unzugänglich sind.

Falls der Preis keine Rolle spielt, bietet **Australis** luxuriöse Vier-Nächte-Kreuzfahrten zur Stadt Ushuaia im argentinischen Teil von Tierra del Fuegos. Für eine preiswertere, rauere, aber ebenso denkwürdige Erfahrung hat **Transbordadora Austral Broom** Fährverbindungen nach Puerto Williams und Porvenir. Ein eher nüchternes Angebot sind stündliche Fähren auf der Primera-Angostura-Route durch die Magellanstraße zwischen Punta Delgada, 170 km nordöstlich auf dem patagonischen Festland, und Bahía Azul auf Tierra del Fuego. Diesen Weg nehmen Autos und Busse auf dem Weg zwischen Punta Arenas und Ushuaia.

Zwischen November und März ist Punta Arenas außerdem der Abfahrtshafen für einige Kreuzfahrten in die Antarktis.

ZOLLFREI EINKAUFEN

Eine ausgedehnte Freihandelszone am Stadtrand von Punta Arenas, die **Zona Franca,** enthält eine Shoppingmall, SB-Warenhäuser und eine Vielzahl riesiger Läden, die wie Lagerhallen wirken, dazu ein paar Familienattraktionen wie eine Schlittschuhbahn. Es lohnt sich, herzukommen, wenn man Outdoorausrüstung braucht (viel billiger als in Puerto Natales) oder auch Kleider, Parfüm, Laptops, Kameraausrüstung und andere Elektronik. Die Zona Franca liegt rund 4,5 km nördlich der Plaza Muñoz Gamero, zu erreichen über die Avenida España und weiter über die Avenida Bulnes. Häufige *taxi colectivos* (Sammeltaxis) pendeln zum Stadtzentrum.

UNTERWEGS VOR ORT

Punta Arenas ist relativ dicht bebaut und das Stadtzentrum leicht zu Fuß zu erkunden. Zum Flughafen, 21 km nördlich der Stadt, braucht man ein Taxi, einen Shuttledienst oder einen der Linienbusse nach Puerto Natales, die von den Stationen verschiedener Busunternehmen im Zentrum abfahren. Wer ein Auto mieten möchte, zahlt in Punta Arenas weniger als in Puerto Natales. Aber Achtung: Mit einem in Chile zugelassenen Wagen über die argentinische Grenze zu fahren kann wegen internationaler Versicherungsbestimmungen teuer werden.

Rund um Punta Arenas

Parque Nacional Pali Aike
Monumento Natural Los Pingüinos
Marine Parque Francisco Coloane
Punta Arenas
Reserva Natural Pingüino Rey
Puerto Hambre & Fuerte Bulnes
Cabo Froward
Parque Natural Karukinka
Parque Nacional Yendegaia

Lass die Stadt hinter dir und tauche ein in die Wildnis Südpatagoniens. Die herbe, melancholische Schönheit wird dich schnell in den Bann ziehen.

Abgeschnitten vom Rest des Kontinents durch eisige Gewässer und gezackte andine Bergketten ist die Region Magallanes rund um Punta Arenas verlassen, aber wunderschön. Eine Reise über ihre weiten, baumlosen Ebenen und entlang der windgepeitschten Küste vermittelt ein faszinierendes Gefühl von Isolation.

In dieser Gegend gibt's erstaunlich viel zu sehen und zu tun, darunter Nationalparks, Meeresschutzgebiete, Pinguinkolonien, Trails und historische Monumente. Die Fähre über die Magellanstraße landet in Porvenir, einer interessanten Stadt auf der Isla Grande im Norden Feuerlands. Im Südteil der Isla Grande, die sich Chile und Argentinien teilen, liegt der unberührte Parque Nacional Yendegaia.

TOP TIPP

Starke Winde und raues Wetter können eine Schiffsreise oder Kajakfahrt verzögern, also ist Flexibilität gefragt.

Magellanpinguin, Monumento Natural Los Pingüinos (S. 298)

Die Kolonisierung Patagoniens

EINE BEWEGTE GESCHICHTE

Mehr über die spanischen und chilenischen Versuche, Patagonien zu kolonisieren, verrät ein Besuch im **Parque del Estrecho de Magallanes**, der die staatlichen Monumente **Puerto Hambre** und **Fuerte Bulnes** umfasst. Puerto Hambre war einer der kurzlebigsten Vorposten Spaniens in Südamerika, das Fort Fuerte Bulnes entstand 1843, nachdem der chilenische Präsident Manuel Bulnes einen Schoner entsandte, um die Region – seit Jahrtausenden von indigenen Völkern bewohnt, für Chile zu beanspruchen. Es wurde eindrucksvoll restauriert und ein informatives Museum mit Multimedia-Ausstellung behandelt die indigenen Kulturen, Tierwelt und Erdgeschichte der Region. Mehrere Wanderwege vermitteln einen Eindruck vom rauen Land und Klima, denen die frühen Kolonisten trotzten.

Wanderung zum Kap

DER WEG ZUM CABO FROWARD

Eine denkwürdige zweitägige Wanderung über 50 km führt auf windumtosten Klippen zum **Cabo Froward** (Kap Froward), der Südspitze des südamerikanischen Festlandes. Abgesehen von der Befriedigung, diesen entfernten Punkt erreicht zu haben, ist die Tierbeobachtung unterwegs erstklassig, besonders rund um den **Leuchtturm San Isidro**. Delfine, Wale und zahlreiche Vogelarten, darunter Chilekolibris und Magellanspechte sind zu erwarten. Man kann diese Tour eigenständig machen und nachts zelten, aber Agenturen in Punta Arenas wie **Turismo Comapa** bieten geführte Wanderungen an, während **Chile Nativo** in Puerto Natales kombinierte Kajak- und Wanderausflüge im Programm hat. **Kayak Agua Fresca** organisiert auch Kajaktrips an der Küste.

Wer Kap Froward erreicht, zu dem es keine Straßenverbindung gibt, findet einen 365 m hohen Hügel mit einem Metallkreuz vor. Das Original wurde 1913 errichtet, das heutige ist von 1987 und erinnert an den Chilebesuch Papst Johannes Pauls II.

Buckelwale, Könige & Magellane

WALBEOBACHTUNG UND PINGUINE GUCKEN

Die Magellanstraße wimmelt von Meereslebewesen und eine Reihe Schiffs- und Kajaktouren bieten hervorragende Gelegenheiten zur Tierbeobachtung. Der rund 670 km² große **Marine Parque Francisco Coloane** beheimatet mehrere

KOLONIALE VORPOSTEN: PUERTO HAMBRE & FUERTE BULNES

Die unglückselige Siedlung Puerto Hambre (Hungerhafen) wurde 1584 vom spanischen Gouverneur Pedro Sarmiento de Gamboa gegründet und war auch unter dem Namen Ciudad Rey Don Felipe (König-Philipp-Stadt) bekannt. Weil es an Essen und Vorräten fehlte, verhungerten die Einwohner oder erlagen dem Klima. Zweieinhalb Jahrhunderte später war die Niederlassung Fuerte Bulnes (Fort Bulnes) ähnlich kurzlebig. Die chilenischen Kolonisten hatten mit Trinkwassermangel und schlechtem Ackerboden zu kämpfen und zogen schließlich nach Norden an einen aussichtsreicheren Ort, den die Aónikenk „Lacolet" und europäische Seeleute „sandige Landspitze" nannten. Daraus wurde die heutige Stadt Punta Arenas, was „sandige Landspitze" auf Spanisch bedeutet.

DIE WICHTIGSTEN WILDTIERE IN SÜDPATAGONIEN & TIERRA DEL FUEGO

Magellanpinguine
An der Küste Patagoniens leben diese mittelgroßen Pinguine. Über ihre weiße Brust ziehen sich zwei schwarze Bänder.

Königspinguine
Die zweitgrößte Pinguinart hat gelborange Federn am Hals und lebt in der Subantarktis.

Buckelwale
Die bis zu 40 Tonnen schweren Riesen haben kleine Höcker vor ihren Rückenfinnen.

EINE HISTORISCHE WASSERSTRASSE

Die Magellanstraße trennt Patagonien von Tierra del Fuego, verbindet den Atlantik mit dem Pazifik und war einst einer der wichtigsten Wasserwege des Planeten. Jahrtausendelang befuhren die indigenen Kawésqar und Yagán in Kanus den Kanal, doch benannt ist er nach Fernando Magellan, der ihn 1520 als erster Europäer auf ganzer Länge durchsegelte. Mitte des 19. Jahrhunderts eine wichtige Dampfschiffroute, verlor er an Bedeutung, als im frühen 20. Jahrhundert der Panamakanal, eine praktische Abkürzung vom Atlantik zum Pazifik, eröffnet wurde. Heute verkehren auf der Magellanstraße noch immer Fährschiffe und Reiseagenturen in Punta Arenas bieten Schiffs- und Kajakexkursionen an.

Buckelwalherden, die hier zwischen Dezember und Mai Nahrung suchen. Auch Minke- und Seiwale sieht man manchmal neben Seelöwenkolonien. Ganztägige Schiffs- und Kajakausflüge organisiert **Solo Expediciones**, **Whalesound** bietet dreitägige wissenschaftliche Expeditionen vom Schiff aus an.

Das **Monumento Natural Los Pingüinos** beherbergt von November bis März Zehntausende Magellanpinguine, außerdem Seelöwen und Vögel wie Schwarzbrauenalbatrosse und Kormorane. Fünf Stunden lange Bootsfahrten von Punta Arenas aus – zu buchen bei Agenturen wie **Solo Expediciones** und **Turismo Selknam** – fahren rund um die Inseln.

Auf der Isla Grande umfasst die **Reserva Natural Pingüino Rey** Südamerikas einzige Kolonie Königspinguine. Normalerweise auf subantarktischen Inseln anzutreffen, ließen sie sich 2010 unverhofft hier nieder. Geöffnet ist das Schutzgebiet von September bis Mai. Meist wird in Punta Arenas eine Tagestour bei einem Anbieter wie **Turismo Fin del Mundo** gebucht, aber man kann auch eigenständig hinfahren, muss sich jedoch in Porvenir um die An- und Abreise zum Schutzgebiet kümmern.

Wo der Teufel wohnt

WANDERN IN PALI AIKE

Die schroffe Vulkanlandschaft voller Kegel, Höhlen, Krater und Lavaschichten lässt ahnen, wie der **Parque Nacional Pali Aike** – „verlassener Ort, wo der Teufel wohnt" in der Aónikenk-Sprache – seinen Namen bekam. Am besten erkundet man den 50 km² großen Park auf Trails, die sich durch mineralreiche rote, gelbe und grau-grüne Felsen und jede Menge Krater winden, manche davon über vier Stockwerke hoch. Unterwegs liegen die Höhlen Fell und Pali Aike, wo Ausgrabungen in den 1930ern den Nachweis für menschliche Aktivität vor 11 000 Jahren erbrachten.

Die meisten Traveller buchen einen Ganztagesausflug von Punta Arenas, z. B. bei **Turismo Fin del Mundo**. Wer ein eigenes Fahrzeug hat, kann unabhängig anreisen.

Eine Wildnis auf Feuerland

DIE NATURSCHUTZGEBIETE DER ISLA GRANDE ERKUNDEN

Wer ein Abenteuer in der Wildnis sucht, begibt sich über die Magellanstraße zur Isla Grande. Der unberührte **Parque Natural Karukinka** verfügt über ein Netzwerk von Wanderwegen, einige sind für Mountainbikes geeignet, die durch Küsten, Steppen, Wälder, Feuchtgebiete und Berge führen. Ausschau halten nach Elefantenrobben, Delfinen, Guanakos,

DIE WICHTIGSTEN WILDTIERE IN SÜDPATAGONIEN & TIERRA DEL FUEGO

Guanakos
Die wilden Verwandten des Lamas zählen zu den größten Pflanzenfressern Südamerikas.

Andenkondore
Einer der größten Flugvögel der Welt mit einer Flügelspannweite bis zu mehr als drei Meter.

Ñandus
Die großen, flugunfähigen Vögel, die an Strauße und Emus erinnern, gibt's in ganz Patagonien.

Cráter Morada del Diablo, Parque Nacional Pali Aike

Füchsen, Ottern und Magellanspechten. Im Park gibt's schlichte Unterkünfte, aber keine Optionen zum Essen oder Einkaufen. Die meisten kommen mit einem Tourveranstalter wie **Chile Nativo her**, man kann aber auch unabhängig mit eigenem Fahrzeug reisen oder in Porvenir den Transport buchen.

Ganz im Süden der Isla Grande zieht der **Parque Nacional Yendegaia** („Tiefe Bucht" in der Sprache der Yagán) noch weniger Reisende an. Dieses 1500 km² große Naturreservat in der Cordillera Darwin ist ein Reich der Berge, Pampas, Fjorde und des feuerländischen Waldes. Als Heimat von gefährdeten Tieren wie dem Südlichen Flussotter und der Rotkopfgans und auch einer Fülle von Meeresbewohnern ist das Reservat ein strategischer Wildtierkorridor vom Parque Nacional Alberto de Agostino zum Parque Nacional Tierra del Fuego. Infrastruktur gibt's eigentlich nicht und der Zugang ist beschränkt, aber Chile Nativo bietet Wanderexpeditionen abseits der Trails an.

ANREISE ZUR ISLA GRANDE

Das Haupttor zur Isla Grande ist Porvenir an ihrer Nordwestküste. Diese kleine, wenig besuchte Stadt rund um eine Bucht hat regelmäßige Fähr- und Flugverbindungen von/nach Punta Arenas. Mangels öffentlicher Verkehrsmittel ist ein eigenständiges Bereisen der Insel schwierig, deshalb werden meist organisierte Touren genutzt. Agenturen in Punta Arenas bieten Tagestrips nach Porvenir an, meist inklusive eines Zwischenstopps in der Reserva Natural Pingüino Rey. In Porvenir gibt's einige einfache Pensionen, die Transfer und Ausflüge zu Orten wie dem Parque Natural Karukinka arrangieren. Saisonal pendeln Flüge zwischen Pampa Guanaco in Parknähe und Punta Arenas. Direktverbindungen zwischen Puerto Williams und der Isla Grande gibt's nicht.

UNTERWEGS VOR ORT

Abgesehen von Fähren und Flügen nach Porvenir auf der Isla Grande gibt's kaum öffentliche Verkehrsmittel in der Region um Punta Arenas. Zur Besichtigung der Parks und Naturschutzgebiete braucht man ein Auto oder Taxi oder muss eine organisierte Tour buchen.

PUERTO NATALES

Einst war Puerto Natales ein schlichter Hafen am Ufer des Fjords Última Esperanza, heute ist es ein Traveller-Hotspot, weil es als Tor zum Parque Nacional Torres del Paine dient. Da Gäste aus aller Welt anreisen, gibt's jede Menge international ausgerichtete Optionen fürs Essen, Übernachten und Shoppen.

Trotz seiner enormen Popularität sorgen Wellblechhäuser, rustikale Bungalows, das gelassene Alltagstempo und die herrliche Uferlage dafür, dass sich Puerto Natales seinen herben Charme überwiegend bewahrt hat. Gut 250 km nordwestlich von Punta Arenas ist es die zweitgrößte Siedlung der Region, die Hauptstadt der Provinz Última Esperanza (Letzte Hoffnung) und die südliche Endstation von Fähren durch Chiles Fjorde. Zwar hat die Stadt selbst nur wenige Sehenswürdigkeiten, aber zum Ausspannen ist sie ideal und in der Umgebung gibt's viel zu sehen und zu tun.

TOP TIPP

Die Preise in den Läden von Puerto Natales sind sogar nach patagonischen Standards hoch. Wer Kleider, Ausrüstung, Essen oder sonstige Vorräte für eine Wanderung nach Torres del Paine braucht oder ein Auto mieten möchte, in Punta Arenas ist es billiger und die Auswahl ist größer.

HIGHLIGHTS
1 Centro Cultural Galpón Patagonia
2 Museo Histórico

AKTIVITÄTEN, KURSE & TOUREN
3 Navimag

SCHLAFEN
4 Kau Patagonia
siehe **12** Vinnhaus
5 Wild

ESSEN
6 Afrigonia
7 Aluen
8 Cafe Kaiken
9 El Bote
10 Vinnhaus

AUSGEHEN & FEIERN
11 Holaste!
12 Last Hope Distillery
13 Ludopía

SHOPPEN
14 Espacio Ñandu
15 Pueblo Artesanal Etherh Aike
16 Wine & Market Patagonia

Ein Bummel über die Costanera

DENKMÄLER, KUNST UND AUSSICHTSPUNKTE

Neben der weiten Aussicht über die Gewässer des Seno Última Esperanza auf die schneebedeckten Berge führt ein Spaziergang auf der **Costanera** – Puerto Natales' Fußgängerpromenade parallel zur Avenida Pedro Montt – an einer Reihe von interessanten Denkmälern, Skulpturen und zeitgenössischen Kunstobjekten vorbei.

Einige Schritte nördlich des Fähranlegers steht ein Ehrenmal für Hermann Eberhard Schmith, einen der ersten europäischen Siedler am Seno Última Esperanza. Berühmt ist seine Entdeckung von Überresten eines Mylodons (prähistorisches Faultier, das zum Symbol der Stadt wurde) in einer nahen Höhle in den 1890ern; der Fundort kann besichtigt werden (S. 307). Weiter nördlich stehen neben einem kleinen Skatepark zwei auffällige fliegende Figuren mit dem Namen *Amores de Viento en Natales* (*In den Wind von Natales Verliebte*).

Noch nördlicher ist ein weiteres eindrucksvolles Kunstobjekt zu sehen, eine Riesenhand, die scheinbar aus dem Bürgersteig wächst, um nach ahnungslosen Passanten zu schnappen. Das letzte Monument, gleich nördlich in der Mitte eines Kreisverkehrs am Stadtrand, ist eine große Mylodon-Statue. Schautafeln informieren über dieses faszinierende Wesen, dessen Bild viele Straßenschilder in der Innenstadt schmückt.

Ansichten Patagoniens

GESCHICHTSUNTERRICHT UND KULTURELLER KONTEXT

Erhellende Einblicke in die bewegte Geschichte Südpatagoniens gibt's im kleinen, sehr informativen **Museo Histórico** mit Exponaten zur prähistorischen Flora und Fauna, zu den Kulturen der Aónikenk, Kawésqar, Selk'nam, Yagán und Haush sowie zum kulturellen Erdbeben, das die Schafzuchtindustrie im späten 19. und frühen 20. Jh. auslöste.

Es wird nicht verschwiegen, welch verheerende Auswirkungen die Kolonisierung auf die indigenen Völker Patagoniens hatte, die mindestens 10 000 Jahre vor der Ankunft europäischer Entdecker und chilenischer Siedler in der Region gelebt hatten. Eine Abteilung mit dem Titel „Genozid und indigenes Exil in Patagonien" stellt auf Englisch und Spanisch dar, wie diese Gemeinschaften „verfolgt ... deportiert ... wie Tiere zur Schau gestellt ... in Europa und den Vereinigten Staaten als letzte Stufe der menschlichen Evolution vorgeführt ... [und] von Söldnerbanden abgeschlachtet wurden und ihre Freiheit und ihr Land verloren." Andere Abteilungen vermitteln interessanten Kontext zu weiteren bedeutenden, oft übersehenen

DIE BESTEN SHOPS IN PUERTO NATALES

Pueblo Artesanal Etherh Aike
Indoor-Markt im Stadtzentrum mit einer Auswahl kleiner Läden in Gemeindebesitz, die Kunsthandwerk, Kunst, Kleidung und Souvenirs verkaufen.

Wine & Market Patagonia
Smarter Feinkostladen mit jeder Menge Gourmetartikel, darunter lokale Käsesorten, Fleisch- und Wurstwaren, Schokoladen, Weine, Craft-Biere und Spirituosen; mit regelmäßigen Verkostungen.

Espacio Ñandu
Nützlicher Etwas-von-allem-Laden schräg gegenüber dem Hauptplatz; verkauft Outdoorausrüstung und -zubehör, Bücher über Patagonien, lokal hergestellte Lebensmittel und einige Souvenirs.

ÜBERNACHTEN IN PUERTO NATALES

Wild
Hostel mit Einzelzimmern (zum Teil Gemeinschaftsbad) und Hütten, Restaurant/Bar und Tourenagentur. €

Vinnhaus
Elegante Pension, Zimmer und Apartments mit schickem Vintage-Flair. Tolles Frühstück. €€€

Kau Patagonia
Modernes, holzgetäfeltes Hotel, gemütliche Zimmer mit Bad, Fjordblick und beliebter Kaffeebar im Haus. €€

LOCAL TIPP: DIE REIZE VON PUERTO NATALES

Kiera Shiels und **Matt Oberg** von der Last Hope Distillery verraten, was sie an Puerto Natales lieben.

Puerto Natales ist eine umwerfende Location voller Abenteuerlustiger und gleichzeitig ein reizender, verschlafener Fischerort. Als Basis für eine der unglaublichsten Wanderungen der Welt ist es sagenhaft. Wir lieben diesen Teil der Welt, sein Aussehen, wie er sich anfühlt und welche Menschen er anzieht. Nur eine bestimmte Art Person verbringt ihren wenigen Urlaub mit Trekking im wilden, unberechenbaren patagonischen Wetter, und wir lieben es, diese Menschen in unserer Bar zu treffen. Wir lieben auch die Gemeinschaft der Chilenen, die hier leben und arbeiten.

TODD POWELL/SHUTTERSTOCK ©

Navimag-Fähre

Ereignissen in Südpatagoniens Geschichte, darunter Schaubilder zu der großen Migration von Menschen aus dem Chiloé-Archipel im frühen 20. Jh., die Arbeit in der florierenden Schafzuchtindustrie in und um Puerto Natales suchten. An anderer Stelle geht's um die von Anarchisten geführte Revolte 1919 gegen die Ausbeuterbedingungen in den Schlachthöfen und den Viehbetrieben der Última-Esperanza-Region.

Nach dem Besuch im Museo Histórico empfiehlt sich ein Abstecher ins **Centro Cultural Galpón Patagonia**, ein Kulturzentrum/Atelier/Galerie in einem umgenutzten Lagerhaus am Ufer von Puerto Natales. Hier gibt's regelmäßig Ausstellungen von regionalen Kunstschaffenden, Vorführungen von Spiel- und Dokumentarfilmen und manchmal auch Lebensmittelmärkte mit lokalen Produkten.

Zeit für G&T

TOUR DURCH EINE CRAFT-GIN-BRENNEREI

Puerto Natales ist nicht der offensichtlichste Standort für ein Craft-Gin-Unternehmen, umso willkommener ist die **Last Hope Distillery.** Gegründet vom australischen Paar Matt und Keira, das 2015 den W Trek im Parque Nacional Torres

ESSEN IN PUERTO NATALES

Afrigonia
Raffiniertes afrochilenisches Restaurant. Gewürze, Kreativität und kulinarisches Flair. €€

El Bote
Ländliches Restaurant mit patagonischer Kost wie Lammkoteletts, Guanakoeintopf und Königskrabbengratin. €€

Café Kaiken
Intimes Restaurant mit entspannter Stimmung. Es gibt z. B. sonnengetrocknete Tomaten und Spinatravioli. €€

del Paine wanderte und sich in diesen Teil Patagoniens verliebte, bietet sie exzellente Gratistouren (mittwochs bis sonntags, 17.30 Uhr englisch, 18.30 Uhr spanisch). Die Tour vermittelt Grundlagen der Gin-Herstellung, stellt die verschiedenen Pflanzen vor, die dem Destillat eine einmalige Note geben, erklärt das spezifisch Patagonische des Last-Hope-Gins und lässt natürlich das fertige Produkt probieren.

Hinterher warten in der angeschlossenen Bar ein Hocker und ein perfekt gemixter Cocktail mit dem trockenen Haus-Gin oder einer tiefroten Variante mit süßsaurem Calafate-Aroma. Eine Whiskeyproduktion ist in Vorbereitung, aber schon jetzt gibt's eine reichhaltige Auswahl an Whiskeys anderer Destillerien. Die kreativen Snacks und Speiseplatten zum Teilen sind zum Sterben gut. Zu den Highlights zählen ein Reuben Sandwich mit Guanako-Pastrami, Hummus mit Haselnuss-Dukkah (pikante nahöstliche Gewürzmischung) und ein klebriger Dattelpudding mit Bourbon-Butterscotch-Soße.

Fjorde, Wälder & Fähren

ANKER LICHTEN IN PUERTO NATALES

Eine spektakuläre Kreuzfahrt durch die waldbestandenen Fjorde zwischen Nord- und Südpatagonien mit der **Navimag-Fähre** von Puerto Natales nach Puerto Montt (oder in die Gegenrichtung) ist ein Höhepunkt einer Chilereise. Vier Tage und drei Nächte lang durchquert das Schiff den großartigen Parque Nacional Bernardo O'Higgins, macht mit einem entlegenen, überwiegend unzugänglichen Reich voller Riesengletscher vertraut und bietet unterwegs wunderbare Tierbeobachtungen. Zu den wahrscheinlich zu sichtenden Spezies zählen Wale, Pinguine, Delfine und Albatrosse.

Die Fähre von **Transbordadora Austral Broom** hält eine einfachere, aber landschaftlich ähnlich schöne Route zwischen Puerto Natales und dem abgelegenen Fischerdorf Puerto Yungay bereit, mit Halt bei der isolierten Siedlung Puerto Edén im Nationalpark, Heimat einer indigenen Kawésqar-Gemeinde. Die Fahrt dauert rund 41 Stunden. Wie auch die Navimag-Fähre ist diese denkwürdige Reise umweltfreundlicher als ein Flug zwischen Nord- und Südpatagonien.

Tickets für beide Strecken sind lange im Voraus zu buchen. Fahrpläne und Reisedauer hängen von den Wetterverhältnissen und Gezeiten ab, also besser einen Zeitpuffer für Verzögerungen einplanen.

DIE BESTEN CAFÉS & BARS IN PUERTO NATALES

Aluen
Spitzen-*heladería* (Eisdiele), serviert leckeres Naschwerk. Geschmacksrichtungen von Dulce de Leche bis Reispudding. €

Vinnhaus
Restaurant/Bar mit Klasse. Tolle Cocktails, gute Weinauswahl und verlockende Snacks. €€

Last Hope
Nicht verpassen: Bar und Gin-Destillerie in australischer Hand mit der besten Cocktailkarte von Puerto Natales.

Holaste!
Winzige Kaffeebar mit köstlichen Espressos, Cappuccinos und Cortados. Viel Betrieb, aber das Warten lohnt sich.

Ludopía
Café und Spieleladen mit umfassender Auswahl an Brettspielen (zum Spielen und Kaufen).

UNTERWEGS VOR ORT

Puerto Natales ist eine kleine Stadt, die man gut zu Fuß erkunden kann. Viele Hostels und ein paar Reisebüros vermieten Räder, was praktisch ist, wenn man sich die Umgebung ansehen möchte. Mietwagen sind teurer als in Punta Arenas. Busse nach/aus Punta Arenas, zum Parque Nacional Torres del Paine und nach El Calafate fahren vom Rodoviario (Busbahnhof) 1,5 km südöstlich des Stadtzentrums. Der kleine Flugplatz, von dem aus Maschinen nach Santiago starten, liegt 8 km nördlich der Stadt. Taxis gibt's am Busbahnhof, am Flugplatz und rund um den Hauptplatz. Alternativ kann die Unterkunft ein Taxi buchen.

Rund um Puerto Natales

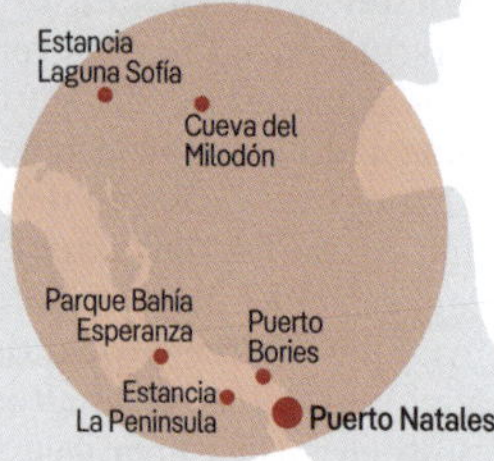

Trotz des abschreckenden Namens punktet die Provinz Última Esperanza (Letzte Hoffnung) mit atemberaubenden Landschaften und faszinierenden historischen Stätten.

Berühmt ist Última Esperanza für den Parque Nacional Torres del Paine. Andere Attraktionen werden weniger beachtet, obwohl sie auf Tagesausflügen von Puerto Natales leicht zu erreichen sind. Dazu zählen Puerto Bories, ein früherer Industriekomplex, der einst der Wirtschaftsmotor für ganz Patagonien war, und das private Naturreservat Parque Bahía Esperanza, wo man wandern und wilde Tiere beobachten kann.

Dann gibt's noch den eigenartigen historisch-archäologischen Fundort Cueva del Milodón und zwei Schaffarmen – Estancia La Peninsula and Estancia Laguna Sofía – mit ausgezeichneten Reitangeboten. Die Landschaften sind schon für sich ein Magnet: eisblaue Fjorde, zerzauste Steppen und aufragende, wolkenverhangene Gipfel.

TOP TIPP

Als grünere Fortbewegungsmöglichkeit in der Region vermietet Patagonia Zero Emission in Puerto Natales E-Bikes.

Cueva del Milodón (S. 307)

STEVE BARZE/SHUTTERSTOCK ©

Industriewaage im Museum des Hotels Singular

Ein Stück Industriegeschichte

PATAGONIENS WIRTSCHAFTSMOTOR

So unwahrscheinlich es heute scheint: Früher war die Última-Esperanza-Region eine florierende industrielle Drehscheibe. Gut 6 km nördlich von Puerto Natales entstand an der Küste die Firmenstadt **Puerto Bories** um eine riesige Verarbeitungsanlage für Fleisch und Wolle, die zum Firmenimperium der Sociedad Explotadora de Tierra del Fuego gehörte. Für Geschichtsinteressierte ist der Besuch hier ein Muss.

Die in den 1910ern eröffnete Anlage erhielt Schafe aus dem chilenischen und dem argentinischen Teil Patagoniens, schlachtete die Tiere, zerlegte sie und fror das Fleisch für den Export nach Europa und darüber hinaus ein. Die Gewinne stiegen ins Unermessliche. In Hochzeiten wurden erstaunliche 150 000 bis 250 000 Tiere pro Jahr verarbeitet. Der Komplex war bis Mitte der 1980er in Betrieb. Wegen seiner kulturellen, industrie- und architekturhistorischen Bedeutung wurde er 1996 zum Nationaldenkmal erklärt.

Das *frigorífico* (Kühlhaus) wurde inzwischen behutsam zum luxuriösen Hotel **Singular** umgebaut, wobei viel vom Erbe erhalten blieb. Ein informatives **Museum** im Hotel umreißt Puerto Bories' Geschichte – und damit eines Gutteils von

PATAGONISCHES LAMM VOM FEINSTEN

Lamm am Spieß, aufgeklappt und über Holzfeuer langsam gegart: *cordero al palo* ist ein klassisches patagonisches Gericht. Der langsame Garvorgang resultiert in einer saftigen, rauchigen Mahlzeit, die auf den Karten der Restaurants in Puerto Natales und Südpatagonien ganz oben steht. Fraglos sind die besten Orte für authentisches *cordero al palo* die Schaffarmen selbst. Gut sind die **Estancia La Peninsula** oder die **Estancia Laguna Sofía**; beide servieren Lammbarbecue satt mit allen möglichen Beilagen, darunter Salate, Kartoffeln, selbst gebackenes Brot, die allgegenwärtige *pebre*-Salsa (Zwiebelwürfel mit Tomaten, Chilischoten, Petersilie, Koriandergrün und Essig), und natürlich exzellenten chilenischen Wein.

ÜBERNACHTEN RUND UM PUERTO NATALES

Singular Patagonia
Fünf-Sterne-Haus in Uferlage. Stellt seine industrielle Vergangenheit zur Schau und ist per Seilbahn zu erreichen. **€€€**

Puerto Bories House
Ein Trio reizender Häusern in Puerto Bories, die an den englischen Landhausstil erinnern. Gut für Gruppen. **€€€**

Simple Patagonia
Markante Lodge in Puerto Bories mit modernem, minimalistischem Design und Blick auf den Fjord. **€€€**

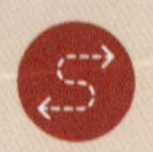

AUF DER PARKROUTE

Von Puerto Montt bis Kap Hoorn über 2800 km verläuft die **Ruta de los Parques** (Parkroute; rutadelosparques.org), ein Netzwerk von 17 Nationalparks in Patagonien und Feuerland (inklusive Torres del Paine) mit sensationellen Landschaften, Wandermöglichkeiten und Tierbeobachtungen. Der Start war 2018, als die Umweltorganisation Tompkins Conservation eine Schenkung von 4045 km² Land machte, um fünf neue Nationalparks zu schaffen und drei andere zu erweitern. Die Regierung trug 10 115 km² Land bei und widmete weitere 21 850 km² Naturreservate in Nationalparks um. Neben dem Schutz der Ökosysteme zielt das Projekt darauf ab, die wirtschaftliche Entwicklung ansässiger Gemeinden anzukurbeln, isolierte Regionen zu verbinden und nachhaltigen Tourismus zu fördern.

Estancia La Peninsula

Patagonien im 20. Jh. – und präsentiert eine Reihe historischer Maschinen; viele kamen aus Großbritannien und sehen aus, als könnten sie jeden Moment wieder in Gang kommen. Zur Ausstellung hat jeder Zutritt, Führungen sind verfügbar.

Danach tut ein Drink in der **Restaurant-Bar** des Singular gut – mit Aussicht auf den Seno Última Esperanza.

Estancia-Erfahrungen

LEBEN AUF DER RANCH

Eine typische patagonische Schaffarm ist die **Estancia La Peninsula,** ein wunderbarer Ort für mehrtägige Reitabenteuer. Der Familienbetrieb in sechster Generation bietet außerdem Tagestouren mit kürzeren Ausritten oder Wanderungen, ein deftiges *cordero al palo* (Lamm am Spieß), Schafscheren und Hütehunde-Vorführungen, dazu die Chance, auf einer aktiven Ranch mitzumachen. Wer auf den Geschmack kommt: Es gibt auch ein Freiwilligen- und ein noch gründlicheres Trainee-Programm. Die Estancia La Peninsula liegt auf der Península Antonio Varas auf der anderen Seite des Wassers und ist über einen Anleger bei Puerto Bories erreichbar.

Die ebenso schöne **Estancia Laguna Sofía**, 30 km nördlich von Puerto Natales neben dem Lago Sofía gelegen, bietet ähnliche Aktivitäten. Neben einstündigen, Halbtages- und Ganztagesausritten mit *baqueano* (Cowboy)-Guides gibt's geführte Wanderungen zu Wasserfällen, Höhlen mit archäologischen Funden und zum Gipfel des Cerro Mocho, Vorführungen von Hirtenhunden und köstliches Lammbarbecue. Kajakfahren und Zelten kann man hier auch.

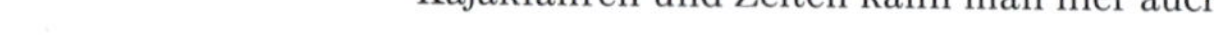

ÜBERNACHTEN RUND UM PUERTO NATALES

Estancia Laguna Sofía camping
Gut ausgestatteter, ruhiger Campingplatz. Gut geeignet für Leute mit eigenem Auto. **€**

Remota Patagonia Lodge
Abgeschiedenes Hotel nahe Puerto Natales mit zeitgenössischem Dekor, Wellnessbad und Ausflugsangeboten. **€€€**

Casa Bahía Esperanza
Dieses helle, luftige Farmhaus kann man als Familie und als Gruppe buchen. **€€€**

Trail Mix

PRIVATES NATURSCHUTZGEBIET

Obwohl nur 15 Schiffsminuten von Puerto Bories entfernt, gibt der **Parque Bahía Esperanza** einen Vorgeschmack auf die patagonische Wildnis. Eine zum Naturreservat umgestaltete Ranch bietet Ausflüge zu Fuß, zu Pferd oder mit dem E-Mountainbike durch alte Wälder entlang glitzernder Lagunen und über Hügel, auf deren Gipfel sich Panoramablicke öffnen. Außerdem kann man dem Monument Trail zum Blickfang des Parks folgen, dem erhöht stehenden Bug eines 40 m langen Holzschiffes.

Die Wege sind zwischen 1 und 5,2 km lang, gut ausgeschildert und können selbstständig begangen werden, Guides sind aber verfügbar. Im Eintritt enthalten ist die Überfahrt von einem Anleger in Puerto Bories.

Ein unterirdisches Faultier

HÖHLEN, AUSSICHTSPUNKTE, PRÄHISTORISCHE ÜBERRESTE

1895 entdeckte der Deutsche Hermann Eberhard Schmith in einer großen Höhle im Hang des Cerro Benítez, 24 km nordwestlich vonPuerto Natales, Teile von Überresten eines Mylodon (großes bodenlebendes Faultier). Der lange ausgestorbene, fast 4 m große träge Pflanzenfresser fand schon bald ein internationales Medienecho. Ein Stück seiner Haut kam zu Bruce Chatwin und inspirierte ihn zu seinem Reiseklassiker *In Patagonien* (er glaubte anfangs, es stamme von einem Brontosaurus).

Die **Cueva del Milodón** wurde inzwischen zum Naturdenkmal erklärt. Eine kitschige Mylodon-Replik steht vor der Haupthöhle, in der die Überreste entdeckt wurden, und Wege führen in die tintenschwarzen Tiefen. Zwei kleinere Höhlen können ebenfalls besichtigt werden, die Cueva Chica und die Cueva del Medio. In Letzterer wurden Belege für menschliche Aktivität vor 11 000 Jahren gefunden.

Ein anderer Weg führt zu einer sonderbaren Felsformation, der Silla del Diablo (Teufelssitz), mehrere Aussichtspunkte bieten weite Blicke und mit etwas Glück Kondor-Sichtungen. Ein Informationszentrum zeigt Patagoniens prähistorische Tierwelt und geologische Geschichte.

Reisebüros in Puerto Natales bieten Halbtagestouren zur Cueva del Milodón an. Alternativ kann man ein Taxi mieten und den Fahrer bitten zu warten, während man sich umschaut. Busse nach Torres del Paine passieren zwar den Abzweig zur Höhle, aber von dort sind es noch 8 km bis zur Haupthöhle.

ESSEN & TRINKEN RUND UM PUERTO NATALES

Singular Patagonia
Raffiniertes Hotel-Restaurant mit Bar, romantische Atmosphäre, lokale Zutaten in Expertenhänden und tolle Weinliste. Guter Anlass, verschwenderisch zu sein. €€€

La Caldera
Gemütliches, holzverkleidetes Café mit gutem Kaffee, Tee und Kuchen plus wunderbarem Blick auf den Seno Última Esperanza; 2 km nördlich von Puerto Natales. €

Estancia Laguna Sofía
Auf dieser bildschönen Schaffarm winkt ein üppiges *cordero al palo* (Lammbarbecue). Vorausbestellung erforderlich, mindestens sechs Personen. €€€

UNTERWEGS VOR ORT

Die Region rund um Puerto Natales hat kaum öffentliche Verkehrsmittel zu bieten. Wer kein Auto mietet, ein Taxi nimmt oder – für kürzere Strecken – mit dem Rad oder E-Bike fährt, ist weitgehend auf organisierte Ausflüge angewiesen. Alternativ können viele *estancias* (Ranches) für den Transfer von/nach Puerto Natales sorgen.

PARQUE NACIONAL TORRES DEL PAINE

Santiago

Parque Nacional Torres del Paine

Einer der schönsten und beliebtesten Nationalparks Südamerikas ist das Wanderparadies Parque Nacional Torres del Paine. Über 1810 km² dominieren ihn die namengebenden Paine-Türme, eine Gruppe fast senkrecht aufragender, 2800 m hoher Granitsäulen. Sie sind Teil einer umwerfenden Landschaftsvielfalt, von smaragdgrünen Wäldern und offenen Steppen bis zu blauen Seen und schimmernden Gletschern. Der Park beheimatet eine ähnlich vielfältige Tierwelt, darunter die straußenartigen Rheas (*ñandus*), kreisende Kondore, Guanakos, die gefährdeten Huemul-Andenhirsche und eine wachsende Zahl von Pumas. Viele Übernachtungsoptionen lassen den berühmten W Trek oder den Paine Circuit in aller Ruhe erwandern, doch unberechenbares Wetter bedeutet, dass der Park sich nie gezähmt anfühlt. Für sich hat man ihn jedenfalls nicht: Er ist ein Reise-Hotspot, was für seine Infrastruktur und Umwelt zunehmend zur Herausforderung wird.

TOP TIPP

Das Wetter im Parque Nacional Torres del Paine ist bekanntermaßen launisch, also musst du für alle vier Jahreszeiten packen, egal wann du hinreist. Im Sommer kann der Wind unheimlich stark sein – bis zu 120 km/h.

Wanderung nach Los Cuernos, Parque Nacional Torres del Paine

SEHENSWERTES	KURSE & TOUREN	SCHLAFEN
1 Lago Paine	**4** Glacier Grey	**7** Awasi
2 Mirador Nordenskjöld	**5** Mirador Las Torres	**8** EcoCamp Patagonia
3 Salto Grande	**6** Valle Francés	**9** Hotel Las Torres
		10 Patagonia Camp
		11 Tierra Patagonia

Weltberühmter Weg

AUF DEM W TREK

Der beliebteste Wanderweg in Torres del Paine ist der **W Trek,** der die unglaubliche Szenerie des Parks aufs Beste vorführt. Diese Route, deren Name auf die Form des Trails verweist, eröffnet von Westen hervorragende Ausblicke auf die schwarzen Sediment-Gipfel Los Cuernos (Hörner), ist aber auch von Osten her zu wandern.

Der ganzjährig geöffnete W Trek ist gut 71 km lang und dauert normalerweise vier bis fünf Tage plus ein oder zwei Tage An- und Abreise. Wer wenig Zeit hat, wandert einzelne Abschnitte – die Mirador-Las-Torres-Etappe ist populär. Stille oder Einsamkeit sind jedoch nicht zu erwarten. Die Trails sind sehr belebt, besonders im Sommer.

Von West nach Ost führt die erste Etappe von der Guardería Paine Grande zum Refugio Lago Grey (13 km, 4 Std. einfach). Der Weg ist relativ leicht mit einigen fordernden Steigungen

REISEPLANUNG FÜR TORRES DEL PAINE

Viele Reisende kommen im Rahmen von organisierten Tagesausflügen, Touren oder Wanderungen. Den Parque Nacional Torres del Paine auf eigene Faust zu besuchen verlangt einige Planung. Offen ist der Park ganzjährig, aber von Mai bis September brauchst du einen lizenzierten Guide, weil die Wege im Winter gefährlicher sind. Die Eintrittskarten für den Park müssen online gebucht werden (aspticket.cl), und zwar mindestens 24 Stunden vor Ankunft. Außerdem musst du deinen Pass/Ausweis und deine Touristenkarte mitbringen. Die Unterkunft solltest du weit im Voraus buchen. Im Park gibt's keine Geldautomaten, bring also reichlich Bargeld aus Puerto Natales mit. Die meisten Hotels und *refugios* akzeptieren Kredit- und Bankkarten.

ÜBERNACHTEN IN & UM DEN PARQUE NACIONAL TORRES DEL PAINE

Tierra Patagonia
In die Landschaft passendes, hinreißendes Hotel mit Aussicht über den Lago Sarmiento aufs Paine-Massiv. **€€€**

EcoCamp Patagonia
CO_2-neutrale Lodge. Einfache und luxuriöse Hütten, gesellige Restaurant-Bar, Yogastunden und Massagen. **€€**

Estancia Cerro Guido
Aktive Ranch mit Zimmern in einem renovierten 1920er-Farmhaus am Fuß des gleichnamigen Gipfels. **€€€**

WANDERURLAUB

Eine längere Runde: der Paine Circuit

Wer sich in der Landschaft der Torres del Paine verlieren möchte, macht sich auf den epischen 112 km langen Paine Circuit. Der auch als O Trek bekannte Weg schließt den W Trek und die Rückseite zwischen Refugio Grey und Refugio Las Torres ein. Der Rundwanderweg dauert sieben bis neun Tage plus einem oder zwei für die Fahrt zum/vom Park und ist ruhiger als der W Trek.

1 Laguna Amarga

Der Paine Circuit wird gegen den Uhrzeigersinn gewandert. Los geht's am Ufer der Laguna Amarga (oder Refugio Las Torres) im Osten des Parks, das Ende liegt im Valle Francés und bei Los Cuernos. Im Winter ist der Rundweg gesperrt – außer für zertifizierte Touranbieter mit einer Genehmigung von Conaf. Es gibt klassische Torres-del-Paine-Blicke von der Laguna Amarga („Bitterer See" wegen des Salzgehalts).

Die Strecke: Die erste Etappe über meist offenes Gelände ist relativ einfach. Zum Campamento Serón sind es 15 km in vier bis fünf Stunden.

2 Campamento Serón

Bei starken Winden und mit vagen Wegmarkierungen windet sich die spektakuläre Route vom schlichten Campingplatz aus um die Ufer des schimmernden Lago Paine. Auf dem Pfad bleiben, der am weitesten vom See entfernt ist, um sich nicht zu verlaufen.

MOCHILAOSABATICO/SHUTTERSTOCK ©

Lago Dickson

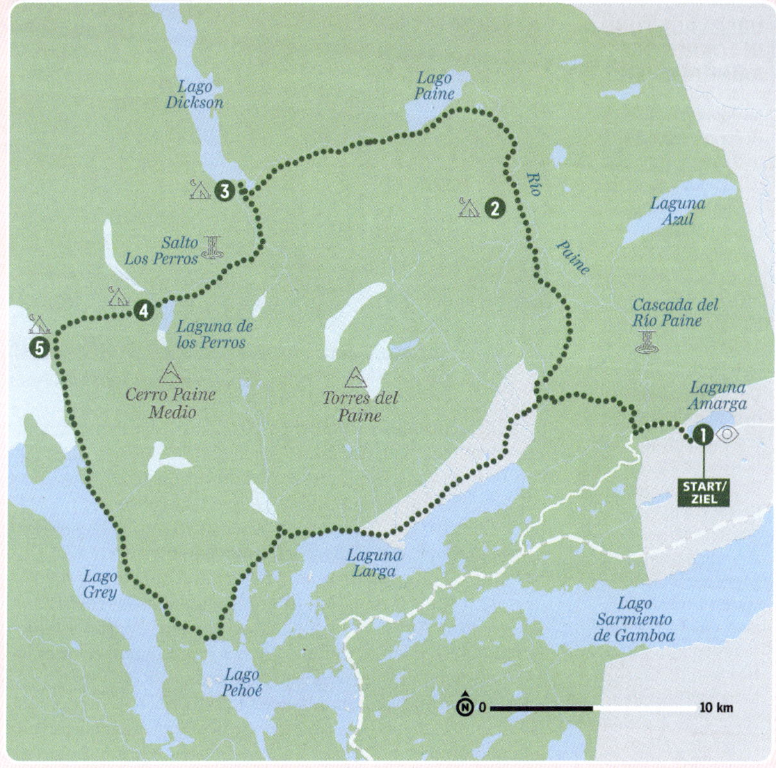

Die Strecke: Die zweite Etappe führt zum Campamento Lago Dickson. Sie ist 18,5 km lang und dauert sechs bis sieben Stunden.

3 Campamento Lago Dickson

An einem friedlichen Ort neben dem Lago Dickson im Norden des Parks ist dieser Campingplatz der Startpunkt für die Wanderung nach Südwesten zum Campamento Los Perros mit der Perros-Lagune und dem gleichnamigen Gletscher.

Die Strecke: Dieser Abschnitt ist ziemlich einfach, aber windig. Er umfasst 9 km in rund fünf Stunden.

4 Campamento Los Perros

In jeder Hinsicht der Höhepunkt des Abschnitts hinter dem Campamento Los Perros ist der 1241 m hohe Paso John Gardner. Der Pass mit häufig knietiefem Schlamm und manchmal auch Schnee ist der extremste Teil des gesamten Paine Circuit, belohnt aber mit herausragenden Aussichten. Nach der Passage nicht vom scheinbaren Zeltplatz dahinter verwirren lassen und weiter bis zu einer Hütte gehen.

Die Strecke: Diese Etappe ist eine körperliche Herausforderung, besonders im Winter, lohnt sich aber. Es sind 8,6 km zum Campamento Paso, etwa vier Stunden.

5 Campamento Paso

Die letzte Etappe bietet unfassbare Aussichten auf Gletscher. Vom Campamento Paso geht's steil bergab – Trekkingstöcke sind hier sehr hilfreich – und nacheinander über drei Hängebrücken über schmale Schluchten.

Die Strecke: Die Schlussetappe des Paine Circuit führt zum Refugio Lago Grey. Die Strecke von 10 km dauert etwa zwei Stunden.

ÜBERNACHTUNG IN TORRES DEL PAINE BUCHEN

Im Park gibt's eine Reihe Unterkünfte und alles muss vorab gebucht werden. Die Nachfrage ist groß, besonders von Dezember bis Februar, also weit im Voraus reservieren – sechs Monate sind sinnvoll. Die Preise sind durchweg hoch.

Conaf (parquetorresdelpaine.cl) hat kostenlose, einfache Zeltplätze, die zur Zeit der Recherche wegen Renovierung geschlossen waren, aber zur Saison 2023–24 wieder öffnen. Zwei konzessionierte Firmen, **Las Torres** (lastorres.com) und **Vertice** (vertice.travel), betreiben bessere, kostenpflichtige Campingplätze, *refugios* (Hütten mit Schlafsälen), Hütten und *domos* (geodätische Kuppeln). Normalerweise gibt's (teuren) Ausrüstungsverleih, Restaurants und Kiosk.

Hotels, Lodges und Luxus-Campingplätze in und um den Park bieten Vollpension und All-inclusive-Pakete.

RENATO GRANIERI/ALAMY STOCK PHOTO ©

Puma, Parque Nacional Torres del Paine

und Gletscherblick. Nun geht's zur Guardería Paine Grande zurück und danach ins Valle Francés (9,5 km, 5 Std.). Überragt von Los Cuernos führt dieser Abschnitt am Lago Skottsberg entlang, das Tal hinauf und über eine Hängebrücke.

Die nächste Etappe nach Los Cuernos/Lago Pehoé (10 km, 5 Std.) verläuft von Gletschern umgeben zwischen dem Cerro Paine Grande (3050 m) im Westen und den Torres del Paine mit Los Cuernos im Osten zum Refugio Las Torres (9,5 km, 4 bis 5 Std.). Auf dem unteren Weg bleiben – viele verlaufen sich auf dem oberen, der auf Karten nicht eingezeichnet ist. Mit heftigen Sommerwinden rechnen!

Die letzte Etappe zum Mirador Las Torres (10,5 km, 4 Std.) ist ein mittelschwerer Aufstieg am Río Ascencio entlang zu einem baumlosen Bergsee unter der Ostflanke der Torres del Paine, bevor das Endstück über ein Geröllfeld mit riesigen Felsbrocken führt. Es gibt herrliche Ansichten der Türme aus der Nähe, im Winter ist jedoch mit Tiefschnee zu rechnen. Dann geht's zurück zum Refugio Las Torres. Dieser Abschnitt ist sehr touristisch und ein neuer Weg zur Entlastung im Bau.

Wege für wenig Zeit

TAGESTOUREN IN TORRES DEL PAINE

Neben den legendären Trails bietet Torres del Paine viele kürzere Strecken für einen Tag oder weniger. Die Highlights auf dem W Trek – **Mirador Las Torres**, **Valle Francés** und **Glacier Grey** – lassen sich hin und zurück jeweils an einem Tag erwandern. Der Weg zum Mirador Las Torres beginnt am Refugio Las Torres, die Routen ins Valle Francés und zum Glacier Grey starten an der Guardería Paine Grande.

ÜBERNACHTEN IN & UM DEN PARQUE NACIONAL TORRES DEL PAINE

Patagonia Camp
Jurten in einem stillen Wald mit Blick auf den Lago Toro. Zur grünen Agenda zählt eine Kläranlage. **€€€**

Awasi
Stylishes Fünf-Sterne-Haus an abgelegener Stelle mit mehrere Villen rund ums Haupthaus. **€€€**

Hotel Las Torres
Ein großes, gut ausgestattetes Hotel in praktischer Lage mit gemütlichen Apartments und Wellnessbereich. **€€€**

Von der Guardería Pudeto führen leichte Pfade in etwa einer Stunde zum **Salto Grande**, einem imposanten Wasserfall, und zum **Mirador Nordenskjöld** mit Panoramablick über die Berge und den gleichnamigen See. Länger und anspruchsvoller ist die vierstündige Wanderung von der Laguna Azul zum **Lago Paine**, ein Vorgeschmack auf die umwerfende Szenerie des Parks.

Verschiedene Rundwanderwege beginnen an der Guardería Lago Grey, darunter **Playa Grey** über eine Hängebrücke und mit Aussichten auf Seen und Gletscher, **Cascada Pingo** am Flussufer entlang zu einem sagenhaften Wasserfall (nur mit lizenziertem Guide) und **Mirador Ferrier** zu einem Aussichtspunkt mit großartigen Blicken.

Die Tourenagenturen **Antares**, **Chile Nativo** und **Erratic Rock** haben eine gute Auswahl an geführten Wanderungen im Programm.

Um etwas Abwechslung zu bieten, veranstaltet **Bigfoot Patagonia** Eiswanderungen über den Glacier Grey. Sie dauern rund fünf Stunden und beinhalten Equipment wie Steigeisen und Eispickel.

Paddeln zu den Pumas

KAJAK, REITEN, TIERE GUCKEN

Torres del Paine lässt sich auch ohne Wanderung erkunden. Reiseveranstalter in Puerto Natales und Hotels in und um den Park bieten Minibustouren zu mehreren Aussichtspunkten an. Obwohl nur eine Momentaufnahme des Parks, sind sie eine gute Option bei Mobilitätsproblemen.

Bigfoot Patagonia veranstaltet zahlreiche Kajakausflüge, darunter auf dem Lago Grey mit schwimmenden Eisbergen und den Flüssen Pingo und Serrano, während **Navegación Glacier Grey** von Oktober bis April dreistündige Katamaranfahrten bis an die Gletscher durchführt. Ausritte gibt's bei **Baqueano Zamora**, **Las Torres** und **Chile Nativo**, auf einigen Wegen ist auch Mountainbiken möglich. Mehrere Anbieter organisieren Ausflüge mit Schwerpunkten wie Vogelbeobachtung, Wildtiere, Fotografie und sogar Fossiliensuche im Zapata-Tal.

Immer beliebter **werden Pumatouren.** Diese Großkatzen in freier Wildbahn zu sehen ist ein unglaubliches Privileg, und der Bestand im Park wächst. Einige Touren kommen den Pumas allerdings zu nahe und bleiben zu lange, also wählt man besser ein verantwortungsbewusstes Unternehmen wie Chile Nativo. Außerhalb des Parks führt die **Estancia Cerro Guido** Artenschutz-„Safaris" durch.

DIE GEFAHREN DES ÜBERTOURISMUS

Die Hunderttausende, die alljährlich Torres del Paine besuchen, hinterlassen schwere Schäden an Umwelt und Infrastruktur. Ausgetretene Trails, Erosion und wachsende Müllmengen sind ernste Probleme. Um den Park zu erhalten, folge den Anweisungen, verzichte auf Plastikflaschen und packe deinen Müll ein. Mach kein Lagerfeuer – das ist verboten – und sei vorsichtig mit Zigaretten, Feuerzeug und Kocher. Vermeide Stoßzeiten im Sommer, wähle ruhigere Trails und Parkgegenden (oder erkunde die Umgebung) und nutze nachhaltig geführte Zeltplätze. Wähle verantwortungsvolle Agenturen vor Ort (wie die hier empfohlenen). Du kannst auch an den **Torres del Paine Legacy Fund** (tdplegacyfund.org) für Naturschutz- und gemeinnützige Projekte spenden.

UNTERWEGS VOR ORT

Falls du keine organisierte Tour oder Wanderung gebucht hast, fahren öffentliche Busse von Puerto Natales, 112 km weiter südlich, mehrere Ziele im Parque Nacional Torres del Paine an. Verschiedene Shuttlebusse und Katamaran-/Fährdienste bedienen Orte im Park. Luxushotels, Lodges und Ökocamps in und um Torres del Paine sorgen als Teil ihrer All-inclusive-Pakete für den Transfer zum/vom Park.

Rund um den Parque Nacional Torres del Paine

El Chaltén
Parque Nacional Los Glaciares
El Calafate
Parque Nacional Bernardo O'Higgins
Parque Nacional Torres del Paine

Beschränke dich nicht auf den Nationalpark – die Umgebung bietet ähnlich eindrucksvolle Landschaften und viel weniger Reisende.

Die Mehrzahl aller Reisenden konzentriert sich verständlicherweise auf den Parque Nacional Torres del Paine, doch der Besuch von Attraktionen im Umland hilft dabei, den Massen zu entfliehen und die Belastung des Parks zu verringern. Die *estancias* (Ranches) in der Nähe bieten Outdoor- und Wildtieraktivitäten, etwas entfernter ist der Parque Nacional Bernardo O'Higgins ein riesiges, wenig bereistes Naturreservat mit mächtigen Gletschern. Viele Traveller kombinieren diesen Teil von Chile mit einem Sprung über die Grenze ins benachbarte Argentinien, dessen Patagonien-Teil einen ähnlichen Mix aus umwerfenden Landschaften – vor allem gewaltige Eisfelder –, außergewöhnlichen Wanderrouten, Tourismuseinrichtungen und hilfreichen Verkehrsverbindungen hat.

Parque Nacional Bernardo O'Higgins

MAKINAJP/SHUTTERSTOCK ©

TOP TIPP

Im Sommer wird der Parque Nacional Los Glaciares unangenehm voll. Viel schöner ist ein Besuch in der stilleren Winter- oder Zwischensaison.

GUT ESSEN & TRINKEN IN EL CALAFATE & EL CHALTÉN

La Vinería
Bar-Restaurant in El Chaltén mit Top-Wein- und -Bierkarte, dazu Tapas und Steaks.

La Zorra
Lebhafter Schankraum in El Calafate mit exzellenten Craft-Bieren, darunter IPAs, Stouts, Ales, Frucht- und Honigbiere.

Kau Kaleshen
Toller Platz in El Calafate für eine *merienda* (Nachmittagstee mit Kuchen).

„Geisterkatzen" auf der Spur

PUMA-SCHUTZPROJEKT

Seit Ende des 19. Jahrhunderts die ersten Schafe nach Patagonien gebracht wurden, gab es Konflikte zwischen Ranchern und der heimischen Tierwelt, allen voran den Pumas. Obwohl verboten, ist die Jagd auf Pumas in der Region gängige Praxis, doch eine Ranch am Rande des Parque Nacional Torres del Paine möchte zeigen, dass es auch anders geht.

Die Estancia Cerro Guido (estanciacerroguido.com) hat ein bahnbrechendes Schutzprogramm, dessen ausgebildete Fährtenleser Pumas studieren und durch humane Methoden – darunter Kamerafallen, Lichter und Herdenschutzhunde – die gefährdeten Großkatzen von den Schafen fernhalten. Das Ziel ist „eine achtsame Viehzucht, die mit den einheimischen Spezies koexistiert". Neben einem großen Angebot an Wanderungen, Ausritten, Jeep- und kulturellen Touren gibt's aufklärende „Tierschutzsafaris", deren Teilnehmer die professionellen Puma-Tracker dabei begleiten, wie sie die „Geisterkatzen" in Gebiete wie die spektakuläre Condoreras-Bergkette verfolgen, wo man, wie der Name verspricht, auch gut Kondore beobachten kann.

CALAFATE-BEEREN

Der gelbblühende *calafate-Busch* (Berberis microphylla) ist in ganz Patagonien ein verbreiteter Anblick. Einer lokalen Legende zufolge kehrst du in jedem Fall in die Region zurück, wenn du ihre Beeren isst – die Geschichte hat ihren Ursprung in der Aónikenk-Mythologie. Die *calafate*-Beeren des auch als Buchsblättrige Berberitze bekannten Strauches sind klein, dunkelviolett und haben einen markanten süßsauren Geschmack. Meist werden sie zu Marmelade, Speiseeis, Süßigkeiten oder sogar Bier verarbeitet, außerdem geben sie einem Pisco Sour einen patagonischen Touch. *Calafate*-Produkte sind in Läden und auf Speisekarten in Puerto Natales, Punta Arenas, El Calafate und El Chaltén leicht zu finden.

Land der Gletscher

ZU WASSER DURCH DEN PARQUE NACIONAL BERNARDO O'HIGGINS

Nordwestlich von Torres del Paine umfasst der **Parque Nacional Bernardo O'Higgins** ein beachtliches Stück des südpatagonischen Eisschildes. Hier sind rund 49 riesige Gletscher zu Hause, darunter Pío XI., der größte der Südhalbkugel außerhalb der Antarktis. Im letzten halben Jahrhundert ist er um über 9,5 km gewachsen.

Die einzige Möglichkeit, den Park zu erkunden, ist ein Schiff oder ein Kajak für die Reise durch mit Eisbergen übersäte Kanäle und Fjorde. Mit fast 35 260 km² ist dies der größte Nationalpark Chiles, sieht aber wegen seiner Unzugänglichkeit nur wenige Reisende. Außer den Gletschern gibt's hier Seelöwen, Robben, Otter und – mit etwas Glück – Huemul-Andenhirsche zu sehen.

Auf eigene Faust kann der Park nicht erkundet werden, aber die Agentur **Turismo 21 de Mayo** in Puerto Natales bietet Tagesausflüge an, die auch den Balmaceda-Gletscher in Torres del Paine einbeziehen. Alternativ können der O'Higgins- und der Chico-Gletscher mit einer Schiffs- oder Kajaktour von Villa O'Higgins in Nordpatagonien aus besucht werden. Fähren zwischen Puerto Natales und Puerto Montt/Puerto Yungay durchqueren den Park.

UNTERKUNFT IN ARGENTINISCH-PATAGONIEN

América del Sur
Gut eingeführter Backpacker-Liebling in El Calafate mit sauberen, ordentlichen Schlafsälen und Privatzimmern. **€**

Estancia Cristina
Diese nur auf dem Wasserweg erreichbare Lodge im Nationalpark hat funkelnagelneue Hütten. **€€€**

Nothofagus B&B
Freundliche Pension mit maßvollen Preisen in El Chaltén, charmante persönliche Note. **€€**

LOCAL TIPP: PATAGONIENS PUMAS

Ricardo Muza beschreibt einen Tag in seinem Leben als Puma-Tracker im Schutzprogramm der Estancia Cerro Guido.

Pumas sind der Landschaft perfekt angepasst – sie verschmelzen mit ihr. Für Schafzüchter sind die Pumas eine Gefahr, aber in den Ökosystemen haben sie einen positiven Einfluss auf die Biodiversität. Und sie sind von Vorteil für den Tourismus. Ein typischer Tag beginnt vor Sonnenaufgang. Ich besuche den Fuß des Condoreras-Rückens, dann die Höhe. Wenn wir einen Puma finden, beobachten wir und zeichnen alles auf, besonders wenn wir eine Stelle finden, wo er frisch ein Tier gerissen hat. Die Tage sind lang, besonders im Sommer, aber der Arbeitsplatz ist wunderschön, still und friedlich. Nur du und die Natur.

Auf ins argentinische Patagonien

GRENZÜBERSCHREITUNG

Gleich jenseits der Grenze im argentinischen Teil Patagoniens bietet der unbedingt sehenswerte Parque Nacional Los Glaciares ebenso gute Wanderrouten wie der Torres del Paine und die Chance, einige erhabene Gletscher ganz nah zu sehen.

Von Última Esperanza ist ein Besuch dort kinderleicht. Linienbusse verbinden Puerto Natales mit der touristischen Stadt **El Calafate**, dem Tor zum Südteil des Parks. Benannt nach einer patagonischen Beere, gibt's im Ort zahlreiche Optionen zum Schlafen, Essen, Trinken und Buchen von Touren und Aktivitäten, dazu einen gut angebundenen Busbahnhof und Flugplatz. Die Stadt selbst hat kaum Attraktionen, doch sehenswert ist das eindrucksvolle Museum **Glaciarium,** das sich der Welt des Eises widmet.

Von El Calafate fahren Busse nach **El Chaltén**, das sich trotz seiner Beliebtheit in Trekker- und Bergsteigerkreisen und seiner erstklassigen Lage im Nordteil des Parque Nacional Los Glaciares eine Art Pionier-Gefühlt bewahrt hat. Das Dorf wurde 1985 eilig gegründet, um chilenischen Ansprüchen auf das Territorium zuvorzukommen. Im Frühjahr und Sommer brummt es vor Geschäftigkeit und lockt immer mehr Traveller auf die Wanderwege in der Umgebung. Im Winter (Mai bis September) schließt ein Großteil der tourismusabhängigen Geschäfte und die Verkehrsverbindungen sind stark reduziert.

Begegnung mit dem Eisschild

DEN PERITO-MORENO-GLETSCHER ENTDECKEN

Nichts bereitet auf den ersten Anblick des erhabenen **Glaciar Perito Moreno** vor. Mit 250 km² ist diese ungeheure blauweiße Eiszunge größer als ganz Buenos Aires und kriecht langsam in den Lago Argentino, das größte Gewässer des Landes. Regelmäßig brechen große Gletscherstücke ab, stürzen in den See und bilden Eisberge. Während die meisten Gletscher weltweit schrumpfen, gilt Perito Moreno derzeit als stabil.

Der Gletscher ist das Glanzstück im Süden des majestätischen **Parque Nacional Los Glaciares**, einer 7300 km² großen UNESCO-Welterbestätte, die eins der weltweit größten und zugänglichsten Eisfelder umfasst. Aussichten auf den Gletscher gibt's von einem Netzwerk von Holzstegen oder bei einer Bootstour über den See voller Eisberge. Die aufregendste Erfahrung ist jedoch, Steigeisen umzuschnallen und die

ESSEN IN EL CALAFATE & EL CHALTÉN

Pura Vida
Wer es vegetarisch möchte, ist in diesem bodenständigen Restaurant auf El Calafates Hauptstraße gut bedient. **€€**

Domo Blanco
Eisdiele in El Chaltén, die zusätzlich eine Reihe herzhafter Snacks und Mittagsgerichte anbietet. **€**

Don Pichon
Leckeres Rindfleisch und patagonisches Lamm gibt's in dieser *parrilla* (Steakhouse) in El Calafate. **€€€**

OLEG SENKOV/SHUTTERSTOCK ©

Glaciar Perito Moreno

ächzende Eisfläche bei einer organisierten Gletscherwanderung von **Hielo & Aventura** in El Calafate zu überqueren. Der Trip ist perfekt für Wissensdurstige – man verbringt drei Stunden auf dem Gletscher mit der Erforschung von Höhlen, Spalten und saphirblauen Schmelzwasserpools.

Wenn die Eiswanderung auf den Geschmack gebracht hat, geht's nach El Chaltén weiter, dem Tor zum Nordteil des Parks, der von den steinernen Haifischzähnen des Fitz-Roy-Massivs dominiert wird. Packende Bergkulissen und Weltklasse-Trails ließen diese Gegend zum Trekking-Mekka Argentiniens werden, während der Cerro Torre und der Cerro Fitz Roy Alpinisten aus aller Welt anziehen, die ihr Können an den berüchtigten Aufstiegen beweisen wollen.

DIE BESTEN TOURENANBIETER IM PARQUE NACIONAL LOS GLACIARS

Hielo y Aventura
Gletscherwanderungen über den Glaciar Perito Moreno, Katamaranfahrten, Schiffs- und Wandertouren.

Glaciar Sur
Im Angebot: Ein Tagesausflug zur Estancia Nibepo Aike und Gletscherblicke in einem touristisch wenig erschlossenen Teil des Parks.

Fitz Roy Expediciones
Wanderungen im Nordteil des Parks, Bergsteigen und Halbtagesausflüge im Kajak.

Walk Patagonia
Geführte Wanderungen in und um den Nordteil des Parks.

Chaltén Mountain Guides
Große Menge an Wander-, Berg- und Skitouren, dazu Kletterkurse.

UNTERWEGS VOR ORT

Regelmäßig verkehren Busse zwischen Puerto Natales und El Calafate, El Calafate und El Chaltén sowie El Calafate und dem Südteil des Parque Nacional Los Glaciares. Im Winter ist der Fahrplan stark reduziert. Einen chilenischen Mietwagen über die Grenze zu bringen ist wegen internationaler Versicherungsvorschriften teuer. Wer in Argentinien ein Auto braucht, mietet es besser in El Calafate.

Es ist möglich, zwischen El Chaltén und der chilenischen Siedlung Villa O'Higgins eine abenteuerliche, wenn auch komplizierte, ein bis drei Tage dauernde Reise zu machen; nur von November bis April machbar. Dazu gehören eine Strecke zu Fuß oder mit Pferd, Überfahrten per Schiff oder Fähre und ein Bus. Das Hostel Rancho Grande in El Chaltén hilft mit Informationen und der Logistik.

PUERTO WILLIAMS

Die südlichste Stadt der Erde, Puerto William, blickt auf den Beagle-Kanal und hat die Dientes-de-Navarino-Bergkette im Rücken. Zur Antarktis sind es weniger als 1000 km nach Süden, Santiago liegt über 2400 km nördlich. Die Heimat von rund 2000 Menschen auf der Isla Navarino in Tierra del Fuego wurde 2019 von den chilenischen Behörden zur Stadt ernannt, sieht aber aus wie ein Städtchen. Gegründet wurde sie 1953 als Marinestützpunkt in einem Gebiet, das von den indigenen Yagán jahrtausendelang bewohnt wurde.

Das heutige Puerto Williams entwickelt sich rasch. Neue Infrastruktur, etwa ein großes modernes Dock, wird gebaut und immer mehr Antarktis-Kreuzfahrtschiffe legen an. Travellern bietet es eine atemberaubende Lage, den perfekten Ausgangspunkt für Wanderungen und das konkurrenzlose Gefühl, *al fin del mundo* zu sein– am Ende der Welt.

TOP TIPP

Es gibt keine Straßenverbindung zum restlichen Chile. Du musst hinfliegen oder die Fähre von Punta Arenas nehmen. Schlechtes Wetter kann für Verspätungen sorgen. Zur Zeit der Recherche war die Schiffsverbindung zwischen Puerto Williams und dem argentinischen Ushuaia eingestellt, sollte aber bald wieder aufgenommen werden.

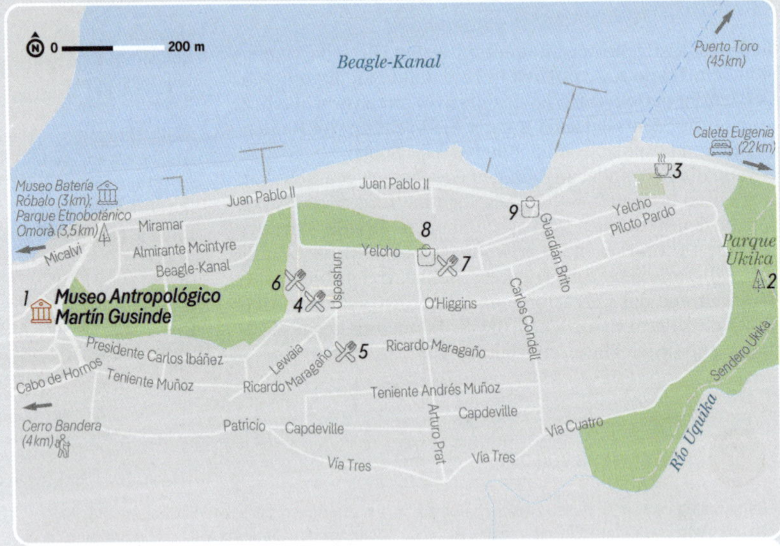

HIGHLIGHTS
1 Museo Antropológico Martín Gusinde

SEHENSWERTES
2 Parque Ukika

ESSEN
3 Campero
4 Restaurante Dientes De Navarino
5 Resto del Sur
6 Resto Express
7 Worus

SHOPPEN
8 Comercial Antarctica
9 Jardín Fuegia

PEP ROIG/ALAMY STOCK PHOTO ©

Puerto Williams

Indigene Einblicke & Antarktisforschung

ANTHROPOLOGISCHES MUSEUM UND SHACKLETON-AUSSTELLUNG

Das moderne, gut konzipierte **Museo Antropológico Martín Gusinde** im Westen von Puerto Williams widmet sich der Geschichte und Naturgeschichte Tierra del Fuegos. Artefakte wie Harpunen, Kanus und die Nachbildung eines Unterstandes gewähren Einblick in die Kultur der Yagán, deren nomadische, auf Kanus angewiesene Gesellschaften trotz der unvorstellbar schwierigen Umwelt jahrtausendelang in den südlichen Regionen von Tierra del Fuego florierten.

Das Museum beschreibt die Auswirkungen der Ankunft von Europäern auf die Region. Gegenüber vom Haupteingang steht die Casa Stirling, ein Fertighaus, das 1869 aus Großbritannien nach Tierra del Fuego gebracht und von anglikanischen Missionaren genutzt wurde. Bald folgten ihnen ganze Wellen von Schaffarmern und Goldgräbern – ein verheeren-

DIE YAGÁN-GEMEINSCHAFT IN VILLA UKIKA

Am Ostrand von Puerto Williams, 1 km zu Fuß von der Ortsmitte, liegt **Villa Ukika,** eine kleine Gemeinschaft der Yagán. Sie wurde in den 1960ern gegründet und hat ein traditionelles Holzhaus, das Kipa Akar („Frauenhaus" in der Sprache der Yagán), wo manchmal Handarbeiten verkauft werden. Der Weiler liegt am **Parque Ukika** mit einem Waldweg, der am Ufer des Río Ukika vorbeiführt und mehrere Picknickplätze einschließt. Auf die knolligen Ansammlungen von *Cyttaria hariotii* an den Bäumen achten. Diese orangen, golfballförmigen Pilze, *pan de indio* („indisches Brot") genannt, waren ein traditionelles Nahrungsmittel der indigenen Völker in Patagonien und Tierra del Fuego.

ÜBERNACHTEN IN PUERTO WILLIAMS

Hotel Fio Fio
Exzellentes Mittelklasseangebot mit gut informiertem Personal, Top-Frühstück und gemütlichen Zimmern. €€

Hostal Pusaki
Schlichte, preiswerte Zimmer (darunter auch ein paar Apartments) und hausgemachte Mahlzeiten. €

Lakutaia Lodge
Smarte, moderne Lodge 2 km vor der Stadt, attraktive Zimmer, ein Restaurant, Touren- und Aktivitätsangebote. €€€

SICHER WANDERN AUF DEM DIENTES DE NAVARINO CIRCUIT

Nach der ersten Etappe zum Cerro Bandera sind die Markierungen des Dientes de Navarino Circuit kaum noch vorhanden und das Wetter kann tückisch sein. Es empfiehlt sich, mit Guide zu wandern (vor dem Aufbruch dessen Erfahrungslevel, Erste-Hilfe-Zertifikat und Sprachkompetenz klären). Verwende eine Kombination aus GPS-Gerät und Karte, nimm ein UKW-Funkgerät mit und gib der Polizei Bescheid, dass du unterwegs bist. Bereite für den Fall schlechten Wetters einen Plan B vor, denn die Wanderung könnte sich verzögern, länger dauern oder sich ändern. Am besten versucht man sie während der Sommersaison (Januar bis März). Im Winter ist Gebirgserfahrung erforderlich. Die Touristeninformation (visitacabodehornos.cl) gibt nähere Informationen und empfiehlt Guides.

ANDREW BAIN/ALAMY STOCK PHOTO ©

Blick auf die *dientes* am Dientes de Navarino Circuit

der Prozess für die Yagán und andere indigene Gemeinden wie die Selk'nam, die den nördlichen Teil Tierra del Fuegos bewohnten. Viele starben an eingeschleppten Krankheiten wie Masern und Pocken. Andere wurden von Kopfgeldjägern im Auftrag von Ranchern vom Land ihrer Vorfahren vertrieben oder getötet.

Daneben gibt's eine Sammlung von aufrüttelnden Schwarz-Weiß-Fotos von Tierra del Fuego und eine Ausstellung zur regionalen Flora und Fauna.

Danach geht's zurück ins Zentrum, um mehr über eins der berühmtesten Ereignisse aus dem „Heldenzeitalter" der Antarktisforschung im späten 19. und frühen 20. Jahrhundert zu erfahren. Vor dem Marinestützpunkt steht eine Replik des

ÜBERNACHTEN IN PUERTO WILLIAMS

Errante Ecolodge
Gepflegte, auf Nachhaltigkeit bedachte Option in ruhiger Lage nahe dem Ende der Dientes-de-Navarino-Tour. **€€**

Refugio El Padrino
Geselliges Hostel am Ufer mit sauberen kleinen Schlafsälen und einem nahen Campingbereich. **€**

Hostal Akainij
Eine Handvoll blitzsauberer Apartments im Haus einer gastfreundlichen Familie. **€€**

Schiffsbugs der *Yelcho*, mit der die gestrandete *Endurance*-Crew des Polarforschers Ernest Shackleton 1916 von Elephant Island gerettet wurde. Schautafeln erklären die Hintergründe der Geschichte. Übrigens steht der originale Bug heute an der Uferpromenade in Punta Arenas.

Besteigung des Cerro Bandera & mehr

WANDERN AM ENDE DER WELT

Wer einen sensationellen Blick auf den Beagle-Kanal und die Dientes de Navarino sucht, folgt einem gut ausgeschilderten Waldweg hinauf auf den steinigen, windigen Gipfel des **Cerro Bandera** (610 m). Eine flatternde chilenische Fahne scheint den Gipfel zu markieren, aber weitere 45 bis 60 Minuten an einer Reihe von Steinhaufen vorbei belohnen mit noch herrlicheren Ausblicken auf die Dientes und den Kanal.

Der 12 km lange Weg kann auf eigene Faust ohne Guide begangen werden. Er dauert hin und zurück rund vier bis fünf Stunden und startet am Altar auf der Plaza de la Virgen, 1 km westlich von Puerto Williams an der Vía Uno. Von hier führt ein Pfad zu einem Damm mit Informationszentrum und klettert aufwärts zum Gipfel, der sehr kalt, windig und oft nass sein kann. Entsprechende Ausrüstung, Trinkwasser und Snacks mitnehmen.

Die Wanderung auf den Cerro Bandera ist die erste Etappe des **Dientes de Navarino Circuit**, eine kräftezehrende Strecke von 53 km, die sich durch die spektakuläre Wildnis Feuerlands schlängelt. Die insgesamt vier bis fünf Tage dauernde Tour passiert eine Reihe fantastischer Seen und wahrhaft umwerfender Ausblicke auf die reißzahngleichen Gipfel der *dientes* (Zähne). Die Zahl derer, die den Rundweg begehen, ist in den letzten Jahren gestiegen, aber er ist nicht für Spaziergänge geeignet. Man braucht mehr Orientierungsvermögen und Geländeerfahrung als für die Wanderungen im Parque Nacional Torres del Paine. Hier draußen ist man praktisch allein.

Eine lohnende Alternative zum beliebteren Dientes de Navarino Circuit ist der 41 km lange Weg zum entlegenen, wenig besuchten **Lago Windhond,** besonders wenn das Wetter zu windig für die Dientes ist. Die Wanderung dauert drei bis vier Tage und folgt einer relativ wettergeschützten Route. Sie führt durch eine wilde Landschaft mit Wäldern, Torfmooren und Bergen. Der eisige, kristallklare See ist bei Anglern beliebt, die dort Forellen fischen. Für Informationen, geführte Touren und Angelausflüge **Turismo Shila** (turismo shila.cl) kontaktieren.

ESSEN IN PUERTO WILLIAMS

Resto Express
Nautische Deko und große Speisekarte mit Bratfisch, Schnitzeln, Pasta, Burritos und Wok-Gerichten. €€

Campero
Hinreißende Café-Bäckerei, serviert Focaccia, Minipizzas, Zimtschnecken, Donuts und Kaffee. €

Restaurante Dientes De Navarino
Restaurant in kolumbianischem Besitz mit leckeren Gerichten, darunter *bandeja paisa* (ein Mix aus Bohnen, Reis, Kochbanane, Ei und Fleisch). €€

Resto del Sur
Dieses freundliche Restaurant ist der richtige Ort für Bier und Pizza. €€

Worus
Burger, Sandwiches (inklusive Königskrabbe) und Speiseplatten zum Teilen, außerdem Karaoke-Abende. €€

DIE BESTEN TOURANBIETER IN PUERTO WILLIAMS

Turismo Shila
Geführte Wanderungen, Angelausflüge, Ausrüstungs- und Radverleih.

Explora Isla Navarino
Wandern, Mountainbiken, Kajakfahren, SUP und mehr.

Serendipia
Schiffstörns nach Puerto Toro, Cabo de Hornos und in den Parque Nacional Alberto de Agostini.

SHOPPEN IN PUERTO WILLIAMS

Jardín Fuegia
Ein argentinischer Reiseschriftsteller und Gärtner betreibt diesen charmanten Shop mit Gärtnerei und verkauft Bücher über Tierra del Fuego, Karten, Postkarten, Zeichnungen und Bilder sowie hausgemachte Rhabarbermarmelade.

Comercial Antarctica
Gut sortierter Laden, praktisch, wenn du deine Ausrüstung für den Dientes de Navarino Circuit aufstocken möchtest – allerdings sind die Preise erwartungsgemäß hoch.

„Miniaturwälder" & Militärisches

NATURPFADE & HISTORISCHE ÜBERRESTE

Der **Parque Etnobotánico Omora** ist Naturreservat, Forschungszentrum und Artenschutzprojekt in einem und will über Flora und Fauna von Tierra del Fuego aufklären. Erlaubt sind Naturausflüge unter der Leitung spezialisierter Guides, die es nur nach Vorausbuchung gibt (omora.org).

Omora, dessen Name vom Yagán-Wort für „Kolibri" kommt, besitzt ein Netzwerk von Trails (jeder dauert zwischen 1,5 und 3 Std.) durch unberührte Wälder und Moore. Bäume und sonstige Pflanzen sind mit ihren Namen auf Spanisch, Yagán und Latein beschriftet. Bekannt ist der Park besonders für seine unglaubliche Vielfalt an Moosen, Flechten und Pilzarten. Diese winzigen Organismen überziehen Baumstämme und Äste, wo sie „Miniaturwälder" bilden, die sich am besten durch eine Lupe betrachten lassen. Der Park liegt 3 km westlich von Puerto Williams an der Straße Y-905.

Dicht an der Abzweigung zum Parque Etnobotánico Omora befindet sich das **Museo Batería Róbalo**, ein kleines Museum unter offenem Himmel mit Militärfahrzeugen, Waffen und Ausrüstung aus dem Grenzkonflikt 1978–83 zwischen Chile und Argentinien um die Inseln Picton, Lennox und Nueva. Gleich dahinter führt eine Straße nach Norden zur **Halbinsel Zañartu**, wo ein See und ein Panoramablick warten.

Am Ende des Weges & dahinter

BESUCHE CALETA EUGENIA UND PUERTO TORO

Wem Puerto Williams nicht weit genug südlich liegt, kann zwei noch entlegenere Siedlungen besuchen. Gut 25 km östlich der Stadt wartet an der Küstenstraße Y-905, die mit archäologischen Yagán-Stätten gespickt ist, mit **Caleta Eugenia** der südlichste Punkt der Erde, zu dem man fahren kann. Am Rand einer Bucht zum Beagle-Kanal hin, die manchmal von Fischerbooten zum Fang von *centolla* (Königskrabben) aufgesucht wird, steht die *estancia* (Ranch), Eigentum der chilenischen Marine und von einem Vater-Sohn-Team bewirtschaftet. Zwei Minibusse verkehren jede Woche zwischen Puerto Williams und Caleta Eugenia, wenn man sich umschauen möchte. Im Tourismusbüro gibt's den Fahrplan. Auch Agenturen wie Explora Isla Navarino haben Halbtagestouren im Programm.

Puerto Toro, das südlichste Dorf der Welt, ist sogar noch isolierter. Die 1892 gegründete Siedlung liegt an der Ostküste der Isla Navarino und ist nur auf dem Wasserweg erreich-

Puerto Toro

DIE BESTEN TOURANBIETER IN PUERTO WILLIAMS

Parque Etnobotánico Omora
Geführte Rundgänge durch den Naturpark.

Denis Chevallay
Mehrsprachiger Guide. Tagestouren, Vogelbeobachtungen und Stadtführungen. Kontakt: denischevallay@gmail.com

Touristeninformation
Das Personal vermittelt Kontakte zu örtlichen Guides, auch welche mit dem Schwerpunkt Yagán-Kultur.

Fischernetze, Isla Navarino

bar. Etwa ein Dutzend Menschen plus ein paar Marineangehörige leben ständig in Puerto Toro, aber während der *centolla*-Fangsaison schnellt die Bevölkerungszahl in die Höhe. Straßen zum Rest der Isla Navarino gibt's nicht – Baupläne wurden in der Vergangenheit erwogen –, aber am letzten Sonntag im Monat verkehrt eine kostenlose Fähre zwischen Puerto Williams und Puerto Toro (3 Std. einfach, 1 Std. Aufenthalt in Puerto Toro; Plätze vorab im Tourismusbüro reservieren). **Serendipia** bietet einen Segeltörn an, zu dem ein Dorfbesuch gehört.

Puerto Toro ist nicht auf Touristen eingestellt und hat außer einem kurzen Dorfspaziergang nicht viel zu bieten. Der Hauptgrund für einen Besuch ist, einen Eindruck davon zu bekommen, wie das Leben am Ende der Welt so ist.

WARUM ICH PUERTO WILLIAMS LIEBE

Shafik Meghji, Autor

Wie die meisten Besucher zog mich an Puerto Williams anfangs seine isolierte Lage an der Südspitze Amerikas und die atemberaubende Position am Beagle-Kanal im Schatten der Dientes de Navarino an. Aber schnell habe ich die unglaubliche Warmherzigkeit der Ansässigen schätzen gelernt, ebenso die Rolle der Stadt als Tor zu einigen der dramatischsten Landschaften der ganzen Welt. Vom Gipfel des nahen Cerro Bandera erstreckt sich die riesige, scheinbar unberührte Wildnis Tierra del Fuegos in die Ferne. Das fühlt sich an, als wärst du ganz allein hier.

UNTERWEGS VOR ORT

Puerto Williams ist klein genug, dass es sich zu Fuß erkunden lässt. Mieträder – bei Turismo Shila und anderen Adressen – sind praktisch für entferntere Ziele wie den Parque Etnobotánico Omora, das Museo Batería Róbalo und die Halbinsel Zañartu. Jede Woche fahren Minibusse zur Caleta Eugenia und einmal im Monat eine Fähre nach Puerto Toro. Fahrpläne für beide hat die Touristeninformation. Der Flugplatz mit regelmäßigen Verbindungen von/nach Punta Arenas liegt rund 3 km nordwestlich. In den Übernachtungspreisen sind kostenlose Transfers vom/zum Flughafen meistens inbegriffen. Fähren von/nach Punta Arenas nutzen den Hauptanleger, eine größere Version ist im Bau.

Rund um Puerto Williams

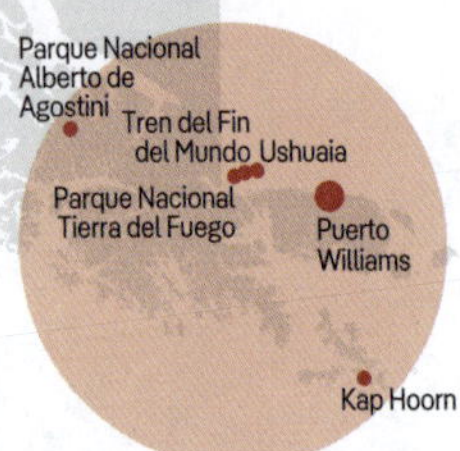

Wer alles hinter sich lassen will, kann das kaum irgendwo besser als auf Tierra del Fuego (Feuerland).

Den Süden von Tierra del Fuego zu erkunden erfordert Zeit, Flexibilität in Bezug auf Fahrpläne und - in den entlegensten Gebieten - einige Unkosten, doch es lohn sich. Einst das Reich indigener Völker wie der Yagán und Selk'nam, deren Feuer zum plakativen westlichen Namen des Landes führten, ist dieses Labyrinth überwiegend unbewohnter Inseln eine weite Fläche mit zerklüfteten Bergketten, windgepeitschten Wäldern, gewundenen Küsten, kristallklaren Seen und einer Handvoll isolierter Siedlungen und mühseliger Ranches.

Nur wenige Reisende kommen bis zum Cabo de Hornos oder Parque Nacional Alberto de Agostini im chilenischen Teil von Tierra del Fuego, doch der argentinische Anteil des Archipels ist überraschend touristisch.

TOP TIPP

Manche wichtigen Ziele in Tierra del Fuego lassen sich von Puerto Williams aus besuchen, zu anderen muss man über Punta Arenas reisen.

Pia-Gletscher, Parque Nacional Alberto de Agostini

ALEXANDRE G. ROSA/SHUTTERSTOCK ©

Cabo de Hornos

Kap Hoorn umrunden

CABO DE HORNOS

Das exponierteste Vorgebirge der Isla Hornos, das in die raue Drake-Passage ragt, ist der **Cabo de Hornos** (Kap Hoorn), ein Ort, der Geschichten von Seeabenteuern und Katastrophen heraufbeschwört – über 700 Schiffbrüche sind für dieses Gebiet belegt. Der Ort, wo Atlantik und Pazifik zusammentreffen, ist mit Torfmooren und subantarktischen Wäldern bedeckt und reich an Seevögeln wie Albatrosse, Riesensturmvögel und Magellanpinguine. **Explore Isla Navarino** und **Serendipia** organisieren Schiffstouren, und Antarktis- und Beagle-Kanal-Kreuzfahrten führen vorbei. Rundflüge sind eine weitere Möglichkeit, diesen Außenposten zu besuchen.

Unberührte Natur

BESUCH IM PARQUE NACIONAL ALBERTO DE AGOSTINI

Im Westen des chilenischen Tierra del Fuego liegt der **Parque Nacional Alberto de Agostini,** eine praktisch unberührte Landschaft. Die Heimat der faszinierenden 34 km langen Cordillera Darwin, einer Abfolge dicht bewaldeter Hügel und steil abfallender Fjorde, mit riesigen Gletschern sowie zahlreichen Tierarten inklusive Elefantenrobben ist mit über 14 600 km² der drittgrößte Nationalpark des Landes.

MEIN LIEBER BIBER

Wer durch Tierra del Fuegos Wälder streift, stößt regelmäßig auf Orte der Verwüstung: Gewirre von abgebrochenen Ästen und entrindeten Baumstämmen. Es sieht aus, als habe ein Orkan diese Stellen getroffen, aber tatsächlich sind sie das Werk von *castores* (Bibern). Beim Versuch in den 1940ern, einen Pelzhandel zu etablieren, brachten argentinische Behörden leichtsinnigerweise 20 kanadische Biber auf den Archipel. Mit der Industrie wurde es nichts und die Biber, die hier keine natürlichen Feinde haben, vermehrten und verbreiteten sich rasch. Dabei richteten sie Schäden in einem Viertel der Wälder Tierra del Fuegos an. Ausrottungsbemühungen blieben erfolglos und inzwischen schätzt man die Zahl der Tiere auf 200 000.

ÜBERNACHTEN IN & UM USHUAIA

Estancia Harberton
Diese historische anglo-argentinische Ranch bietet tolles Essen und stimmungsvolle Cottages. **€€**

Antarctica Hostel
Backpacker-Liebling im Herzen Ushuaias mit einladenden Vibes, sauberen Zimmern und Schlafsälen. **€**

Tierra de Leyendas
Charmantes Boutique-Hotel südwestlich von Ushuaias Zentrum mit Top-Aussicht und hervorragendem Restaurant. **€€**

ESSEN & TRINKEN IN USHUAIA

Kalma Resto
Raffiniertes Restaurant mit saisonal wechselndem, kreativem Menü. €€€

Ramos Generales
Stimmungsvolle Bäckerei-Restaurant-Bar mit frischgebackenen Leckereien, schmackhaften Sandwiches und klassischen argentinischen Mahlzeiten. €

Freddo
Außenposten der berühmten argentinischen Eiscremekette; die verschiedenen Dulce-de-leche-Sorten probieren. €

Kaupé
Alteingesessenes Restaurant, berühmt für Fisch & Meeresfrüchte wie *centolla*-(Königskrabben)-Crêpes. €€

María Lola Restó
Einnehmende Kombination von sagenhaften Aussichten und erstklassigen Fisch-, Meeresfrüchte-, Fleisch- und Pastagerichten. €€

PASSION TRAVEL FRUIT/SHUTTERSTOCK ©

Zug nach Ushuaia

Die Anreise ist schon eine Herausforderung. Straßen oder Wege gibt's nicht, aber Luxuskreuzfahrten mit **Australis** zwischen Punta Arenas und Ushuaia schließen kurze Parkabstecher ein. **Serendipia** führt von Puerto Williams Segeltörns an der Parkküste durch. Auch von den Fähren der **Transbordadora Austral Broom** zwischen Punta Arenas und Puerto Williams lassen sich Blicke auf den Park werfen.

Argentinisches Tierra del Fuego

QUIRLIGE HÄFEN, NATIONALPARKS UND HISTORISCHE ESTANCIAS

Der **argentinische Teil Tierra del Fuegos** lockt viel mehr Reisende an als sein chilenisches Pendant. Drehscheibe der Region ist **Ushuaia**, eine touristische Stadt unter der verschneiten Bergkette Montes Martial am Nordufer des Beagle-Kanals. Vor allem dank des geschäftigen Hafens – dem Anlegeplatz der meisten südamerikanischen Antarktis-Kreuzfahrtschiffe – hat die Stadt zahllose Hotels, Hostels, Restaurants, Shops und Touragenturen, dazu einige ausgezeichnete Museen, die in die bewegte Geschichte der Region einführen.

Das **Museo Marítimo** und das **Museo del Presidio,** beide in einem ehemaligen Gefängnis untergebracht, erzählen die Seefahrtsgeschichte der Region und die Anfänge der Stadt als Strafkolonie. Ein Rundgang durch die alten Zellen mit Schautafeln zu bekannten Gefangenen ist ein gespenstisches Erlebnis. Das **Museo del Fin del Mundo** zeigt eine Mischung naturhistorischer Exponate mit Fotos aus der Frühzeit der Stadt und Schaubildern zu den indigenen Völkern, die für die Kolonisation Feuerlands einen hohen Preis zahlten.

Ushuaia ist eine gute Basis, um den Rest des argentinischen Tierra del Fuegos zu erkunden, etwa per **Schiffstour** durch

ÜBERNACHTEN IN & UM USHUAIA

La Posta
Zuverlässiges Haus in Ushuaia, gut ausgestattete Apartments mit Miniküche und fairem Preis-Leistungs-Verhältnis. €€

Arakur
Hoch über Ushuaia hat dieses Fünf-Sterne-Hotel u. a. einen beheizten Indoor-Outdoor-Infinity-Pool zu bieten. €€€

Posada Fin del Mundo
Charaktervolles B&B in Ushuaia mit markanten Zimmern (die besten sind oben) und gemütlicher Lounge. €€

den Beagle-Kanal mit Besuchen von Leuchttürmen, Seelöwenkolonien und Inselchen samt alter Muschelhaufen der Yagán. Im Winter kann man in Resorts wie **Cerro Castor** (leicht erreichbar von Ushuaia) Ski fahren und snowboarden.

85 km östlich der Stadt ist die **Estancia Harberton** die älteste Ranch auf Tierra del Fuego, gegründet 1886 durch den Missionar Thomas Bridges (er verfasste das erste Wörterbuch Yagán-Englisch). Es gibt geführte Geschichtstouren, ein Museum für Meereslebewesen und ein tolles Restaurant, außerdem Ausflüge zu einer Inselkolonie von Pinguinen.

Wandern, Vogelbeobachtung & Zugfahrten

ENTDECKE DEN PARQUE NACIONAL TIERRA DEL FUEGO

Das Reich der subantarktischen Wälder, Seen, Sümpfe und Buchten namens **Parque Nacional Tierra del Fuego** eignet sich wunderbar zum Wandern und zur Vogelbeobachtung. Der Park verfügt über 40 km gut markierte Trails, viele können in weniger als einer Stunde begangen werden. Zu den längeren Routen zählen der strapaziöse Weg auf den 970 m hohen Gipfel des Cerro Guanaco mit hervorragender Aussicht, der entspanntere Küsten-Trail Costera und die Route Pampa Alta durch Waldbereiche zum Río Pipo. Ausschau halten nach Vögeln wie Kondoren, Magellan-Dampfschiffenten, Austernfischern, Kelpgänsen und Magellanspechten. Die meisten machen einen Tagesbesuch, doch es gibt auch Zeltplätze.

Regelmäßig fahren Minibusse aus dem Zentrum Ushuaias zum Park, ebenso der **Tren del Fin del Mundo**, die südlichste Eisenbahn der Welt. Erbaut wurde sie für den Holztransport im ersten Jahrzehnt des 20. Jhs. durch Häftlinge aus Ushuaias Gefängnis – dessen schrecklicher Ruf ihm den Spitznamen „Sibirien des Südens" eintrug. Das Ganze ist Tourismus pur, aber spaßig.

Nächster Halt: Antarktis

KREUZFAHRTEN ZUM WEISSEN KONTINENT

Nur 1000 km weit entfernt auf der anderen Seite der Drake-Passage liegt die **Antarktis**. Die meisten Kreuzfahrten starten in Ushuaia, einige auch in Punta Arenas oder Puerto Williams. Regelmäßige Fahrten finden zwischen November und März statt und dauern eine bis drei Wochen. Längere Angebote beziehen oft die Falklandinseln und Südgeorgien ein. Solche Reisen sind teuer, doch manchmal gibt's Last-minute-Angebote, besonders in Ushuaia gegen Saisonende.

ANREISE IN DEN ARGENTINISCHEN TEIL VON TIERRA DEL FUEGO

Von Punta Arenas fahren regelmäßig Busse mit der Punta-Delgada-Fähre und über die Stadt Río Grande nach Ushuaia. Außerdem gibt's Busse von Río Gallegos und El Calafate in Argentinisch-Patagonien und Linienflüge aus Buenos Aires.
Wer in Argentinisch-Patagonien ein Auto gemietet hat, muss über Chile bis Argentinisch-Tierra del Fuego fahren, was spezielle Papiere und eine international gültige Zusatzversicherung erfordert. Die meisten Autovermietungen können das organisieren.
Zur Zeit der Recherche war die Schiffsverbindung zwischen Ushuaia und Puerto Williams eingestellt, soll aber wieder aufgenommen werden.
Es gibt mehrtägige Kreuzfahrten von Punta Arenas nach Ushuaia.

UNTERWEGS VOR ORT

Durch den Süden von Tierra del Fuego zu reisen kann strapaziös, zeitaufwendig und kostspielig sein. Ein Besuch des Cabo de Hornos erfordert eine Schiffsreise oder einen Rundflug, während der Parque Nacional Alberto de Agostini nur mit Kreuzfahrten oder Fähren erreichbar ist. Direktverbindungen zwischen Puerto Williams und dem argentinischen Teil Tierra del Fuegos gibt's nicht, daher ist es relativ umständlich, zwischen beiden zu reisen.

OSTERINSEL (RAPA NUI)

POLYNESIENS LEGENDÄRES OPEN-AIR-MUSEUM

Die ungelösten Rätsel der *moai* locken Reisende nach Rapa Nui, doch der endlose Ozean, fantastisches Seafood und die starke polynesische Kultur lassen den Trip unvergesslich werden.

Nichts kann wirklich auf die erste Begegnung mit den mysteriösen *moai* vorbereiten. Diese kolossalen Megalithstatuen, Repräsentationen der polynesischen Ahnen, säumen die gesamte Küste von Rapa Nui (Osterinsel) und blicken landeinwärts auf ihre heute 8500 zählende Einwohnerschaft. Was inspirierte ihre Entstehung? Wie kamen sie auf ihre weit entfernten *ahu* (zeremonielle Plattformen)? Warum wurden sie bis zum 19. Jahrhundert alle umgestürzt? Die größten Mysterien der Osterinsel werden wir vielleicht nie ganz verstehen, doch gerade dadurch sind sie ein so unwiderstehliches Ziel zum Denken und Träumen.

Auch die erstaunliche isolierte Lage macht die Osterinsel zu einem Magneten. Sie ist einer der entlegensten bewohnten Orte der Welt. Die nächsten Nachbarn leben 2080 km weiter westlich auf den Pitcairninseln und das nächste Festland ist das 3700 km weiter östlich liegende Chile. Der Horizont ist so leer, dass man die Erdkrümmung sehen kann. Gleichzeitig ist der Pazifik so lebendig, dass frisch gefangene Thunfische und Goldmakrelen so exquisit sind, dass sie oft roh serviert werden.

Eine Warnung vorweg: Die Osterinsel ist kein typisches polynesisches Paradies. Auf der Insel gibt's nur einen größeren Strand (Anakena) und kaum Palmen, und die Landschaft erinnert mehr an Irland als an Tahiti. Doch die kargen Hänge der schlafenden Vulkane sind ein Wanderparadies und die Stadt Hanga Roa wird von Jahr zu Jahr grüner.

DIE WICHTIGSTEN ZIELE

HANGA ROA
Das Herz der Insel.
S. 334

PARQUE NACIONAL RAPA NUI
Strände, Vulkane und *moai*.
S. 341

LINKS: T PHOTOGRAPHY/SHUTTERSTOCK ©, RECHTS: PAWEL TOCZYNSKI/GETTY IMAGES ©

Links und oben: *moai* auf der Ahu Tongariki (S. 342)

Hanga Roa, S. 334

In der einzigen Stadt der Osterinsel befinden sich fast alle Hotels, Restaurants, Geschäfte und Kultureinrichtungen der Insel.

AUTO

Mit dem Auto ist die Erkundung der Insel am einfachsten und bequemsten, besonders wenn man in Hanga Roa im Hotel übernachtet, aber viel Zeit am Strand von Anakena verbringen will. Autovermietungen befinden sich in der Straße Atamu Tekena.

Erste Orientierung

Die Osterinsel ist unglaublich klein: Obwohl sie mitten im größten Ozean der Welt liegt, misst sie von einem Ende bis zum anderen nur 25 km. Fast die gesamte Infrastruktur befindet sich in der einzigen Stadt Hanga Roa.

Parque Nacional Rapa Nui, S. 341

Der Nationalpark umfasst einen Großteil der Insel und ihre archäologischen Schätze, darunter einen Steinbruch mit Hunderten monolithischen menschlichen Skulpturen.

FAHRRAD

Wer gern aktiv ist, kann auf der Osterinsel gut Fahrrad fahren, denn das Wetter ist meist angenehm und die Hügel im Inselinneren sind nicht sehr steil. Die Straße entlang der Südküste ist flacher und landschaftlich reizvoller als die Hauptstraße, die quer über die Insel führt.

GEFÜHRTE TOUREN

Aufgrund einer 2022 eingeführten Vorschrift, dass die meisten archäologischen Stätten außerhalb Hanga Roas nur in Begleitung von zertifizierten Guides besucht werden dürfen, entscheiden sich die meisten Reisenden für eine private oder Gruppentour. Teure Hotels bieten manchmal Pakete an, in denen Guides und Transfers bereits enthalten sind.

Perfekte Tage

Die Osterinsel ist kein Ort für Eilige. Sie lädt zu ruhiger Kontemplation, langen Wanderungen und gemächlichen Nachmittagen am Strand ein.

THOMAS LUSTH/SHUTTERSTOCK ©

Blick vom Rand des Rano Kau (S. 339)

Drei Tage auf der Osterinsel

- Drei Tage sind das absolute Minimum, um die Highlights der Osterinsel zu sehen. Los geht's in der **Kultstätte Orongo** (S. 339), dem Zentrum des mysteriösen Vogelmannkults.

- Am zweiten Tag unternimmt man eine Reise in die Zeit der Entstehung der *moai:* Man besucht den Steinbruch **Rano Raraku** (S. 342) und den prächtigen **Ahu Tongariki** (S. 342) mit seinen 15 monolithischen Steinstatuen. Zum Abschluss springt man am Strand von **Anakena** (S. 342) ins Meer.

- Der letzte Tag gehört der Erkundung **Hanga Roas** (S. 334), wo das **Museo Rapa Nui** (S. 336) allem Gesehenen einen Kontext verleiht. Eine Tanzshow im **Kari Kari** (S. 334) ist der krönende Abschluss des Trips.

Beste Reisezeit

Im Sommer (Januar bis März) ist auf der subtropischen Osterinsel Hochsaison, darum ist die Nebensaison von April bis Juni und von Oktober bis Dezember die angenehmste Besuchszeit.

JANUAR

Die Hochsaison beginnt und das Wasser am Strand von Anakena ist warm genug zum **Schnorcheln und Schwimmen**.

FEBRUAR

Viele kommen extra zum zweiwöchigen Festival **Tapati Rapa Nui**, dem größten Event der Insel mit Musik und kulturellen Wettbewerben.

APRIL

Auf der jährlichen **Kunst- und Kulturwoche** in Hanga Roa präsentieren Einheimische ihre Produkte.

JHVEPHOTO/SHUTTERSTOCK ©, JHVEPHOTO/SHUTTERSTOCK ©, ALEXANDRALAW1977/SHUTTERSTOCK ©

Die Osterinsel in fünf Tagen

● Fünf Tage bieten genug Zeit für eine Schnorcheltour, entweder auf dem offenen Meer bei **Motu Nui** (S. 339) oder vor dem Strand von **Ovahe** (S. 343). Danach geht's auf eine mittelschwere Wanderung zum **Terevaka** (S. 342), dem höchsten Punkt der Insel mit tollem Blick auf die Landschaft und den leeren Horizont in der Ferne. Die Wanderungen beginnen in der Regel am **Ahu Akivi** (S. 340), einer untypischen Plattform, weil die sieben *moai* in Richtung Meer schauen.

● Ein Besuch des Steinbruchs bei **Puna Pau** (S. 340) führt auch zur Quelle der roten Kopfaufsätze, die viele *moai* schmücken.

● Am Abend des letzten Tages bewundert man den Sonnenuntergang hinter dem **Ahu Tahai** (S. 336) in Hanga Roa, der von fantastischen Fisch- und Meeresfrüchte-restaurants umringt ist.

Länger Zeit

● Wer mehr Zeit hat, kann die schönsten Wanderungen auf der Insel unternehmen, z.B. an der abgelegenen **Nordküste** (S. 339) mit zahlreichen archäologischen Stätten, die viele nie zu sehen bekommen.

● Auf der wenig besuchten Halbinsel **Poike** (S. 342) befinden sich mehrere merkwürdig platzierte *moai* und das beste Fotomotiv der Insel: den Blick nach Süden auf den Ahu Tongariki von oben.

● An der Südküste lohnt ein Besuch der weniger bekannten archäologischen Stätten, darunter **Ahu Hanga Te'e** (S. 340) mit einem Informationszentrum. Diese abgelegenen Plattformen mit umgestürzten *moai* vermitteln ein Gefühl dafür, wie die Insel ausgesehen hat, bevor die Statuen seit Anfang der 50er-Jahre restauriert und wieder aufgestellt wurden.

JUNI

Läufer:innen aus aller Welt treffen sich zum entlegensten Marathon der Welt, dem **Maraton Rapa Nui**.

JULI

Einheimische versammeln sich in großer Zahl am Strand von Anakena, um der Ankunft des ersten Siedlers **Hotu Matua** zu gedenken.

SEPTEMBER

Mit mildem Wanderwetter und polynesisch geprägten **Fiestas Patrias** (Nationalfeiertage) ein guter Monat in der Nebensaison.

NOVEMBER

Die örtlichen Schulen feiern den **Mahana O Te Re'o** (Tag unserer Sprache) mit Konzerten, Kunstausstellungen und Dokumentarfilmen.

HANGA ROA

Hanga Roa

Santiago

Hanga Roa ist de facto die Hauptstadt der Osterinsel und die einzige richtige Stadt überhaupt, doch hier geht's durch und durch entspannt zu. Die Hauptindustrie ist der Tourismus, dennoch wirkt Hanga Roa nicht so übermäßig touristisch wie viele andere polynesische Zentren. In der Hauptstraße, der Atamu Tekena, gibt's einige Geschäfte, Hotels und Cafés, aber dazwischen blühen Hibiskus und Bougainvilleen. Am Meer spielen Kinder in geschützten Buchten, Surfende reiten die sanften Wellen und auf dem Fußballplatz wird unter den Augen der *moai* in der Ferne munter gekickt.

Am Hafen starten kleine Boote zu Tauchtrips und passieren auf ihrem Weg zu entfernten Tauchspots Reihen von Seafood-Restaurants. Wenn dann die Sonne im Pazifik versinkt, werden die Baströcke herausgeholt und überall in Hanga Roa mit Tanz und Musik polynesische Legenden erzählt.

TOP TIPP

Die Osterinsel ist das teuerste Reiseziel Chiles. Auf den Flügen ist es oft gestattet, zwei große Gepäckstücke mitzunehmen, sodass man ein paar Flaschen chilenischen Wein, Pisco und einige Lebensmittel vom Festland mitbringen kann, um Geld zu sparen.

Boot, Hanga Roa

TERO HAKALA/SHUTTERSTOCK ©

LIVEMUSIK & TANZEN

Kari Kari
Die älteste Musik- und Tanztruppe der Osterinsel hat schon weltweite Tourneen unternommen. Die aufwendig kostümierte und talentierte Gruppe präsentiert traditionell Kriegstänze, die Lieder der Ahnen sowie Legenden der Osterinsel.

Te Ra'ai
Neben Musik und Tanz bietet Te Ra'ai eine traditionelle theatralische *umu*-Zeremonie, bei der Fisch und Fleisch in der Erde auf heißen Steinen gegart werden.

Iti Lafken
Ganz untouristisch ist diese Livemusikstätte, in der regelmäßig örtliche Musiker:innen auftreten.

HIGHLIGHTS
1 Ahu Tahai
2 Ahu Tautira
3 Museo Rapa Nui

SEHENSWERTES
4 Ana Kai Tangata
5 Caleta Hanga Piko
6 Caleta Hanga Roa
7 Katholischer Friedhof
8 Iglesia de Santa Cruz
9 Playa Pea
10 Playa Poko Poko

AKTIVITÄTEN, KURSE & GEFÜHRTE TOUREN
11 Mike Rapu Diving Center
12 Orca Diving Center

SCHLAFEN
13 Altiplanico Rapa Nui
14 Hare Nua Hotel Boutique
15 Nayara Hangaroa

ESSEN
16 Aloha Food Trucks
17 Polynesian Coffee & Tea
18 Puka Puka
19 Taina Beer Garden
20 Tataku Vave
21 Te Moai Sunset
22 Te Moana

UNTERHALTUNG
23 Iti Lafken
24 Kari Kari
25 Te Ra'ai
26 Toki

SHOPPEN
27 Feria Artesanal
28 Mana Gallery
29 Mercado Artesanal

ÜBERNACHTEN IN HANGA ROA

Hare Nua Hotel Boutique
Das eleganteste Hotel im Zentrum besticht mit einem üppig grünen Innenhof und stilvollem fotogenem Design. **€€€**

Altiplanico Rapa Nui
Mittelklasseunterkunft mit markanten Bungalows (Außenduschen) auf einem grünen Hügel am Pazifik. **€€**

Nayara Hangaroa
Das verspielte All-inclusive-Hotel am Meer mit Orongo-Motto ist das luxuriöseste Hotel der Stadt. **€€€**

Entlang der Küste von Hanga Roa

SCHWIMMEN UND AN MOAI VORBEISPAZIEREN

Die Küste von Hanga Roa eignet sich wunderbar für einen Spaziergang; Badesachen nicht vergessen! Man nimmt ein Taxi zum südlichen Stadtrand und beginnt an der **Ana Kai Tangata**, einer Höhle am Meer mit Felsbildern, die kurvenreiche Vogelmannmotive darstellen. Auf dem Weg Richtung Norden führt ein Pfad zu einem natürlichen Badebecken und zur **Caleta Hanga Piko**, einem kleinen Fischerhafen, der für Auslegerkanurennen genutzt wird. Mittagessen gibt's oberhalb vom Meer im **Tataku Vave**, einem Seafood-Restaurant mit Meerblick, das noch immer ein Geheimtipp ist.

Die **Playa Pea**, quasi der Stadtstrand, befindet sich hinter einer hübschen kleinen Halbinsel. Die Bucht wird durch eine Steinbarriere geschützt und ist zum Schwimmen geeignet. Von hier ist es nur ein Katzensprung bis zur **Caleta Hanga Roa**, dem Haupthafen der Stadt, wo Tauchanbieter zu finden sind. Viele Traveller sehen hier auf dem **Ahu Tautira**, der sich vor dem Hafen erstreckt, ihren ersten *moai*.

Weiter geht's die Küste entlang Richtung Norden, vorbei an einem Kinderspielplatz zur Badebucht **Playa Poko Poko** mit ein paar Kunstwerken, auch ein schönes Fleckchen für ein Picknick. In der Nähe befindet sich der größte **katholische Friedhof** der Insel, bemerkenswert wegen seines religiösen Synkretismus: Auf einigen Gräbern stehen *moai*-Statuen, die Kreuze halten. Der **Ahu Tahai** ist der Höhepunkt und der markanteste Ort an dieser Küste. Bei Sonnenuntergang verwandeln die Sonnenstrahlen die fünf *moai* auf der zentralen Plattform in golden schimmernde Silhouetten.

EINE NACHHALTIGERE ZUKUNFT

Während der Corona-Pandemie schottete sich Rapa Nui zweieinhalb Jahre lang selbst ab. Kein Flugverkehr mit dem chilenischen Festland bedeutete weniger Importgüter. Die Ansässigen besannen sich daher auf angestammte Prinzipien wie *umanga*: Sie bauten Nahrungsmittel selbst an und teilten sie. Der Drang nach Unabhängigkeit ließ 1300 Familiengärten entstehen und ermöglichte die Versorgung mit regionalen Produkten zu 100%. Arbeitslos gewordene Guides pflanzten neue Bäume und säuberten Küste und Meeresgrund vom Müll. Als sich die Osterinsel im August 2022 wieder öffnete, war sie grüner und nachhaltiger denn je.

Kunst, Geschichte & Identität

DIE POLYNESISCHE KULTUR ENTDECKEN

Der Besuch des **Museo Rapa Nui** ist unerlässlich, um ein Gefühl für die Kultur und Geschichte der Osterinsel zu bekommen. Nirgendwo sonst auf der Insel erfährt man etwas über die mysteriösen Rongorongo-Tafeln, von denen nur noch 23 existieren (alle in Museen und Privatsammlungen; die Osterinsel besitzt nur noch Repliken). Sie zeigen ein ausgeklügeltes System von Schriftzeichen, die bisher niemand entziffern konnte. Das Museum präsentiert auch geschnitzte, an Skelette erinnernde *moai-kavakava*-Figuren, Basaltwerkzeuge, Begräbnissteinkisten, Petroglyphen und einen auf die Insel zurückgekehrten *moai*.

Die **Mana Gallery** präsentiert moderne Kunst, darunter einzigartige Arbeiten der führenden Malerinnen und Kunsthandwerker der Insel. Auf den beiden traditionellen Kunst-

***moai*-Kavakava**

NURPHOTO SRL/ALAMY STOCK PHOTO ©

PREISWERT ESSEN IN HANGA ROA

Aloha Food Trucks
Schattiger Foodtruck-Platz. Hier gibt's Burger und kreative Empanadas, darunter eine mit *ceviche* gefüllte. €

Taina Beer Garden
Manchmal möchte man einfach nur eine Pizza und ein Craft-Bier – hier bekommt man beides. €

Polynesian Coffee & Tea
Direkt am Meer gibt's Latte und Omeletts zum Frühstück und Açai-Bowls und üppige Sandwiches zum Mittag. €

handwerksmärkten, der **Feria Artesanal** und dem **Mercado Artesanal**, findet sich eine wilde Mischung aus echten Schnitzarbeiten und Schmuckstücken und chinesischem Tinnef. Der Mercado Artesanal liegt gegenüber der katholischen Kirche **Iglesia de la Santa Cruz**, deren spektakuläre Holzschnitzereien, die die christliche Doktrin mit Traditionen der Osterinsel verbinden, sehenswert sind. Sonntagmorgens kann man Psalmen und Lieder in der Sprache Rapanui hören. Manchmal veranstaltet die Musikschule der Insel **Toki** Konzerte mit Liedern der Osterinsel. Sie liegt nördlich der Stadt in einem markanten Bauwerk, das aus recyceltem Abfall gebaut wurde und an ein Raumschiff in Blumenform erinnert.

DER VOGELMANNKULT

Im **Zeremonialdorf Orongo** (S. 339) erfährt man mehr über den Wettkampf, der bei Motu Nui stattfand. Er spielte eine zentrale Rolle im Vogelmannkult, der Religion der Osterinsel zwischen der *moai*-Ära und der christlichen Ära.

Tauchen & Schnorcheln

DAS KRISTALLKLARE WASSER ERKUNDEN

Die Osterinsel ist vor allem für ihre Schätze an Land bekannt, doch das Tauchen entwickelt sich immer mehr zum zweitgrößten Besuchermagneten. Die Boote fahren entweder von der Caleta Hanga Roa oder der Caleta Hanga Piko ab und steuern Tauchspots wie die Unterwasserhöhle **La Catedral** oder den mit Korallen bedeckten Unterwasserberg **La Pyramide** an. Man kann auch zu den **Unterwasser-Moai** tauchen, die allerdings nicht echt sind, sondern für Kevin Costners Film *Rapa Nui – Rebellion im Paradies* (1994) gebaut wurden, der den ersten großen Tourismusboom auf der Insel auslöste.

In glasklarem Wasser mit einer Sichtweite von bis zu 60 m befinden sich zahlreiche unberührte Korallenformationen, aber nicht sehr viele tropische Fische. Doch hier leben 142 Meerestierarten, die es nirgendwo sonst gibt, etwa der Osterinsel-Falterfisch, der einen flachen Körper, ein nach oben gebogenes Maul und eine durchgängige Rückenflosse hat.

Alle Schnorchelausflüge führen von Hanga Roa nach **Motu Nui**, eine kleine Insel, die durch den Vogelmann-Wettbewerb an der nahen Kultstätte Orongo berühmt wurde.

Mit etwas Glück begegnet man Grünen Meeresschildkröten oder Echten Karettschildkröten. Ansonsten kann man sie bei den Booten im Hafen sehen. Tauchen und Schnorcheln sind das ganze Jahr über möglich, denn die Wassertemperatur liegt zwischen 20 °C im Winter und 26 °C im Sommer. Zu den empfohlenen Agenturen gehören **Mike Rapu** und das **Orca Diving Center**, die jahrzehntelange Erfahrung haben und Reisende zu den besten Tauchspots der Insel führen.

SEAFOOD

Puka Puka
Ruhige Atmosphäre und eine kleine Karte. Zu empfehlen sind die Garnelen *pil pil* (in Weißwein-Knoblauchsoße) oder die frische *mahi-mahi-ceviche*.€€

Te Moai Sunset
Das *Tiradito de Ika* – Fisch in einer Coulis aus Mango und *aji*-Chili – ist so fantastisch wie der Blick auf den Ahu Tahai. €€

Te Moana
Das Restaurant am Meer verströmt Südseeflair und serviert ausgezeichnete Seafood-Gerichte, die so üppig wie lecker sind. Die verspielte Ceviche Te Moana wird in einer Muschel serviert. €€€

UNTERWEGS VOR ORT

Hanga Roa ist eine kleine Stadt, daher ist ein Auto eigentlich nur nötig, wenn man am Stadtrand wohnt. Taxis sind teuer, aber für kurze Fahrten (etwa zum Flughafen) praktisch. Viele Hotels verleihen Fahrräder und das Wetter ist in der Regel angenehm zum Laufen, wenngleich die Insel hügelig ist. Bei Tickets für Veranstaltungen wie die abendlichen Tanzshows ist der Transport oft inbegriffen.

Rund um Hanga Roa

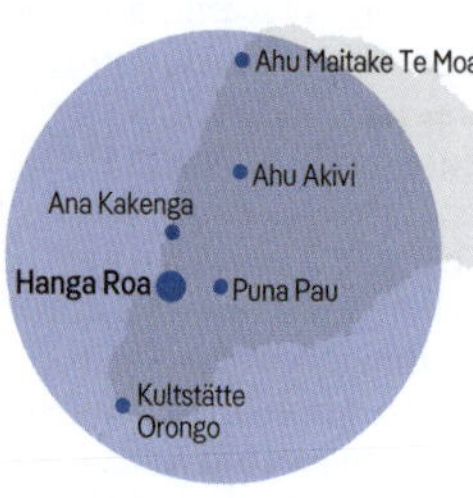

Gleich hinter der Stadtgrenze liegen einige der wildesten Küstenabschnitte, faszinierendsten historischen Stätten und am besten erhaltenen Ruinen der Insel.

Ein kurzer Trip zu Fuß oder mit dem Auto ins Inland macht deutlich, dass Hanga Roa nicht immer das einzige Zentrum der Insel war. Im Südwesten sitzt die riesige Kultstätte Orongo prekär am Kraterrand des Rano Kau, einem der drei Hauptvulkane, deren Eruptionen diese dreieckige Insel einst schufen. Die anderen beiden sind der Poike und der Terevaka. Letzterer erhebt sich im Nordosten am Horizont; an seinen grünen Hängen liegen die meisten landwirtschaftlichen Felder. Mehrere archäologische Stätten sind von Hanga Roa leicht zu erreichen, dennoch kommt viel weniger Fußverkehr hierher als zu den berühmteren Orten im Herzen des Parque Nacional Rapa Nui weiter östlich.

TOP TIPP

Die Internet- und Mobilfunkverbindungen sind im Zentrum Hanga Roas meist schlecht. In einiger Entfernung klappt die Kommunikation wieder.

Insel Moto Nui

Geschichte am Rano Kau & in der Kultstätte Orongo

DER VOGELMANNKULT

Als die *moai*-Ära (1250–1500 n. Chr.) zu Ende ging, waren die Ressourcen der Insel erschöpft und ein Bürgerkrieg brach aus. Damals entstand die *Tangata-manu*-(Vogelmann)Religion, um die Einheimischen zu einigen. Ihr Herzstück war ein jährlicher Wettkampf an der **Kultstätte Orongo** auf dem Vulkan **Rano Kau.** Teilnehmende rannten zur Küste, schwammen zur Insel **Motu Nui**, holten ein Ei der Rußseeschwalbe und versuchten, als Erste zurückzukehren, damit ihr Clan Rapa Nui im kommenden Jahr regieren konnte.

Wer heute zum Kraterrand steigt, findet dort 54 runde Wohnbauten mit Steinwänden und gewölbten Dächern, die mit Erde bedeckt sind. Die meisten der über 300 auf der Insel dokumentierten Petroglyphen befinden sich hier. Der Krater erinnert an einen riesigen Hexenkessel und ist ein natürliches Gewächshaus mit vielen endemischen Pflanzen. Der einzige in Orongo gefundene *moai,* Hoa Hakananai'a, wurde 1868 von der Insel gebracht und ist noch immer im British Museum in London (einer von etwa einem Dutzend, die Rapa Nui gerne wiederhätte).

Orongo ist eine kurze szenische Fahrt oder einen steilen Aufstieg von Hanga Roa entfernt. Auch der wenig besuchte **Ahu Vinapu** auf der Rückseite des Vulkans lohnt, nicht nur wegen einer seltenen weiblichen *moai* aus roter Schlacke, sondern auch der außergewöhnlichen Inka-gleichen Steinmetzarbeiten, die einige Archäologen als Belege für Kontakte mit dem antiken Peru sehen.

Wandern an der Nordküste

A WALK ON THE WILD SIDE

Die Nordküste ist der wildeste und selten besuchte Teil der Osterinsel und erstreckt sich fast 16 km vom Stadtrand Hanga Roas bis zum Sandstrand Anakena. Die Wanderung folgt vom Ahu Tahai der Straße nach Norden, die nahe **Ana Kakenga** zu einem Pfad wird, wo sich zwei große zum Meer offene Höhlen befinden. Von dort Richtung Norden gibt's noch mehr Höhlen, die als Verstecke dienten während des Bürgerkriegs und der Überfälle europäischer Sklavenräuber. In vielen sind Steine von den sichtbaren Ruinen der Bootshäuser (alte Häuser, die wie umgedrehte Boote aussahen).

Keine archäologische Stätte an der Nordküste wurde bisher restauriert, weil es keinen Straßenanschluss gibt. Interessanterweise gibt's hier *moai*, die aus unbekanntem Grund

LOCAL TIPP: REISETIPPS FÜR DIE OSTERINSEL

Sebastián Paoa, Geschäftsführer und Gründer von Kava Kava Tours, verrät seine Tipps für einen Osterinsel-Besuch.

Tickets im Voraus kaufen
Tickets für den Parque Nacional Rapa Nui vorab kaufen (rapanuinationalpark.com), das spart Zeit und man hat mehr vom Besuch.

Guides
Der Park darf nur in Begleitung lizenzierter Guides besucht werden, die Experten für Geschichte, Kultur und Geografie sind.

Nektar von Rapa Nui
Der Rapa-Nui-Honig gilt als eine der reinsten, hochwertigsten Honigsorten der Welt, produziert von Bienen, die die endemischen Pflanzen der Insel bestäuben.

Plastikfrei
Wer eine Aluminiumflasche mitbringt, hilft der Insel, spart Geld und unterstützt einheimische Firmen, die Nachfüllstationen für gefiltertes Wasser anbieten.

ÜBERNACHTEN IN EINEM BUNGALOW

Cabañas Christophe
Die vier Holzbungalows am Fuß des Rano Kau haben mit das beste Preis-Leistungs-Verhältnis der Insel. **€€**

Hare Swiss
Highlight dieser gut geführten Bungalows nördlich von Hanga Roa ist der Sonnenuntergang über dem Pazifik. **€€**

Pikera Uri
Pferdefreunde nutzen die großen, schön dekorierten Bungalows bei Reittouren auf der Insel. **€€€**

SELTENER BESUCHTE RUINEN

Puna Pau
Die Stätte mit roter Schlacke lieferte das Material für die rostfarbenen *pukao* (Kopfaufsätze). Sechzig dieser stilisierten „Männer-Haarknoten" wurden von hier an Orte auf der ganzen Insel gebracht.

Ahu Akivi
Dieser *ahu* steht nicht an der Küste und seine sieben *moai* schauen auf den Pazifik, was beides ungewöhnlich ist. Er war 1960 das erste wissenschaftliche Restaurierungsprojekt auf der Insel.

Ahu Hanga Te'e
Die meisten Reisenden halten an dieser Zeremonienstätte, ohne den *ahu* mit acht umgestürzten *moai* direkt dahinter zu bemerken.

Moai

nicht auf Plattformen aufgestellt, sondern in die Rückseite der *ahu* integriert wurden, z. B. am **Ahu Maitake Te Moa**. Es gibt auch neuere rampenförmige Plattformen wie den **Ahu Atanga**, die nach dem Kontakt mit Europäern im 18. Jh. entstanden und an einen Schiffsbug erinnern. Nach der Umrundung des nördlichsten Punkts erreicht man die kleine Fischerbucht **Hanga Oteo**, danach geht's unter hohen Klippen nach **Anakena**. (Vorsicht vor den Wachhunden auf dem letzten Stück, die dort wegen einiger Squatter-Häuser aufpassen.)

An der Nordküste gibt's so viele Stätten, dass man sie am besten mit einem Guide oder auch auf einem Pferd mit dem Touranbieter **Cabalgatas Pantu** besucht. Die Rückfahrt von Anakena nach Hanga Roa muss mit einem Taxiunternehmen in der Stadt arrangiert werden – dabei viel Zeit zur Abkühlung am Strand einplanen.

UNTERWEGS VOR ORT

Viele archäologische Stätten kann man von Hanga Roa aus gut zu Fuß erreichen. Außerdem fahren Taxis auf der Suche nach Fahrgästen durch die Stadt und Läden in der Atamu Tekena vermieten Fahrräder, Motorräder, Buggys und SUVs. Vorsicht vor Kühen, Pferden und wilden Hunden auf den Straßen!

PARQUE NACIONAL RAPA NUI

Parque Nacional Rapa Nui
Santiago

Im Parque Nacional Rapa Nui befinden sich fast alle archäologischen Stätten, die diese kleine Insel weltweit berühmt gemacht haben. Er ist eine UNESCO-Welterbestätte und umfasst große Teile der Insel außerhalb von Hanga Roa, darunter den *moai*-Steinbruch Rana Raraku, die Zeremonienplattform Ahu Tongariki und den Strand Anakena. Viele Reisende eilen in drei Tagen durch den Park, doch hier gibt's versteckte Ruinen und reizvolle Wanderwege für mindestens eine Woche.

2017 übergab Chile die Verwaltung des Nationalparks an die Indigene Gemeinschaft Ma'u Henua der Rapanui. Wer die weitläufigen archäologischen Stätten des Nationalparks sehen will, muss im Ma'u-Henua-Büro an der Feria Artesanal in Hanga Roa einen Pass erwerben. Das Ticket für Ausländer kostet 80 US$ und gilt zehn Tage; einige Stätten wie Orongo und Rano Raraku können jedoch nur einmal besucht werden.

TOP TIPP

Mit Ausnahme von Anakena ist der Besuch der archäologischen Stätten außerhalb Hanga Roas nur mit lizenziertem Guide möglich. Das Ma'u-Henua-Büro hat eine Liste parat. Wer ohne Guide an einer Stätte ankommt, kann möglicherweise für eine Gebühr von ca. 5000 Ch$ pro Person vom Ranger begleitet werden.

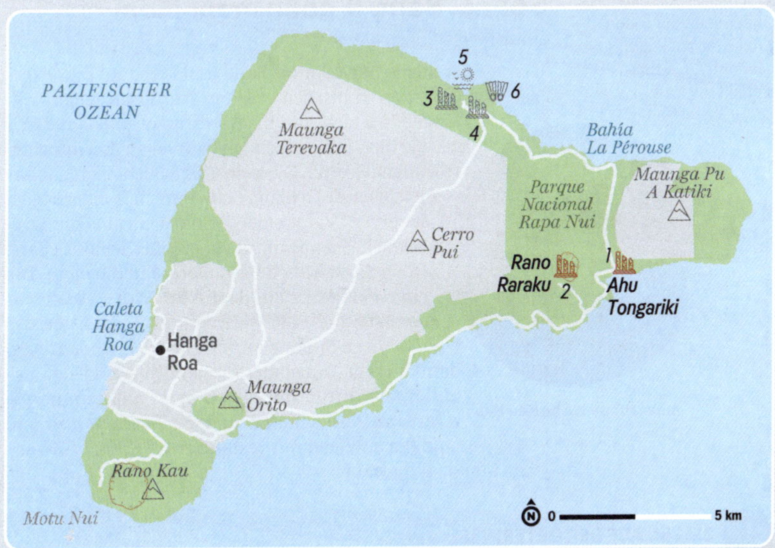

HIGHLIGHTS
1 Ahu Tongariki
2 Rano Raraku

SEHENSWERTES
3 Ahu Ature Huki
4 Ahu Nau Nau
5 Anakena
6 Ovahe

VULKANWANDERUNGEN

Maunga Terevaka
Die 9,5 km lange Rundwanderung startet am Ahu Akivi und führt auf den höchsten Gipfel der Insel, wo die alten Rapanui Jugendlichen beibrachten, wie man nach den Sternen navigiert. Nirgends sonst kann man so gut die Leere des Horizonts erfahren.

Poike
Die Wanderung rund um die Halbinsel Poike ist 12 km lang, ihre Durchquerung 8 km. Vom Ahu Mahatua geht's auf den Kraterrand am Maunga Pu A Katiki, gefolgt von einem Abstieg zu den erodierten Klippen über dem Ahu Tongariki, dem spektakulärsten Aussichtspunkt der Insel.

Die mächtigen Moai

WO GESCHICHTE GEMACHT WURDE

396 der 887 bekannten *moai* befinden sich in **Rano Raraku**. Fast alle Statuen wurden aus vulkanischem Tuff dieses Steinbruchs gehauen und ein Spaziergang gleicht einer Zeitreise zu Statuen in verschiedene Entstehungsstadien. Die meisten liegen außerhalb des Kraters, doch etwa 20 *moai* stehen im Inneren und wurden 2022 bei einem Brand beschädigt. **El Gigante** hätte nach seiner Vollendung bis zu 182 t gewogen. Der kniende *moai* namens **Tukuturi** erstaunt die Archäologenwelt seit Jahrzehnten.

Nicht einmal 20 % der hier geschaffenen *moai* gelangten zu ihrem endgültigen *ahu*, 92 stürzten unterwegs, die Spuren von neun können auf einem Trail zur Küste verfolgt werden.

Viele *moai* am Rano Raraku sind jünger und stilisierter als andernorts, mit länglichen Gesichtern, viereckigen Köpfen, markanten Kinnlinien und große Nasen. Auf dem nahen **Ahu Tongariki**, dem größten je gebauten, stehen 15 ältere *moai* mit ausgeprägt polynesischen Gesichtszügen. Sie wurden 1960 bei einem Tsunami beschädigt, mit finanzieller Unterstützung Japans restauriert und sind eine der dramatischsten Stätten, besonders bei Sonnenaufgang. Am Eingang zum Ahu Tongariki steht der sogenannte **Traveling Moai**, der in den 1980ern nach Japan und zurück flog. An der Stätte sind auch Petroglyphen und die Überreste alter Bootshäuser.

Sonne, Sand & noch mehr Moai

EIN POLYNESISCHES PARADIES

Wer auf der Suche nach Sonne, Sand und Meer auf die Osterinsel kommt, ist im tropischen Paradies **Anakena** genau richtig. Nirgendwo sieht die Insel so stereotyp polynesisch aus wie hier, mit Dutzenden Palmen an einem sichelförmigen Strand. Die geschützte Bucht ist nicht nur der sicherste Ort zum Schwimmen, sondern auch der beste Ort für einen Drink, denn auf dem grasbewachsenen Hang darüber gibt's lebhafte Bars. Doch das wirklich Besondere sind die *moai*. Die einsame Statue auf dem **Ahu Ature Huki** war die erste, die 1956 während der Expedition des norwegischen Forschungsreisenden Thor Heyerdahl mithilfe Dutzender Einheimischer wieder aufgerichtet wurde. Die sieben *moai* auf dem nahen **Ahu Nau Nau** gehören zu den besterhaltenen und sind die einzigen mit restaurierten Kopfaufsätzen.

***moai* auf dem Ahu Nau Nau**

FCG/SHUTTERSTOCK ©

ZELTEN AUF DER OSTERINSEL

Camping Mihinoa
Die heißen Duschen, der Zeltverleih, das WLAN und die Küche sind super, doch das Beste ist die Lage am Meer. €

Tipanie Moana
Ein blitzsauberer Campingplatz. Wer kein Zelt hat, kann in den ausgesprochen preiswerten Zimmern übernachten. €

Camping Anakena
Dieser einfache Campingplatz ist weiter von Hanga Roa entfernt, dafür aber nur einen Katzensprung vom Strand. €

Traditionelles Boot, Anakena

Am Anakena finden oft Feierlichkeiten statt, denn der Strand gilt als der Geburtsort von Rapa Nuis Geschichte. Mündlichen Überlieferungen zufolge ging hier der mächtige polynesische Stammesführer Hotu Matua mit den ersten Siedlern der Insel an Land, ein Ereignis, das jedes Jahr im Juli nachgestellt wird. An den Wochenenden ist Anakena überfüllt; wer dem Gedränge entfliehen will, geht zum benachbarten **Ovahe.** Der kleinere, durch ein kleines Kap zweigeteilte Strand ist zudem ideal zum Schnorcheln, da die Korallenwelt üppiger ist als anderswo.

WARUM ICH DIE OSTERINSEL LIEBE

Mark Johanson, Schriftsteller.

Die Insel verewigte sich bei einem Motorradunfall 2017 mit Narben auf meinem Körper. Diese tägliche Erinnerung, ein dauerhaftes Souvenir, bewahrte sie über Jahre in meinen Gedanken, als ich von einer Rückkehr träumte. Natürlich lockten mich die *moai* zurück. Sie haben eine schwer erklärliche Energie – bis man sie erlebt. Vielleicht ist es die Aura des Rätselhaften? Bei den meisten tropischen Inseln geht's ums Abschalten, doch die Osterinsel verlangt, dass man sich auf sie einstellt. Sie fragt große Fragen. Sie bietet vorausschauende Warnungen. Sie lässt den Geist schwirren. Ich war niemals an einem Ort wie diesem.

UNTERWEGS VOR ORT

Früher konnte man den Parque Nacional Rapa Nui einfach auf eigene Faust mit einem Mietwagen oder Leihfahrrad aus Hanga Roa erkunden. Das geht zwar immer noch, doch seit 2022 gelten neue Bestimmungen, die die Begleitung durch Guides beim Besuch der meisten archäologischen Stätten vorschreiben, daher kommen die meisten Reisenden mit Fahrzeugen, die Agenturen in Hanga Roa bereitstellen.

AFEX

PRAKTISCHES

Die wichtigsten Informationen für die perfekte Reise nach Chile und zur Osterinsel im Überblick. Nützliche Tipps, Tricks und Hintergründe zur Orientierung und Vorbereitung.

Estación Central, Santiago (S. 44)

Ankunft

Der Aeropuerto Internacional Arturo Merino Benítez, 15 km nordwestlich vom Stadtzentrum in Santiago, ist Chiles wichtigste internationale Drehscheibe. El Loa Airport in Calama und El Tepual International Airport in Puerto Montt im Norden und Süden sind ebenfalls beliebte Zugangspunkte.

Einreise

Für einen Aufenthalt von bis zu 90 Tagen benötigen Reisenden aus der EU und der Schweiz kein Visum für Chile.

SIM-Karten

SIM-Karten sind am Flughafen von Santiago nicht erhältlich. Den Schwarzhandel meiden und stattdessen ein Geschäft von Mobilfunkanbietern wie Movistar, Entel, Claro oder Wom ansteuern.

Geld abheben

In der Ankunftshalle am Flughafen in Santiago gibt's am linken Ende (wenn man die Halle nach der Zollkontrolle betritt) zwei Geldautomaten mit einer saftigen Transaktionsgebühr von 7000 Ch$.

WLAN

Ab dem Terminal ist kostenloses WLAN verfügbar. Die Verbindung lautet „Airport WiFi – Free" und es sind E-Mail-Adresse, Geburtsjahr, Nationalität sowie Geschlecht anzugeben.

Vom Flughafen in die Stadt (Ch$)

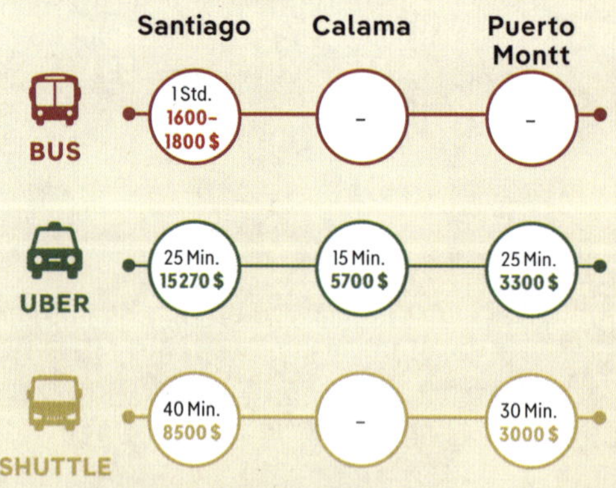

ZOLL

Die Kontrollen sind recht streng. Bei der Einreise sollte man keine Lebensmittel dabeihaben. Es gibt deftige Strafen für die Einfuhr von Früchten, Milchprodukten, Gewürzen, Nüssen sowie Fleisch und organischen Produkten. Das SAG (*Servicio Agrícola-Ganadero;* Ministerium für Landwirtschaft und Nutzvieh) untersucht rigoros das Gepäck (oft mithilfe von Hunden), um das Einschleppen von Krankheiten und Seuchen zu verhindern, die Chiles Obstexport gefährden könnten. Innerhalb von 48 Stunden ab Ankunft ist unter sagingresoachile.cl eine Erklärung auszufüllen. Duty-Free-Mengen von bis zu 400 Zigaretten, 500 g Tabak, 50 Zigarren und 2,5 l alkoholische Getränke sind erlaubt.

Unterwegs vor Ort

Chile hat exzellente Straßen und ein umfangreiches Busfernverkehrsnetz. Die Bedingungen im chilenischen Patagonien sind schlechter.

REISEKOSTEN

Mietwagen ab **36800 Ch$ pro Tag**

Tanken ca. **1396 Ch$ pro Liter**

Bus von Santiago nach Pucón **ab 31400 Ch$**

Flug von Santiago nach Calama **ab 23990 Ch$**

Flugzeug

Chiles größte Fluglinie heißt LATAM. Auch Sky Airlines und JetSmart bedienen die wichtigsten Städte des Landes. DAP in Punta Arenas bietet Passagier- und Charterflüge von Santiago ins chilenische Patagonien an. Lufttaxis schaffen Anbindung an abgeschiedene Regionen.

Bus

Ein riesiges Busnetzwerk spannt sich übers Land. Der Service ist effizient, bezahlbar und es gibt Komfortklassen von *clásico* (kaum verstellbare Sitze, keine Toiletten) bis zu Luxusschlafwagen (*salóncama*). Turbus und Pullman Bus sind die zwei größten Unternehmen.

TIPP

Entlang der Carretera Austral und in entlegenen Gegenden Reservetreibstoff mitführen. Beim Autoverleih nach einem *bidón* (Treibstoffbehälter) fragen.

MIT DER FÄHRE IM SÜDEN

Navimags Fährservice zwischen Puerto Montt und Puerto Natales ist ein Erlebnis für sich. Das vielschichtige Netz an Verbindungen an der zerklüfteten Südküste, ist unabdingbar, um die Region zu bereisen. Populäre Routen führen von Castro zur Laguna San Rafael, von La Arena nach Puelche, von Puerto Montt zur Laguna San Rafael und nach Chacabuco, von Pargua nach Chiloé, von Chiloé und Puerto Montt nach Chaitén, von Puerto Ibáñez nach Chile Chico und von Punta Arenas nach Tierra del Fuego.

UNBEDINGT BEACHTEN

In Chile herrscht Rechtsverkehr.

Die Höchstgeschwindigkeit ist 60 km/h im urbanen Bereich, 100 km/h auf Landstraßen und 120 km/h auf Autobahnen.

.03

Die Promillegrenze liegt bei 0,03 g/l.

Schiff/Fähre

An Chiles langer Küste reiht sich ein Hafen an den nächsten, doch touristische Fährverbindungen gibt's nur südlich von Puerto Montt. Um das chilenische Patagonien und Tierra del Fuego zu erreichen, geht's durch ein Labyrinth aus Inseln und Fjorden.

Verkehr

Chiles längste Straße, die Ruta 5 *(Carretera Panamericana)*, ist eine gut ausgebaute Fernverkehrsstraße von der peruanischen Grenze bis nach Chiloé, inkl. einiger Mautstationen (*peajes;* Gebühren unter concesiones.mop.gob.cl). Abseits der Schnellstraße gibt's im Süden zunehmend unbefestigte Straßen.

Mietwagen

Für einen Mietwagen braucht man einen gültigen Führerschein, eine Kreditkarte von Mastercard oder Visa (oder man hinterlegt eine hohe Kaution in bar) und muss je nach Autoverleih mindestens 21 bis 25 Jahre alt sein. Für manche Herkunftsländer ist ein internationaler Führerschein nötig.

Geld

WÄHRUNG: CHILENISCHER PESO (CH$)

Geld abheben

Geldautomaten („*un Redbanc*" im lokalen Sprachgebrauch) sind bequem, doch die Gebühren können hoch sein (bis zu 8000 Ch$). Außer entlang der Carretera Austral sind sie weit verbreitet. Kreditkarten werden meist angenommen, aber einige Restaurants akzeptieren nur Bargeld oder Bezahlung per Banküberweisung.

Trinkgeld

Bei Kartenzahlung wird das Servicepersonal in Restaurants und Bars fragen, ob man 10% Serviceentgelt *(servicio)* hinzufügen möchte. Bei Barzahlungen sind 10% der Rechnung üblich. Taxifahrer:innen erwarten kein Extrageld, obwohl Einheimische den Preis meist aufrunden. Reiseführer:innen freuen sich über 10% Trinkgeld.

WIE VIEL KOSTET EIN ...

Metro-Ticket
720 Ch$

Museumsbesuch
8000 Ch$

Kinobesuch
4000 Ch$

Eintritt in den Parque Nacional Torres del Paine
18 US$

WIE... Einen Inlandsflug buchen

Du möchtest ein paar Pesos sparen? Dann solltest du Inlandsflüge nicht zusammen mit deinem internationalen Flug buchen, ohne zuvor die Preise in chilenischen Pesos direkt bei den Linien Sky Airlines, LATAM oder JetSmart zu überprüfen. Oft erzielt man so – abhängig vom Wechselkurs – einen besseren Deal als bei Online-Buchungen über internationale Reisebüros.

Kontaktlos bezahlen

Kontaktloses Bezahlen setzt sich in Chile nur langsam durch. Apple Pay wurde immer wieder zurückgedrängt. Google Wallet wird unterstützt, ist aber nach wie vor selten.

Steuern

Chile erhebt auf alle Waren und Dienstleistungen 19% Umsatzsteuer (*impuesto de valor agregado;* IVA).

LOCAL TIPP

Wer die Debitkarte verwendet, spart Bearbeitungsgebühren, die bei im Ausland ausgestellten Mastercard- oder Visa-Kreditkarten anfallen. Sie belaufen sich auf 347 Ch$ (für Käufe bis 20 US$) bis 2677 Ch$ (für Käufe über 80 US$).

CHILE IST EIN TEURES PFLASTER

Chile ist das am meisten entwickelte Land Südamerikas und somit auch das für Besucher:innen teuerste Land des Kontinents. Wer von Peru oder Bolivien einreist, erlebt erst mal einen Schock. Die Preise sind zwar nicht das, was man aus Europa oder Nordamerika kennt, doch für südamerikanische Verhältnisse recht teuer (je nach Kursschwankungen in Brasilien, ein weiteres notorisch teures Pflaster Südamerikas).

Übernachten

Gästehäuser

Hospedajes (Gästehäuser) bieten gemütliche, einfache Unterkünfte, besonders in kleineren Städten und ländlichen Regionen, mit Schaumstoffmatratzen, harten Polstern, sauberer Bettwäsche, warmen Decken und oft mit der Option eines eigenen oder Gemeinschaftsbades. Zum Frühstück gehören Nescafé mit *hallullas* (runde Fladenbrote, die man überall in Chile findet), Butter und Marmelade (und – mit etwas Glück – Rührei).

Lodges

Als Explora 1993 eine Luxuslodge im Nationalpark Torres del Paine eröffnete, setzte das Unternehmen damit neue Maßstäbe. Ein ganzer Industriezweig von super ausgestatteten Unterkünften inmitten bezaubernder südamerikanischer Szenerien wurde geschaffen. Nachhaltige Abenteuer-Lodges gibt's u. a. in Patagonien, Atacama, Rapa Nui und Chiloé.

Homestays

Wer einen authentischen Einblick ins Leben vor Ort bekommen möchte, übernachtet am besten in einer *casa de familia* (Pension). Vor allem in Chiloé und im Süden, wo der Tourismus weniger formell ist, vermieten viele Familien und Bauernhofbesitzer:innen Zimmer. Gäste haben nicht immer Küchenzugang, bekommen aber meist gegen eine faire Bezahlung eine ausgiebige Mahlzeit oder frisch gewaschene Kleidung. Die Touristeninformationen führen Listen mit Adressen der *casas de familia*. Achitur (Asociación Gremial de Turismo Rural; achitur.cl) hat solche Listen für ganz Chile.

WIE VIEL KOSTET EINE NACHT IM …

Hostel
12 600 Ch$

hospedaje
23 000 Ch$

Luxushotel
210 000 Ch$

Campen

Chile hat eine gut entwickelte Camping-Infrastruktur, eher gemacht für feuchtfröhliche Nächte als für ein Zurück zur Natur. Viele kommerzielle Plätze richten sich an Familien: Stellplätze sind großzügig bemessen, es gibt Bäder und Waschmaschinen, Feuerstellen, Restaurants oder Snackbars und den obligatorischen Grill für *asado*. In abgelegenen Gebieten gibt's auch kostenfreie Zeltplätze, oft ohne Trinkwasser und Sanitäranlagen.

Hostels

Chile hat ein breitgefächertes Netzwerk an hervorragenden Hostels. Sie umfassen neben den üblichen Schlafsälen oft auch einige teurere Doppelzimmer für Paare, die zwar die Herbergsatmosphäre lieben, sich aber mehr Komfort und Privatsphäre wünschen. Eine gute Quelle für Hostels im ganzen Land ist Backpackers Chile (backpackerschile.com).

STEUERFREIE UNTERBRINGUNGEN

Touristinnen und Touristen sind von den 19 % IVA (*impuesto de valor agregado;* Umsatzsteuer) ausgenommen, die Hotels in Chile erheben, sofern sie in US-Dollar oder mit einer im Ausland ausgestellten Kreditkarte bezahlen. Dazu ist der touristische Status nachzuweisen, indem man den Reisepass und die *Tarjeta Unica Migratoria* (Touristenkarte) vorzeigt, die man bei der Einreise von der chilenischen Polizei (PDI) erhält. Das Ganze hat allerdings einen Haken: Es funktioniert nur bei Unterkünften, die bei Chiles Steuerbehörde registriert sind, was auf viele kleinere *casas de familia* (Pensionen) und *hospedajes* (Gästehäuser) nicht zutrifft.

Reisen mit Kindern

In Südamerika zählt Chile zu den besten Urlaubszielen für Familien. Es bietet eine unglaubliche Vielfalt an kinderfreundlichen Naturattraktionen, Aktivabenteuern, Resorts und Unterkünften. Kinder werden im ganzen Land geschätzt, oft bieten sogar Fremde ihre Hilfe an. Auch Hotels und Dienstleister sind meist sehr familienfreundlich.

Top-Regionen für Kinder

Santiago Chiles Hauptstadt hat ein breites Angebot für Familien, wie Museen, Parks, Winterresorts, Fun-Events und Workshops für Kinder.

Sur Chico Vulkane, Ausritte, Badeseen und Wassersport sind die Highlights in Städten wie Pucón und Puerto Varas in Sur Chico.

Norte Chico Strandspaß und Wildtierbeobachtungen versprechen die Pinguin-Enklaven und Küstenorte, während das Elqui-Tal unvergessliche Nächte unterm funkelnden Sternenhimmel beschert.

Essen gehen

Chilenische Restaurants haben keine Kinderteller, aber meist einige passende Optionen auf der Speisekarte. Die Portionen sind riesig, deswegen können sich zwei Kinder bzw. ein Erwachsener und ein Kind gut ein Gericht teilen. Hochstühle gibt's selten. Gewöhnungsbedürftig ist, dass Restaurants meist nicht vor 19 Uhr öffnen.

Preisnachlässe

Kinder unter zwei reisen auf Flügen der Linien LATAM und Sky Airlines auf dem Schoß der Eltern gratis (letztere bietet einen Nachlass für Kinder bis 12 Jahren). Große Busunternehmen lassen Kinder gratis mitfahren (Altersgrenze variieren).

Ausstattung

Flughäfen und Einkaufszentren sind mit Wickeltischen ausgestattet, Restaurants kaum. In anderen öffentlichen Sanitäranlagen verbessert sich die Lage, doch es ist ratsam, eine Wickelunterlage dabeizuhaben. Mittelklasse- und Luxushotels stellen auf Anfrage Gitterbetten bereit

TIPPS

Parque Metropolitano (S. 59)
Tolle Spielplätze und andere Attraktionen.

Biologisches Reservat Huilo-Huilo (S. 218)
Großartiges Ökotourismus-Projekt und familienfreundliches Naturschutzgebiet.

Artequin (S. 168)
Das Kindermusum in Viña del Mar präsentiert Spielbereiche und eine Kollektion von nachgebildeten Meisterwerken.

Centro Cultural La Moneda (S. 52)
Santiagos Kulturzentrum umfasst eine fantasievolle Kunstgalerie für die Kleinen.

Cueva del Milodón (S. 307)
Hier kannst du mit einer kitschigen Replik eines prähistorischen Riesenfaultiers fürs Foto posieren.

STILLEN IN CHILE

Chile gilt zwar als konservativ, doch es ist weit weniger prüde in puncto Stillen als so manch anderes Land, das sich gern als fortschrittlich bezeichnet. Es hat enorme Fortschritte auf dem Gebiet der Frauenrechte gemacht – und das Stillen in der Öffentlichkeit, frei von jeder Scham, gehört eindeutig zu den errungenen Freiheiten. Mütter machen es am besten so, wie sie sich persönlich damit wohlfühlen. In größeren Städten müssen sie sich jedoch keinesfalls auf eine Toilette zurückziehen, um ihr Kind zu stillen. In den traditionelleren Gegenden dagegen erntet man womöglich immer noch argwöhnische Blicke, wenn man sich nicht bedeckt.

Sicher reisen

HUNDE & INSEKTEN

Streunende Hunde sind ein Problem in Chile. Geschätzte 2,5 Mio. irren durch die Straßen, zudem leiden sie oft unter Räude (dann auf keinen Fall anfassen). Im Sommer treiben im Süden des Landes die unangenehmen ***tábanos*** (große beißende Bremsen) ihr Unwesen. Sie sind allerdings mehr Quälgeister als ein Gesundheitsrisiko.

Erdbeben & Vulkane

Ein Drittel der Erdbeben mit einer Stärke von über 8,5 passiert in Chile. Das liegt vor allem an der Nazca-Platte, einer tektonischen Platte, die sich Richtung Osten verschiebt und an der südamerikanischen Platte vor der chilenischen Küste reibt. Viele Konstruktionen entsprechen nicht den seismischen Sicherheitsstandards und Lehmbauten sind besonders gefährdet. Mit 19 aktiven Vulkanen nimmt Chile weltweit Platz fünf unter den Ländern mit den meisten Vulkanen ein.

Gesundheit auf dem Land

Moderne Gesundheitseinrichtungen wie Santiagos Clinica Las Condes und Clinica Alemana sind in großen Städten angesiedelt, doch auf Rapa Nui (Osterinsel) und in Nordpatagonien ist die Versorgung äußerst spärlich. Ländliche *postas* (Kliniken) haben selten ausreichend Arzneimittel und meist arbeiten dort nur Rettungssanitäter:innen. Wer in diese Gebiete reist, sollte einen Erste-Hilfe-Kasten und gängige Medikamente dabeihaben.

Alleinreisende & Frauen

Allein zu reisen, auch als Frau, stellt kein Problem dar, wobei kleinere Diebstähle häufig vorkommen. Also immer auf die Wertsachen achten!

Kriminalität & Proteste

Verglichen mit anderen südamerikanischen Ländern und großen Teilen Nordamerikas ist Chile erstaunlich sicher. Doch seit dem *Estadillo Social* (landesweite soziale Unruhen 2019 und 2020, angefeuert durch die Preiserhöhung der öffentlichen Verkehrsmittel in Santiago) nehmen Bagatelldelikte wie Taschendiebstahl oder Entreißen der Handtasche in urbanen Ballungsräumen zu. Proteste können kurzfristig auftreten und aus dem Ruder laufen.

LEITUNGSWASSER

Das Leitungswasser in chilenischen Städten eignet sich zum Trinken, ist aber sehr mineralhaltig. Wer einen empfindlichen Magen hat, sollte achtgeben.

SICHER SCHWIMMEN

Apto para bañar	No apto para bañar	Peligroso
Sicheres Schwimmen	Gefährliche Bedingungen im Wasser	Achtung – nicht ins Wasser gehen

CHILENISCHE EINSIEDLERSPINNE

Sie ist nicht aggressiv, doch der Biss der giftigen Chilenischen Einsiedlerspinne *(araña de rincón)* kann Wunden, Nierenversagen und sogar den Tod zur Folge haben. Sie ist im ganzen Land zu finden und an ihrer braunen Färbung, ihrer violinartigen Zeichnung und ihren sechs Augen (meist haben Spinnen acht Augen) zu erkennen. Einen Biss sollte man mit Eis kühlen und schnell einen Arzt aufsuchen.

Essen, Trinken & Feiern

Wo?

Cafés Weniger formal als Restaurants. Mit Bar-Flair.

Cocinas costumbristas Wie eine Art Essensstand, an dem es meist hausgemachte Suppen und Meeresfrüchte gibt. Beliebt im Ufergebiet.

Fuentes de soda Legere Snackbars oder Esslokale.

Marisquerías Restaurants, die sich auf Fisch und Meeresfrüchte spezialisiert haben.

Restaurants Von Fastfood bis zu *cocina de autor* (Gourmet- und Fusions-Küche).

Wann?

Desayuno (Frühstück; 8 bis 10 Uhr) ist einfach mit Weißbrot, Butter und Marmelade, Tee oder Instantkaffee.

Almuerzo (Mittagessen; 12 bis 15 Uhr) ist die Hauptmahlzeit des Tages. Herzhafte Suppen und Aufläufe sind üblich. Ein *menú del dia* (Tagesmenü) mit fixem Preis enthält meist Saft, Salat und eine Hauptspeise.

Once (Teestunde; 17 bis 19 Uhr) ist besonders im von Deutschland geprägten Süden verbreitet. Es gibt dazu Kuchen, frisches Brot, Käse und Wurst. Ersetzt eventuell das Abendessen.

Cena (Abendessen; 20 bis 22 Uhr) ist dem Mittagessen ähnlich, nur oft leichter.

KULINARISCHES

Asado Grill.
Caldillo de mariscos Meeresfrüchte-Eintopf.
Cazuela Eintopf mit Fleisch.
Centolla Königskrabbe.
Chacarero Sandwich mit Steak, grünen Bohnen, scharfer Paprika.
Chorrillana Fritten mit Fleisch, Spiegelei und Zwiebeln.
Churrasco Gegrilltes Steaksandwich.
Completo Italiano Hotdog mit Avocado, gehackten Tomaten und Mayonnaise.
Congrio Fischart aus der Familie der Aale, ähnlich dem Kingklip.
Curanto Eintopf mit Fleisch, Fisch, Muscheln oder anderen Meeresfrüchten aus Chiloé.
Empanada Pastete mit süßer oder pikanter Füllung.
Humita Mais-Tamale.
Küchen Süße Kuchen nach deutschem Vorbild.
Loco Weichtier ähnlich der Abalone.
Lomito Sandwich mit geschmortem Schweinefleisch.
Machas a la parmesana Scheidenmuscheln mit Parmesan überbacken.
Manjar Dulce de leche.
Merkén Mit Gewürzen geräucherter Chili nach dem Rezept der Mapuche.
Merluza Seehecht.
Mote con huesillo Pfirsichsaft mit Gerste und Zimt.
Pastel de choclo Auflauf aus Fleisch und Mais.
Pastel de jaiba Krabbenauflauf.
Pebre Würzige Salsa.

WIE ...

Pisco probieren

Die meisten probieren chilenischen Pisco zum ersten Mal im erfrischenden Nationalcocktail Pisco Sour, so etwas wie ein Margarita-Whisky-Sour mit Rohrzucker, Eiweiß, Zitrone und einer Prise Angosturabitter. (Die Zwietracht mit Peru über die Herkunft der Spirituose heben wir uns für ein andermal auf.) Der regionale Brand wird aus Quebranta- oder Muscat-Trauben hergestellt und auf unterschiedliche Weise genossen: *corriente* (traditionell, jung, klar), *especial* (etwas gereift, hell, weiß), *reservado* (gereift, bernsteinfarben) und *gran pisco* (lange Reifung, dunkle Bernsteinfärbung). Klassische *pisco tragos* (Cocktails) werden *corriente* zubereitet. *Piscola* ist Pisco mit Coca Cola, und *chilcano* Pisco mit frischem Zitronensaft und Gingerale. Mit zunehmender Qualität lässt sich Pisco wie guter Wein oder veredelter Branntwein auch pur aus tulpenförmigen Gläsern trinken.

WIE VIEL KOSTET EIN ...

Espresso
2200 Ch$

Pisco Sour
4900 Ch$

halber Liter Craft-Bier **4500–6000 Ch$**

Glas Carménère
4900 Ch$

Sánguche de lomito completo
8500 Ch$

Pastel de choclo
9200 Ch$

Caldillo de congrio
10 200 Ch$

Degustations menü im gehobenen Restaurant
126 000 Ch$

WIE... Curanto Al Hoyo schlemmen

Es ist eins der größten kulinarischen Abenteuer Chiles: *curanto* auf der Insel Chiloé. Keine Sorge, wenn du das erste Mal eine dampfend heiße Schüssel *curanto* vor die Nase gestellt bekommst – es ist gar nicht so schwierig, die riesige Portion zu verdrücken.

Einst bereitete man *curanto* zu, indem man Steine in einem Erdloch erhitzte, bis sie knackten, und dann direkt Schalentiere, Schweine- und Hühnchenfleisch darauflegte, gefolgt von *nalca* (rhabarberähnliche Pflanze) oder *pangue* (endemische Pflanze aus Chile). Schließlich wurden feuchte Tücher darüber ausgebreitet und alles mit Erde und Gras bedeckt. Nach knapp zwei Stunden war das Essen gar. Einheimische greifen immer noch auf diese Methode zurück, ebenso wie ein paar traditionelle Restaurants auf der Insel. Das Ganze heißt dann *curanto al hoyo* und ist ein liebgewonnenes Ereignis, ein Festmahl, zu dem man sich versammelt. Während das Essen köchelt, wird fleißig eingeschenkt und gefeiert.

Steht das Mahl erst auf dem Tisch – ein furchteinflößender Berg dampfender Meeresfrüchte (Miesmuscheln, Venusmuscheln), Fleisch (Huhn, Wurst), Kartoffeln, *milcao* (Kartoffelbrot aus Chiloé), *chapaleles* (gekochte Kartoffelknödel) und gemischtes Gemüse – gibt's keinen Halt mehr, ganz nach dem Motto: Reinhauen, was das Zeug hält!

HERKUNFT DES CURANTO

Details der Zubereitung weisen auf Erdöfen polynesischer Herkunft hin. Das Wort leitet sich vom Mapuche-Terminus *kurantu* („steinig" oder „felsiger Grund") ab.

EIN WEIN EROBERT DIE WELT

Obwohl Chile als Newcomer unter den Weinregionen gilt, nahm die Weinproduktion hier im 16. Jh. ihren Ausgang, als spanische Flotten Weinreben *(Vitis vinifera)* nach Südamerika transportierten. Ein paar Jahrhunderte später bauten die Franzosen Cabernet Sauvignon, Merlot und interessanterweise Carménère an. Bis Mitte der 1990er blieb der Wein vor allem den Einheimischen vorbehalten.

Militärdiktaturen, hohe Abgaben und eine erdrückende Bürokratie machten es schwieriger, das Land für den Weinexport fit zu machen – jedenfalls bis die Welt Carménère wiederentdeckte. Der Verwandte des Cabernet stammt aus dem Médoc im Bordeaux und gilt als eine der sechs originären Sorten dieser famosen Weinregion. Als die Reblaus die europäische Weinindustrie 1867 beinah lahmlegte, ging man davon aus, dass die gesuchte Sorte ausgestorben war.

In der Zwischenzeit gedieh die Traube in Chile still und heimlich weiter, bis sich schließlich herausstellte, das 50 % von dem, was als chilenischer Merlot galt, in Wirklichkeit Carménère war. Und so war die erste chilenische Rebsorte geboren, die 1998 das Gütesiegel des chilenischen Landwirtschaftsministeriums erhielt. Chiles rasanter Einzug in die Liste der Top-Weinproduzenten nahm hier seinen unglaublichen Anfang, genauso wie schlussendlich die gesamte Weintourismusindustrie des Landes. Mittlerweile haben die begehrten Merkmale des chilenischen Carménère (mittlere Konzentration an Gerbstoffen, mittlerer Körper, Noten von roten und schwarzen Früchten am Gaumen und ein pfeffriges Aroma) ihm zu Weltruhm verholfen, und er allein ist schon Grund genug für Weinfans, eine Reise nach Chile anzutreten.

PRAKTISCHES

Nachhaltig reisen

Reisen & Klimawandel

Man kann die Auswirkungen von Reisen nicht ignorieren und es ist wichtig, dass wir bewusst damit umgehen. Lonely Planet appelliert an alle Reisenden, sich mit ihrem ökologischen Fußabdruck zu befassen. Es gibt zahlreiche Kohlenstoffrechner im Internet, mit denen man seine Kohlenstoffemissionen abschätzen kann, u.a. resurgence.org/resources/carbon-calculator.html. Viele Fluggesellschaften und Buchungsportale bieten die Möglichkeit, die Auswirkungen von Treibhausgasemissionen auszugleichen, indem sie klimafreundliche Initiativen weltweit unterstützen. Wir gleichen den CO_2-Fußabdruck der Reisen unserer Mitarbeitenden aus, wissen aber, dass dies eher eine Abschwächung des Problems als eine Lösung ist.

Unterstützung fürs Land

- Übernachten in familiengeführten *hospedajes* (Gästehäusern) und bei Gastfamilien.
- Fair-Trade-Organisationen wie die Fundación Chol-Chol verkaufen Mapuche-Webearbeiten und Textilien.
- Es gibt nachhaltige Weinkeller wie Emiliana, Lapostolle und Cono Sur.
- Wandern durch lokal geführte Naturreservate, etwa Santuario El Cañi.

Agrartourismus

Gastfamilien in ländlichen Gebieten und Guides findet man über die Casa del Turismo Rural in Coyhaique, ebenso wie Optionen im Agrartourismus, Ausritte entlang der Carretera Austral, inklusive mehrtägiger Touren in ländliche Gegenden und durch Pampas.

Etwas zurückgeben

AMA Torres del Paine (@amatorresdelpaine) arbeitet mit einer begrenzten Zahl an Freiwilligen im Parque Nacional Torres del Paine.

Experiment Chile (experiment.cl) organisiert Volontariatsprogramme in Sozialunternehmen.

Un Techo Para Chile (cl.techo.org) koordiniert in ganz Chile den Bau von Wohnungen für Familien mit geringem Einkommen.

Hotspots des Ökotourismus

Essen, Schlafen, Spaß haben – all das bietet das Biologische Reservat Huilo-Huilo in Sur Chico. Es ist ein privates Schutzprojekt, das in einem noch viel größeren UNESCO-Biosphärenschutzreservat liegt. Highlights sind rauschende Flüsse, gigantische Wasserfälle, eine einzigartige endemische Fauna und sanfter Ökotourismus.

Besorgte Einwohner:innen haben sich zusammengetan, um das bedrohte Tal des Río Cochamó zu schützen. Mithilfe des Ökotourismus wollen sie die Erschließung abwenden und die Region offiziell zum Naturschutzgebiet erklären zu lassen.

Der italienische Naturforscher Raffaele Di Biase von Birds Chile in Puerto Varas nimmt dich mit auf Vogelbeobachtungstour. Laut Sernatur (Chiles nationaler Tourismusverband) ist er Chiles einziger Tourveranstalter mit Zertifizierungsstufe 3 in Nachhaltigkeit.

Indigene Ruinen

Aldea de Tulor nahe San Pedro de Atacama ist eine faszinierende archäologische Stätte mit kreisrunden Ruinen einstiger Behausungen in Händen der indigenen Likan Antay. Noch vor 2500 Jahren war das Gebiet besiedelt, seit 300 n. Chr. ist es verlassen.

Nachhaltiges Wandern

2800 km lang ist die Ruta de los Parques, ein Trail, der 113300 km² von Chiles Patagonien schützen soll und durch 17 Nationalparks führt. Die Strecke fungiert als Wirtschaftsmotor für über 60 Gemeinden in der Gegend.

Puma-Schutzprojekt

In der Estancia Cerro Guido begleitest du professionelle Ranger auf eine Safari. Sie ist Teil eines bahnbrechenden Puma-Schutzprojekts in einer Region nahe dem Parque Nacional Torres del Paine, wo Schafzucht und Wildtiere oft in Konflikt geraten.

Im solarbetriebenen Campo de Cielo schläft man in Beduinenzelten aus Marokko, direkt unterm Sternenhimmel des Elqui-Tals.

Auf gezüchteten Lachs verzichtet man in Chile am besten, es sei denn, er trägt das Siegel des Aquaculture Stewardship Council (ASC).

Metro

Seit 2017 bezieht die fortschrittliche Metro de Santiago, Lateinamerikas zweitgrößtes Metrosystem nach dem in Mexiko-Stadt, mindestens 60 % ihres Stroms aus erneuerbaren Solar- und Windenergien.

Parks in Patagonien

Im Parque Nacional Pumalín wanderst du durch weitläufigen gemäßigten Regenwald, vorbei an rauchenden Vulkanen und windigen Fjorden. Mit Weideland bedeckte Steppen, Wälder, Gebirge, Seen und Lagunen zeichnen den Parque Nacional Patagonia aus. Es laufen Bemühungen zum Schutz beider Parks.

Vom Müll zum Musiksaal

Wie wär's mit einem Konzert im gemeinnützigen Toki Rapa Nui? Die erste ganz und gar nachhaltige Musikschule in Lateinamerika und Ozeanien ist vollständig aus recycelten Abfällen erbaut. Ein Besuch kommt dem Unterricht der Kinder vor Ort zugute, der auf Instrumente und klassische Disziplinen ausgelegt ist.

WEITERE INFOS

tompkinsconservation.org Renaturierung und Schaffung von Naturparks.

fondonaturaleza.org Verwaltet die Ressourcen für großangelegte Naturschutzprojekte.

chile.wcs.org Setzt sich unermüdlich für den Erhalt der Tierwelt in Patagonien ein.

LGBTIQ+

2022 trat in Chile ein Grundsatzgesetz zur Anerkennung der gleichgeschlechtlichen Ehe in Kraft. Ein großer Schritt für eins der konservativsten und sehr katholischen Länder Südamerikas. Die Einheimischen sind meist tolerant, vor allem in größeren Städten. In kleineren, ländlicheren Gemeinden werden öffentliche Zuneigungsbekundungen nicht immer gern gesehen.

Buntes Chile

Santiago hat eine gut etablierte Homosexuellenszene. Das Nachtleben konzentriert sich auf das Barrio Bellavista, besonders auf die Ausgehmeile Bombero Núñez. Station RestoBar, Bar 105 Fetish, Blondie und Club Soda sind Fixpunkte der Szene. Lesben steuern die Chueca Bar an oder besuchen von der Realidad Paralela organisierte Partys. Schwule favorisieren den Hotspot Club. Zudem ziehen auch viele der angesagten Bars und Clubs Homosexuelle an. Außerhalb der Hauptstadt bieten Valparaíso und Viña del Mar den größten LGBTQ+-Communitys in Chile Raum.

TORTA GOLOSA

Der lesbisch-feministische Reggaeton-Act Torta Golosa wurde zum Soundtrack für Valparaísos Geschichte der Intoleranz gegenüber Lesben, insbesondere jene mit maskulinem Auftreten, die abwertend als *camionas* („Mannsweiber") bezeichnet werden. Es wurden mehrere schockierende Morde verübt, die noch nicht aufgeklärt sind. Vorsicht ist geboten.

FESTIVALS

Im November findet zum Día Nacional de la Diversidad mit der Santiago Parade das Open Mind Fest statt, in Kombi mit einer Diversity-Parade. Es ist eins der größten Elektro-Festivals in Chile. Austragungsort ist die Plaza Baquedano (Plaza Italia), vom Barrio Bellavista auf der anderen Uferseite des Mapocho.

Links, Rechts, Links

Der rechtsorientierte Ex-Präsident Sebastián Piñera unterzeichnete Ende 2021 Chiles *Ley de Matrimonio Igualitario* (Gesetz zur Gleichstellung der Ehe), ein Entwurf, der ursprünglich während der zweiten Amtszeit seiner Vorgängerin, der linksgerichteten Michelle Bachelet, dem Kongress vorgelegt wurde. Nicht der Anfang des politischen Ping-Pong-Spiels: Bachelet sah sich 2015 den Gesetzesentwurf zur eingetragenen Lebensgemeinschaft gleichgeschlechtlicher Paare durch, der wiederum während der ersten Amtsperiode Piñeras 2014 vorgestellt wurde.

WEITERE INFOS

Movil H (Bewegung zur Integration und Befreiung von Homosexuellen; movilh.cl) tritt für die Rechte Homosexueller ein. Regionale Gruppen gibt's in Aysén, Bío-Bío, Maule, Los Lagos und Valparaíso.

Out Adventures (outadventures.com) und **Pride Tours Chile** (pridetours.net): homosexuellen-freundliche Trips nach Chile.

International Gay and Lesbian Travel Association (IGLTA; iglta.org) ist eine solide Quelle für LGBTIQ+-freundliche Unternehmen in Chile.

Pride Parade

Santiagos jährliche Prideparade, Marcha del Orgullo Gay, ist Chiles größtes Event dieser Art. Movil H und Fundación Iguales richten die Parade immer am letzten Samstag im Juni aus.

ALEXANDER SPATARI/GETTY IMAGES ©

Barrierefrei reisen

Chile ist eine harte Nuss für Reisende mit eingeschränkter Mobilität, bessert sich aber. Einkaufszentren, öffentliche Gebäude, Museen und viele gehobene Hotels verfügen über Zugangsrampen (öffentliche Neubauten müssen barrierefrei sein). Am besten plant man über eine entsprechende Organisation vor, damit einer entspannten Reise nichts mehr im Weg steht.

Unterwegs in Santiago

Santiagos Metro hat Fahrstühle, zudem bieten die neueren Busse von Transantiago Rampen und Platz für Rollstühle. Einige Ampeln sind mit akustischen Querungshilfen für Sehbehinderte ausgestattet. Immer noch problematisch sind schlechte Gehwege.

Flughafen

Santiagos Aeropuerto Internacional Arturo Merino Benítez bietet gratis Rollstühle und Unterstützung für Passagiere mit eingeschränkter Mobilität (48 Std. vorab unter nuevo pudahuel.cl reservieren!). Reisende mit nicht sichtbaren Einschränkungen können eine spezielle Schleife beantragen, mit der sie Hilfe durch das Flughafenpersonal erhalten.

Übernachten

Früher durfte man selbst in Top-Hotels keine Rampen und rollstuhlgerechte Zimmer erwarten. Ein Gesetz von 2019 sieht jedoch vor, dass alle Unterkünfte in Chile innerhalb von drei Jahren barrierefrei zugänglich sein müssen.

Nationalparks & Naturschutzgebiete

Chiles offizieller Tourismuswebsite (chile.travel) zufolge sind mindestens 40 der Nationalparks, Reservate und Naturdenkmäler des Landes zugänglich (dank Zugangsrampen, Brailleschrift etc.)

Valparaíso

Aufgrund seiner steilen Hügel wirkt Valparaíso auf Reisende mit eingeschränkter Mobilität vielleicht einschüchternd. Gerade ist jedoch ein gewaltiges Projekt für mehr Barrierefreiheit im Gange, inkl. adaptierter Ticketverkaufsstellen für die Metro, Blindenleitsysteme, entsprechender Sitzbänke und zusätzlicher Lifts.

WEITERE INFOS

Sernatur (sernatur.cl/accesibilidad-turistica) Regierungsinitiative für barrierefreies Reisen.
Fundación Eres (fundacioneres.cl) Non-profit-Organisation für Inklusion, etwa in Kultur, Tourismus und Freizeit.
Corporación Ciudad Accesible (ciudad accesible.cl) Berät Menschen mit Behinderungen zum Thema Reisen in Chile.
SATH (Society for Accessible Travel & Hospitality; sath.org) Ressource für Traveller mit eingeschränkter Mobilität.
Jass Puerto Varas (jasspuertovaras.com) Organisiert barrierefreie Kajakfahrten am Meer und Trekkings.

WHEEL THE WORLD

Mithilfe eines Spezial-Rollstuhls gelang es dem Chilenen Alvaro Silberstein als erstem Rollstuhlfahrer den Nationalpark Torres del Paine 2016 zu erforschen. In der Folge entstand Wheel the World (wheeltheworld.com), ein Reisebüro für barrierefreies Reisen, von zwei Chilenen gegründet und mit Sitz in den USA.

Ältere

Senioren, sogenannte *tercera edad* („drittes Alter"; 60 plus), erhalten in vielen Museen und Attraktionen und in Chiles Metro Preisnachlässe. Menschen ab 55 kommt in Chile eine bevorzugte medizinische Versorgung zugute.

JEREMY RICHARDS/SHUTTERSTOCK ©

San Juan Bautista, Isla Robinson Crusoe

WIE... Die Isla Robinson Crusoe besuchen

„Wenn die Insel will, dass du bleibst, dann bleibst du", ist eine geläufige Redensart unter den Einwohner:innen von Robinson Crusoe. Die abenteuerliche Anreise zur Insel fast 700 km vor Chiles Pazifikküste erfordert Geduld und Glück. Es könnte der unvergesslichste Trip werden, den du je unternommen hast. Von Shivya Nath

Die Isla Robinson Crusoe wirkt mit ihren 48 km² vielleicht klein, doch sie hält einen unvorstellbaren Naturschatz bereit. Wir haben die außergewöhnlichsten Szenerien herausgesucht, und dazu einzigartige Einblicke in die Inselkultur und praktische Planungstipps, für Deine ganz persönliche Robinsonade.

UNTERWEGS

Ein geschützter Nationalpark bedeckt mehr als 90 % der Insel. Alle Einrichtungen befinden sich also in den übrigen 9 % und liegen in Gehweite entfernt in San Juan Bautista. Es gibt keine Taxis, doch Unterkunftsbetreiber:innen und Einheimische mit Autos bieten gern Mitfahrgelegenheiten an.

Anreise auf die Isla Robinson Crusoe

Es gibt zwei Anreisemöglichkeiten:

Lassa, Aerocardal und Ata bieten Flüge von Santiago zur Insel zu durchschnittlichen Preisen von 745 US$ hin und zurück. Lassa fliegt am häufigsten, mit einer Kapazität von sechs Personen. Ata bietet weniger Flüge, aber mit etwas größeren Maschinen, die acht Passagiere unterbringen. Aerocardal ist teurer, doch die bevorzugte Wahl der Einheimischen. Buchen kann man online oder telefonisch. Allerdings werden die Flüge abhängig vom Wetter erst einen Tag (manchmal nur ein paar Stunden) vor Abflug bestätigt. Die meisten Airlines akzeptieren 15 kg Gepäck pro Passagier. Kleinere, weiche Taschen sind empfehlenswert, denn sie werden direkt hinter die Sitze geladen. Der Boottransfer von der Landepiste zum Dorf San Juan Bautista ist im Ticketpreis enthalten. Man sollte eine Regenjacke dabeihaben und sich auf eine unruhige Fahrt gefasst machen.

Eine weitere Möglichkeit ist das Boot. Transmarko organisiert wöchentliche Überfahrten von Valparaíso für 310 US$ hin und zurück, inkl. Mahlzeiten an Bord. Die Fahrt dauert drei Tage und zwei Nächte. Pro Kajüte sind vier Personen untergebracht. Der Wellengang kann extrem stürmisch sein. Wer schnell seekrank wird, ist besser im Flugzeug aufgehoben. Windverhältnisse müssen stabil sein, damit das Boot an der Insel andocken kann, was zu Verzögerungen führen kann. Buchungen laufen direkt über die Unterkunftsbetreiber:innen der Insel.

Ob man nun über den See- oder Luftweg anreist, man sollte ein paar Tage als Puffer für die Rückreise einplanen. Denn die Wind- und Wasserverhältnisse müssen mitspielen!

Essen

Matemala Charmantes Restaurant hoch oben am Berg mit himmlischer Aussicht über den Pazifik. Hier kannst Du lokale Produkte und hauseigenes Bier genießen. Tischreservierungen vorab unter +569 9324 2280. €€

Bahia Der Familienbetrieb kredenzt frischen Fang und Wohlfühlgerichte. Freitagabends trifft man hier Einheimische beim Pool spielen. €€

Tamara Chefköchin Tamara und ihr Sohn betrieben das erste vegane Restaurant der Insel und tischen heute Köstlichkeiten aus ihrer eigenen Küche auf. €

Perfekte Tage

Auf der Isla Robinson Crusoe dreht sich alles um Entschleunigung. Du könntest z.B. nach Villagra wandern und dort die abwechslungsreiche Landschaft bestaunen, schnorcheln oder mit Juan-Fernandez-Seebären tauchen.

Ein Running Gag der Insel lautet: Wenn dir das Wetter nicht gefällt, komm in fünf Minuten wieder. Nicht selten erlebt man hier alle vier Jahreszeiten an ein und demselben Tag. Der Sommer (November bis Februar) ist die beste Reisezeit, mit gemäßigten Wind- und Wetterverhältnissen. Von Mai bis August ist mit heftigen Regenfällen und kühleren Tagen zu rechnen.

Wanderung zur Plazoleta El Yunque

Die kurze Wanderung vom Dorf San Juan Bautista zur Plazoleta El Yunque (am Fuß des höchsten Gipfels der Insel) führt durch einen unbeschreiblichen Wald, der hier ganz allmählich über Jahrhunderte der Isolation gewachsen ist. Unterwegs siehst Du die auffällige, schirmartigen Pangue-Pflanze, uralte Canelo-Bäume und den flatternden, roten Juan-Fernandez-Kolibri (abgebildet), der auf der Insel heimisch ist.

Die Wanderung wird auf eigene Faust gemacht. Davor registriert man sich im Conaf-Büro im Zentrum von San Juan Bautista und bezahlt die nominale Eintrittsgebühr von 8000 Ch$.

OBEN: DR JOHN A HORSFALL/GETTY IMAGES ©; UNTEN: ALEX-505/SHUTTERSTOCK ©

GUT ZU WISSEN, BEVOR ES LOSGEHT

Geld Ausreichend Bargeld mitnehmen, auch für den Fall, dass sich die Abreise verzögert: ca. 50 US$ pro Tag, exklusive Essen und Logis. Auf der Insel gibt's keine Geldautomaten oder offiziellen Wechselstuben. Kreditkarten werden kaum akzeptiert.

Gepäck Man sollte für alle Wetterkapriolen gewappnet sein und auch bei kurzen Abstechern mitten im Sommer Regenjacke und festes Schuhwerk einpacken!

Internet Die meisten Unterkünfte verfügen über anständiges WLAN. Die Verbindung kann an windigen Tagen langsam oder instabil sein.

Spezielle Ernährung
Ein Reformkostladen auf der Insel führt vegane und glutenfreie Lebensmittel. Die meisten Restaurants und Unterkünfte berücksichtigen spezielle Ernährungswünsche, wenn sie vorab informiert wurden.

SLOW TRAVEL

Kajak Bei ruhigem Seegang kann man sich von Conaf gratis ein Kajak ausborgen und damit auf der Suche nach Juan-Fernandez-Seebären auf dem Pazifik paddeln.

Souvenirs Die heimische Handwerkerin Brenda Coral stellt aus dem seltenen *coral negro* (abgebildet) individuelle Souvenirs auf Wunsch her. Diese Korallenart darf nur aus dem Wasser genommen werden, wenn sie sich auf natürliche Weise gelöst oder unabsichtlich in einem Fischernetz verfangen hat.

Essen Über Turisma Aventura (+569 9235 9324) kann man ein Essen direkt auf einer der organischen Farmen mit einer heimischen Fischerfamilie buchen.

Schnorcheln oder Scubatauchen mit Juan-Fernandez-Seebären

Mit der lokalen Tauschschule Marenostrum geht's kopfüber in den türkisblauen Pazifik, wo Du den Nachmittag mit heimischen Robben schnorcheln oder tauchen kannst. Die verspielten Tiere, v.a. Jungtiere, sind sehr neugierig, doch wie bei allen Wildtieren ist auf eine sichere Entfernung zu achten. Um sich für die kalten Gewässer zu wappnen, kann man Neoprenanzüge von der Tauchschule leihen.

OBEN: VVOE/SHUTTERSTOCK ©; UNTEN: SVEA PIETSCHMANN/ALAMY STOCK PHOTO ©

Wanderung vom Flughafen nach Villagra & Übernachten am Campingplatz

Die facettenreiche Landschaft zwischen dem Flughafen (eigentlich nur eine Landepiste) und Villagra verschlägt einem die Sprache. Die Wanderung führt durch Küstengebiete, Wüsten, Gebirge und Wälder und schließlich zum pittoresken Campingplatz in Villagra, von Bergen umringt, die direkt aus dem Pazifik emporsteigen. Der Trail zurück nach San Juan Bautista umfasst eindrucksvolle Ausblicke in Punta De Isla und Mirador Selkirk, eine Runde, die den Großteil der Insel abdeckt. Stellenweise ist die Strecke fordernd und setzt ein mittleres Fitnesslevel voraus. Man braucht einen lizenzierten Guide, der über das Conaf-Büro in San Juan Bautista gebucht werden kann.

Übernachten

Isla Pacifico Ecolodge Moderne, familiengeführte Lodge mit großen Zimmern oder gemütlichen *cabañas* (Hütten) mit Schlemmerfrühstück bei Sonnenaufgang über dem Pazifik. €€€

Casa Isla Ein kreatives Plätzchen im ruhigeren Teil der Stadt und Zuhause eines chilenischen Kunstsammlers. Nimmt auch Künstler:innen im Rahmen eines Kunstaustauschs auf. €€

Cabanas Baron de Rodt Die älteste Familie der Insel führt drei rustikale *cabañas*. Beim legendären Makrelensandwich erfährst Du alles über die faszinierende Geschichte der Insel. €

Kurz & knapp

ÖFFNUNGSZEITEN

Banken wochentags 9–14 Uhr, manchmal Sa 10–13 Uhr

Behörden & Regierungseinrichtungen wochentags 9–18 Uhr

Museen oft Mo geschlossen

Postfilialen Mo–Fr 9–18 Uhr, Sa bis 12 Uhr

Restaurants 12–23 Uhr, oft 16–19 Uhr geschlossen

Geschäfte 10–20 Uhr, z. T. 13–15 Uhr Mittagspause

Internetzugang

Viele Orte im Land haben hervorragende Internetverbindungen. Hotels, Hostels und Cafés bieten ihren Gästen meist einen WLAN-Zugang. Große Teile von Patagonien können damit nicht mithalten, obwohl einige Gemeinden auf der zentralen Plaza kostenloses WLAN anbieten.

Rauchen

In öffentlichen Gebäuden, Restaurants, Bars und öffentlichen Verkehrsmitteln ist Rauchen verboten.

Toiletten

Öffentliche Toiletten werden kaum in Stand gehalten. Am besten eigenes Toilettenpapier einstecken (und nur im Abfallbehälter entsorgen).

GUT ZU WISSEN

Zeitzone
MEZ-5 (MESZ-6)
Während der chilenischen Sommerzeit (ca. Okt. bis Mai) liegt Chile fünf Stunden zurück.

Ländervorwahl
56

Notruf
131

Bevölkerung
19,6 Millionen

Strom 220/50Hz

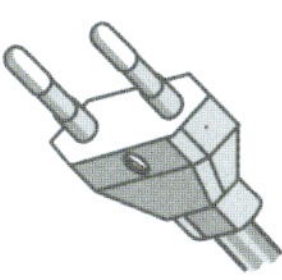

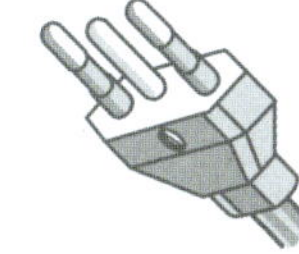

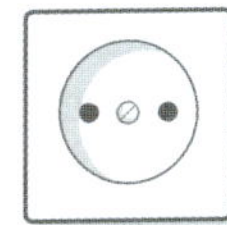

Type C
220V/50Hz

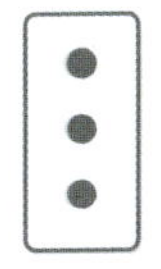

Type L
220V/50Hz

FEIERTAGE & FERIEN

Año Nuevo (Neujahr) 1. Januar

Semana Santa (Osterwoche) März oder April

Día del Trabajo (Tag der Arbeit) 1. Mai

Glorias Navales (Gedenken an die Seeschlacht von Iquique) 21. May

Corpus Christi (Fronleichnam) Mai/Juni; Tage variieren

Asunción de la Virgen (Mariä Himmelfahrt) 15. August

Día de Unidad Nacional (Tag der Nationalen Einheit) Erster Montag im September

Día de la Independencia Nacional (Unabhängigkeitstag) 18. September

Día del Ejército (Tag der Streitkräfte) 19. September

Día de la Raza (Kolumbustag) 12. Oktober

Todo los Santos (Allerheiligen) 1. November

Inmaculada Concepción (Mariä Empfängnis) 8. Dezember

Navidad (Weihnachten) 25. Dezember

Sprache

Bei einem ganzen Kontinent voll geselliger spanischsprechender Einheimischer macht es Spaß, das R so richtig zu rollen und beim J mal ordentlich zu krächzen.

Nützliches

Hallo. Hola. *o·la*
Auf Wiedersehen. Adiós. *a·djos*
Ja. Sí. *si*
Nein. No. *no*
Bitte. Por favor. *por fa·wor*
Danke. Gracias. *gra·sjas*
Entschuldigung. Perdón. *per·don*
Tut mir leid. Lo siento. *lo sien·to*
Wie heißen Sie? ¿Cómo se llama Usted? *ko·mo se ja·ma u·ste*
Wie heißt du? ¿Cómo te llamas? *ko·mo te ja·mas*
Mein Name ist ... Me llamo ... *me a·mo ...*
Sprechen Sie Deutsch? ¿Habla alemán? *a·bla ale man*
Sprichst du Deutsch? ¿Hablas alemán? *a·blas ale man*

Unterwegs

Wo ist ...?
¿Dónde está ...? *don·de es·ta ...*
Wie lautet die Adresse?
¿Cuál es la dirección? *kual es la di·rek·sjon*
Könnten Sie das bitte aufschreiben?
¿Puede escribirlo, por favor? *pue·de es·kri·bir·lo por fa·wor*
Können Sie mir das (auf der Karte) zeigen?
¿Me lo puede indicar (en el mapa)? *me lo pue·de in·di·kar (en el ma·pa)*

Schilder

Abierto Offen
Cerrado Geschlossen
Entrada Eingang
Hombres/Varones Herren
Mujeres/Damas Damen
Prohibido Verboten
Salida Ausgang
Servicios/Baños Toiletten

Uhrzeit und Datum

Wie spät ist es? ¿Qué hora es? *ke o·ra es*
Es ist (10) Uhr. Son (las diez). *son (las djes)*
Es ist halb (zwei). Es (la una) y media. *es (la u·na) i me·dja*
Vormittag mañana *ma·nja·na*
Nachmittag tarde *tar·de*
Abend/Nacht noche *no·tsche*
gestern ayer *a·jer*
heute hoy *oi*
morgen mañana *ma·nja·na*

Notfall

Hilfe! ¡Socorro! *so·ko·ro*
Geh weg! ¡Vete! *we·te*
Ich bin krank. Estoy enfermo/a. *es·toi en·fer·mo/a* (m/f)
Rufen Sie ...! ¡Llame a ...! *Ja·me a ...*
einen Arzt un médico *un me·di·ko*
die Polizei la policía *la po·li·si·a*

Essen & Ausgehen

Was empfehlen Sie?
¿Qué recomienda? *ke re·ko·mjen·da*
Zum Wohl! ¡Salud! *sa·lu*
Das war lecker.
¡Estaba buenísimo! *es·ta·ba bue·ni si mo*

ZAHLEN

1 **uno** *u·no*
2 **dos** *dos*
3 **tres** *tres*
4 **cuatro** *kua·tro*
5 **cinco** *sin·ko*
6 **seis** *sejs*
7 **siete** *sje·te*
8 **ocho** *o tscho*
9 **nueve** *nue·we*
10 **diez** *djes*

INS DEUTSCHE ÜBERNOMMEN

Cafeteria, Embargo, Gala, Lama, Siesta, Junta u.v.m.

AUSSPRACHE

Das *g* ist ein gutturaler Laut wie „ch" in „ach", wenn es vor *e* oder *i* steht, das *r* wird stark gerollt, das *ll* hauptsächlich wie „j" in „ja", seltener wie „lj" in „Million" ausgesprochen und *ñ* klingt wie das „gn" in „Cognac".

Lispeln oder nicht lispeln?

Wem das europäische Spanisch geläufig ist, wird bemerken, dass man in Lateinamerika nicht lispelt.

Grammatik-Tipp

Im Spanischen gibt es wie im Deutschen die formelle (*usted*) und die informelle Anrede (*tú*). Verben werden je nach Personalpronomen konjugiert.

Die Sprache der Rapa Nui

Auf der Osterinsel unterhält man sich untereinander auch gern in der ursprünglichen indigenen Sprache, die auch Rapanui heißt. Aufgrund er isolierten Lage der Insel entwickelte sich diese weitgehend unberührt von äußeren Einflüssen, wobei Überschneidungen zu anderen polynesischen Sprachen wie Hawaiianisch, Tahitianisch und Maori bestehen. Heute unterliegt sie starken spanischen und englischen Einflüssen. Die hieroglyphenartigen Rongo-Rongo-Zeichen, die von den Inselbewohner:innen nach der Ankunft der Spanier 1770 entwickelt wurden und bis in die 1860er-Jahre in Gebrauch waren, gelten als erste Beispiele für eine eigenständige Schrift auf der Insel. Die mittlerweile verwendete Schreibung des Rapanui wurde im 19. Jh. von Missionaren ersonnen, welche die an Vokalen reiche Lautung der Sprache ins lateinische Alphabet übertrugen. Fast alle Einheimischen verstehn Rapa Nui, allerdings können es nur noch wenige der jungen Leute auf der Insel fließend sprechen. Immerhin bemüht man sich, die gefährdete Sprache und somit auch die hiesige Kultur am Leben zu erhalten.

Hallo. 'Iorana.

Auf Wiedersehen. 'Iorana.

Danke. Maururu.

SPANISCH AUS ALLER WELT

Das in Lateinamerika gesprochene Spanisch hat sich über die letzten 500 Jahre anders entwickelt als das europäische Spanisch. Durch die Einflüsse indigener Sprachen variiert das Spanisch Lateinamerikas ein bisschen von Land zu Land, besonders beim Vokabular.

STORYBOOK

Mit vier Reportagen tief in den Alltag Chiles und der Osterinsel eintauchen.

Guanakos, Parque Nacional Torres del Paine (S. 308)

DIE GESCHICHTE CHILES & DER OSTERINSEL IN 15 ORTEN

Chiles besondere Geografie hat auch seine Geschichte mitbestimmt. Dank der relativ abgeschiedenen Lage des unwahrscheinlich langen und dünnen Landes zwischen den Anden und dem Pazifik blieben eine Kultur und Traditionen erhalten, die ganz anders sind als die der Nachbarn. Diese Orte zeigen, wie Chile zu dem wurde, was es heute ist. Von Isabel Albiston

MIT DEM ÄLTESTEN von Menschen besiedelten Gebiet Amerikas ist Chile ein Land, in dem trotz einer herausfordernden Natur seit Jahrtausenden das Leben blüht. Extremes Klima im Norden und Süden und die ständige Erdbebengefahr zeugen von der Widerstandsfähigkeit seiner Bewohner:innen.

Chile wird jedoch schon lange von sozialer und wirtschaftlicher Ungerechtigkeit geplagt, die mit einer kleinen landbesitzenden Elite und der Ausbeutung von Mineralschätzen einhergeht. Mit Ankunft der spanischen Kolonisten 1535 begann die Unterdrückung der Indigenen, die zu deren Ausgrenzung führte und tiefe Wunden hinterlassen hat. Die Mapuche kämpfen seit Jahrhunderten für ihre Autonomie und es kommt immer wieder zu Zusammenstößen zwischen der Staatsgewalt und Aktivist:innen, etwa 2018 infolge der Erschießung des Mapuche-Landwirts Camilo Catrillanca durch einen Polizisten.

2019 gingen Tausende gegen Ungleichheit auf die Straße und forderten ein neues Grundgesetz. Ihr Anliegen wurde erhört und es entstand ein Verfassungsentwurf, der die Rechte und die Autonomie der indigenen Gruppen anerkannte, jedoch 2022 in einem Volksentscheid abgelehnt wurde. Dass dies für die einen Grund zum Trauern und für andere Anlass zum Feiern war, lässt die tiefe soziale Kluft im Land erkennen.

1. Villa Ukika

DIE ERSTEN MENSCHEN AUF FEUERLAND

Obwohl die indigene Yagán-Gemeinschaft in Villa Ukika erst 1960 gegründet wurde, könnten ihre Mitglieder die Nachkommen der ersten Einwohner:innen Patagoniens sein. Die frühen Yagán waren Wassernomaden, die Jahrtausende lang im rauen Klima Feuerlands überlebten. Beim Felsvorsprung Tres Arroyos gefundene Überreste deuten auf eine menschliche Besiedlung ab 12 000 v. Chr. hin. Die Höhle ist nur eine von mehreren Stätten, die man beim Cerro de los Onas auf Tierra del Fuego entdeckte und erforschte. Weiter nördlich lassen bei Monte Verde nahe Puerto Montt gefundene Spuren sogar eine menschliche Präsenz ab 16 500 v. Chr. vermuten.

Mehr Infos siehe S. 319.

2. Museo de Sitio Colón 10

CHINCHORRO-MUMIEN IM AZAPA-TAL

Als Architekten 2004 in Arica das Fundament eines Hauses aus dem 19. Jh. freilegten, um darauf ein Hotel zu bauen, entdeckten sie eine Grabanlage der Chinchorro-Kultur. Die Chinchorro waren Küstennomaden, die zwischen 8000 und 2000 v.Chr. in der Gegend lebten. Die Grabstätte des Sitio Colón 10 stammt vermutlich aus der Zeit zwischen 4200 und 3800 v.Chr., als man die Körper der Verstorbenen mit Pflanzenfasern und Federn bedeckte. In der Nähe fand man zudem einige ältere Gräber mit absichtlich konservierten Körpern - die ältesten bekannten künstlichen Mumien der Welt.

Mehr Infos siehe S. 117.

3. Parque Nacional Rapa Nui

MYSTERIÖSE MEGALITHEN IN MENSCHENFORM

Die *moai* - große Steinfiguren, die polynesische Vorfahren der Insulaner darstellen - geben den Forschenden auf der Osterinsel schon lange Rätsel auf. Weshalb man sie schuf und wie sie zu ihrem *ahu* (zeremoniellen Sockel) transportiert wurden, ist unbekannt, auch ihre Entstehungszeit bleibt umstritten. Die meisten Statuen stammen aus dem Steinbruch Rano Raraku, dessen 396 *moai* aus vulkanischem Tuffstein gehauen wurden und in einem Vulkankrater bzw. in dessen unmittelbarer Umgebung angeordnet sind. Die benachbarte Zeremonialanlage Ahu Tongariki weist einige ältere *moai* auf. Beide archäologischen Stätten liegen im Parque Nacional Rapa Nui.

Mehr Infos siehe S. 341.

***moai*, Ahu Tongariki (S. 342)**

4. Pukará de Quitor

TRUTZBURG GEGEN DIE SPANISCHE KOLONISATION

Bereits Jahrhunderte vor der Gründung von San Pedro de Atacama stand auf einem nahen Hügel eine Festung aus dem 12. Jh. Hier lebten die indigenen Lickan Antay, die Kartoffeln, Mais und Quinoa auf Terrassen anbauten. Als 1536 die Nachricht von der spanischen Invasion den Pukará de Quitor erreichte, herrschten die Inka über die Gegend. Obwohl die Festung gut auf die Ankunft von Pedro de Valdivias Männern einige Jahre später vorbereitet war, wurden schließlich auch die Lickan Antay von den Spaniern besiegt und alle Verteidiger der Burg getötet. Die Ruinen des Pukará de Quitor sind von einem Fußweg aus zu sehen.

Mehr Infos siehe S. 98.

5. Monumento a la Araucanía

HERZSTÜCK DER MAPUCHE-KULTUR

La Araucanía ist das Zentrum der indigenen Mapuche. In der Regionalhauptstadt Temuco steht das Monumento a la Araucanía mit den Statuen eines Mapuche-Schamanen und einem *toqui* (Heerführer), die gegen die spanischen Eindringlinge gekämpft hatten. Der Arauco-Krieg begann 1536 und umfasste mehrere Konflikte, in denen sich die Mapuche 300 Jahre lang gegen die Spanier zur Wehr setzten. Zwischen 1861 und 1883 wurde die Araucanía schließlich „beschwichtigt", indem es chilenischen Truppen gelang, die Kontrolle über die Region an sich zu reißen. Heute gibt's erneut Spannungen zwischen den Mapuche und dem chilenischen Staat, vor allem infolge von Landdisputen und Polizeigewalt.

Mehr Infos siehe S. 201.

6. Plaza de Armas

KOLONIALER PLATZ IM ZENTRUM SANTIAGOS

Santiagos Hauptplatz ist seit 1541 das Herzstück der Metropole. Deren Gründervater Pedro de Valdivia ziert heute noch als Reiterstandbild die Plaza. In der Kolonialzeit stand hier der städtische Galgen. An Chiles Unabhängigkeit von Spanien 1818 erinnert eine Statue des südamerikanischen

Befreiers Simón Bolívar, der eine Armee von Venezuela nach Peru führte. Ein weiterer *libertador*, der Argentinier José de San Martín, überquerte von Mendoza aus die Anden, um 1818 Santiago zu befreien, bevor er nach Lima segelte und die Spanier auch aus Peru vertrieb.

Mehr Infos siehe S. 54.

7. Weinberge des Itata-Tals

DIE ÄLTESTEN REBEN CHILES

Die ältesten Weinberge des Landes wurden vermutlich im 16. Jh. von europäischen Missionaren angelegt. Jesuitenpriester bauten País-Trauben im Itata-Tal an, das zu den ältesten Weinbaugebieten Amerikas zählt, und tatsächlich sind einige der Reben jahrhundertealt. Lange galt die País als minderwertig, weshalb die hiesigen Weinberge überwiegend Trauben für Verschnitte produzierten. Inzwischen ist die Sorte wieder in Mode gekommen und Sommeliers vergleichen sie mit Beaujolais. Beim Genuss eines Gläschens trinkt man nicht nur Wein, sondern auch einen Schluck chilenische Geschichte.

Mehr Infos siehe S. 187.

8. Corbeta Esmeralda

SCHLACHTSCHIFF AUS DEM SALPETERKRIEG

In Iquique erzählt die Nachbildung der versunkenen *Esmeralda* die Geschichte des Salpeterkriegs (1879–1883), in dem Chile das peruanisch-bolivianische Bündnis besiegte und sein Staatsgebiet nach Norden ausbreitete. Davor hatten Iquique und die Provinz Tarapacá zu Peru gehört. Chile konnte während des Kriegs schnell Antofagasta (damals Teil der bolivianischen Küstenregion) einnehmen und kämpfte anschließend in Seeschlachten gegen Peru. Der Sieg bei Iquique 1879 ermöglichte Chile die Invasion Perus und die Besetzung Limas. Peru unterzeichnete 1883 ein Friedensabkommen, in dem es Tarapacá an Chile abtrat, und erkannte Arica 1919 als Teil Chiles an.

Mehr Infos siehe S. 111.

9. Ruinas de Huanchaca

ÜBERRESTE EINER BOLIVIANISCHEN BERGBAUGESELLSCHAFT

Antofagasta gehörte einst zu Bolivien. An Bedeutung gewann es mit Beginn des Salpeterbooms 1866 sowie der Entdeckung von Silber in Caracoles 1870. Der Kampf um die Kontrolle über die Mineralvorkommen der Region war eine der Ursachen des Salpeterkriegs (1879–1883), in dem Bolivien Teile seines Landes an Chile verlor. Heute erinnern nur die Ruinen von Huanchaca (mit Museum) an die bolivianische Huanchaca-Gesellschaft, die im späten 19. Jh. gegründet worden war und deren Anlagen als Raffinerie für Rohmaterialien gedient hatten. Der Hafen von Antofagasta ist nach wie vor ein wichtiger Warenumschlagplatz für Bolivien.

Mehr Infos siehe S. 105.

10. Humberstone & Santa Laura

DIE GEISTER VON CHILES SALPETERBOOM

Leere Straßen, verlassene Gebäude – mehr ist nicht übrig von den einst blühenden Bergbaugemeinden Humberstone und Santa Laura in der Wüste bei Iquique. Die etwas unheimlichen Geisterstädte sind heute Museen, die vom Leben der Bergbaufamilien in den Minenorten erzählen, in denen im 19. und frühen 20. Jh. die Salpeterförderung boomte. Mit der Entwicklung von künstlichem Salpeter sank die Nachfrage und die Bergwerke schlossen 1960. Zu sehen sind verfallene Theater, Häuser, Schulen, Geschäfte und Maschinenhallen.

Mehr Infos siehe S. 114.

11. Museo Casa-Escuela Gabriela Mistral

LAND DER POESIE

Gabriela Mistral besuchte im Dorf Montegrande im Valle del Elqui einst die kleine Grundschule, die heute ein Museum beherbergt. Begraben ist die Dichterin unweit davon in einem Mausoleum, das ihren Status als erste Lateinamerikanerin widerspiegelt, die 1945 den Nobelpreis für Literatur gewann. Die zwei Sehenswürdigkeiten erzählen vom Aufstieg der aus einfachen Verhältnissen stammenden Mistral zu einer international anerkannten Künstlerin und ihrer lebenslangen Liebe zum Elqui-Tal. Ihre Verehrung bringt Chiles Selbstverständnis als Nation der Poesieschaffenden zum Ausdruck, zu denen auch Pablo Neruda, Vicente Huidobro und Nicanor Parra gehören.

Mehr Infos siehe S. 141.

12. Palacio de La Moneda

SCHAUPLATZ DES STAATSSTREICHS VON 1973

Der Palacio de La Moneda aus dem späten 18. Jh. diente zunächst als Münzamt, bevor

Carretera Austral (S. 258)

er zum Präsidentschaftssitz wurde. In erster Linie steht er jedoch mit den Ereignissen vom 11. September 1973 in Verbindung. An jenem Tag bombardierten die Rebellentruppen um General Augusto Pinochet das Gebäude, umstellten es mit Panzern und rissen schließlich die Regierungskontrolle an sich. Drinnen harrte Salvador Allende aus, der 1970 zum ersten sozialistischen Präsidenten des Landes gewählt worden war, und weigerte sich, den Palast zu verlassen. Als ihn die Militärs stürmten, fanden sie Allende nach einem vermeintlichen Suizid tot auf. Heute steht eine Statue Allendes auf dem Platz davor.

Mehr Infos siehe S. 54.

13. Carretera Austral

HISTORISCHE FERNSTRASSE DURCH PATAGONIEN

Der Bau einer Verbindungsstraße zwischen den ländlichen Siedlungen Südpatagoniens wurde 1976 von Pinochet begonnen und sollte angesichts steigender Spannungen mit Argentinien unter anderem Chiles Position in der Region stärken. Vor dem Bau der Carretera Austral mussten alle Fahrzeuge auf dem Weg in den südlichsten Teil Chiles über Argentinien ausweichen. Im Jahr 1978 kam es wegen eines Disputs um drei Inseln im Beagle-Kanal beinah zum Krieg zwischen den beiden Ländern, doch der Konflikt konnte nach einer Schlichtung durch den Papst 1979 beigelegt werden. Die Carretera Austral wurde 20 Jahre später fertiggestellt und kostete 300 Mio. US$.

Mehr Infos siehe S. 258.

14. Museo de la Memoria y los Derechos Humanos

ERINNERUNG AN CHILES VERSCHWUNDENE

Die Militärdiktatur Augusto Pinochets begann mit dem Staatsstreich von 1973 und endete mit den demokratischen Wahlen von 1989. In dieser Zeit kam es zu gravierenden Menschenrechtsverletzungen des Regimes gegen seine eigenen Bürger:innen. Von den über 40 000 eingekerkerten und gefolterten Menschen wurden 3000 hingerichtet. Hunderttausende Chilenen und Chileninnen gingen ins Exil. Das Museum der Erinnerung und der Menschenrechte in Santiago ist ein ernüchternder, aber notwendiger Ort, der von den Geschehnissen jener Zeit erzählt und all denen ein bewegendes Denkmal setzt, die in der Diktatur ihr Leben verloren.

Mehr Infos siehe S. 65.

15. Mina San José

DRAMATISCHE RETTUNG

Die Kupfermine San José in der Atacama-Wüste bei Copiapó wurde 2010 zum Schauplatz der spektakulären Befreiung von 33 Bergarbeitern, die nach einem Einsturz am 5. August 700 m unter Tage eingeschlossen wurden. Nach einer zweimonatigen Rettungsaktion, die schätzungsweise 20 Mio. US$ kostete und aus den internationalen Medien nicht wegzudenken war, schaute am 13. Oktober eine Milliarde Menschen live zu, als die Bergleute in einer speziell gefertigten Kapsel ans sichere Tageslicht befördert wurden. Die Mine ist außer Betrieb, kann aber als Touristenattraktion besucht werden.

Mehr Infos siehe S. 147.

OBEN LINKS: IMAGEBROKER/ALAMY STOCK PHOTO © OBEN RECHTS: RUSLANA IURCHENKO/SHUTTERSTOCK ©
UNTEN LINKS: FELIPE DUPOUY/GETTY IMAGES © UNTEN RECHTS: ABRIENDOMUNDO/SHUTTERSTOCK ©

TRIFF DIE LOCALS

Sie erleben eine Zeit großer politischer und sozialer Umbrüche und erscheinen zu Beginn vielleicht reserviert, doch die Chileninnen und Chilenen werden dich von ihrer Warmherzigkeit überzeugen. Soledad Balduzzi stellt ihre Landsleute vor.

CHILES EINZIGARTIGE GEOGRAFIE prägt unseren Charakter. Unser schmales, langgezogenes Land kommt einem manchmal wie eine Insel vor, mit der Atacama-Wüste im Norden, der Antarktis im Süden, den Anden im Osten und dem Pazifik im Westen. Vielleicht hat uns das Leben in dieser „Enklave" reservierter und weniger extrovertiert gemacht als andere Lateinamerikaner:innen, aber wir sind ebenso warmherzig.

In Chile leben 19,5 Mio. Menschen. Seit der Kolonisation durch Spanien und nach Erlangen der Unabhängigkeit sowie Ernennung zur Republik 1818, kamen durch Immigrationsströme unterschiedliche Kulturen ins Land. Im 19. und 20. Jh. wanderten Europäer:innen ein, die hier noch heute große Communities haben. In diesem Jahrhundert verzeichnete man Immigrationswellen aus Südamerika und der Karibik. Etwa 12 % der Chileninnen und Chilenen zählen sich zur indigenen Gruppe.

Einst gehörte Chile zu den konservativsten Ländern Lateinamerikas, doch inzwischen wurden Schritte hin zu einer liberaleren und moderneren Gesellschaft unternommen und die gleichgeschlechtliche Ehe sowie Abtreibungen per Gesetz festgeschrieben. Rund 45 % der Menschen hier bezeichnen sich heute als katholisch. Das sind weniger als noch vor einigen Jahren, doch der Katholizismus ist immer vorherrschend. Chiles Bevölkerung altert rasant. 16,5 % sind über 60, während die Geburtenrate sinkt. Im Durchschnitt bringt eine Frau 1,44 Kinder zur Welt, die niedrigste Rate in der Region.

Wenn du Spanisch kannst und kein Wort von dem verstehst, was wir sagen, keine Sorge, das liegt nicht an dir, sondern an uns! Klare Artikulation zählt nicht zu unseren Stärken. Uns verstehen nicht mal andere spanischsprachige Völker. Außerdem greifen wir zu so viel Slang, dass man denken könnte, wir sprechen eine Geheimsprache. Manche alltäglichen Begriffe stammen aus den indigenen Sprachen. So bedeutet *yaya* z. B. Fauxpas oder Schnitt auf Aymara, *pichintún* ist etwas Winziges auf Mapuche, *nanay* verwendet man zur Besänftigung oder zum Trösten auf Quechua.

Eine unserer besten Eigenschaften ist die Solidarität. Leute können unterschiedlicher Ansichten sein – Umfragen 2022 zeigten eine steigende sozio-politische Polarisation – doch sobald ein Unglück oder eine Naturkatastrophe passiert, halten wir zusammen. Chile zählt zu den seismisch aktivsten Ländern der Welt, und ich glaube, das hat uns enger zusammengeschweißt, stärker und sogar eigenwilliger gemacht. Wie kann man sich sonst erklären, dass genau jenes Land, das das stärkste jemals aufgezeichnete Erdbeben erlebt hat, auch das höchste Gebäude Lateinamerikas besitzt?

WO LEBEN DIE MEISTEN MENSCHEN?

Der Ballungsraum Santiago umfasst nur 2 % der Fläche des Landes, doch rund 40 % der Bevölkerung. Die weiteren am dichtesten besiedelten Regionen sind Biobío und Valparaíso. Fast 90 % der Chileninnen und Chilenen leben in der Stadt, die restlichen 10 % auf dem Land.

Im Uhrzeigersinn von links oben: Mapuche-Frau; eine Chilenin mit ihrem Sohn; Parade in Santiago; ein Ladenbesitzer in Santiago

MELANGE DER KULTUREN

Ich bin Journalistin und lebe in Santiago. Mit 18 zog ich für mein Studium her und habe mich in den kulturellen, unkonventionellen Lifestyle der Hauptstadt verliebt. Ursprünglich komme ich aus der Region Maule, eine dreistündige Autofahrt gen Süden. Viele chilenische Familien stehen sich sehr nahe, ein charmanter, manchmal beunruhigender Aspekt unserer Kultur. Ich besuche meine Familie vermutlich zu oft und lasse mich mit meinem Lieblingsessen verwöhnen.

Meine Mutter ist Ecuadorianerin, mein Vater Chilene, meine Großmutter väterlicherseits Italienerin. Also bin ich in einer kulturellen Melange aufgewachsen und lernte früh die verschiedenen Traditionen und Riten zu schätzen, meist in Verbindung mit Essen. Die chilenische *once* z. B. ist ein Nachmittagssnack oder leichtes Abendessen mit Tee und Brot und Leckerem wie palta (Avocado), eine Tradition, die ich nach wie vor feiere.

„CHILE IST AUFGEWACHT“

Der soziale Aufstand von 2019 hat das moderne Chile entscheidend mitgeprägt. Von Mark Johanson

AM 18. OKTOBER 2019 schlug ein kleiner Studierendenprotest gegen erhöhte Fahrpreise in der Metro von Santiago in einen massiven Aufstand gegen soziale Ungleichheit um, der das Land mehrere Jahre in Atem halten sollte. In der gesamten Hauptstadt kam es zu Zusammenstößen zwischen Tausenden Demonstrierenden und der Polizei, doch das Epizentrum war die Plaza Italia, wo Aufständische Santiagos wichtigsten Verkehrsknotenpunkt mit brennenden Barrikaden versperrten. Die Polizei rückte ihnen mit Panzern und Tränenas zu Leibe. Pünktlich zur Rushhour kam der Nahverkehr zum Stillstand und viele der 2,5 Millionen Pendler:innen schlossen sich auf ihrem Nachhauseweg friedlichen Protesten an. Bis spät in die Nacht war das laute Schlagen auf Töpfe und Pfannen zu hören.

Noch vor Mitternacht wurden 20 der leeren Metrostationen in Brand gesteckt, 57 weitere schwer beschädigt. Auch die Zentrale von Chiles größtem Energieversorger stand in Flammen. Dutzende Geschäfte wurden geplündert. Chiles Mitte-rechts-Präsident Sebastián Piñera schaute den Ereignissen von einer Pizzeria im noblen Stadtviertel Vitacura aus zu. Erst nach Mitternacht kehrte er in den Präsidentschaftspalast La Moneda zurück und verkündete im Fernsehen: Ab sofort würde die Armee die Straßen der Hauptstadt patrouillieren.

In Chile hatte es so etwas seit Ende der Pinochet-Diktatur 1990 nicht mehr gege-

Demonstrierende, Santiago

ben. Es begann ein anhaltender Konflikt. In Santiago herrschte wochenlang Ausnahmezustand mit nächtlichen Ausgangssperren und unbarmherzige, bewaffnete Militärs gaben den Ton an. Viele erkannten, dass Chile – jahrzehntelang Hort der Stabilität in einer unbeständigen Region – eine ungewisse Zukunft bevorstand.

Das Ende des chilenischen Traums

Eine Woche später marschierten 1,2 Mio. Menschen friedlich demonstrierend auf die Plaza Italia. Der Metropreis war der Funken gewesen, der das Feuer entzündet hatte. Die Protestierenden präsentierten eine immer länger werdende Liste an Forderungen für eine gerechtere Gesellschaft. *Chile despertó* („Chile ist aufgewacht") wurde zum Schlachtruf der Massen: Man würde keine schlechte Bildung, niedrigen Löhne, teure Gesundheitsversorgung, dürftigen Renten und tief verwurzelte Ungleichheit mehr akzeptieren. Chile müsse sich ändern.

Aus der Ferne war Chile oft als Erfolgsstory Lateinamerikas gepriesen worden. Immerhin hatte es Migrierende aus der ganzen Region auf der Suche nach dem „chilenischen Traum" ins Land gezogen. Die gleiche Geschichte erzählten sich viele Anhänger:innen der politischen Rechten: Man hatte es geschafft, besser zu leben als die Nachbarn. Angeblich war es dem Modell der freien Marktwirtschaft – eingeführt in der Diktatur und angeregt vom US-amerikanischen Ökonomen Milton Friedman – zu verdanken, dass die Armut in drei Jahrzehnten von über 50% auf unter 5% gefallen und Chile zur reichsten Nation pro Kopf der Region aufgestiegen war. Doch diese Zahlen verschwiegen einen Teil der Geschichte.

Zur Zeit des sozialen Aufstands (auch *Estallido Social* genannt), befand sich die Hälfte von Chiles Reichtum in Händen des oberen Prozents der Gesellschaft. Die Hälfte aller Angestellten verdiente hingegen nur 500 € oder weniger im Monat, was angesichts der steigenden Lebenskosten wie Wasser (in Chile privatisiert), Strom und Transport für viele das Fass zum Überlaufen brachte. Man „wachte auf" und erkannte die Ungleichheit.

Die Krise simmert weiter

In Santiago und anderen Städten gingen die Proteste bis zu Beginn der Pandemie im März 2020 weiter. Inzwischen waren 36 Menschen ums Leben gekommen und weitere Tausende wurden verletzt oder festgenommen. Die Hochkommissarin für Menschenrechte der UNO – die linksgerichtete chilenische Ex-Präsidentin Michelle Bachelet – schickte ein Team, um Missbrauchsvorwürfe gegen die Regierung zu untersuchen. Deren Sicherheitskräfte wurden beschuldigt, Gummigeschosse auf die Augen der Demonstrierenden gerichtet zu haben, um diese erblinden zu lassen. Bachelets Team deckte 350 Fälle von Augentrauma, 113 von Folter und Misshandlung und 24 weitere von sexueller Gewalt auf.

Die meisten Menschen waren entsetzt, doch endlich gab es Grund zur Hoffnung (und für ein potenzielles Ende der Krise). Die Demonstrierenden konzentrierten sich nun auf eine neue Verfassung, in der sie das Allheilmittel für ihre weitreichenden Forderungen sahen. Die Regierung stimmte widerwillig einem Volksentscheid zu: Am 26. April 2020 sollten alle Bürger:innen in einem landesweiten Plebiszit für oder gegen einen neuen Verfassungsentwurf stimmen. Das Land befand sich im April jedoch wegen der COVID-19-Pandemie im Lockdown. Der *Estallido Social* schwelte im Hintergrund bis zum 25. Oktober weiter, als die Menschen endlich Gelegenheit bekamen, sich Gehör zu verschaffen.

Eine neue Verfassung?

Das Ergebnis war eindeutig: 78% stimmten für ein Verfassungsorgan, das ein neues Grundgesetz entwerfen sollte. Die alte Verfassung war von einer durch Pinochet einberufenen Kommission geschrieben und in einem umstrittenen Referendum ratifiziert worden. Die neue sollte von Bürger:innen verfasst werden, die von den Menschen direkt gewählt wurden. Viele sahen darin die endgültige Ausmerzung der Diktatur.

Die Wählerschaft sorgte für Überraschung, als sie statt Kandidierende der größten politischen Parteien mehrheitlich linksgerichtete Unabhängige in die Verfassungskommission wählte. Die politische Rechte konnte nicht einmal ein Drittel der Sitze gewinnen und hatte somit kein Vetorecht. Im Juli 2021 begann die Arbeit an der neuen Verfassung und die gestärkte Linke hoffte auf eine Satzung, die Chile in ein neues Zeitalter katapultieren würde. Es sollte immerhin die erste Verfassung der Welt mit Geschlechterparität und eine der wenigen sein, die auch Parlamentssitze für indigene Gruppen vorsah. Angeführt wurde die Kommission von Elisa Loncón, Mapuche-Linguistin und indigene Aktivistin.

In der Zwischenzeit fing der 35-jährige linksgerichtete Gabriel Boric – der sich in den Studierendenprotesten von 2011 einen Namen gemacht hatte, als er die Überholung des öffentlichen Bildungssystems forderte – den Zeitgeist ein und wurde zum jüngsten Präsidenten Chiles aller Zeiten. Schon 2019 war er maßgeblich an der Durchsetzung von Verfassungsreformen in Chiles Unterhaus beteiligt gewesen und das Plebiszit vom September 2022 würde seine erste große Bewährungsprobe als Präsident sein. Bis dahin sollte sich das politische Blatt jedoch erneut wenden.

IGNACIO BUSTAMANTE/SHUTTERSTOCK ©

IN DER GESAMTEN HAUPTSTADT KAM ES ZU ZUSAMMENSTÖSSEN ZWISCHEN TAUSENDEN DEMONSTRIERENDEN UND DER POLIZEI, DOCH DAS EPIZENTRUM WAR DIE PLAZA ITALIA, DER WICHTIGSTE VERKEHRSKNOTENPUNKT SANTIAGOS.

Ungewisse Zukunft

Obwohl sich drei Viertel aller Chilenen und Chileninnen 2020 für eine neue Verfassung entschieden hatten, stimmten 2022 nur 38 % für den ersten Satzungsentwurf. Chiles neues Grundgesetz war eine Totgeburt. Es hagelte Kritik. Mit 388 Artikeln wäre die wortreiche Verfassung eine der längsten der Welt gewesen. Zudem hatten viele einzuwenden, dass sie trotz ihres Umfangs in wichtigen Angelegenheiten eher vage blieb. Ihr größtes Problem lag jedoch vermutlich darin, dass sie für ein konservatives, katholisches Land, das erst im selben Jahr die gleichgeschlechtliche Ehe (und 2004 die Ehescheidung) eingeführt hatte, zu fortschrittlich war.

Die neue Verfassung hätte die Geschlechterparität in der Politik verankert, die LGBTIQ-Rechte ausgebaut, die Regierung für den Klimaschutz verantwortlich gemacht und Chile als plurinationalen Staat mit mehr Autonomie für die indigenen Gruppen anerkannt. Die Veränderungen waren so allumfassend und progressiv, dass sie die Mehrheit der Menschen abschreckten.

Der soziale Aufbruch und die Volksabstimmungen stellten zwar die Stärke der chilenischen Demokratie im Angesicht vielfältiger Herausforderungen unter Beweis, doch die eine Maßnahme, die den Wandel der chilenischen Gesellschaft herbeiführen und sie fairer, gleicher und inklusiver machen sollte, war auf eindrucksvolle Weise gescheitert. Ohne eine Lösung in Sichtweite und mit der Absicht, eine neue Kommission zu wählen, die eine andere, von der Mehrheit unterstützte Verfassung entwerfen sollte, ging Chile 2023 zurück ans Reißbrett.

Nachwirkungen

Der *Estallido Social* liegt einige Jahre zurück, ist aber brandaktuell. Er prägte eine ganze Generation und löste die größten Aufmärsche aus, die das Land je gesehen hatte. Heute sind die Spuren der Revolte in Santiago immer noch überall sichtbar, vor allem in Form von Graffitis an den historischen Gebäuden des Centro. Viele Restaurants und Bars sind aus dem Zentrum und dem benachbarten Bellavista in wohlhabendere Viertel umgezogen, wodurch das Centro einiges an Lebendigkeit eingebüßt hat.

Inzwischen leben dort überwiegend Neuankömmlinge aus Venezuela, Peru und Kolumbien, da es in Chile Geborene immer weiter in den Osten in Richtung der Anden zieht. Die Unruhen führten zu erhöhter Kriminalität in der Hauptstadt, die trotz allem zu den sichersten Metropolen Lateinamerikas gehört. Die Plaza Italia trägt heute einen anderen Namen: Plaza de la Dignidad (Platz der Würde). Sie erinnert an die unerfüllten Forderungen der Demonstrierenden, die auch noch Jahre später nach mehr Würde verlangen.

DER PLANET AUF EINER INSEL

Robinson Crusoe ist nicht nur ein malerischer Ort, sondern auch ein Mikrokosmos unseres Planeten – ebenso wie ein Ausblick auf dessen Zukunft. Von Shivya Nath

AN EINEM LAUEN Morgen, fast 700 km fernab der chilenischen Pazifikküste, breche ich zu einer Wanderung auf der Isla Robinson Crusoe auf, die früher Más a Tierra (Näher am Festland gelegene Insel) hieß. Trotz der gerade mal 48 km² ändert sich die Naturlandschaft alle paar Hundert Meter völlig und wird vom Ozean zu Hügeln zu Wald zu Wüste.

Das leuchtende Blau des Pazifiks am Ausgangspunkt wird Schritt für Schritt durch die Hügel ausgeblendet, die durch jahrhundertelangen Einfluss von Wind und Wetter geformt wurden. Mit den Rangern des Nationalparks verweile ich etwas im Schatten der jahrhundertealten endemischen Luma- und Canelo-Bäume. Der Pfad schlängelt sich durch ein ausgewaschenes Tal bis zu einer roten Wüste voller kleiner Krater und bizarrer Vulkanformationen. Man möchte meinen, man hätte die Erde verlassen.

Zu Ruhm kam die Insel, weil sie Daniel Defoe zu seinem Roman *Robinson Crusoe* inspiriert haben soll. 1966 wurde sie sogar danach benannt. Viel wichtiger ist jedoch, dass die Biodiversität hier laut einer Studie von Island Conservation aus dem Jahr 2021 sogar noch größer als auf den Galapagosinseln ist.

10 km weiter, erreiche ich müde, aber voll Vorfreude endlich mein Ziel – kein Ort, sondern ein Baum.

Isla Robinson Crusoe

Der Baum, den die Welt nie kennen wird

Vor mir, in einer trockenen Schlucht, steht eine *Dendroseris neriifolia*. Sie ist die letzte ihrer Art auf der Insel – und auf dem Planeten. Die Rinde des 140 Jahre alten Baumes ist feingliedrig, seine Blätter sind schlaff und seine Blüten schneeweiß. Wie etliche andere Arten, die hier seit Jahrmillionen in Isolation gedeihen, findet man ihn nirgendwo anders. Verdrängt durch invasive Arten, die vor fast 600 Jahren vom Menschen eingeführt wurden, und nicht fähig, mit den unberechenbaren Wetterverhältnissen durch den Klimawandel mitzuhalten, ist er der letzte Vertreter seiner Spezies.

In über zehn Jahren als Reiseautorin hatte ich das Glück, die Pracht der Erde auf viele Arten kennenzulernen, und ich spüre den Drang, mich für ihren Schutz einzusetzen. Oft lese ich, dass wir gerade das sechste Massenaussterben erleben. Als ich vor dem letzten Exemplar einer dieser kritisch bedrohten Arten stehe, fühlt sich diese Gewissheit hautnah an. Robinson Crusoe ist nicht nur eine kaum besuchte Insel im Pazifik, sondern auch ein Mikrokosmos, der veranschaulicht, an welch zarten Fäden die Zukunft unseres Planeten hängt.

Keine Reise für Zartbesaitete

Ich habe es nie gewagt, den Archipiélago Juan Fernández, zu dem Robinson Crusoe gehört, auf meine Reiseliste zu setzen. Dorthin zu kommen, ist nicht einfach. Was man braucht, ist die perfekte Kombi aus Geld, Zeit, Glück, Geduld und gutem Wetter.

Als ich 2022 als eine von fünf Personen ausgewählt wurde, an der ersten Phase des Work-For-Humankind-Projekts auf der Insel teilzunehmen, hatte ich das Gefühl, sie ruft mich. Ziel war, Lenovo-Technik zu testen (bis 2022 gab es hier quasi kein Internet) und zu beweisen, dass Remote Work auch von einem Ort wie diesem möglich war. Außerdem engagierten wir uns gemeinsam mit den Menschen auf der Insel für die Suche nach nachhaltigen Lösungen für lokale Herausforderungen.

Anfang 2022 waren die Reiseeinschränkungen durch die Pandemie fast überwunden. Bevor wir einen Fuß auf die Insel setzen durften, mussten wir uns allerdings in eine sechstägige Quarantäne auf dem chilenischen Festland begeben. Dadurch verpassten wir ganz knapp die richtigen Wetterverhältnisse. Als wir endlich starten durften, verstand ich, warum das Wetter so wichtig war.

Auf einer holprigen Militärflugpiste stiegen wir in die kleinste Propellermaschine, in der ich je geflogen bin. Sie bot Platz für vier Reisende und zwei Piloten. Das Gepäck wurde hinter uns gestapelt, eine Pflicht zum Anschnallen bestand nicht. Nach fast zwei Stunden über dem Pazifik erhaschten wir einen ersten Blick auf unser entlegenes Reiseziel: surreal anmutende, zerklüftete Hügel, die aus dem Nebel über dem Wasser herausragten.

Wir legten auf einem kurzen, zwischen Hügel und Meer gequetschten Streifen eine riskante Landung hin, nichts für Zartbesaitete. Später fand ich heraus, dass die Vorschriften für Landungen hier nicht immer so streng waren. 2011 kamen auf der gleichen Reise ein berühmter chilenischer Schauspieler und 20 weitere Menschen ums Leben. Öffentlicher Druck führte zu strikten Regeln, bevor Propellerflugzeuge überhaupt abheben dürfen.

Während wir auf das Boot nach San Juan Bautista warteten, dem mit knapp 1000 Personen einzigen bewohnten Ort der Insel, tummelten sich im Wasser vor uns Juan-Fernández-Seebären. Auf der isolierten Insel entwickelten sich die Tiere anders als andere Seebärenarten: Sie haben winzige Ohren und können auf ihren Vorderflossen stehen. Lange wurden sie von amerikanischen Schiffen wegen ihres wasserdichten Pelzes gejagt und angeblich trugen Napoleons Soldaten Wintermäntel aus den Pelzen der Tiere. Im 19. Jh. waren die ursprünglich 4 Mio. Seebären nahezu ausgerottet. 1965 entdeckte ein Anwohner der Isla Alejandro Selkirk (gehört zum gleichen Archipel) einige Seebärenbabys in einer Höhle und die Gemeinschaft tat alles dafür, sie vor Jägern zu beschützen. Der chilenische Staat verbot die Jagd und so stieg die Population wieder auf mehrere Tausend an. Einige Tage später durfte ich beim Schnorcheln ein paar kostbare Momente mit den Tieren erleben.

Artensterben verstehen

Während meines Monats auf der Isla Robinson Crusoe erlebte ich deren atemberaubende Artenvielfalt und den Einfluss des Menschen auf diese hautnah. Die Insel ist ein idyllischer, grüner Rückzugsort; 91% ihrer Fläche stehen unter Naturschutz. Als europäische Siedler:innen vor knapp 600 Jahren zum ersten Mal das unbewohnte Eiland betraten, brachten sie zahlreiche invasive Arten mit sich. Sie nutzten Wildpflanzen wie Brombeersträucher zur Einfriedung und schleppten Ratten auf Schiffen mit ein. Hasen und Wildkatzen wurden eingeführt, um die Nager zu bekämpfen, während domestizierte Tiere wie Katzen, Hunde, Pferde und Kühe zu Unterhaltungs- und Landwirtschaftszwecken hergebracht wurden. Zypressen, Eukalyptusbäume und Kiefern wurden der Vertrautheit halber gepflanzt.

Die eingeschleppten Arten wuchsen schneller, verbrauchten mehr Wasser und passten sich besser dem Klimawandel an. So verdrängten sie schließlich die behäbig wachsende, empfindliche Flora, die sich Jahrhunderte ohne Bedrohungen von außen entwickelt hatte. Ratten und Hasen knabberten Samen endemischer Pflanzen an, während Pferde, Kühe und Ziegen deren Keimlinge fraßen. Sich zu vermehren wurde für die endemischen Pflanzen nahezu unmöglich. Noch heute findet man hier deshalb kaum einheimische Bäume im Wachstum.

DARIO CASTRO/SHUTTERSTOCK ©

600 JAHRE ZIVILISATION BRACHTEN ARTEN, DIE SICH ÜBER MILLIONEN JAHRE ENTWICKELT HABEN, AN DEN RAND DES AUSSTERBENS.

Plazoleta El Yunque, eine halbstündige Wanderung von San Juan Bautista entfernt, zeigt auf eine verführerische Art, was passiert, wenn menschlicher Eingriff mit Bedacht geschieht. Hunderte Hektar invasiver Pflanzen wurden sorgfältig entfernt, um den endemischen Pflanzen zu erlauben, ihr Zuhause zurückzuerobern. Ich verbrachte viele friedliche Abende auf dem hölzernen Pfad, sah zinnoberrote *picaflores* (Kolibris) um die purpurnen Pangue-Blüten flattern, vorbei an den feingliedrigen Farnblättern und den prächtigen Canelo-Wurzeln bis hin zu den zarten Luma-Blüten. Der Juan-Fernández-Kolibri kommt nur auf Robinson Crusoe vor. Katzen und Vögel, die seine Eier fressen, bedrohen seine Existenz, nicht-einheimische Kolibris zerstören seine Nester. Aufgrund des Klimawandels brütet er später und seine Nester werden oft durch starken Wind beschädigt. Die Nonprofit-Organisation Oikonos, die seinen Lebensraum erforscht, schätzt, dass weniger als 500 Juan-Fernández-Kolibris auf der Insel überlebt haben.

Fast jedes Gespräch mit den Menschen hier dreht sich um die Sorge vor der Zukunft ihrer Heimat und der Furcht vor einem kaum zu verschmerzenden Verlust ihrer endemischen Tier- und Pflanzenvielfalt. Naturschützer:innen gehen davon aus, dass 60% des einheimischen Waldes wegen des Einflusses invasiver Arten und des Klimawandels bis spätestens 2070 verschwunden sein werden.

Reisen überdenken

Seit ich wieder daheim bin, auf der anderen Seite der Welt, frage ich mich unentwegt, was mir die Reise an einen so entlegenen Ort wie Robinson Crusoe eigentlich bedeutet hat. Klar, es gibt einem irgendwie einen Kick, da zu sein, wo noch kaum jemand war. Aber was, wenn die Reise nicht zum Schutz der Artenvielfalt dort beiträgt? Was, wenn wir Reisen nur als eine Instagram-Gelegenheit sehen und nicht als bedeutsame Möglichkeit, Klimawandel, Artensterben oder menschlichen Einfluss auf den Planeten zu verstehen? Lohnt sich die Reise dann überhaupt?

600 Jahre Zivilisation brachten Arten, die sich über Millionen Jahre entwickelt haben, an den Rand des Aussterbens. Robinson Crusoe ist nicht nur irgendein Ort. Es ist eine Reise, auf der man lernt, in welcher Gefahr der Planet ist.

Mehr Infos über den Besuch der Isla Robinson Crusoe siehe S. 358.

REGISTER

Karten **000**

N

O

P

Karten **000**

R

S

Karten **000**

HINTER DEN KULISSEN

Layoutentwicklung Marc Backwell

Contententwicklung Mark Jones, Sandie Kestell, Anne Mason, Joana Taborda

Kartografie-entwicklung Katerina Pavkova

Produktions-entwicklung Sandie Kestell, Fergal Condon

Leitung Reihen-entwicklung Darren O'Connell, Piers Pickard, Chris Zeiher

Redaktionsleitung Sarah Stocking

Produktredaktion Kathryn Rowan

Layout Dermot Hegarty

Kartografie Hunor Csutoros

Redaktionsassistenz Carly Hall, Soo Hamilton, Lauren Keith, Jenna Myers

Titelbildrecherche Mazzy Prinsep

Dank an Katie Connolly, Karen Henderson

Ahu Tongariki (S. 342) ist der größte jemals gebaute *ahu* und hat 15 ältere *moai* mit ausgeprägteren polynesischen Merkmalen.

Im Parque Nacional Lauca bieten mehrere Aussichtspunkte einen Blick auf den schneebedeckten Gipfel des Volcán Parinacota (S. 123). Am Ufer des Lago Chungará stehen idyllische Picknickplätze für das Mittagessen bereit.

LINKS: FOCUS FUSION/SHUTTERSTOCK ©, RECHTS: PRZEMYSLAW SKIBINSKI/SHUTTERSTOCK ©

ÜBER DIESES BUCH

Lonely Planet Global Limited

Digital Depot, Roe Lane (off Thomas Street)

Digital Hub

Dublin 8

D08 TCV4

Ireland

Verlag der deutschen Ausgabe:

MAIRDUMONT
Marco-Polo-Str. 1
73760 Ostfildern

www.lonelyplanet.de, www.mairdumont.com, lonelyplanet-online@mairdumont.com

Chile & Osterinsel

5. deutsche Auflage Februar 2024, übersetzt von *Chile & Rapa Nui (Easter Island) 12th edition*, September 2023, Lonely Planet Global Limited

Deutsche Ausgabe © Lonely Planet Global Limited, Februar 2024

Fotos © wie angegeben 2023

Printed in China

Redaktion und Satz: Verlagsbüro Wais & Partner, Stuttgart – Meike Diekmann, Juliane Hansen, Julia Kant, Natasa Sipka

Übersetzung: Anne Cappel, Jörg Fündling, Gabriela Huber Martins, Britt Maaß, Max Maucher, Gunter Mühl, Julie Rinkel-Bacher, Svenja Tengs, Carina Wurzinger, Theresa Zuhl

MIX
Paper from responsible sources
FSC® C124385

Dieses Buch wurde auf FSC® zertifiziertem Papier gedruckt. FSC® ist ein internationales Zertifizierungssystem für nachhaltigere Waldwirtschaft. Das Holz für diese Papier kommt aus Wäldern, die verantwortungsvoller bewirtschaftet werden.